Giovanni di Boccaccio, geboren 1313 in Paris, starb 1375 in Certaldo bei Florenz.
Boccaccio war der uneheliche Sohn eines Kaufmanns aus Certaldo. Er sollte zunächst Kaufmann werden, studierte aber dann Jura und Sprachen. Seit 1327 lebte er in Neapel.
1340 hielt er sich in Florenz auf und traf dort mit Petrarca zusammen. 1373 hatte er einen Lehrstuhl in Florenz für die Deutung der »Göttlichen Komödie« Dantes, den er sehr verehrte. Er schrieb eine Vita des Dichters »Vita di Dante«.
Wichtige Werke:
»Filostrato« (1338); »Fiammetta« (1343); »Decamerone« (1348); »Il Corbaccio o il labirinto d'amore« (1355).
»Das Dekameron«, ein Novellenzyklus, den sich zehn Gäste eines bei Florenz gelegenen Landgutes während der Pestzeit erzählen, machte den Dichter weltberühmt. André Jolles schreibt in seiner Einleitung: »Wenige Bücher stehen in einem so schlechten Ruf – wenige sind so viel gelesen wie das Dekameron.«
»(Dekameron) Diese berühmte, bei Prüden um ihrer Derbheiten willen berüchtigte Novellensammlung ist das erste große Meisterwerk europäischer Erzählkunst, in einem wunderbar lebendigen Altitalienisch geschrieben und viele Male in alle Kultursprachen übersetzt. Gewarnt sei vor den vielen schlechten Ausgaben. Von den modernen deutschen empfehle ich die des Insel-Verlages.«

Hermann Hesse

insel taschenbuch 7

Giovanni di Boccaccio

Das Dekameron

Erster Band

Giovanni di Boccaccio

DAS DEKAMERON

Mit 110 Holzschnitten
der italienischen Ausgabe
von 1492

Deutsch von Albert Wesselski

Erster Band

Insel Verlag

Aus dem Italienischen übersetzt von Albert Wesselski
Übertragung der Gedichte von Theodor Däubler
Einleitung von André Jolles (zur deutschen Ausgabe von 1921)

insel taschenbuch 7
20.-26. Tausend 1976

Insel Verlag Frankfurt am Main

Vertrieb durch den Suhrkamp Taschenbuch Verlag
Umschlagentwurf: Willy Fleckhaus
Druck: Ebner, Ulm
Printed in Germany

Einleitung von André Jolles

Bewundert viel und viel gescholten, Helena, ...
Wenige Bücher stehen in einem so schlechten Ruf – wenige Bücher sind so viel gelesen wie das Dekameron.
Gelesen? Wer hat denn dieses Buch gelesen? Wer von den Zahllosen, die es in die Hand nahmen, hat bei dem ersten Satz angefangen, um bei dem letzten aufzuhören?
Aber ist das nötig? Sagt nicht Boccaccio selbst in seinem Nachwort: »Wer diese Geschichten lesen will, soll die lassen, die ihm zuwider sind, und die lesen, die ihn freuen«? Gibt es einen roten Faden, der diese hundert verschiedenen Erzählungen verbindet?
Es gibt einen. Und nur wer diesen Faden sucht, wird das Dekameron vollends verstehen; nur wer ihn gefunden hat, darf sich ein Urteil über den künstlerischen und den sittlichen Wert dieses Buches erlauben.
Deshalb kann eine Einleitung in die Erzählungen der zehn Tage nur ein Versuch sein, den Platz zu bestimmen, den das Buch als Ganzes in der Literatur und in dem Leben seines Dichters einnimmt, ein Versuch, den Leser zu veranlassen, es als ein einheitliches Kunstwerk zu betrachten, es als Ganzes zu lesen.

I. Rahmenerzählungen

Eine Rahmenerzählung ist eine Form.
Was wir Form nennen, ist immer eine Überwindung. Wenn wir den Naturlaut zu Worten formen, die Gedanken zu Sätzen, die Worte zu rhythmischen und metrischen Reihen, so ist das immer eine Art zu siegen, eine dauerhafte Umordnung der Natur. Wie wir uns bauend die Schwerkraft unterwerfen, so tun wir es im Schreiben mit dem Raum und der Zeit.
Ordnen heißt überwinden: »Da sprach Gott, es werde Licht!

Und es ward Licht. Und Gott sah, daß das Licht gut war. Dann schied Gott das Licht von der Finsternis.«

Was uns aber immer von neuem erstaunt, rührt und zum Untersuchen reizt, was uns zu gleicher Zeit selbstverständlich und unverständlich erscheint, ist die geschlossene Eigenheit des einmal Geordneten, die Selbständigkeit einer Form. Sie entsteht aus unsrem Sieg, wir haben sie gewissermaßen beabsichtigt, aber kaum entstanden, liegt sie unabhängig vor uns, scheint ihr eigenes Leben zu leben, ist wie ein Wachstum mit eigenen Gesetzen. Unser Einfluß auf das, was wir schufen, scheint mit einem Male beschränkt, wir können es beobachten, es lenken und benutzen, wir können es zustutzen, wie man eine Buchenhecke zustutzt, es zähmen wie einen Hund, es zureiten wie ein Pferd, aber wir können die Art nicht mehr ändern, wir können das Geschaffene nicht mehr umschaffen – es ist nicht wie Wachs, das man, indem man es erhitzt, wieder in die Formlosigkeit zurückwirft. Bei allem Respekt vor der Allmacht – ich bezweifle, ob sie, selbst wenn die Allweisheit dagegen keine Verwahrung einlegen sollte, imstande wäre, aus der Schöpfung jemals wieder ein Tohuwabohu zu machen. Wir können es jedenfalls nicht – eine einmal geschaffene Form lebt, entwickelt sich, gebiert neue Formen, wird alt, stirbt, aber kann den Weg zur Formlosigkeit nicht zurückfinden –, in der Physik redet man wohl von einem nicht umkehrbaren Prozeß. Schon die Terminologie: leben, gebären, sterben, zeigt, wie objektiv wir dem Werdegang der Formen gegenüberstehen, wie sehr als selbständig, wie wenig als etwas von Menschenhand Gebildetes wir sie betrachten.

Nun mag es beim Wiegenkind reizvoll sein, festzustellen, ob es dem Vater oder der Mutter am meisten gleicht, beim Erwachsenen schaut jeder zunächst, welche Züge ihn als selbständiges Wesen kennzeichnen. Untersuche wer Lust hat, was im daktylischen Hexameter, in der ägyptischen Hohlkehle, im Sonett, im ionischen Kapitäl und in der

Rahmenerzählung auf dem glücklichen Einfall eines Künstlers beruht, was sich aus der Technik als Notwendigkeit ergeben mußte und was endlich aus sozialen oder ökonomischen Verhältnissen zu erklären ist – mir scheint die Lebensgeschichte dieser Formen wichtiger als ihre Abstammung. Genug – die Rahmenerzählung ist eine literarische Form. Und zwar keine einfache, sondern eine komplizierte Form. Einfache Formen nenne ich zum Beispiel: Sprichwort, Rätsel, Spruch, Witz, und viele andere. Wir wollen sie hier nicht im einzelnen definieren und nur sagen, daß sie einen Gedanken, ein Bild, einen Vergleich, einen philosophischen oder moralischen Schluß oder etwas Ähnliches in deutlich erkennbarer Form enthalten. Wenn wir uns auch nicht immer Rechenschaft darüber ablegen können, worin das eigentlich Kennzeichnende steckt, so erkennen wir sie doch auf den ersten Blick und verwechseln sie nur selten untereinander. Einige von diesen, wie das Sprichwort, leben meistens als Einsiedler. Andern dagegen wohnt die Neigung inne, sich mit gleichartigen zusammenzutun. Daraus ergeben sich dann größere Gebilde, Kolonien oder Organismen, die ich die komplizierteren literarischen Formen nennen möchte. Bei manchen einfachen ist die Tendenz zur Geselligkeit so stark, daß wir sie kaum vereinzelt antreffen; hierfür ist das sogenannte Märchenmotiv, über das wir in den letzten Zeiten so viel Neues hörten, ein wertvolles Beispiel – viele große Männer haben sich Jahre mit der komplizierten Form des Märchens beschäftigt, ohne genügend zu beobachten, daß wir es auch hier mit einem Korallenriff, mit einer Kolonie von Einfachen zu tun haben.

Die Rahmenerzählung gehört nun mit einigen andern zu den ziemlich späten Komplexen. Es hat sich hier vieles zusammengefunden – aber auch hier herrscht in der Entwicklung System und Methode.

Geschichten, die wie wackere Immen zur Sommerzeit herumgeflogen sind und nun im Herbst Neigung verspüren, zusammen zu schwärmen, sich zu einem Klumpen zu ballen und sich dann an einem Baumast aufzuhängen, brauchen nicht notwendig eine Rahmenerzählung zu bilden. Es gibt andre Möglichkeiten. Da haben wir zum Beispiel die Geschichten, die sich um bestimmte Typen oder Personen gruppieren – sie liefern einen ganz andern Organismus, und gerade ein Vergleich mit dieser andern Form zeigt vielleicht am deutlichsten die Eigenart der Rahmenerzählung.

Anekdoten, Witzworte, dumme und kluge Streiche, Abenteuer oder Zoten finden sich zusammen und konzentrieren sich um bestimmte Figuren: Till Eulenspiegel, Serenissimus, die Sieben Schwaben, die Schildbürger, und wie sie sonst heißen. Manchmal besitzen diese Figuren eine Art historische oder geographische Realität – immer haben sie einen bestimmten Charakter, der sich in allen einzelnen Geschichten kundtut. Hierbei ist aber das Eigentümliche, daß sich diese Gruppen gleichartiger und zusammengehöriger Einheiten sehr selten zu einer fortlaufenden Geschichte auswachsen. Obwohl die Abenteuer und Streiche Till Eulenspiegels bei seiner Geburt und seiner Taufe anfangen und bei seinem Begräbnis schließen, gibt doch das Volksbuch ebensowenig eine zusammenhängende Lebensgeschichte, als es je eine von Serenissimus geben wird. Hieran hat weder De Costers *Uilenspiegel* noch Bürgers *Münchhausen* viel ändern können. Auch zeigt das Volksbuch der *Schildbürger* nicht viel Ähnlichkeit mit einer fortlaufenden Städtechronik. Gerade die Gleichartigkeit der Histörchen scheint dem zeitlichen Nacheinander und dem Weiterschreiten der Handlung, wie wir sie in der fortlaufenden Erzählung verlangen, zu widersprechen.

Ganz anders ist die Form der Rahmenerzählung. Ungleichartige Geschichten werden hier zusammengehalten in einer Weise, die sich nicht aus den Erzählungen selbst ergibt. Im Gegenteil, die Erzählungen sollen den Schein annehmen, sich aus dem Rahmen zu ergeben. Es lassen sich darin zwei

Arten unterscheiden. Bei einigen bildet der Rahmen eine selbständige Erzählung, die zwar Veranlassung gibt, die erhaltenen Geschichten mitzuteilen, aber doch ihren eigenen Weg nimmt. Bei andern besteht der Rahmen aus einer mehr oder weniger genauen Schilderung der Personen, die erzählen, und des Milieus, wo erzählt wird. Beschränken wir uns auf bekanntere oder in erreichbaren Ausgaben und Übersetzungen vorliegende Beispiele, so gehören *Tausendundeine Nacht*, das *Papageienbuch* und das Volksbuch der *Sieben weisen Meister* zur ersten, Boccaccios *Dekameron* und Juan Manuels *Conde Lucanor*, Chaucers *Canterbury Tales* zur zweiten Gattung. Im *Pantschatantram* ist der Hauptrahmen von der zweiten, die Rahmen der einzelnen Bücher sind von der ersten Sorte. Die erste Form wird vermutlich die ältere und ursprünglichere sein. Die zweite, jüngere, zeigt schon so etwas wie Degeneration; degeneriert sie weiter, so werden nur noch dann und wann die Namen der Erzähler erwähnt, wie in den *Cent nouvelles Nouvelles.*

Wie dem sei und wie verschieden die beiden Arten uns auf den ersten Blick anmuten, sie haben doch vieles gemeinschaftlich – zuerst den Zweck. Jede Rahmenerzählung bezweckt, irgendeine Lebensweisheit zu verbreiten oder eine moralische These zu beweisen.

Da stoßen wir auf den fundamentalen Unterschied zwischen der Eulenspiegelgruppe und der Rahmenerzählung. Während die eine Form als Gesamtheit und in allen Einheiten darauf aus ist, uns zum Lachen zu bringen, sich an das richtet, was wir unsern Humor nennen, wendet sich die andre ursprünglich und hauptsächlich an unser sittliches Empfinden. Die eine will uns in eine gewisse Stimmung versetzen, die andre unser Gemüt auf bestimmte Wege lenken. Man kann im Eulenspiegel ein lyrisches, in den Sieben weisen Meistern ein didaktisches Element feststellen. Vielleicht erklärt sich hieraus zu gleicher Zeit, weshalb die eine Gruppe unbegrenzt und lose in ihrem Zusammenhang

bleibt, während die andre sich besser zu einem abgerundeten Komplex zusammenschließt.
Die Rahmenerzählung sucht die allerverschiedensten Beispiele, um aus dem Ungleichartigen die Lebensweisheit hervorleuchten zu lassen oder bei einer moralischen These das Für und Wider zu betonen. Man nehme die Worte Moral und Lebensweisheit nicht allzu strenge und denke dabei nicht an Philosophie, Ethik und Sittlichkeit, wie sie von unsern Kathedern gelehrt, von unsern Kanzeln gepredigt werden. Die Moralphilosophie in den alten Rahmenerzählungen steht auf der Stufe jener des Kindes, das, gefragt, was Nächstenliebe ist, antwortet: »Das ist, wenn ich einem armen Nachbarkinde mein Butterbrot gebe.« Das Bild ersetzt den Gedankenschluß. Aber dennoch ist die moralische Grundlage in allen Rahmenerzählungen nachweisbar, und durch sie wird die Wahl der einzelnen Geschichten im allgemeinen bestimmt. Deshalb greift sie gerne zur Fabel und ist dem Spruch und dem Sprichwort wesensverwandt. Wer sich eine moralische Erzählung in einer primitiven Form vorstellen will, der denke an Redensarten, wie sie zu Hunderten im Volke in Umlauf sind: »Ich will mich verändern«, sagte der Teufel, nahm eine Kohle unter den Schwanz und setzte sich auf ein Pulverfaß. Oder: Das kann man machen wie der Pfarrer Aßmann. – Und wie macht der es? Wie der Pfarrer Nolte. – Und der? – Wie er wollte! – Man vergleiche hiermit im Pantschatantram: Ein Mann, dem es einfaällt, Dinge zu treiben, die ihn nichts angehen, findet den Tod, wie der Affe, der den Keil herauszog. Damanaka aber sagte: »Wie war das?« Karataka sprach: usw., die Erzählung folgt. Oder im Papageienbuch: Wer etwas für seinen Stand Unpassendes unternimmt und mit Artverschiedenen verkehrt, ohne auf den Rat wahrhafter Berater zu hören, den trifft dasselbe Unglück, welches den Affen Zeirek durch den Sohn des Schloßvogts traf. Was ist das für eine Geschichte? fragten die Kinder, und der

arzneikundige Papagei erzählte: folgt wieder die Geschichte.
Man sieht es, wir sind gar nicht weit entfernt von Schlüssen wie: »Schiffer, steh fest!« sagte Hinz; da schmiß er ihn über Bord. Der kluge Viṣnuśarman, der das Pantschatantram zusammenstellt, steht dem unsterblichen Sam Weller ganz nah, der seinem Herrn Pickwick seine Lebensweisheit in ebensolchen Redensarten auftischt und sie gelegentlich zu Anekdoten erweitert. Ebenso sind der Teufel, der Affe mit dem Keil, die Ehrwürden Aßmann und Nolte, der Affe Zeirek und Hinz untereinander verwandt. Allesamt sind sie Illustrationen zur Moral und Lebensweisheit – nur daß bei einigen die Sache ins Komische gezogen wird, während die andern ernst genommen sein wollen.
Also: die Rahmenerzählung ist eine literarische Form, welche bezweckt, ein Bilderbuch für Moral und Lebensweisheit zu sein.
Werfen wir nun einen Blick auf die Bekannteren; daß es bei den Unbekannten sich ähnlich verhält, wird man mir hoffentlich auf mein Wort glauben.
Im Pantschatantram haben wir einen klugen König mit drei einfältigen Söhnen, er ruft einen weisen Brahmanen, der sich anheischig macht, die Knaben in einem halben Jahr zu verständigen Menschen zu erziehen. Um dieses zu erreichen, schreibt er ein Buch in fünf Abschnitten zur Belehrung der Jugend. So ist der Hauptrahmen – jeder Abschnitt umfaßt wieder einen neuen Rahmen: wie man Freunde entzweit; wie man Freunde erwirbt usw.
Tausendundeine Nacht zeigt uns einen Fürst, der eheliche Enttäuschungen erlebt hat. Auf wunderlichem Wege kommt er zu der Entdeckung, keineswegs der einzige dieser Art zu sein und daß Hörner selbst einem grimmigen Ungeheuer, das seine Geliebte in einer gläsernen Kiste auf dem Meeresboden aufbewahrt, nicht erspart bleiben. Er wird demzufolge Frauenhasser, was sein gutes Recht ist, und heiratet

jeden Abend eine andre Frau, die er am nächsten Morgen töten läßt, was nicht ganz mit modernen Sitten übereinstimmt. Die ganze Weisheit und Liebenswürdigkeit eines hochgebildeten Mädchens sind dazu nötig, ihn in drei Jahren, darin sie ihm viele Geschichten erzählt und drei schöne Kinder schenkt, von seiner Gemütskrankheit zu heilen.

Eine Frau, welche die Neigung hat, die Abwesenheit ihres Mannes zu mißbrauchen, wird von einem gelehrten Papagei gegen ihren Willen auf dem rechten Pfad gehalten, indem er sie allabendlich, dreißigmal, durch Erzählungen fesselt und so die Stelldicheins verfehlen läßt. So ungefähr kann man den Inhalt des Papageienbuches zusammenfassen.

Endlich die letzte und bestgebaute der bekannten Rahmenerzählungen: die Geschichte der Sieben weisen Meister. Hier wird ein Prinz von sieben Weisen zur Weisheit erzogen. Sie entdecken, daß ihm am Hofe seines Vaters Gefahr droht, wenn er sich nicht sieben Tage des Redens enthält. Zu diesem Märchenmotiv kommt ein zweites: es spielt sich gerade in der schweigsamen Woche zwischen dem Prinzen und seiner Stiefmutter die alte Geschichte von Joseph und Frau Potiphar ab. Er wird zum Tode verurteilt, und jeden Tag rettet die Geschichte eines seiner Lehrer ihn von dem Galgen, jeden nächsten bringt eine Erzählung der bösen Frau ihn dem Tode wieder nah. Bis endlich die fatalen Tage zu Ende sind, er sich rechtfertigen kann und die neu gewonnene Sprache dazu benutzt, selbst eine Geschichte zu erzählen. Wir nannten das Volksbuch die bestgefügte, und wirklich, Moral und Lebensweisheit wirken in keinem Komplex so stark wie hier durch Beispiel und Gegenbeispiel – aber zu gleicher Zeit sind hier die ältesten und ursprünglichsten Züge aufbewahrt.

Schon aus diesem kurzen Vergleich ergibt sich manches. Erstens, daß wir mit unsrer Charakteristik recht hatten. Zweitens aber finden wir, daß in allen vieren von einem Termin die Rede ist. Viṣṇuśarman übernimmt es, die Prinzen innerhalb sechs Monaten zu erziehen – wenn nicht, möge der Fürst ihn schmählich verhöhnen. Scherezâd erzählt so lange, bis ihre drei Kinder den Fürsten von ihrer ehelichen Treue und von dem Wert der Frau überzeugen. Der Papagei weiß die Zeit zu strecken, bis der Ehemann von seiner Reise zurück ist. In den Sieben Weisen finden wir die acht Tage. In drei von den Erzählungen entscheidet der Termin über Leben und Tod – bei Diokletian und Scherezâd ist dieses von vornherein klar, aber auch der Papagei rettet sich sein bedrohtes Leben.

Wer sich in Folklore etwas umgesehen hat, wird die Bedeutung solcher Termine verstehen. Wir befinden uns damit in der Nähe des sogenannten Halsrätsels, das wir auch in einer einfachen und in einer komplizierten Form kennen. In der ersten Gattung rettet sich ein zum Tode Verurteilter damit das Leben, daß er ein Rätsel aufgibt, das seine Richter nicht lösen können, oder ein Ungeheuer – es darf auch eine verwunschene Prinzessin sein – gibt Rätsel auf und tötet jeden, der die Lösung nicht findet; man denke an die Sphinx und an Andersens Reisekamerad. Bei der zweiten Gattung handelt es sich darum, so lange Rätsel aufzugeben, bis ein gefährlicher Termin überschritten ist – hiervon gibt das Gespräch zwischen Thor und dem Zwerg Allwiß ein schönes Beispiel. Zu diesen Halsrätseln passen wieder die Halserzählungen. Hier rettet sich entweder jemand das Leben, indem er seine Geschichte erzählt, oder indem man erzählt, wird ein gefährlicher Termin überschritten. Innerhalb der großen Tausendundeiner-Nacht-Sammlung finden wir verschiedene Beispiele der ersten Sorte, die sich eigentümlicherweise schon wieder zu kleineren Rahmenerzählungen zusammengefunden haben. So erkaufen sich die drei Bettelmönche in der Geschichte des Lastträgers und der drei Damen ihr durch Neugier verwirktes Leben, indem sie ihre Geschichte erzählen; und in der Geschichte des kleinen

Buckligen retten verschiedene Personen einander. Was die zweite Sorte betrifft, so finden wir sie in drei von unsern vier großen Rahmen vertreten.

Eine Rahmenerzählung ist also, außer einer Reihe Illustrationen zur Lebensweisheit und Moral, meistens auch noch eine Halserzählung.

Wie nun die hohe Literatur, selbst dort, wo sie scheinbar ganz frei erfindet und selbständig arbeitet, gerne gewisse Züge der alten Volkskunst aufbewahrt – Shakespeare steckt voll von verwandelten Märchen, Sprichwörtern, Rätseln –, so ist von allen diesem vieles in späteren scheinbar ganz unabhängigen und modernen Rahmenerzählungen nachgeblieben. Auch Hoffmanns *Serapionsbrüder* enthalten Lebensweisheit in Bildern – auch hier helfen die Erzählungen einigen Freunden, die sich lange Zeit nicht gesehen haben und sich fremd geworden sind, über den peinlichen Termin des Sichwiederfindens hinweg.

Wenden wir uns jetzt zu der jüngeren Form, zu der Rahmenerzählung, wo im Rahmen nur Personen und Milieu beschrieben werden.

Die schwarze Pest ist in Florenz. Alles stirbt, alle Bande reißen, keiner fühlt sich sicher, keiner spürt mehr den Zwang, sich den üblichen Gesetzen des Staates und der Gesellschaft zu unterwerfen. In dieser Zeit der Not finden sich eines Morgens in der Kirche Santa Maria Novella sieben junge Mädchen und drei junge Männer zusammen und entschließen sich, der verseuchten Stadt und den Qualen der Angst und Ungebundenheit zu entfliehen; weder den Jammer der Zuchtlosigkeit noch das grausige Schauspiel des Elends wollen sie länger ertragen. Sie wollen auf das Land ziehen, dort ehrsam leben, Lust, Freude und Vergnügen genießen, aber »ohne die vernünftigen Grenzen zu überschreiten«. Und – Pampinea, das Mädchen, das sich diesen Plan ausgedacht hat, sagt es bei dieser ersten Zusammenkunft ausdrücklich: »Wir wollen auf diese Art, wenn der Tod uns nicht vorher überrascht, so lange verweilen, bis wir sehen, daß der Himmel diesem Unheil ein Ende gemacht hat.«

Sind wir hier nicht in dem alten Rahmen? Die Geschichten, die sie sich bald erzählen werden, dienen, wenn nicht direkt, so doch indirekt dazu, den fatalen Termin, der über Tod und Leben entscheidet, zu überwinden. Nicht aus purem Leichtsinn ziehen diese zehn jungen Leute zur Zeit, da ihre Mitbürger auf das ärgste bedrängt werden, nach draußen, ins Freie, wo auch der Himmel freier ist und, »selbst wenn er sich in Trauer hüllt, ihnen doch die ewigen Schönheiten nicht versagt«. – Nein, wir fühlen hier deutlich den Zwang, die Halserzählung, die Geschichte, die über den Tod siegt.

So steht das Dekameron auf der Scheide zwischen der älteren und jüngeren Form, denn in dieser ist das Terminmotiv meistens verschwunden.

Dagegen sind Lebensweisheit und Moral geblieben.

Juan Manuel erzählt in seiner Einleitung, daß er es den klugen Ärzten nachtut, die den bitteren Arzneien Zucker oder Honig beimischen, damit sie leichter eingenommen werden: »Auf ähnliche Weise nun soll mit Gottes Hilfe dieses Buch verfaßt und auch von Nutzen sein, wenn die, so es lesen, aus eigner Neigung zu den nützlichen Dingen, die sie darin antreffen, Gefallen finden, und selbst diejenigen Leser, die solches Gute nicht zu würdigen wissen, werden doch nicht umhinkönnen, mit den einnehmenden Redensarten, die es enthält, auch die damit vermischten nützlichen zu lesen und wider ihren Willen davon Vorteil zu ziehen.« – Und dann folgen die schönen Beispiele, mit denen der Rat Patronius den Grafen Lucanor erzieht.

Chaucers Canterbury Tales betonen, obwohl sie unvollständig sind, durch die Erzählung des Pfarrers, der das Ganze schließen sollte, ihren moralischen Zweck. Ein Ritter, eine Äbtissin, ein Student, ein Bettelmönch, ein Kaufmann, ein Arzt, ein Büttel, eine Frau aus dem Volke, ein Rechtsgelehrter und viele andre befinden sich mit dem Dichter auf einer Pilgerfahrt. Sie sind verschiedenen Standes, verschiedener Lebensanschauung, verfügen über verschiedene Erfahrungen. Sie kürzen sich den Weg ab mit Erzählungen, die aus diesen Verschiedenheiten entstanden sind, und jeder redet, wie ihm der Schnabel gewachsen ist. So ist das Leben – eine Pilgerfahrt auf mühsamem Wege, wo wir mit andersdenkenden, andersfühlenden, anderslebenden Männern und Frauen zusammengeführt werden und uns gegenseitig mit Bild und Dichtung stützen.

Und das Dekameron? Lieber Leser, erschrecken Sie nicht, ich möchte beweisen, daß auch unser Dekameron ein moralisches Buch ist.

II. Die Jugend

1. Boccaccio und Fiammetta

Mit einem Mißverständnis möchte ich zunächst aufräumen. Vielleicht ganz überflüssig, denn am Ende spukt dieser Irrtum nur in Operetten und unreifen Köpfen – und dennoch bin ich ihm oft genug begegnet. Es ist die Auffassung, daß man sich die Person Giovanni Boccaccios ungefähr so vorstellen könnte wie die Helden einiger seiner Liebesgeschichten. Er war kein Heros der Liebe.

Sollten wir uns etwas renaissancemäßig ausdrücken, so müßten wir sagen: Venus ist die Feindin der Musen. Wer sein Leben der Liebe, ganz der Liebe widmet, wird kein großer Künstler. Ebensowenig wie große Feldherrn, Staatsmänner oder Theologen je große Liebhaber gewesen sind. Versteht sich – ich spreche weder dem Dichter noch dem Feldherrn die Fähigkeit ab, oft, innig und gerne zu lieben, aber die Liebe kann ihnen nicht Selbstzweck sein; wird sie es zeitweise doch, so entsteht daraus – Herakles und Caesar sind mir Zeugen – ein höchst gefährlicher Zwiespalt. Die Liebe als Lebenszweck duldet keine Nebenämter. Andrerseits kann man vom kühnen Don Juan höchstens ein harmloses Liedchen bei der Laute, zwei oder drei galante Stanzen erwarten, aber dabei bleibt es; der windige Faublas dichtet überhaupt nicht. Töricht, wer sich erotische Dichter, sie heißen nun Sappho, Ovid oder Janus Secundus, zu gleicher Zeit als Genien der Erotik vorstellt. Im Gegenteil, wo es uns gegeben ist, solche Dichter in ihrem Leben genauer kennenzulernen, da sehen wir, daß es öfter die Sehnsucht als die Erfahrung ist, der ihre Kunst entsprang.

Wir wollen uns nichts vortäuschen – Boccaccio war ein Sohn seiner Zeit, und diese Zeit rechnete, ebenso wie ein Teil des achtzehnten Jahrhunderts, ein heiteres Liebesleben zu den besten Genüssen, dessen dichterische Wiedergabe ohne Sprödigkeit und falsche Scham zu den höchsten Zielen der Literatur – und dennoch beweist uns alles, was wir von Boccaccios Leben wissen, alles, was er uns selbst von seinem Buch erzählt, daß weder persönliche Erfolge noch eine Neigung, dem Geschmacke seiner Zeit Zugeständnisse zu machen, ihn bewogen haben, das Dekameron zu dichten, wie er es uns gegeben hat. Soll es überhaupt Autobiographisches enthalten, so gehört es gewiß nicht in die Reihe der *Lebenserinnerungen* Casanovas, sondern läßt sich viel eher mit Goethes *Werther* vergleichen. Auch das Dekameron ist ein aus einer unglücklichen Liebe entstandenes Buch, mit dem man sich die letzten Reste einer schweren mutlosen Zeit vom Halse schafft.

Schon in der Einleitung sagt er es:

Von seiner Jugend an ist er von hoher und edler Liebe entzündet gewesen – viel mehr als sich dies für seinen niederen Stand schickte. Viel Kummer hat er darüber ausgestanden, nicht so sehr durch die Grausamkeit der Geliebten, als wegen der übermäßigen Glut und des unbändigen Verlangens, die ihn bei keinem passenden Ziel stillstehen ließen. Da haben ihn köstliche Reden eines Freundes erquickt, vielleicht ihm das Leben gerettet. Aber am meisten tat die Zeit.

Was weder freundliche Ratschäge noch Angst vor Schade und Gefahr biegen oder brechen konnten, hat die Zeit so gemildert, daß statt des Schmerzes nur die Erinnerung der Freude geblieben ist! – Es ist überstanden, und nun will er sich für die erhaltenen Wohltaten dankbar zeigen: nicht seinen einstmaligen Ratgebern gegenüber – sie brauchen seine Hilfe nicht –, sondern andern, die seiner Unterstützung bedürftig sind, weil sie sich in derselben Lage befinden. Und er wendet sich zuerst an die Frauen, denn wo Männer viele Mittel besitzen, die Qualen der Liebe zu erleichtern und zu vertreiben, da halten furchtsame und schamhafte Frauen die Flammen in ihrer Brust verschlossen, wo sie, wie jeder weiß, noch größere Gewalt haben. So schreibt er nun sein Buch, um den Frauen, denen das Schicksal sowohl geringere Kraft zum Tragen, als weniger Hilfe hat angedeihen lassen, mit nützlichem Rat behilflich zu sein und ihnen die Betrübnis zu vertreiben. Gelingt dieses – und Gott gebe, daß es gelinge –, so sollen sie Amor dafür danken, daß er, der den Verfasser von seinen Banden erlöst hat, ihm auch Kraft verlieh, ihnen Freude zu bereiten.

Das ungefähr ist der Inhalt des Vorwortes. Es erklärt uns, weshalb die Lebensweisheit in dieser Rahmenerzählung sich nicht wie im Pantschatantram an Fürsten, sondern dieses Mal sich an Frauen richtet.

Nun wäre zu versuchen, ob sich dieses mit einigen Tatsachen aus Boccaccios Leben beleuchten läßt.

Boccaccio war der natürliche Sohn eines bürgerlichen Kaufmannes – Boccaccino di Chelino, gebürtig aus Certaldo –, vielleicht war seine Mutter, eine Französin, adliger Abstammung, vielleicht ist er in Paris geboren, jedenfalls kam er als ganz kleines Kind nach Florenz. Sein Vater bestimmte den Knaben, der, wie er selbst erzählt, schon mit sechs Jahren Proben dichterischer Veranlagung geben konnte, gleichfalls zum Kaufmann. Mit zweiundzwanzig Jahren reiste er zu Handelszwecken nach Neapel und kam in Berührung mit höfischen Kreisen. Er lernte dort mannhafte Ritter, feinfühlige Edelfrauen, aber auch geistreiche Priester und ernste Gelehrte kennen. Sitten und Bildung stachen in jeder Hinsicht von denen bürgerlicher Florentiner Handelskreise, in denen er großgezogen war, ab. Da erwachte sein Ehrgeiz, und der Vater, nicht allzu grausam, gab seinen wiederholten Bitten, studieren zu dürfen, nach – allerdings mit der vorsichtigen Bedingung, daß auch dieses Studium zum praktischen Berufe führen sollte. Er wählte das Recht. Aber die Juristerei brachte ihn seinen dichterischen Idealen wenig näher und war ihm bald nicht weniger unsympathisch als der Handel. Immerhin, er konnte sich jetzt nach Beendigung seiner Kollegs auf die alten Sprachen werfen, sich in die antiken Schriftsteller vertiefen. Aber – und dieses gibt ein Bild seines Lebens, seiner Enttäuschungen – selbst dieses geliebte Studium wurde ihm nicht leicht. Er gehörte nicht zu den Männern, die eine fremde Sprache im Sturm erobern, er besaß nicht den genialen philologischen Instinkt, der so viele Humanisten seines und der folgenden Jahrhunderte kennzeichnet. Das feine Gefühl für Sprachformen, die tiefere Einsicht in das Wachstum der Sprache, durch die in der Renaissance die scheintote Antike zum neuen Leben auferstand, bleiben ihm fremd. Er zeigt nicht die geringste Ähnlichkeit mit Petrarca oder Picus von Mirandola, geschweige denn mit Filelfo oder Erasmus. Spät begonnen, bleibt er trotz glühenden Fleißes und hingebender Liebe nur ein mittelmäßiger Gelehrter. Griechisch ist ihm nie ganz geläufig geworden; sein Latein zeigt auch in den späteren Jahren keinen leichten zierlichen Schwung, in den jungen ist es plump, fast barbarisch.

Wenn wir nun hören, daß er an einem Ostersonntag des Jahres 1338 in der Kirche San Lorenzo zum ersten Male den Stern seines Herzens aufgehen sah, die Frau erblickte, die er ein ganzes Leben lieben sollte, Maria der Überlieferung nach, aus dem Geschlechte der Grafen von Aquino, eine natürliche Tochter König Roberts, seine Fiammetta –, so braucht uns dieses kaum allzu großen Eindruck zu machen. Wir wissen, daß, seit Dantes *Vita Nuova,* solche Begegnungen sozusagen zu den üblichen dichterischen Sitten der Zeit gehören, wie die Sporen zum Rittertum. Und doch, wenn auch Fiammetta in seinem Leben, in seiner Kunst keineswegs die Rolle einer Beatrice oder Laura gespielt hat, wenn sie nur ein Flämmchen und keine Flamme war – er hat sie mit dichterischer und südlicher Leidenschaft tief verehrt, lange geliebt. Er hat nicht unrecht, wenn er von einer hohen und edeln Liebe spricht. Sie war Symbol seines schönen, erwachenden Ehrgeizes, sie vertrat seine Sehnsucht nach Aristokratie in geistiger und gesellschaftlicher Hinsicht; sie ließ ihn sein bürgerliches Leben um so bitterer empfinden und verstärkte seinen Haß gegen alles Niedrige in Abkunft und Beruf. Alles in ihm richtete sich durch diese Liebe auf das Hohe und Edle.

Weder Abstammung noch Reichtum, weder Stand noch Gelehrsamkeit konnten ihm den Weg bahnen zu den Gesellschaftskreisen und zu der Geliebten, dahin sein Herz ihn zog. Blieb die Dichtkunst ... Dichtkunst war immer noch das Wunderkraut, das die Felsen öffnen konnte – selbst die Felsen einer exklusiven Hofgesellschaft. Die Zeit lag noch nicht weit zurück, da Minnesang und Minnedienst Adel verleihen konnten, und die Welt hatte noch nicht gelernt, sich zu wundern, wenn ein Dichter einen König duzte. Aber – und hier kommt die zweite Enttäuschung – Boccaccio war nicht nur kein großer Philologe, er war auch eigentlich kein großer Dichter. Wir besitzen von ihm viele schöne Dichtungen in allen Spielarten, die seine Zeit kannte, Lieder und Gesänge in geläuterter Technik, tief empfunden, voll dichterischer Einbildungskraft – man braucht, um ihn als Dichter zu würdigen, die Zwischenspiele im Dekameron nur zu lesen. Er war erfinderisch, und die Welt verdankt ihm zum Teil den Gebrauch der epischen Ottaverime. Und doch macht ihn alles dieses nicht zu einem wahrlich großen Dichter. Die innere Notwendigkeit, die zum Dichten zwingt, die aus der Seele die Verse strömen läßt, wie Wasser aus den Bergen, wenn der winterlich angesammelte Schnee der Gipfel im Frühling sich löst, der heilige Zwang, der Äschylos und Dante zu Dichtern machte – Boccaccio besaß sie nicht. Dichten war ihm, wenn er sich schon von seiner frühsten Jugend dazu angezogen fühlte, dennoch keine Lebensverrichtung; er konnte dichten mit Ergebung und Leidenschaft, und doch war die Dichtkunst nicht in seiner innersten Natur begründet.

Indessen – das, was er konnte, genügte, um ihm Zugang zu verschaffen zu dem Kreis, nach dem es seiner heiteren jungen Eitelkeit verlangte und zu dem Fiammetta-Maria gehörte; aber es wird nicht ganz genügt haben, Boccaccio dort die Stellung zu verschaffen, auf die er meinte Anspruch zu haben. Er war geistreich genug, um mit ihm zu scherzen, begabt genug, um sich von ihm besingen zu lassen, wohlgestaltet genug, um ihn gerne als Anbeter zu sehen und ein Liebesabenteuer mit ihm anzufangen – aber er war doch keinesfalls so groß als Denker und Dichter, so ritterlich als Kavalier oder so stolz und ausgelassen als Liebhaber, daß eine verwöhnte höfische Frau wie Maria ihn über alle andern stellen und in ihm etwas anderes hätte sehen können als den Gesellen einer heiteren, aber nicht allzu langen Episode. Sehr bald, nachdem sie durch ein lockendes Vorspiel seiner Schüchternheit ein Ende gemacht, er durch ein kühnes Wagnis ihren letzten Widerstand gebrochen, und das, was ihm höchstes Glück schien, erreicht hatte, mußte er schon erfahren, daß diese Frau ihn nicht so liebte, wie er sie. Eifersucht? Gewiß, auch das – aber daneben eine Empfindung, die Eifersucht noch herber macht: die Empfindung der eigenen Unzulänglichkeit, die Empfindung, daß zwischen dem, was er sein wollte, und dem, was er war, nie vollkommene Übereinstimmung herrschte. Bald darauf der

Beweis, daß sie ihn betrog, die Überzeugung, daß sie ihn wohl immer betrogen hatte. Wie viele aus der höfischen Umgebung mögen diesem Spiele zugeschaut und sich ins Fäustchen gelacht haben – und wie mag verletzte Eitelkeit die Wunde vergiftet haben!

Wir schreiben, obwohl es verführerisch genug wäre, den neapolitanischen Hofkreis um 1340 zu schildern, keinen historischen Roman; wir versuchen nur zu erklären, wie in der Seele eines Dichters jene Bitterkeit, Unzufriedenheit und Überempfindlichkeit entstanden sind, die sich in einem Teil seiner literarischen Arbeit so deutlich zeigen, die ihn schließlich dazu brachten, die Dichtkunst zu verlassen, um in religiöser Schwärmerei und wissenschaftlicher Arbeit sein Heil zu suchen. Es gibt Menschen, denen es scheinbar recht gut geht und an deren Wohlstand doch immer eine Kleinigkeit gebricht – »Es fehlt ihm ein Groschen, um Millionär zu werden«, hörte ich einmal von einem Börsenspekulanten sagen. So erging es in geistigen Dingen Boccaccio. Immer fehlte irgendwo eine Kleinigkeit. Menschen, denen er dieses am liebsten verheimlicht hätte, bemerkten es, und gerade weil sie es bemerkten, schienen ihm selbst die kleinen Lükken doppelt so groß. Das war es, was Boccaccio in seinen süditalienischen Jahren an sich selbst und an der Welt enttäuschte. In diesem Lichte bekommt der Satz, daß er von höherer und edlerer Liebe entflammt gewesen sei, als es seinem niedern Stande ziemte, eine fast tragische Bedeutung.

2. *Die Fiammetta-Dichtungen*

Fast alle Jugendarbeiten Boccaccios – wir können sie, da sie mit dem Dekameron nur lose zusammenhängen, hier nur streifen – stehen in dem Zeichen Fiammettas. Dichtung war das Mittel gewesen, die Geliebte zu gewinnen. – »Mein ganzes Verlangen ging dahin, zu ergründen, wie weit die Kunst, Worte geistreich zusammenzufügen, Verse zu schreiben, das Herz der Menschen zu erschüttern vermag; mit Eifer ergab ich mich dieser Kunst, meinen Stil bildete ich auf das rührendste aus, und ich versäumte auch kein anderes Mittel, das mir geeignet schien, das Ziel meiner Wünsche zu erreichen; nicht ohne Mühe und Anstrengung verfolgte ich sie lange, aber endlich fiel sie in die Schlinge, die ich ihr mit so vieler Sorgfalt gelegt hatte.«

Wollen wir den ersten Stufen dieser poetischen Verführung folgen? Auch dies hat uns der Dichter ermöglicht. Bei einem Gespräche in einem Nonnenkloster – dem Orte, wo sich damals junge Männer und Frauen der Gesellschaft zur gemeinsamen Unterhaltung zusammenfanden – trifft Boccaccio einmal die Geliebte, und im Laufe des Gesprächs bittet sie ihn bei der Kraft, die am Tage, da er sie zum ersten Male sah, von ihren Augen ausging, ihr in einem kleinen Buche in der Volkssprache die Geschichte der jungen Liebenden Flor und Blancheflor, die noch von keinem Dichter in geziemend erhabener Weise besungen war, bis zu Ende zu erzählen. So entstand die erste Hälfte jenes Buches, das Boccaccio *Filocolo* nannte, das die rührenden Abenteuer dieser zwei Getreuen enthält, die von der spätgriechischen Zeit an, da sie zuerst erzählt wurden, bis tief in die Renaissance hinein vielen schönen Augen Tränen entlockt haben, und die selbst unsre Zeit, der die Abenteuer der Manon Lescaut oder des Rodja Raskolnikow näher liegen, nicht ganz vergessen hat. Vollendet wurde dieses Prosabuch erst später.

Vermutlich – ich verzichte von nun an darauf, die Geschichte dieser Jugenddichtungen, deren Chronologie ein Labyrinth mit endlosen Irrgängen ist, mit Ausdrücken wie *»vermutlich, aller Wahrscheinlichkeit nach«*, oder *»nach der Hypothese des Herrn X.«* auszuschmücken – entstanden zu gleicher Zeit andre Arbeiten. Zunächst der *Filostrato*. Auch hier erzählt die Widmung an Fiammetta, was den Dichter zum Schreiben veranlaßte. Es war wieder eines von jenen gebildeten Gesprächen, wie sie die Zeit und der Kreis nicht weniger liebten als die Griechen ihre Symposia. Die Kasuistik der Liebe stand in der Mitte, und das Thema hieß: ein Verliebter kann seine Dame nur aus der Ferne betrachten, er kann manchmal von ihr reden, er kann immer an sie denken. Frage: welche von diesen drei Möglichkeiten gewährt ihm den größten Genuß? Boccaccio hatte sich für die dritte entschieden. Nichts kann die Gedanken an die Geliebte stören! Nun aber war Fiammetta auf kurze Zeit verreist. Da empfand er, wie er sich geirrt hatte, wie sehr der Anblick ihrer Schönheit ihm Lebensbedürfnis war – und zum Troste beschrieb er die Schicksale des treuen Troilo und dessen Schmerz über die abwesende, untreue Criseida in Ottaverime. Fraglos hat er die Episode aus dem trojanischen Krieg – den er damals noch nicht aus Homer, sondern aus einem französischen Epos kannte – ernst genommen. Dennoch liegt über dem Ganzen ein so humoristischer und satirischer Schimmer, sind zeitgenössische Zustände und Begebenheiten so drollig darin verschnörkelt, daß wir an Boccaccios Naivität nicht ganz glauben können, und wie es inhaltlich eine Prophezeiung von Shakespeares Drama ist, so gibt uns die Form einen deutlichen Vorgeschmack von Ariosto. Die Muse ist eine heimtückische Kreatur, wer glaubt, sie seinen Zwecken dienstbar machen zu können, muß oft erfahren, daß eigentlich sie es ist, die ihn unterwirft und zum besten hat. Während Boccaccio Töne suchte, die ihm helfen sollten, seine Geliebte zu gewinnen, zu behalten oder sie wieder zu erlangen, nimmt seine Begabung, ihm selbst zum Trotz, hier Formen an, die mit Minnedienst nichts gemeinsam haben, dagegen den spätern Verfasser des Dekameron verraten.

Ebenfalls aus dieser Zeit stammt ein zweites Epos, die *Teseide*, das von der Liebe zweier thebanischer Ritter, Arcita und Palemone, für eine Schwester der Amazone Ippolita, eine Schwägerin des Theseus, namens Emilia handelt. Wiederum ist es Fiammetta gewidmet: »Was man hier liest unter dem Namen von einem der beiden Liebhaber und unter jenem der geliebten Frau, bezieht sich, wenn Du es genau betrachtest, auf das, was wir, Du und ich, einander gewesen sind. Welchen Liebhaber ich im Auge habe, sage ich Dir nicht, Du wirst ihn selbst erkennen« – also ein Selbstbildnis und ein Rebus – aber einer, der leichter zu lösen ist als die meisten der sonstigen Boccacciorätsel. Arcita, der Mann, der zum Schlusse seinen Nebenbuhler besiegt, aber durch Venus' Tücke des Siegespreises verlustig geht, ist der Ritter, in dem Boccaccio sich selber zu konterfeien versucht hat: etwas sentimental, etwas geschmeichelt und sehr im Stile der Zeit. Keine sehr starke Arbeit, und doch . . . schimmert nicht Tasso durch den Nebel?

Nicht nur Venus war ihm damals abhold, auch Juno, der Reichtum, und Ramnusia, oder das neidische Schicksal, behandeln ihn, wie er schreibt, damals schlecht. Die Geschäfte des Vaters gerieten zu Ende der dreißiger Jahre durch einen Florentiner Bankkrach in bedenklichen Zustand; der Sohn mußte sich einschränken, lebte in einer übelriechenden Wohnung in einer Vorstadt, konnte sich in seinen geflickten Kleidern nicht mehr bei Hofe zeigen und mußte sich Ende 1340 entschließen, nach Florenz, das er zu hassen glaubte, zurückzukehren. Daß er dies alles nicht in bester Laune tat, ist begreiflich – weniger gerecht war es, daß er die Schuld für all sein Unglück auf den alten Boccaccino warf und ihn in seinen Dichtungen häßlicher darstellte, als kindliche Pietät und guter Geschmack es erlaubten.

Aber weder Laune noch Umgebung beeinträchtigten seine Arbeitslust. Bald nach seiner Rückkehr ist der *Ameto* entstanden, eine Prosaidylle mit vielen eingestreuten Terzinen und Canzonen, in der erzählt wird, wie der Jäger Ameto, eine Art Florentiner Caliban, durch seine Liebe für die Nymphe Lia seine rauhen Sitten ablegt und zum friedlichen Hirten wird. Zum Schlusse wird der Bekehrte in den Kreis der Nymphen eingeführt, und an einem Nachmittage erzählen Lia und ihre Freundinnen Mopsa, Emilia, Adionia,

Acrimonia, Agapes und Fiammetta, deren jede einer antiken Gottheit dient – aber deren jede die Züge einer wirklichen Zeitgenossin Boccaccios trägt –, ihre Liebesgeschichten. Zwei von diesen, die der Emilia und die der Fiammetta, beziehen sich wieder auf Boccaccios eigenes Leben. Er spaltet hier sein Ich in zwei Liebhaber, die er Ibrida und Caleone nennt; in Emilias Geschichte finden wir außerdem Andeutungen über Ibridas – d. h. Boccaccios – Mutter. Endlich, nachdem sie ihre zum Teil betrüblichen, meistens aber sehr verfänglichen Liebesabenteuer erzählt haben, verwandeln sich diese Frauen unerwarteterweise in die sieben christlichen Tugenden – Venus kommt als Feuersäule vom Himmel herunter, erklärt, daß sie das Licht des Himmels, dreifach und doch eine, Anfang und Ende aller Dinge ist, Ameto wird seiner Kleider entledigt und in dem Brunnen getauft ... und dem verblüfften Leser bleibt es anheimgestellt, wie er sich mit dieser disparaten Symbolik abfinden will. Aber wie wir vorhin Ariosto und Tasso nannten: in dieser Dichtung liegen die Wurzeln der Kunst Sannazaros, Guarinis und des ganzen späteren Hirtenspiels.

Nun wurde auch der *Filocolo* vollendet, und in diesem zweiten Teile befindet sich jene bekannte Episode, die für die Urform des Dekameron gilt. Der Held Florio irrt, um Biancifiore zu suchen, durch die Welt und kommt auch nach Neapel. Hier findet er in einem Garten, nicht weit von Posilippo – Boccaccio wird nicht müde, immer wieder die Gegend, wo Virgils Grab liegt, und die Landschaft zwischen Arno und Mugnone zu beschreiben –, die schon so oft erwähnte adlige Gesellschaft, deren Mitte Fiammetta ist. Und wieder werden die Probleme der Liebe besprochen. »Wenn eine Frau dem einen Liebhaber einen Strauß schenkt, den sie in ihren Haaren getragen hat, sich aber mit den Blumen des andern Liebhabers schmückt, wem von beiden Männern hat sie dann den größten Beweis ihrer Liebe gegeben?« – »Zieht eine Frau in ihrem Liebhaber den Mut, die höfischen

Sitten oder die Bildung vor?« – »Soll man ein junges Mädchen, eine verheiratete Frau oder eine Witwe lieben?« Und viele andre. Damit sich die Gespräche nicht verwirren, wird Fiammetta zur Königin gewählt und nimmt nach etwas Zögern errötend die Lorbeerkrone an. Manchmal werden die Fragen durch Beispiele erläutert, und so finden wir hier zwei Erzählungen, die uns am zehnten Tage des Dekameron wieder begegnen werden.

Bald darauf wieder zwei Arbeiten, von denen ich die erste auch dem emsigsten Boccaccioleser nicht zu Lektüre empfehlen kann, während die zweite, von allen Jugendwerken das tiefste und ursprünglichste, wohl verdient, auch bei solchen, die nicht Italienisch lesen, bekannt zu sein. Die *Amorosa Visione* bedeutet formell und inhaltlich die größte Anstrengung des Dichters – aber die größten Anstrengungen bedeuten nicht immer die besten Kunstwerke. In Terzinen geschrieben, deren Anfangsbuchstaben, nacheinander gelesen, drei geschwänzte Sonette – zwei an die hier mit Namen genannte Madonna Maria und eins an den Leser – bilden, entspricht dieses Riesenakrostichon inhaltlich ungefähr dem Alpdruck eines jungen Kunsthistorikers, der, nachdem er stundenlang versucht hat, die Wandfresken der Capella degli Spagnuoli zu enträtseln, vor Erschöpfung eingeschlafen ist. Der Dichter folgt hier einer Donna gentile piacente e bella, die versprochen hat, ihn zum höchsten Glück zu führen; aber seiner Begleiterin weniger gehorsam als Dante seinem Meister, sieht er auch manches, was sie ihm lieber vorenthalten hätte. Mit ihr oder ohne sie irrt er durch endlose Säle mit historisch-allegorischen Wandbildern, durch erotische Gärten mit symbolischen Brunnen – er schaut den Triumph der Wissenschaft, des Ruhms, des Reichtums, der Liebe, er schaut Dutzende, nein, Hunderte von berühmten Männern und Weibern, gibt zahllose verständliche und unverständliche Anspielungen auf Vergangenheit und Gegenwart – und das Ganze mutet uns an, als ob nach fleißigen und vielseitigen Studien in Neapel Giovanni in Florenz eine Art dichterisches Maturitätsexamen hat ablegen wollen. Wenn sie uns auch eine unschätzbare Quelle zum Verständnis der Denkart und der Ausdrucksweise des Trecento gibt, weite Ausblicke in eine literaturgeschichtliche Zukunft bekommen wir beim Lesen der *Amorosa Visione* nicht – sie reichen höchstens bis zu Petrarcas *Trionfi* oder bis zu den lateinischen Alterswerken Boccaccios selbst.

Dagegen der Prosaroman *Fiammetta*. Man liebt es, dieses Buch als den Prototypus des modernen psychologischen Ich-Romans zu betrachten, und gewiß, wer es liest, muß an Goethes *Werther* oder Benjamin Constants *Adolphe* denken. Und dennoch liegen hier die Verhältnisse ganz anders. Sowohl Goethe wie Constant sind bei ihren Hauptpersonen von sich selber ausgegangen – mit Einschränkungen, mit Übertreibungen, mit dichterischen Freiheiten und künstlerischen Abänderungen des Wirklichen haben sie immerhin ein Bild von sich selber gegeben. Werther ist und bleibt Goethe, wenn auch ein Goethe, den Goethe abschütteln mußte, um wahrlich Goethe zu werden. Dasselbe gilt mutatis mutandis für Constant und Adolphe. In der *Fiammetta* ist das Problem verwickelter. Fiammetta hatte Boccaccio betrogen – zunächst hatte er nichts anderes tun können, als seinen eigenen Schmerz auszuschreien, die Ungetreue zu beschimpfen, dem verlorenen Glück nachzutrauern ... und immer zu hoffen, daß es noch wieder anders werden würde. Nun aber die Zeit einiges gemildert hat, findet er eine neue Form: was ihm geschehen ist, wird auf sie übertragen. Nicht der Mann ist betrogen, sondern die Frau, nicht die Geliebte treulos, sondern der Liebhaber. Hat der Dichter früher gesagt, daß ihn Fiammetta nie in der Weise geliebt hatte, wie er sie – hier steht eine Frau vor uns, die ihrerseits dem Geliebten viel mehr gegeben hat, als er zu würdigen oder zu erwidern imstande war. Psychologie? Gut! – aber eine psychologische Metempsychose: Boccaccios Seele ist in Fiammetta gewandert, Fiammettas Psyche auf Boccaccio übertragen. Der Anfang der Liebesgeschichte wird wahrheitsgemäß oder jedenfalls ebenso wie im *Ameto* geschildert; aber dann ist es der Liebhaber, der abreist und, ohne daß ihm die Frau dazu Veranlassung gab, ihr in der Ferne untreu wird. Nicht seine Schmerzen werden geschildert, sondern die ihren: Troilus ist Cressida geworden. Nicht nur im großen wird diese Umkehrung durchgeführt, sondern bis in Einzelheiten. Boccaccio hat in den vielen Gestalten, die er sich selber gab, in Prosa und in Sonetten geschluchzt, sooft er der Stätte gedachte, die Orte besuchte, wo seine Liebe angefangen, wo er die ersten Gunstbeweise Fiammettas bekommen hatte. Jetzt ist Fiammetta an der Reihe. Ihr Gatte – ein mit Takt und feinen Zügen geschilderter Edelmann, weit entfernt von dem Typus des Hahnreis – bringt die Betrübte, die ihm den Grund ihres Jammers nicht sagen kann, nach Bajae, gerade dorthin, wo die liebsten Erinnerungen sich mit der Bitterkeit der Gegenwart verbinden, und ihre Verzweiflung äußert sich in fast denselben Worten, die wir kurz vorher aus Boccaccios Munde hörten. So geht es Zug um Zug. Haben wir es hier mit einer Art der Rache, mit der Genugtuung einer verletzten Eitelkeit zu tun? Jedenfalls ist das Kunststück gelungen: mögen die Seelenprobleme des Dichters auch noch erstaunlicher als die seiner Schöpfung sein, doch ist aus Fiammetta eine Figur geworden, die uns vom Anfang bis zum Ende fesselt. Und noch eins steht fest: wir können mit autobiographischen Angaben eines Schriftstellers, dem solche Umkehrungen gelingen, nicht vorsichtig genug sein. Was schon bei *Werther* und *Adolphe* äußerst heikel ist: die wirkliche Gestalt des Dichters und seiner Umgebung aus seinen Arbeiten zu rekonstruieren, wird bei Boccaccios Dichtungen zur Unmöglichkeit. So besteht wenig Aussicht, daß wir Giovannis Verhältnis zu jener Maria-Fiammetta, die in der Einleitung zum *Filocolo* leibhaftig mit ihm redet, in *Ameto* zu gleicher Zeit ein neapolitanisches Edelfräulein und eine der Ariadne dienende Nymphe ist, um sich schließlich als die Tugend der Hoffnung zu entpuppen, die in der *Teseide* Emilia heißt, aber mit der Emilia im *Ameto* nicht identisch ist, deren Namen die *Amorosa Visione* akrostichisch durchzieht, und die in dem Fiammettaroman Boccaccios Doppelgängerin wird, je genau kennen und verstehen werden. Bei den Liebesgesprächen im zweiten Teile des *Filocolo* sieht der Liebhaber Caleone, wie ein Sonnenstrahl das Wasser im Brunnen trifft und von dort ein Glanzlicht auf die Königin zurückspiegelt. Ein kleiner Geist entsteigt diesem spielenden Licht und beleuchtet zuerst die Augen des Mädchens, dann klettert er zu ihren blonden Locken empor und ergeht sich in dem Laubkranz, versteckt sich, erscheint wieder und entzündet dort eine goldene Flamme. Dann singt er: »Ich bin ein Widerschein aus Venus' Himmel, so verliebt in diese Augen, daß ich, wäre ich sterblich, daran sterben würde, voller Freude hüpfe ich von Ast zu Ast, in diesen goldenen Strähnen gehe ich umher, und an meinem eigenen Strahl entzünde ich mich; in meiner lieben kleinen Flamme zeige ich, wie groß die Kraft der himmlischen Strahlen, sie segnen jeden, der in diese Augen blickt, aus denen ich jedesmal, wenn es ihr beliebt, herniedersteige – denn wahrlich, sie ist die Königin meines Reiches.« So war Boccaccios Fiammetta, und damit müssen wir uns begnügen.

Den Abschluß der Jugendwerke bildet eine Idylle im Stile von Ovids Verwandlungen, das reizende *Ninfale Fiesolano*, die Geschichte des Hirten Affrico und der Nymphe Mensola, das Liebeswerben, die Liebeslist, Sehnsucht, Glück, Kummer und endlich die Verwandlung der beiden Liebenden in zwei Bächlein, die ihre Namen tragen, während ihr Sohn fortlebt und Gründer von Fiesole wird. So weit wir es ersehen können, fehlen hier Fiammetta und die persönlichen Anspielungen, und obwohl es gewiß weniger tief ist als der Fiammettaroman, lesen wir doch diese liebenswerte üppige Hirtengeschichte mit einem Seufzer der Erleichterung, weil sie uns so wenig Rätsel zu raten gibt.

III. Die Quellen des Dekamerons

1. Volkstümliches

Man frage den liebenswürdigen Geschäftsreisenden Meyer, der, wo er eintritt, schon mit einem Lächeln begrüßt wird, weil man ihm sozusagen den neuesten Witz schon auf den Lippen schweben sieht, und auch den Oberförster Rebhuhn, der am Stammtisch zu Waldwinkel bei jedem Tagesereignis eine diesbezügliche Anekdote aus alter Zeit zu erzählen weiß, oder Tante Leonore – den Schwarm der Kinder –, die so schöne Lieder kennt und, sobald es dämmert, bereit ist, ein Märchen zu erzählen – man frage sie alle einmal danach, wie sie eigentlich zu ihrem unerschöpflichen Repertorium gekommen sind. Viel wird es nicht nützen, und eine genügende, das heißt in diesem Falle eine wissenschaftlich brauchbare Antwort wird man nicht bekommen: irgendwo gehört, irgendwo gelesen, irgendwo aufgefangen . . .

Hätte man Boccaccio nach der Herkunft seiner Erzählungen gefragt, er würde auch nicht viel anderes geantwortet haben.

Geschichten, wie weitaus die meisten, die wir im Dekameron finden, lassen sich wohl mit Pflanzen vergleichen. Irgendwo, irgendwann sind sie entstanden. Ob sich für diese Entstehung ein bestimmter Ort nachweisen läßt, von dem aus sie sich weiterverbreitet haben, entzieht sich unsrer Beobachtung. Es scheint nicht ausgeschlossen, daß unter gleichen Umständen an verschiedenen Orten gleiche oder sehr ähnliche Gebilde entstehen können. Jedenfalls finden wir jetzt denselben Typus an sehr entlegenen Stellen. In einigen Fällen, wo der Mensch sie absichtlich verpflanzt oder auf seinen weiten Wanderungen mit sich genommen hat, gelingt es, den Weg nachzuweisen, auf dem sie gekom-

men sind, in andern Fällen fehlt diese Möglichkeit, und wir müssen uns damit begnügen festzustellen, daß sie da sind.
Zu Anfang sind sie »wild«. Nur an gewisse Lebensbedingungen gebunden, wachsen sie im allgemeinen, wie sie wollen. Zuzeiten aber werden sie gepflegt, gezogen, veredelt durch die Mittel der Kunst. Es entstehen wahre Treibhäuser der Erzählung. Aufbau, Kontrapunktik, Retardierung, Spannung, Überraschung werden versorgt, Schrift und Dichtkunst verleihen dann Form und Stil – und nun erhalten sie einen offiziellen Platz neben Lied und Tanz oder finden ihren Weg zum Drama, Roman und Epos. Dann wieder vernachlässigt man sie, läßt sie von neuem verwildern; sie lösen sich von den Kunstformen los, verkriechen sich in Ecken, die mit der Literatur nichts gemeinsam haben, und was wir als glänzende Leistung eines Meistererzählers oder in der Dichtung eines gottbegnadeten Poeten gekannt haben, finden wir als plumpe Erzählung in einer bäurischen Kinderstube oder als Zote am Krähwinkler Biertisch wieder. Dennoch können weder das Treibhaus, noch die Verwilderung sie so umgestalten, daß wir sie nicht wiedererkennen. Man mag sie mit Schnörkeln überladen, oder sie mögen verwittern und verkümmern, ein gewisser Kern, das Eigentliche, was ihren Typus bestimmt, bleibt sich gleich. Und was am erstaunlichsten ist, die Zahl der einzelnen Typen hat sich weder in guten noch in bösen Zeiten stark vermehrt oder verringert. – Auch hier waltet und bindet das in der Kunstgeschichte noch allzu wenig beobachtete und umschriebene Gesetz der beschränkten Möglichkeiten.
In den Köpfen der Durchschnittsmenschen befindet sich ein Gärtchen, wo zusammen mit Sprichwörtern, Redensarten, Märchen und mehr Derartigem eine mehr oder weniger ausgedehnte Flora solcher Geschichten blüht. Sie sehen sehr verschieden aus. Ein Teil ist uns auf dem Wege der schriftlichen Überlieferung zugekommen. Schon da herrscht ein fröhlicher Wirrwarr. Einige wurden uns, als wir Kinder

waren, vorgelesen, einige haben wir unter irgendeiner Form beim alten und neuen Sprachunterricht in der Schule kennengelernt, einige haben wir später in der Literatur gefunden oder auf der Bühne gesehen. Sie haben sich aber ganz oder zum Teil von den Formen, in denen wir sie in uns aufnahmen, losgelöst, und wir tragen sie als »reine« Geschichten mit uns herum. Dazu kommt, was uns die mündliche Überlieferung gab: von der alten Amme und der Großmutter gehört, als Witz oder Anekdote von einem Schulfreund oder einem Bekannten erzählt bekommen und so weiter. Die meisten machen von diesem Gärtchen wenig Gebrauch – höchstens erzählen sie gelegentlich Kindern oder Nachbarn einiges wieder. Einige aber pflegen es und tun nichts lieber, als ihre Blumen verschenken, bis es zur Gewohnheit, oft zur lästigen Gewohnheit wird, und bei solchen sammelt sich dann immer mehr an und wuchert lustig weiter. Sie sind die wandelnden Beweise dafür, wie viele solcher Geschichten noch im Umlauf sind, wie viele man im Leben hört und wie viele man, gingen sie nicht zum einen Ohr hinein und zum andern heraus, behalten könnte. Mancher Forscher würde wohl daran tun, einen solchen Anekdotenkrämer einmal unauffällig auszuhorchen – sie sind mit den Witzerzählern und den Leutchen, die keinen Satz aussprechen können, ohne ein Sprichwort oder eine Redensart einzuflechten, gleichsam die Bazillenträger der Folklore. Beim Geschäftsreisenden Meyer, bei Förster Rebhuhn und Tante Leonore fristen die verschiedenen Arten ihr Dasein – von ihnen aus verbreiten sie sich so gut es geht weiter.
Boccaccio, Shakespeare, Lafontaine stehen von diesen dreien nicht gar so weit entfernt, nur haben sie ihren Garten mit künstlerischer Absicht gepflegt und zu andern Zwecken erweitert ... Weise Botaniker kamen und versuchten die Flora zu bestimmen und zu katalogisieren.
Und nun: »In die Ecke, Besen« – fort mit dem zu Tode gehetzten Gartengleichnis.

Die »Quellen des Dekameron« heißt ein schönes und sehr gelehrtes Buch, worin uns von ungefähr neunzig der hundert Erzählungen Vorgänger aus andern Ländern und Zeiten namhaft gemacht werden und worin wir den Weg beschrieben finden, auf dem vielleicht einige von diesen von Land zu Land und von Jahrhundert zu Jahrhundert gewandert sind. Da gibt es ganze Stammbäume, da hören wir von Orient und Okzident, von der Antike und vom zeitgenössischen Italien, von Moral und von Stadtklatsch, von historischen und phantastischen, weltlichen und religiösen Bestandteilen, von Volkssage, Märchen, Roman, Anekdote und Novelle – und das ist alles recht interessant und unterhaltend. Aber Quellen?

Nur in sehr seltenen Fällen läßt sich nachweisen, daß Boccaccio, während er seine Novelle schuf, entweder das Buch, dem er den Stoff entnahm, neben sich gehabt hat oder, was zu seiner Zeit keineswegs selten war, es teilweise auswendig konnte. Bei fast allen andern finden wir neben Ähnlichkeiten und Anklängen so viele Abweichungen und Änderungen, daß es sehr zweifelhaft wird, ob er grade dieses Buch benutzt hat und von einer Quelle im eigentlichen Sinne nicht gesprochen werden darf. Der weit größte Teil des hier so scharfsinnig zusammengetragenen Materials dient nur dazu, zu beweisen, wie alt und allgemein verbreitet die Stoffe waren und noch sind, aus denen Boccaccios Repertorium zusammengesetzt war.

Ein Teil dieser Erzählungen lebt heute noch im Munde des Volkes. Oft habe ich von Menschen, denen das Buch unbekannt war, als Liebesgeschichte, als Witz, als Anekdote Geschichten des Dekamerons erzählen hören. Manchmal konnte ich durch irgendeine Wendung feststellen, daß diese mündliche Überlieferung indirekt wieder auf Boccaccio zurückzuführen war; manchmal schien es mir sicher, daß sie einen anderen Weg gewählt hatte – aber in weitaus den meisten Fällen fanden sich weder für das eine noch für das andere Anhaltspunkte. Wie sich nun diese umlaufenden Geschichten zum Dekameron verhalten, so verhält sich das Dekameron zu den vorhergehenden: sie haben den gleichen Inhalt, aber es läßt sich nicht nachweisen, daß es gerade diese Form des Überkommenen war, die dem Dichter zu seiner Erzählung verhalf.

Der kluge Verfasser dieses Quellenbuches gibt erstens zu, daß neben diesen schriftlichen uns überlieferten Fassungen ungezählte mündliche bestanden haben müssen, und erkennt zweitens unumwunden an, daß, selbst wenn einige wirklich »Quellen« sind, Boccaccios Größe gerade darin liegt, daß er sie nicht wiedergab, wie er sie fand, sondern daß er sie abänderte.

Dennoch bietet das Buch auch etwas Positives: wir lernen durch es einiges über Geistesströmungen, die den Dekamerondichter bewegten. Da liegt der Weg. Um Boccaccio gerecht zu werden, müssen wir das Wort Quelle in weiterem Sinne auffassen. Hier gilt es zunächst nicht, festzustellen, woher ihm die einzelnen Geschichten zugeweht sind oder zugeweht sein können, sondern wir müssen anfangen, seine geistigen Ahnen zu suchen, die Kulturkreise, aus denen eine Figur wie die seine im Laufe der Zeit hervorging.

Und wenn wir diese Kreise mit Schlagwörtern benennen wollen, so heißen sie: die Antike, die französische Dichtung des 12. und 13. Jahrhunderts und Dante.

2. *Die Antike*

Die Antike ist ein Pfauenschwanz mit hundert Augen oder ein Edelstein, geschliffen mit endlosen Facetten, oder ein Tisch in Auerbachs Keller, aus dem für jeden der Wein fließt, den er sich wünscht. Und nun erst die Renaissance! »Wiedergeburt der Antike« – sagen die Schulbücher. Gewiß, sie ist auferstanden – aber da gibt es mindestens ebensoviel Arten der Wiedergeburt, wie die Naturgeschichte

Geburtsarten kennt. Hier ist eine Antike, die sich von neuem zeigt, dort eine andere, dort ... Die Antike Dantes ist nicht dieselbe wie jene der platonischen Akademie unter Cosimo, die Antike Poggios weicht ebensosehr von der des Machiavelli oder der des Erasmus ab, wie diese von Reuchlins oder Dürers Antike – es gibt eine Antike von Winckelmann, eine von Goethe, eine von Wilamowitz. Wer Renaissance sagt und nicht für einen Phrasenheld gehalten werden will, den kann man mit Fug auffordern, sich näher zu erklären.

Boccaccios Antike ist weit entfernt von allem, was wir »klassisch« oder auch nur »klassizistisch« zu nennen pflegen. Wer sie verstehen will, kommt bei einem Studium des sechsten und fünften Jahrhunderts, der großen Epen, der Tragiker, Platos, Thukydides' oder Demosthenes' ebensowenig auf seine Kosten, wie wenn er sich an Plutarch oder selbst an Lukian wendet. Boccaccios Antike liegt in der Periode, die wir den Hellenismus nennen. Es sind jene drei oder vier Menschenalter nach dem Tode Alexanders, die genügten, zu beweisen, daß, was in kurzer Zeit in einer kleinen Weltecke geboren und gebaut war, tatsächlich eine Jahrtausende überdauernde Kulturgrundlage für die Menschheit werden konnte – die große Probe auf das Exempel der griechischen Kunst und Wissenschaft. Eine Zeit, die, obwohl sie von bedeutenden Männern strotzt, keine Kunstwerke ersten Ranges hervorgebracht hat, die dem griechischen Geist nichts wahrhaft Großes hinzufügen konnte und die dennoch die Größe des griechischen Geistes dauernd bestätigte, indem sie ihm eine immer noch ungeahnte Tragweite verlieh. Eine schwer zu kennende, noch schwerer zu verstehende Zeit. – Wie die Buchstaben eines Palimpsestes, fangen nach langer angestrengter Forschung ihre Umrisse an, sich zu zeigen, aber wenn nicht ganz unerwartete Funde unser Wissen bereichern, werden wir sie nie genau kennen.

Boccaccio kannte sie überhaupt nicht.

Für diese verblüffende Tatsache sind nur zwei Erklärungen möglich.
Entweder das Wort Rinascimento ist das bestgewählte der gesamten historischen Terminologie . . .
Wahrhaftig, hier muß etwas wiedergeboren sein. Hier ist das Altertum nicht wiedergefunden, wie ein Knabe ein Buch seines Urgroßvaters in einer alten Truhe auffindet oder wie ein Forscher nach fleißigem Studium und vorsichtigem Schürfen den Spaten ansetzt und eine alte Stadt freilegt. Wer ein Bild sucht, muß schon zur Seelenwanderung greifen. Die Menschen fanden die Antike nicht – sondern die Antike fand wieder die Menschen; sie reïnkarnierte sich. Was als Geist umgegangen, fand mit einem Schlage wieder einen Körper. Die Nonnenleiber des Mittelalters, in die zuweilen ein höllischer Geist fuhr, um mit dem geliehenen Munde unheimliche Weisheit oder leichtsinnigen Unflat zu verkünden, können über den ungebetenen Gast nicht erstaunter gewesen sein als die Männer der Frührenaissance über den Geist, der sich ihres Innersten bemächtigte, von dem sie fortan besessen waren. Dieser Geist war so unabhängig von ihren bisherigen Überzeugungen, so selbstständig in seinem Auftreten und Handeln, daß es vollkommen gleichgültig war, ob sie ihn vorher gekannt, ja sein Vorhandensein geahnt hatten. Boccaccio wäre hierfür das schlagendste Beispiel. Spiritus flat ubi vult. In diesem Sohn des krämerhaften Philisters aus Certaldo wird, ohne daß er oder irgend jemand begreift wie, mit einem Male die literarische Kultur des Hellenismus wiedergeboren, dieses wunderbare Stück Antike, von dem wir – ich wiederhole – langsam einen Schimmer bekommen, aber das dem vierzehnten sowie vielen späteren Jahrhunderten unbekannt war und blieb.
. . . Oder wir müssen das Wort Rinascimento ganz fallen lassen.
Die historischen Einteilungen sind Sprossen einer Leiter, mit denen wir behutsam in den Schlund des Vergangenen hin-

abgeklettert sind –, nun wir die Tiefe annähernd kennen, mag, wer schwindelfrei ist, den Sprung wagen. Man hüte sich, daß nicht aus einem Hilfsmittel eine Fessel werde. Antike, Mittelalter, Renaissance sind brauchbare Arbeitshypothesen; Bedingung einer Arbeitshypothese ist, daß man sie zur rechten Zeit aufgibt. So vernünftig es war, zum genauen Studium die römische zeitweise von der griechischen Kunst zu trennen, so nötig war es, sie später wieder mit ihr zu vereinigen, um einzusehen, daß sie nur einen Teil der hellenistischen Kultur bildet. Der Unterschied in der Sprache erwies sich gering im Vergleich zu der Übereinstimmung im Wesen des Geistes. Ebenso müßte die Trennung zwischen antiker und christlicher Literatur, die einmal gewiß nicht aus historischer Kurzsichtigkeit gemacht war, aufgegeben werden, sobald man zu der Einsicht kam, daß das Gemeinschaftliche in der Form, die religiös-inhaltliche Verschiedenheit überwiegt. Wer eingesehen hat, daß die byzantinische Kunst die notwendige und ununterbrochene Fortsetzung der Spätantike bedeutet, der kann sich einen Augenblick überlegen, inwieweit das Herübergreifen hellenistischer Elemente nach Italien zu Anfang des vierzehnten Jahrhunderts eigentlich den Namen Renaissance verdient. Hier wird nichts wiedergeboren, denn es war nicht gestorben, es hat selbst nicht geschlafen oder nicht im verborgenen geblüht – es ist einfach weitergewachsen und zeigt sich jetzt an einer Stelle, wo wir es mit etwas historischem Witz wohl hätten erwarten können. Wenn man weiß, daß die römische Kunst zur einen und die christlich-griechische Kunst zur anderen Seite unzertrennbar mit dem Hellenismus verbunden sind, daß es unmöglich ist, sie anders aufzufassen denn als Provinzen in einem großen zusammenhängenden Geistesreiche, so fällt es nicht schwer, gerade Boccaccio gleichfalls als eine Provinz dieses Reiches anzusehen.

Hier läge also die zweite Lösung des Problems.

Der Norden hat die Antike wieder aufgenommen als Gegensatz zu vielem, was in der mittelalterlichen Kultur unerträglich geworden war. Das Altertum schien ihm ein Heilmittel gegen Schäden, die sich im Laufe des vergangenen Jahrtausends eingestellt hatten, ein Schatz, den er hob und mit dem er seine zerrütteten Verhältnisse aufbesserte. Aber das Heilmittel wollte bereitet sein – der Schatz, wenn auch heute herrenlos, hatte einmal einem andern Besitzer gehört. Raum und Zeit trennten den Norden von der Kultur, deren beste Erzeugnisse er sich aneignete, indem er sie verarbeitete. Einem Teil des Südens mag es ebenso ergangen sein; auch hier finden wir wohl Spuren einer bewußten Wiederaufnahme. Aber nicht bei Boccaccio – nicht im Dekameron: hier fällt die zeitlich-räumliche Trennung fort. Das Dekameron gehört ebensosehr zur Literatur des Hellenismus wie Theokrits Gedichte oder Virgils Eklogen. Was verschlägt hier der religiöse Unterschied – auch die Religion Virgils ist von der des Theokrit verschieden –, was eine neue Sprache – auch der Römer und der Grieche benutzen nicht dieselbe. Über den Unterschied der Religion geht die Gemeinschaft der Weltanschauung. Die Sprache –? ich überlasse es den Philologen, zu untersuchen, ob es nicht mehr gibt, was die dichterische Sprache Theokrits, Virgils und Boccaccios verbindet, als was sie trennt. Der Hellenismus ist kein Condottiere, der Söldner aus allen Weltteilen unter seine Fahne vereinigt – aber er ist ein Sauerteig, der alles durchdringt und sich in scheinbar weit auseinanderliegenden Ausdrucksweisen dennoch als gemeinsamer Geist offenbart. Diesen Geist atmet das Dekameron. Hier verwischt sich die künstliche Grenze zwischen der alten und der neuen Welt. Die nordische Renaissance war von den vorhandenen Resten des Altertums abhängig, sie mußte suchen, um finden, studieren, um verstehen zu können. Die Renaissance im Dekameron – und man kann dieses auf einen Teil der zeitgenössischen Dichtung, zum Beispiel auf Petrarcas italienische Gedichte ausdehenen – beruhte auf einem wirklichen Zusammenhang. Deshalb brauchte Boccaccio weder die hellenistische Kultur zu kennen noch selbst Griechisch zu verstehen. – Erinnert sich das Wasser, wenn es sich nach seiner Reise durch die Balkanländer dem Schwarzen Meer nähert, was einmal die Quelle in Donaueschingen rauschte?

Als Boccaccio das Dekameron schrieb, war er dem groben Kauz, von dem er später etwas Griechisch lernen sollte, der ihm aber das äußere Leben mehr verbitterte, als er ihm das innere versüßte, dem Leon Pilatus, den Petrarca eine »magna bellua« nennt, noch nicht begegnet – er kannte Homer eigentlich nur dem Namen nach. – Und dennoch stand er mitten in der griechischen Kultur. Schon wer Apollonios' Argonautenepos mit Boccaccios *Teseide* vergleicht, muß von der Ähnlichkeit getroffen werden. Hier wie dort der Mißgriff in der Form, dieses sonderbare Bedürfnis, ein Epos zu schreiben, bei einem, dessen Begabung so offenbar auf die abgerundete Geschlossenheit der kurzen Erzählung gerichtet ist. Hier wie dort das philologisch-historische Spielen bei Künstlern, die – glücklicherweise – ganz unhistorisch veranlagt, nur die eigene Gegenwart empfinden, beobachten und wiedergeben können. Aber neben Apollonios standen andere, die ein großes Buch für ein großes Übel erachteten und den Fehler verbesserten – und was im Altertum getrennt ging, spielt sich bei Boccaccio in einer und derselben Person ab: den Epen entronnen, greift er zu der kleinen übersichtlichen Einheit. Schon *Ameto* und *Fiammetta* waren in dieser Hinsicht Fortschritte. Nicht das Äußere, nicht daß im *Ameto* von Nymphen und antiken Gottheiten gefaselt wird, nicht daß in der *Fiammetta* ganze Seiten aus Ovid, wie in der *Teseide* aus Statius abgeschrieben sind, darf antik genannt werden –, sondern das Innere, das Suchen einer geschlossenen Form, das plötzliche Erfassen der Frauenerzählung, des Heldinnenbriefes als solche ist hellenistisch. Im Dekameron endlich hat er es ganz erreicht – das Dekameron verhält sich zur *Teseide* wie Theokrit und Kallimachos zu

Apollonios. Liegt nicht schon in der glücklichen Verbindung des Lesbaren und Rezitierbaren ein Vergleichspunkt? Überhaupt, Eidyllion und Novelle, wie vortrefflich ließe sich dieser Parallelismus ausarbeiten.

3. Die französische Dichtung

Die germanische Dichtung des neunzehnten Jahrhunderts wurzelt so tief in der germanischen Sprache, daß wir uns eine Trennung dieser beiden weder in der Gegenwart noch in der Vergangenheit vorstellen können. Wenn wir also in der Schule lernen, daß Ekkehard sein Walterepos auf Lateinisch dichtete, so behalten wir diese Tatsache vielleicht im Gedächtnis – zu unserm Begriffe dringt sie in der Regel nicht durch, und selbst Vater Scheffel gibt sich nicht allzuviel Mühe, sie uns verständlich zu machen. Die Vorstellung und der Begriff der Poesie erwachsen uns aus der eigenen gesprochenen Sprache.

Sei es, daß man durch Regelmaß der Betonung die Rede einteilt, sei es, daß man durch bewußten Satzbau das Gedankliche gliedert, sei es, daß man auf bildlichem Wege dem Ausdruck Tiefe und Farbe verleiht – immer bleibt die Muttersprache das dichterische Organ. Der Zusammenhang zwischen eigener Sprache und Dichtung ist so stark, daß heute mancher Gebildete, der fremde Sprachen beherrscht, dennoch für die fremde Dichtung zu Übersetzungen greift: der Geist fremder Poesie offenbart sich eben nur auf dem Wege des eigenen geliebten Deutsch.

Ekkehards Beispiel beweist jedoch, daß dies nicht immer und überall so zu sein braucht. Viele Zeiten haben geglaubt, daß die Dichtkunst ein höheres Ausdrucksmittel verlangte als die im Volke gesprochene Sprache – manchem Gebildeten von früher hat sich der Geist einheimischer Dichtung erst auf dem Wege einer fremden Sprache offenbart.

Wir reden vom Kirchenlatein. – Es war aber keineswegs die

mit dem Kultus zusammenhängende Ehrwürdigkeit dieser Sprache, die den mittelalterlichen Poeten dazu veranlaßte, lateinisch zu dichten. Erstens erkannte man, gestützt auf das, was man von der antiken Dichtkunst wußte, den antiken Sprachen eine höhere poetische Ausdrucksfähigkeit zu. Nicht ganz mit Unrecht. Wenn auch die Dichtkunst in jedem einzelnen Dichter und in jedem Volke immer von neuem geboren wird, so enthält sie doch andrerseits eine Reihe von Individuum zum Individuum und von Volk zu Volk überlieferter Formen, und zu diesem überlieferten Schatz hat die Antike weitaus am meisten beigetragen. Wo der romanische Baumeister dauernd mit antiken Motiven und Einzelheiten arbeitete, machte es sein Zeitgenosse, der Dichter, nicht anders. Kein Wunder, wenn er da die alte Sprache in ihrer Gesamtheit vorzog. Zweitens aber lag es ebenso auf dem Wege des scholastischen Denkens, sich die Idee der Poesie als Realität, also losgelöst von einer bestimmten Sprache vorzustellen, als es auf dem Wege des evolutionistischen Denkens liegt, sich die Dichtkunst ausschließlich als Entwicklungsprodukt des im eigenen Volke Gesprochenen zu erklären.

Für die dichterische Praxis haben, abgesehen von ihrer philosophischen Richtigkeit, beide Auffassungen ihren Wert. Gewiß frommt es dem Dichter, wenn er mit beiden Füßen auf der Scholle steht – andrerseits kann man aber seine poetische Ausdrucksweise erhöhen und veredeln, wenn man bei der Erlernung des Handwerks zu einer andern Sprache greift. Schon Ennius hat es gewußt, und weitaus die meisten Dichter der Renaissance von Dante bis Milton haben in mehr als einer Sprache gedichtet. Ob nicht in einer Zeit wie der unsrigen, wo sich die Grenzen zwischen Dichtung und Vulgärsprache in bedenklicher Weise zu verwischen anfangen, manchem Dichter mit diesem Mittel geholfen wäre?

In Italien handelte es sich im dreizehnten Jahrhundert nicht nur um Latein. Die italienische Dichtkunst äußert sich bei ihrem Anfang in den Sprachen des Landes, das damals schon seit einem Jahrhundert die führende Rolle in der westlichen Literatur spielte: Frankreich.

In einer und derselben Zeit gibt es manchmal erstaunliche Gegensätze. Es gehört etwas Kühnheit und Gelenkigkeit der Phantasie dazu, sich vorzustellen, daß Lessing und Klopstock oder Balzac und Victor Hugo Zeitgenossen waren oder daß sich Sokrates und Aristophanes auf der Agora, Fra Angelico und Masaccio vor dem Palazzo vecchio begegnen konnten. Zu den allererstaunlichsten gehören jedoch die Gegensätze in der französischen Dichtung des dreizehnten Jahrhunderts. Nur die Tatsache, daß sowohl die Poeten der Langue d'oc als jene der Langue d'oïl aus dem Gesichtsfeld unsres Geschmackes verschwunden sind, mildert unser Staunen, wenn wir eine provenzalische sirventes neben ein zeitgenössisches nordfranzösisches fabliau stellen.

In den beiden Dichtarten, die einmal je eine Hälfte eines Volkes erfüllten, fehlen die großen Individuen, die es einer Literatur ermöglichen, über die Grenzen ihrer Zeit hinaus zu leben; sie waren beide ebenso reich an begabten wie arm an genialen Vertretern und lassen sich darin mit einigen Epochen der deutschen Literatur vergleichen. So gerieten sie in Vergessenheit – wurden fossil. Nur der Gelehrte kennt sie, aber seines Amtes ist es nicht, zu staunen. Wenn aber Neugierde oder Zufall den Gebildeten einmal dahin bringt, sich in diese abgelegene poetische Gegend hinein zu wagen, so findet er . . . Nacht und Tag, nicht nach, sondern nebeneinander, und die beiden Pole der Poesie, nur getrennt durch den grilligen Lauf eines Flüßchens. Was sich hier in der Dichtkunst ereignet, erinnert an den Inhalt von Schillers Räubern. Es sind Gegensätze wie Franz und Karl Moor, Gegensätze, wie sie sich die Verwegenheit eines jungen Genies ausdenkt und die dennoch durch gemeinsame Familienzüge verbunden sind.

Auf der einen Seite eine Kunst, die sich nur dem äußeren

Geschehen zuwendet, auf der andern eine, die nur innere Vorgänge beobachtet und wiedergibt; hier die Situation, dort der Gemütszustand; rechts die Erzählung, links das Lied; nördlich das bürgerliche Sittenbild, das in seiner Neigung zur lebhaften Darstellung sowohl die Bänkelsängerei wie die Zote streift, südlich die ritterliche Minne, deren verzwickte und verschnörkelte seelische und körperliche Etikette sich auch in der raffinierten Form spiegelt – und doch, so groß die Unterschiede sind, es ist nicht ganz leicht, sie genau zu bezeichnen. Die üblichen griechischen Ausdrücke, wie lyrisch, episch, dramatisch, führen hier nicht zum Ziele; die Verschiedenheit der Charaktere wird von einer Familienähnlichkeit gleichsam überbrückt.

Die nordfranzösische und die provenzalische Dichtung des dreizehnten Jahrhunderts gehen von einem gemeinsamen Punkte aus, wie die Arme eines Flusses trennen sie sich, wie diese finden sie sich an einem entfernten Punkte wieder zusammen.

Sowohl die Kunst des nördlichen Trouvères wie jene des südlichen Troubadours entstammen der nationalen, sagenhaft-kriegerischen Dichtung, die, in Frankreich seit dem elften Jahrhundert aufgekommen, ihre germanische Schwester bald überflügelt hatte und ein poetisches Muster für das gebildete Europa des Mittelalters geworden war. Ursprünglich die Poesie des handelnden Helden, bildete sich unter Einfluß christlicher Gedanken und antiker Überlieferung aus der heldenhaften Handlung nach und nach der heldenhafte Charakter: der Held ward zum Ritter. Je nachdem man es vorzog, die Handlung weiter zu betonen oder den Charakter als solchen darzustellen, mußte sich ein mehr objektives oder ein mehr subjektives Verhältnis zum Gegenstand ergeben.

Auf der einen Seite geschah der erste Schritt, indem ein großer Dichter bewußt und absichtlich die alten mit der nationalen Historie zusammenhängenden Sagenstoffe fallen ließ und seine handelnden Ritter in eine Märchenumgebung verpflanzte, die zum Wunderbaren und Beweglichen reiche und neue Möglichkeiten bot. Wenn diese Neuerung scheinbar unbedeutend war, in Wirklichkeit vollzog sich mit ihr der Übergang von der Handlung zum Schicksal. Sobald der Ritter die konkrete Umgebung der nationalen Sage verließ und nach dem abstrakten Märchen übersiedelte, stand nicht mehr das, was er tat, sondern das, was er erlebte, im poetischen Brennpunkte. Der Heldensang wurde zum ritterlichen Abenteuerroman. Der Weg vom Schicksal zur Intrige ist nicht weit; wenn wir einmal beim Abenteuer angelangt sind, stehen die Türen zu der aufregenden und zu der Lachen erweckenden Geschichte schon offen. Um von der »geste« zum »fabliau«, von Roland oder Doon de Mayence zu dem betrogenen Ehemann oder dem lüsternen Mönch zu geraten, mußte der Weg über die Märchen des Chrestien de Troyes und der Marie de France gehen.

Auf der andern Seite vertiefte man sich immer angestrengter in das körperliche, seelische und moralische Verhalten des Ritters selbst. Wir machen uns die Sache etwas zu leicht, wenn wir kurz und apodiktisch erklären, daß der Adel eines Tages anfing, sich dichterisch zu betätigen, nachdem der Geistliche und der Spielmann vorangegangen waren. In Wirklichkeit wurde, bevor der Ritter zum Dichter ward, der Sänger in seinem Geiste zum Ritter. Mit seiner ganzen romanischen Einbildungskraft, mit der ganzen Spitzfindigkeit einer sich befreienden Philosophie hat sich der provenzalische Dichter in die Person des Besungenen hineinversetzt. Und so fand er hier den Übergang von Handlung zum Benehmen. Nicht das Schicksal, sondern die innere und äußere Haltung und Stellung des Ritters wurde dem Troubadour zum dichterischen Gegenstand. Daß ihm dabei die Klasse, die sich am ersten betroffen fühlte, alsbald in das Handwerk pfuschte, konnte nicht ausbleiben.

So strebten die beiden Gattungen auseinander. Aus der Verschiedenheit der Charaktere mußte sich Verschiedenheit der Form ergeben. Auf der einen Seite suchte und pflegte man die Kunst der fortlaufenden Historie mit Spannung, Hemmung, Pointe und was sonst dazu gehört. Auf der andern fand man die Rhythmen, Reime und Strophen, die der persönlichen und momentanen Stimmung angemessen sind. Hier wurde erzählt, dort gesungen.

Da sich nun – wie sollte es wohl anders sein? – beide Gattungen der Erotik zuwandten, entstand im Norden die Liebesgeschichte, im Süden der Liebesgesang. Kamen der ersten die Hunderte abenteuerlicher, aufregender oder lächerlicher Geschichten, die damals, wie immer, in der Luft schwebten, zustatten, so konnte sich der zweite an das ebenfalls nie und nirgends fehlende Lied anlehnen.

Damit war der Punkt erreicht, wo sie am weitesten voneinander entfernt waren. Wie nun die Entwicklung in Frankreich selbst weiterging, braucht uns nicht zu kümmern. Boccaccio kannte weder jenes merkwürdige Gebilde des dreizehnten Jahrhunderts, das den Weltgeschmack so lange beherrschen sollte: den Rosenroman, noch die Dichtungen seines Zeitgenossen Guillaume de Machault, die in mancher Hinsicht eine Parallele zu den seinen bilden. Die Literaturgeschichte ist jedoch nicht an geographische Grenzen und nicht an Sprachen gebunden. Ein Zusammenfließen der beiden getrennten Flußarme fand dennoch statt. Sowohl die Kunst der Troubadours wie jene der Trouvères war nach Italien gekommen und hatte, da die dichterischen Eigenschaften des neugeborenen Italienisch noch nicht reif waren, sie zu empfangen, ihre Ursprache vorläufig beibehalten.

Die provenzalische Dichtkunst wählte den Weg über den sizilianischen Hof Friedrichs II. und zog gen Norden. Die Dichtung der Langue d'oïl kam über die Alpen und bewegte sich nach Süden. Jede hatte ihre eigenen Schicksale: während die sizilianische Dichterschule sich langsam in die junge Sprache auflöste und mit ihr zusammen eine Blüte trieb, wie die Welt sie herrlicher nicht erwarten konnte, die Blüte des dolce stil nuovo, verlor die nördliche immer mehr ihre dichterischen Eigenschaften, wandte sich der Prosa zu und schien auf diesem Boden verkümmern zu wollen. Und doch kam der Tag, da sie sich trafen. Und ihre Mischung sollte die fruchtbarste der ganzen Literaturgeschichte werden – aus ihr sollte eine Zukunft, die Ariost, Cervantes und Shakespeare umfaßt, hervorgehen. Dieser Treffpunkt heißt Boccaccio, heißt Dekameron.

Wir nannten es Mischung – für Boccaccio aber trifft das nicht ganz zu. Es ist, als ob die beiden Gattungen, nachdem sie sich wie getrennte Geliebte, wie Flor und Blancheflor, lange in fremden Ländern gesucht haben, in dem Augenblick, wo sie sich wiederfinden, zögern, als ob sie eine kurze Zeit Hand in Hand gehen, ehe der Kuß sie vereint und sie sich endlich ineinander verschlingen. Wieder zeigt sich hier der Unterschied der beiden Bestandteile des Buches: während in dem Rahmen der provenzalische Charakter überwiegt, sehen wir, wie die einzelnen Erzählungen zum allergrößten Teile dem Stil der nordfranzösischen Gattung entsprungen sind.

4. Dante

So erstaunlich es klingen mag, die Freundschaft hat in Boccaccios Leben eine größere Rolle gespielt als die Erotik: die Freundschaft für den toten Dante, die Freundschaft für den lebenden Petrarca. Wer Boccaccio vorurteilslos als Mensch betrachtet, für den versinken die kurze, halbwegs glückliche Liebe seiner Jugend, die gehässige, unglückliche Liebe seiner späteren Jahre und die vielen andern Episoden im wesenlosen Schein. Gewiß, die Liebe spiegelt sich in seiner Dichtung und in seinem Charakter – aber die Liebe wird zu einer fast gleichgültigen Spielerei, wenn man sie mit der Freundschaft zu den beiden Männern vergleicht, mit denen ihn die Kulturgeschichte gerne zusammen nennt. Seine Bewunderung für diese zwei ist so kindlich aufrichtig, seine Überzeugung, weit geringer zu sein als sie, ist so lauter und naiv, seine Hingabe so selbstlos und liebenswürdig, daß sich sein ganzes Bild wandelt, sobald wir es von dieser Seite betrachten.

Dabei war es durchaus nicht immer leicht, diese beiden Freunde zu vereinigen. Petrarca war eitel und verwöhnt und alles weniger als bereit, zuzugeben, daß Dante der erste, er selbst der zweite, Boccaccio der dritte Dichter Italiens wäre, ja, es scheint, daß er erst unter Boccaccios Einfluß Dantes Größe und Bedeutung anerkannt hat. Wie dem sei, von dem Augenblick an, da Boccaccio – vielleicht durch Dantes Freund Cino da Pistoja in Neapel – zuerst mit den Werken des Meisters Bekanntschaft machte, bis zu seinem Lebensende hat er nicht aufgehört, seine treue und unbeschränkte Bewunderung kundzutun.

Boccaccios Verhältnis zu den beiden ist aber sehr verschieden.

In seinem Leben ist ihm Petrarca oft eine Stütze, eine Zuflucht, ein Vorbild gewesen, als Gelehrter hat er mit größter Anstrengung versucht, ihm zu folgen, aber als Dichter hat er nur verhältnismäßig wenig bei ihm lernen können. Wohl heißt es einmal, er habe, als er in der Jugend Petrarcas Dichtungen kennenlernte, seine eigenen verbrannt, wohl hat er manche Reihen von ihm mit leichten Änderungen übernommen, aber seine Begabung war doch zu anders geartet, als daß er sich auf die Dauer von ihm beeinflussen ließ. Nicht ganz mit Unrecht hat man die zwei mit Goethe und Schiller verglichen.

Dagegen hat er sich, sooft und solange er dichtete, bestrebt, Dantes Schüler zu sein. Sein ganzes Geistesleben hat er, sozusagen, auf Dante eingestellt, sein aus Natur und Temperament so sehr verschiedenes Denken und Empfinden nach Dante umgeschult; und dies von seiner Jugend bis zu seinem Lebensende zu verfolgen, ist ein rührender Anblick, auch dort noch rührend, wo die Einstellung fast zur Nachahmung wird und, wie in der *Amorosa Visione*, an das Lächerliche grenzt.

Eine Zusammenstellung der freiwilligen und unfreiwilligen Dantezitate aus Boccaccios Werken würde schon eine umfangreiche Doktorarbeit abgeben. Wichtiger aber ist, daß er bei seinen dichterischen Plänen geglaubt hat, Aufgaben zu erfüllen, die der Meister gestellt hatte. Drei Gegenstände, meinte Dante in seinem Traktate *De vulgari eloquentia*, wären der Stimme des Dichters würdig: die Liebe, die Tugend, die Waffen. Von diesen Gegenständen waren zwei erschöpft, die Liebe durch Cino da Pistoja, die Tugend durch den »divino« selbst – mit seiner *Teseide* beabsichtigte Boccaccio die letzte Lücke auszufüllen und somit die italienische Dichtung zu einem Abschluß zu bringen.

In den späteren Jahren, als er entdeckte, wie wenig der Prophet in seinem Lande geehrt wurde, und daß selbst Petrarca in seiner Bibliothek kein Exemplar der *Divina Commedia* besaß, hat er versucht, seinen Zeitgenossen ein Bild des Meisters zu geben. Dieser Panegyrikus, der wohl nicht ganz mit Recht *Vita di Dante* heißt, ist ein ebenso herrliches Beispiel von Boccaccios reifem Stil, wie er ein künstlerisches Meisterwerk in Dichtung und Wahrheit bildet, und über beides hinaus gibt er uns den schönsten Beweis, wie standhaft und ergeben er Dante geliebt hat.

Endlich, in seinem qualvollen Alter, hat er, unter körperlichen und seelischen Leiden, versucht, seinen Mitbürgern, die endlich zu ahnen anfingen, was Dante bedeutete, das große Werk zu erklären. Im Jahr 1373 errichtete die Regierung in Florenz eine Danteprofessur, und Boccaccio ließ sich nach langem Zögern herbei, diese zu übernehmen. Hier hat er, erschöpft und krank, während er sich dauernd Vorwürfe darüber machte, daß er Perlen vor die Säue streute und das Heiligste prostituierte, während außerdem Gegner die Gelegenheit benutzten, ihn und seinen Gegenstand zu schmälern, zum letzten Male über das, was ihn sein Leben lang beschäftigt hatte, geredet. Schwäche und Enttäuschung haben ihn mitten in einem Satze seines Kommentars unterbrochen.

Alles dies könnte man indessen noch als äußerliche Beschäftigung mit dem Dichter des Göttlichen Schauspiels auffassen – viel eigentümlicher sind die Versuche, sich innerlich mit Dante zu identifizieren, sich in seine dichterische Weltanschauung hineinzuleben und ihm in seiner visionären Stellung zur Realität zu folgen.

Nichts ist bei Dante erstaunlicher als das Zusammengehen des streng logischen Denkens mit einer immerwährenden, in das Prophetische gesteigerten symbolischen Interpretation des wirklichen Geschehens. Zwei scheinbar unvereinbare Elemente vereinigen sich dennoch: Dante ist ein Rechenmeister und ein Ekstatiker. – Man verstehe wohl – keineswegs heute dieses, morgen jenes, sondern in seinem großen Werke ist der Seher immer unzertrennbar von dem Mathematiker. Wie oft versuchte man zu verstehen, ob seine Beatrice eigentlich die Theologie oder das Töchterchen des Herrn Portinari darstellt. Umsonst. Sie ist beides. Selbst das Argument, daß er den Kosenamen *Bice* benutzt, also doch wohl ein lebendiges Geschöpf gemeint haben muß, verfängt nicht: es ist Dante ein geringes, eine Abstraktion mit Bice oder Käthchen anzureden. Wenn die große Geliebte der *Vita Nuova* gestorben ist, schaut er an einem Fenster eine Frau: sie scheint ihn mitleidsvoll anzublicken, er liebt sie; und aus der neuen Liebe und dem alten Kummer entsteht in seinem Innern ein bitterer, echt menschlicher Zwiespalt, in der die Vergangenheit über die Gegenwart siegt. Aber deshalb ist diese »Donna pietosa« nicht vergessen. Er entwirklicht sie sozusagen, und alsbald feiert sie ihre Auferstehung als Madonna la Filosofia. Die ganze *Vita Nuova* ist ein Amalgam nüchterner Beobachtung und

göttlicher Verklärung. Die *Divina Commedia* enthält ein in allen Einzelheiten ausgetüftelltes Gerüst der jenseitigen Lokalitäten, in dem kein Balken und kein Sparren sich lokkert; aber darüber wird das Bild des unfaßbaren Grauens, der überirdischen Erhabenheit gemodelt: sie ist wie eine bis ins Philiströse durchgeführte und in allen Teilen fein ausgeglichene Unterzeichnung – aber darüber hat der Künstler die Zauberfarben seiner Malerei ausgegossen. Wer das Göttliche Schauspiel betrachtet, dem ist es, als sähe er ein wunderbares brennendes Gebäude – es leuchten die Linien und Formen der Architektur durch den lodernden Tanz, der sie einmal verhüllt, um sie im nächsten Augenblick wieder zu zeigen. Geschautes, Berechnetes, Wirkliches verbinden sich unaufhörlich mit dem Unfaßbaren, dem Gestaltlosen, dem Übersinnlichen. Und das größte Wunder dieser Verquickung ist ihre einfache Selbstverständlichkeit.
Es versteht sich, daß diese Darstellungsform einer innern Einstellung entspricht, aber nicht weniger, daß von allen poetischen und seelischen Stilarten sich diese am schwersten nachahmen läßt. Allerdings kann man sagen, daß sie nicht Dantes ausschließliches Eigentum ist, daß sie zusammenhängt mit einer Weltanschauung und einer Ausdrucksweise, die einerseits in den Anschauungen mittelalterlicher Philosophie, andrerseits in moralischen und poetischen Satzungen wurzeln und daß sie, hervorgegangen aus den konventionellen Begriffen der Scholastik und des provenzalischen Minnedienstes, als solche bis zu einem gewissen Grad erlernbar sein müßte. Dem steht aber gegenüber, daß es einer überwältigenden dichterischen Persönlichkeit – wie sie Dante war – brauchte, um diese zeitlichen und relativen Ideen zu bleibenden und absoluten poetischen Werten umzuschaffen. Dante wäre Dante geblieben, auch wenn er zur Zeit der Stoa oder inmitten der französischen Aufklärer geboren wäre. Man braucht weder ein mittelalterlicher Denker noch ein Philosoph der Minne, ja nicht einmal ein Christ

oder ein Europäer zu sein, um die ewige Größe der *Divina Commedia* und der *Vita Nuova* zu verstehen. Wenn wir glauben, ihm näher zu kommen, indem wir uns die krausen oder tiefen, die verschlungenen oder erleuchteten wissenschaftlichen Gedanken seiner Zeit vergegenwärtigen, so irren wir uns: nicht sie bringen uns ihm, sondern er bringt uns ihnen nah.

In einem ähnlichen Irrtum war Boccaccio befangen. Dantes dichterische Gewalt wirkte unmittelbar auf ihn ein, er war der erste, der die Tragweite dieser Stimme im ganzen Umfang ahnte. Dabei sah er, der Dichter, der unentwegt mit seinen Unzulänglichkeiten zu kämpfen hatte, hier einen Menschen vor sich, dem dichterisch von vornherein alles zu gelingen schien und der gleichsam als vollendeter Künstler zur Welt gekommen war. Beides zusammen verband sich in ihm zu dem höchsten, dem einzigen Wunsch, in dieses Mannes Fußtapfen zu treten, so zu werden wie er. Nun hätte ihm sein Instinkt sagen können, daß die Fähigkeit, das Visionäre mit dem Wirklichen zu verknüpfen, bei Dante weit hinausging über die allegorisierenden Absichten der Zeitgenossen und Vorgänger, daß es sich für diese darum handelte, einen philosophischen oder moralischen Gehalt unter die Hülle eines wohlgewählten Bildes zu verbergen, während für jenen die Grenzen der Wirklichkeit tatsächlich nicht vorhanden waren und er demzufolge in vollem Besitze seiner Vernunft in die vierte Dimension hineinwandern konnte. Aber Boccaccio verließ sich nicht auf seinen Instinkt, er suchte verstandesmäßig den Weg: er wollte ebenso werden wie Dante, deshalb versuchte er in Dantes Stil zu denken, zu empfinden und zu schreiben. Wir haben schon gesehen, wie er die Begegnung mit Fiammetta dantesk umstilisierte und dabei tief in die Pfütze des Traditionellen trat – aber dabei blieb es nicht. Es ist tragikomisch, zu beobachten, wie dieser Mensch, indem er Haltung und Gebärde des Bewunderten annimmt, glaubt, aus seiner eigenen reellen Haut heraus- und in Dantes seherische Seele hineinschlüpfen zu können, wie dieser Dichter, der es verstand, die Wirklichkeit in allen ihren Formen zu sehen und als Wirklichkeit zu denken, sich abstrampelt, aus der Wirklichkeit hinaus zu geraten, was er sich für wächserne Flügel zusammenstellt und wie sie schmelzen, lange bevor er die Beine zum Aufflug gestreckt hat.

Und doch haben sich diese angestrengten Bemühungen gelohnt; denn schwere Arbeit ist auch dann nützlich, wenn sie uns anderes bringt als das, was wir von ihr erwarten. Wir nannten die Selbstverständlichkeit bei Dante das größte Wunder. Mit zwei Empfindungen lesen wir Dantes ältere Zeitgenossen, die Dichter des dolce stil nuovo von Guido Guinicelli an: Freude und Angst. Freude über diese taufrische, neugeborene Sprache und ihren Lautreichtum, ihre unverbrauchten Bilder, ihre unbeschränkte Liebe zur Form; Angst, daß dieses jugendliche Wesen sich den ausgetüftelten gedanklichen Methoden seiner Dichter wird anpassen müssen und daß dabei die Formverfeinerung zur Manier wird. Turnen ist auch der Dichtkunst heilsam, und formal hat die italienische Dichtung dabei gewonnen, daß sie sich kurz nach ihrer Geburt zu so absonderlichen Kunststücken, wie dem berühmten Liebeskanzone des Guido Cavalcanti, hat bequemen müssen, aber die Gefahr lag nah, daß sie statt eines unbefangenen beweglichen Kindes zu einer Akrobatin werden könnte. Davor hat sie Dante behütet. Gerade weil es für Dante keine Grenze gibt, weil alles Wirkliche unbedingt ein Höheres, alles Höhere ein Wirkliches bedeutet, hat er die Sprache vor einer drohenden symbolistischen Überanstrengung bewahrt. Nur in seinen Händen konnte sie naiv und aller Manieriertheit fernbleiben. Was uns heute von allen Schönheiten der *Divina Commedia* vielleicht am meisten trifft, ist jene sprachliche Ausdrucksweise, die mühelos vom Edeln zum Geringen übergeht, die die tiefsten Gedanken und die einfachsten Handlungen gleichmäßig verbindet, nie vor einer scheinbaren Banalität zurückschreckt und ohne Arg und Anmaßung vom Kindlichen und vom Erhabenen handelt, die Ausdrucksweise, in der sich Gott und die Verdammten unterhalten und die, indem sie die schwierigsten Formen handhabt, immer unvermittelt, ungekünstelt bleibt.

Während Boccaccio ausging, um Dantes Geist zu suchen, fand er Dantes Ausdrucksweise. Wir können nicht sagen, daß die *Divina Commedia* und das *Dekameron* dieselbe Sprache reden; aber es steht fest, daß Boccaccios Prosa dieselbe Unmittelbarkeit und Selbstverständlichkeit besitzt wie Dantes Dichtung und daß die eine aus der andern hervorgegangen ist.

Ehrliche Dichter, die sich, ich möchte sagen, dichterisch unsicher fühlen, haben die Neigung, durch Übertreibung des Formalen diese Unsicherheit auszugleichen. Boccaccio gehörte in seiner Jugend zu dieser Sorte. Wäre auf die ersten Dichter des dolce stil nuovo kein Dante gefolgt, so stände die ganze Schule jetzt wie ein reizendes poetisches Kuriosum in der Literaturgeschichte. Hätte Boccaccio keine andern Beispiele gehabt als jene Dichter, er wäre ein mehr oder weniger lesbarer Manierist geworden. Dante kam – und auf vielen Irrwegen hat Boccaccio aus ihm den Mut geschöpft, zu reden, wie ihm der Schnabel gewachsen war, von ihm gelernt, dem Leser oder dem Hörer regelrecht ins Herz zu reden.

IV. Der Rahmen des Dekamerons

Es ist aber die höchste Zeit, daß wir zum Dekameron selbst kommen.

In den vierziger Jahren hatte Boccaccio wohl vergebliche Versuche gemacht, eine Stelle als Hofdichter in Ravenna, in Forli, in Neapel zu finden. Dann hatte er sich, nach dem Tode seines Vaters und nachdem er Vormund seines Halbbruders geworden war, endgültig in Florenz niedergelassen. Die Florentiner begannen seine Bedeutung anzuerkennen. 1350 war ihm ein Glücksjahr. Zum ersten Male wurde er in einer politischen Mission nach der Romagna geschickt und hatte zugleich einen andern Auftrag auszuführen: die Compagnia d'Or San Michele, eine der ältesten Bruderschaften in Florenz, schickte Dantes Tochter, die Nonne in einem Kloster zu Ravenna war, zehn Goldgulden. Mit welchen Empfindungen mag er dieses Werk der Wohltätigkeit ausgeführt haben! Aus demselben Jahre datiert seine persönliche Bekanntschaft mit Petrarca, der auf seiner Reise von Parma nach Rom im Herbst Florenz besuchte und Boccaccios Gast war.

Aus dieser glücklichen Zeit stammt das Buch, dem wir uns nun zuwenden.

Zunächst die Personen des Rahmens. Der höfischen Sitte entgegen fangen wir bei den Männern an. Es sind deren drei: Panfilo, Filostrato und Dioneo. Von diesen sind uns zwei schon bekannt. Panfilo ist der Liebhaber, von dem Fiammetta in dem gleichnamigen Roman verlassen wurde; Filostrato ist der Name des von seiner Criseida verratenen Troilo, in dem frühen Epos. Beide waren sie, wie wir gesehen haben, Selbstbildnisse, der eine des ungetreuen, der andre des verstoßenen Boccaccio. Und der dritte? Dieser freche, lustige Knabe, der sich das Recht ausbedingt, die Tage mit seinen lockern Geschichten zu schließen, der so viele Gassenhauer kennt und in dessen Munde der toskanische Dialekt noch toskanischer klingt – sollte auch er nicht ein Bild des Verfassers sein? Außerdem besitzen wir einen lateinischen Brief, in dem sich Boccaccio selber »spurcissimus Dionaeus« nennt, was wir mit »unflätiger Abkömmling der Dione oder Venus« übersetzen können. Wie sich große Maler wie Andrea del Sarto oder Rembrandt immer wieder selbst abgebildet haben, einmal ernst, einmal ausgelassen, in jugendlicher Üppigkeit oder in männlich resignierter Selbsterkenntnis, so hat es Boccaccio gemacht, nur daß sich an dieser Stelle drei Selbstporträts mit dreifach verschiedenem Ethos auf demselben Bilde befinden. Dürfen wir von hier auf die Frauen schließen? Von diesen sieben kennen wir drei: Fiammetta, Emilia, die eine der Nymphen aus dem *Ameto* war, die Geliebte des wiederum Boccaccio darstellenden Ibrida, und endlich Pampinea, eine Jugendgeliebte, die er vor Fiammetta in Neapel gekannt und der er vielleicht seine ersten Gedichte gewidmet hatte. Also drei Erinnerungen. Es bleiben Neifile, Lauretta, Elisa und Filomena. In den sonstigen Werken Boccaccios treten sie, unter diesen Namen wenigstens, nicht auf. Wenn wir nun aber in unsrer Gleichung mit den sechs Bekannten die vier Unbekannten nicht lösen können, so läßt sich doch deren Charakter mit einiger Sicherheit bestimmen: dem dreigeteilten Liebhaber Boccaccio stehen sieben Frauen gegenüber, die er geliebt hatte – von denen er vielleicht eine noch liebte. Daß er wirkliche Frauen im Auge hatte, sagte er selber in seiner Einleitung – er würde auch ihre wirklichen Namen nennen, wenn dies die bösen Nörgler nicht veranlassen könnte, vielleicht ihren ehrsamen Lebenswandel zu bemäkeln. Damit man sie aber voneinander unterscheiden kann, gibt er ihnen Namen, die ihrem Wesen ganz oder teilweise entsprechen. Er nennt dann nacheinander Pampinea, Fiammetta, Filomena, Emilia, Lauretta, Neifile, Elisa, und da wir wissen, daß er seine Jugendliebe Pampinea mit Recht »die erste, die allererste« nannte und daß nach ihr Fiammetta folgte, so ist es nicht ausgeschlossen, daß diese Reihenfolge eine gewisse chronologische Bedeutung hat und daß sich diese Frauen zeitlich in Boccaccios Leben gefolgt sind. In dem Falle wäre Elisa die letzte und eine Dame, die er zu der Zeit der Abfassung des Dekamerons liebte.

Wie dem aber sei – in der Erzählung konnten natürlich die drei Männer nicht die sämtlichen sieben Mädchen lieben, und so heißt es denn nur, daß sich unter den sieben auch die Angebeteten der Männer befanden. Welche aber zu wem gehört, erfahren wir nicht – und es wird ein ewiger Reiz des Buches bleiben, danach zu raten. Daß Neifile zu den Auserwählten gehört, wissen wir: sie zögert, die Männer zu dem Ausflug einzuladen, da sie weiß, daß einer, der sie liebt, sich unter ihnen befindet, und sie die bösen Zungen fürchtet. Auch Filomena, die ihr gleich darauf antwortet, daß sie das Urteil der Welt nicht fürchtet, solange ihr Gewissen ruhig ist, scheint zu ihnen zu gehören. Aber die dritte? Und von welchem der Männer glaubt sie sich geliebt? Vielleicht könnte die Königswahl Aufschluß geben oder vielmehr die Wahl der Königin. Filostrato wählt Fiammetta, Dioneo Lauretta, aber hier stocken wir schon wieder, denn Panfilo, der König des letzten Tages, hat überhaupt keine Königin mehr zu wählen. Wichtig sind gewiß auch die Lieder, mit denen die Tage der Erzählungen beschlossen werden und die von den zehn der Reihe nach gesungen werden. Filomena singt leidenschaftlich von einer neuen Liebe, und viele aus dem Kreise beneiden sie darum – aber wem gilt sie? Filostrato singt am Abend, da er seine Herrschaft niedergelegt hat, ein düsteres Lied, das sich auf eines der Mädchen bezieht, deren Erröten die einfallende Nacht verdeckt – aber auf welches? Von Laurettas Lied heißt es, daß es von verschiedenen sehr verschieden aufgefaßt wurde, von Emilias Lied, daß es manchem der Gesellschaft viel zu denken gab; wenn Elisa gesungen hat, wundern sich alle über den Inhalt dieses Liedes, und die Anwesenden verstehen es ebensowenig, wie wir es heute tun; bei Panfilos Canzone strengen sich alle an, herauszufinden, was er zu verbergen sucht; und auch Fiammetta besingt einen unbekannten Freund, den Dioneo ihr lieber bekannt zu geben rät, damit nicht andre Frauen ihn ihr unwissentlich abspenstig machen . . . Ein wohlangelegter Irrgarten der Liebe, voller Grazie. Aber alle diese Rätsel sind nur angedeutet, sie sind nicht aufdringlich, keine verzwickten Rebusse wie im *Ameto;* sie reizen und beschäftigen uns, aber sie quälen uns nicht, sie umweben die Männer und Mädchen mit dem leichten Duft der erotischen Neugierde. Ebenso, wie wir gerne wissen möchten, wer unter den Damen die Gibellinin ist, die am zehnten Tage den Großmut Karls von Anjou nicht loben will, sich aber der Selbstbeherrschung Peters von Aragonien freut, denken wir über die zierlichen Scharaden der Liebe nach, ohne daß sie uns von der weiteren Lektüre ablenken.

Über das Alter der Erzähler erfahren wir einiges, aber es dient mehr dazu, sie zu verbinden, als sie voneinander zu unterscheiden: von den Frauen ist keine jünger als achtzehn, keine älter als achtundzwanzig; die Männer haben alle die Fünfundzwanzig überschritten. Auch mit den Angaben über das Äußere dieser Personen ist Boccaccio sehr zurückhaltend. Die Frauen sind von edler Herkunft, schön zu sehen, gefällig in ihrem Benehmen und von ehrsamer Liebenswürdigkeit; die Männer anmutig und wohlerzogen, aber sie werden nicht in Einzelheiten beschrieben. Nur dann und wann ist es, als ob er den Schleier einen Augenblick lüfte. So, wenn Neifile errötend die königliche Würde übernimmt und ihre lustigen Augen, die wie der Morgenstern funkeln, senkt. Oder wenn Fiammetta bei ähnlicher Gelegenheit beschrieben wird, mit den langen Locken, die auf ihre weißen blühenden Schultern fallen, mit ihrem rundlichen Gesicht, ihren Falkenaugen und ihrem kleinen lächelnden Munde.

Bei der Beschreibung der Gewänder, die Boccaccio doch so sehr liebte und die im *Ameto* üppig und kunstreich durchgeführt war, daß ihr Glanz genügt, uns nach ihm den ganzen Reichtum der verblaßten Trecentofresken vorzustellen, vermeidet er im Dekameronrahmen ebenfalls die Ausführlichkeit. Wir hören nicht viel anderes, als daß die Frauen, sobald sie Florenz verlassen, die Trauerkleider, die sie in Santa Maria Novella trugen, ablegen und helle Gewänder anziehen. Auch in Beschreibungen andrer Art, bei denen er sonst ein lüsternes Eingehen auf Einzelheiten vorzieht, ist er hier bescheiden; wie schön und einfach ist die Darstellung der badenden Mädchen, von denen nur gesagt wird, daß ihr Körper im Wasser einer Rose glich, gesehen durch dünnes Glas!

Die Charaktere –? Wieder finden wir wenig Ausgesprochenes. Grell leuchtet hier der Unterschied mit Chaucer. Wenn auch in dem Rahmen der *Canterbury Tales* keine Psychologie in modernem Sinne zu finden ist, so sind doch die einzelnen Figuren scharf umrissen. Wir schauen die elegante Äbtissin, das grobe urwüchsige Weib aus Bath, den Wirt und den Pfarrer – es sind Einzeltypen, die aus der englischen Literatur nicht mehr verschwinden werden, die wir bei Shakespeare und Scott, bei Dickens, Fielding und Addison wiederfinden. Wenn wir bei Boccaccio von Typen reden, so muß das Wort in ganz anderm Sinne aufgefaßt werden: das Typische ist im Dekameronrahmen nicht das, was die Personen verschieden, sondern das, was sie gleich macht. Sie sind Eines Standes, fast möchte man sagen Eines Blutes. Wohl werden hier und dort einzelne Züge hervorgehoben, ist Filostrato der Melancholiker, der, zum König gewählt, die andern zwingt, nur von unglücklich Liebenden zu reden, und ist Dioneo der Ausgelassene, der mit heitern Geschichten die Stimmung immer wieder hebt, ist Pampinea die praktisch organisierende und Filomena die schweigende, leidenschaftliche Frau – und dennoch sehen sie alle in Gestalt und Charakter sich ähnlich. Wer sich die Mühe gegeben hat, alle Novellen, die von derselben Person erzählt werden, zusammenzustellen, und z. B. versucht, Fiammetta aus den zehn Geschichten, die sie an den zehn Tagen zum besten gibt, näher kennenzulernen, der findet sich um seine Arbeit betrogen. Selbst der schwarzseherische Filostrato ist in diesem Sinne nicht streng durchgeführt, und es läßt sich, wenn man die Dioneonovellen ausnimmt, in dieser Weise kein roter Faden durch die Geschichten finden, durch den die Charaktere näher bestimmt werden können.

Dasselbe Gleichmaß zieht sich durch die zwei Wochen, die sie zusammen erleben, und durch die einzelnen Tage. Die Tageseinteilung ist immer die gleiche. Morgens lustwandeln sie und führen Gespräche; dann folgt die Mahlzeit; danach wird musiziert und getanzt; man zieht sich zur Mittagsruhe zurück; nach der dritten Stunde ist die Zeit des Erzählens angebrochen; auf die Erzählungen folgt die Königswahl und die Anordnungen für den nächsten Tag; wieder wird gelustwandelt oder gesungen bis zum Abendessen; endlich folgt der Reigen und das große Lied, dann legen sie sich schlafen. So geht es vierzehn Tage; nur die Freitage werden zum Fasten und zur Erbauung benutzt, am Sonnabend waschen die Mädchen sich die Haare, und man bereitet sich auf den kommenden Sonntag vor – an diesen Tagen setzen die Geschichten aus.

Ja, die Menschen und die Tage gleichen sich, aber sie gleichen sich, weil bei aller Zierlichkeit ein sehr strenger Stil sie bindet; sie gleichen sich wie die ägyptischen Großen auf den Wänden der Grabkammern, wie die archaischen Mädchenfiguren von der Akropolis zu Athen, wie die Heiligen auf den byzantinischen Mosaiken. Diese zehn zeigen das Äginetenlächeln der Frührenaissance. Aber wer ein solches Lächeln mit aufmerksamer Liebe zu betrachten weiß, dem wird es klar, daß diese Stileinheit nicht eintönig oder schattenhaft zu sein braucht. Zwar gleichen sich die Tage, aber keiner ist dem andern ganz gleich: einmal ziehen die Gäste von einem Wohnort zum andern, ein anderes Mal machen sie einen Ausflug nach dem Frauental; heute hören sie in der kleinen Kirche die Messe, übermorgen werden sie im Gehölz spazieren und hinter Rehen und Hirschen herspringen. Hundert kleine Züge, ein Scherzwort, ein zwitschernder Vogel, ein Kranz aus Eichenlaub, ein Lied, bringen Abwechslung, und so wie der Dichter die Erscheinung des Morgenlichtes neunmal mit einem andern Satz beschriebt, so sehen wir auch die zehn gleichen Tage jedesmal anders. So besiegt unser Auge auf die Dauer auch die scheinbare Übereinstimmung der Personen. Wenn auch gewisse beschreibende Redewendungen immer wiederkehren, schließlich heben sich doch die Gestalten immer deutlicher voneinander ab, und ohne daß die Einheitlichkeit unterbrochen wird, erkennen wir Neifile, Elisa, Lauretta und Emilia. Es ist wie ein romanischer Kreuzgang: gleichmäßige Säulchen tragen gleiche Bogen – schauen wir näher zu, so finden wir, daß jedes Kapitäl verschieden gearbeitet ist, jede Rundung mit anderm Ornament geschmückt.

Der Grund, weshalb Boccaccio dieses so angeordnet hat, ist leicht ersichtlich. Der Rahmen sollte, ohne aufzuhören, ein bewegliches Kunstwerk zu sein, doch als Einheit die sehr verschiedenen, auseinander strebenden Novellen zusammenhalten; er sollte aber zu gleicher Zeit, wie ein gleichmäßiges, nur mit wenigen farbigen Blumen verziertes Laubgewinde, die lebhafte, realistische Darstellungsart der einzelnen Novellen dämpfen. Vergleichen wir jetzt noch einmal Boccaccio mit Chaucer, so sehen wir, daß hier mehr als Unterschiede, daß hier Gegensätze vorliegen. In den *Canterbury Tales* ist die ganze Kraft der Wirklichkeitswiedergabe in den erzählenden Personen konzentriert, dagegen behalten die Figuren der Erzählungen etwas Allgemeines.

Im Dekameron ist der andere Weg gewählt – wieder finden wir hier eine von Boccaccios erstaunlichen Umkehrungen: der Rahmen, den die Leser doch für eine wahre Geschichte halten sollen, ist durch den strengen Stil möglichst von der Wirklichkeit entfernt, während die Novellen mit allen Mitteln der Wirklichkeit nahegebracht werden. Aber war dieser verzwickte Weg nicht der geschmackvollere? Lesen wir bei Chaucer den köstlichen Zank zwischen dem Büttel und dem Bettelmönch im Rahmen, so erscheinen uns die

Geschichten, die sie hinterher erzählen, sowohl grob wie farblos – bei Boccaccio werden auch die kühnsten Zoten durch den umrahmenden Hingergrund erträglich gemacht. Wer glaubt, daß der Dichter des Dekamerons, in der Fähigkeit lebenswahre Menschen zu geben, dem der *Canterbury Tales* nachsteht, der betrachte einmal Monna Belcolore (VIII, 2), die sizilianische Kurtisane (VIII, 10), oder Guccio und Nuta (VI, 10); der beobachte, wie Giotto und Messer Forese da Rabatta an einem regnerischen Tage, abgerissen und zerlumpt, auf ihren Schindmähren durch das Mugnonetal reiten (VI, 5). Der Dichter hat jedoch von dieser Fähigkeit im Rahmen keinen Gebrauch gemacht: Stilisierung war die Bedingung, durch die allein das Ganze im Gleichgewicht gehalten werden konnte.

Eine reiche und heitere Dämmerung, wie sie wohl in Räumen mit farbigen Fenstern herrscht, liegt über dem Rahmen; die Geschichten sind vom grellen Sonnenlicht selbst beschienen. Es ist aber nicht so ganz leicht zu erklären, mit welchen Mitteln es dem Dichter gelang, die Stilisierung zu erreichen, ohne dabei gekünstelt zu werden. Im allgemeinen kann man sagen, daß die Unruhe und Buntscheckigkeit, die den Jugendwerken anhaften, abgestreift sind, daß im Gegensatz zu der früheren Dickflüssigkeit hier die Dichtung so leicht und durchsichtig daherhüpft wie ein junger Bach – kurz, daß Boccaccios Geschmack und Können gereift sind. Im besonderen gilt, daß der Dichter, während er sich in den Novellen mit der Subjektivität des Erzählers in seine Darstellung hineinversetzt, im Rahmen immer die ganze Objektivität des Beschreibers gewahrt hat. Will man hierfür ein Beispiel, so betrachte man einmal die Landschaft.

Schon in alten Zeiten hat man geglaubt, die im Rahmen beschriebenen Örtlichkeiten, die beiden Landhäuser und ihre Umgebung, das Tälchen, das die Gesellschaft am sechsten Tage besucht, wiederzuerkennen. Die Villa der ersten vier Tage muß in der Gegend von Settignano – vielleicht bei Poggio Gherardi – liegen, die der letzten zehn könnte die jetzige Villa Palmieri sein; das Frauental befindet sich an den Abhängen bei Fiesole, an einer Stelle, wo der Affrico früher einen kleinen See bildete. Der Dichter selbst hat aber, mit Ausnahme der Valle delle Donne, die Orte nicht benannt und gibt, abgesehen von ganz allgemeinen Angaben, wie »kaum zwei Meilen von der Stadt entfernt« oder »auf einem Pfade in westlicher Richtung«, keine näheren Bezeichnungen. Wenn man hiermit die deutlich bezeichneten Örtlichkeiten in Erzählungen wie der Geisterbeschwörung (VII, 1), oder der verwechselten Wiege (IX, 6) usw. vergleicht, fällt der Unterschied auf. Boccaccio verfährt in dem Rahmen wie die großen italienischen Freskenmaler – nur müssen wir ihn eher mit jenen des Quattrocento als mit jenen des Trecento vergleichen, und er steht Bennozzo Gozzoli näher als Spinello Aretino. Auch diese Künstler bleiben, trotz der Üppigkeit ihrer Einzelheiten, allgemein; sie geben vielleicht hier oder dort ein Haus oder einen Turm, die sie kennen, aber sie malen die Landschaft nicht, wie sie sie in der Natur sehen, sondern so, wie sie sie aus der Erinnerung im Kopfe haben. Wenn wir mit einiger Vorsicht diesen Vergleich auf die Literatur übertragen, so müssen wir feststellen, daß Boccaccio im Rahmen aus dem Gedächtnis, in den Geschichten dagegen unvermittelt nach der Natur malt. Dadurch ändert sich in den beiden Teilen der Abstand des Künstlers zu seinem Kunstwerk; während er in den Novellen sich sozusagen immer inmitten des Dargestellten befindet, steigert er im Rahmen absichtlich die Entfernung.

Betrachten wir die Beschreibung des Frauentales etwas genauer. Von vornherein stellt der Dichter fest, daß er nicht aus eigener Anschauung spricht: eine von den Mädchen hat ihm später erzählt, wie es war. Und nun wird die so gewonnene Entfernung mit allen Mitteln der Grammatik und des Satzbaues erhalten. Es folgt ein Musterbeispiel einer rhetorischen Landschaftsbeschreibung höchsten und edelsten Stiles, die sich am besten mit den Beschreibungen des Parkes in den *Wahlverwandtschaften* vergleichen läßt. Die Perioden verlaufen trotz Partizipialkonstruktion, Umstellung des Verbums oder Einschachtelung der Relativsätze in vollkommener Übersichtlichkeit und mit antiker Eleganz – keine Einzelheit lenkt vom Gesamtbild ab. Die Sprache entnimmt ihre Darstellungskraft nicht an erster Stelle dem zeichnenden Wert der Eigenschafts- oder Zeitwörter, sondern der rhythmischen und melodischen Bewegung des Satzes. Wer einmal – freilich auf Italienisch – das Gefüge, in dem die sich wie Sitzstufen eines Theaters verengenden Hügelabhänge, mit den verschiedenen Baumarten, beschrieben werden, verglichen hat mit dem, wo das Bächlein plätschernd und schäumend das kleine Tal durchströmt und sich zu einem See erweitert, dem muß die musikalische Wirkung dieser Prosa klargeworden sein. Wir sprachen von der Formliebe und der Formgewandtheit des dolce stil nuovo, von der Malerei des Trecento, hier müssen wir daran erinnern, daß die Entstehung des Dekamerons mit einer sehr hohen Blüte der Musik zusammenfällt, daß der Florentiner Dichter ohne jeden Zweifel ein Kenner der Florentiner *ars nova* war. Aber eben dieses Musikalische war wieder ein Mittel, bei dem Leser die Wirklichkeitsempfindung zu verringern und das Gefühl der Entfernung zu steigern.

Was aber für diese Landschaft gilt, gilt für den Rahmen als Ganzes. Es ist alles auf die Entfernung berechnet, alles aus dem Gedächtnis gemalt. Selbst die Beschreibung der Pest in der Einleitung, die viele heutzutage wie ein Gipfel der Wirklichkeitsbeschreibung anmutet, war eine Umsetzung. Boccaccio hat die Pest im Jahre 1348 in Florenz nicht selbst erlebt. Er war damals in Neapel. Zwar gab es die Seuche auch dort, und er mag vieles von dem Beschriebenen gesehen haben, aber es ist ein typisches Beispiel seiner künstlerischen Arbeitsweise: um den ornamentalen Stil des Rahmens durch-

führen zu können, mußte er sich überall von der direkt geschauten Wirklichkeit loslösen.
Nur eins mußte verhindert werden: der Stilunterschied zwischen Rahmen und Erzählungen durfte nicht so groß werden, daß die beiden nicht länger zusammenpaßten. Boccaccio mußte Übergänge verschiedener Art schaffen. Zum Teil waren sie in den Charakteren der Personen schon gegeben – Dioneo steht dem Wirklichkeitsstil der Erzählungen näher als Pampinea oder Fiammetta, er wird deshalb der große Vermittler. Zweitens dienen die kurzen Beschreibungen und Gespräche, die den Novellen vorangehen oder folgen, diesem Zweck. Sie schildern den Eindruck, den die Geschichte macht, oder leiten durch philosophische Betrachtungen in die realistische Darstellungsweise über. Endlich die Dienerschaft. Die drei jungen Männer haben je einen Diener, einige von den Frauen ihre Zofen mit, um die Arbeit zu verrichten. Dioneos Parmeno ist der geschickte Seneschall; Panfilos Sirisco der Zahlmeister, Filostratos Tindaro soll Leibdiener sein. Die Mägde Misia, Licisca, Chimera und Stratilia bestellen Küche und Haus. Mit der gebührenden Zurückhaltung tun alle ihre Pflicht. Der Seneschall ist eine Perle, er versteht es, den Tisch mit Geschmack zu decken, den rechten Fleck zu finden, wo die Herrschaft speisen soll, und wartet zur bestimmten Zeit mit Wein und Gebäck auf – in seiner vornehmen Bescheidenheit ähnelt er einem englischen Steward. Aber diese Personen umgeben die Gesellschaft mit einer stofflichen Atmosphäre, sie verbinden sie mit den Forderungen des täglichen Lebens. Einmal, am sechsten Tage, gerade als mit dem Erzählen ein Anfang gemacht werden soll, dringen störende Stimmen aus der Küche: Licisca und Tindaro zanken sich geräuschvoll. Die Königin läßt sie rufen, und in die aristokratische Ruhe der Damen und Herren platzt das grobe, drollige Gekeife der niedern Schichten, in die abstrakte Ausdrucksweise des Rahmens die drastische Sprache der Erzählungen

herein. Manchmal, abends, wenn das große Lied gesungen ist, rufen die zehn den Diener Tindaro mit seiner Sackpfeife heran, und nach den echten Tönen des Dudelsacks tanzen die stattlichen, wirklichkeitsscheuen Gestalten ihren Reigen.

V. Die Erzählungen des Dekamerons

Es wurde in jenen Zeiten viel erzählt. Dürfen wir sagen, daß Erzählen eine Kunst war? – Gewiß, wenn wir das Wort in seiner allgemeinen Bedeutung nehmen und es mit gewissen gesellschaftlichen Umgangsformen verbinden. Erzählen war eine Kunst, wie Singen, Zeichnen, Tanzen, Stikken oder Dichten Künste gewesen sind oder es noch sind. Ein wohlerzogener Mann konnte zu Anfang des neunzehnten Jahrhunderts seiner Freundin ein Blatt ihres Album amicorum mit einer artigen Zeichnung oder mit einigen zierlich geschriebenen wohlklingenden Reimen schmükken – der heutige Wandervogel zupft die Laute. Man denke sich einen Leutnant vom Jahre 1910, der keinen Walzer zu tanzen, ein junges Mädchen vom Jahre 1810, das ihrem Vater zum Geburtstag kein Sofakissen zu sticken verstand. So war, zu Boccaccios Zeit, Erzählen eine Gesellschaftskunst. Die erste Geschichte des sechsten Tages zeigt, wie eine vornehme Dame einen schlecht erzählenden Ritter nicht anders abfertigt, als es eine heutige Sängerin einen stümperigen Klavierspieler, der sie begleiten wollte, tun würde. Wie dieses kunstreiche Spiel geübt wurde, ersahen wir aus den Erzählungen der Nymphen im *Ameto* und aus den Liebesgesprächen im zweiten Teil des *Filocolo.* Aber auch in andern als in Hofkreisen wurde erzählt, und die guten Erzähler waren berühmt – Boccaccio erwähnt ein Beispiel in Coppo di Borghese Domenichi (V. 9) aus Florenz, einen Mann, dem die Bürger Ehrfurcht bezeugten und dem es, als er älter wurde, Freude machte, seinen Nachbarn und andern Leuten Geschichten aus der Vergangenheit zu erzählen, und der sie besser als andere einzuteilen und aus seinem guten Gedächtnis mit Anmut wiederzugeben wußte.

Boccaccio muß von seiner Jugend an diese Kunst verstanden haben, vielleicht hat sie nicht wenig dazu beigetragen, ihn in den Hofkreisen Neapels einzuführen. Jedenfalls hat er in Süditalien, wo noch manche Überlieferung der märchenhungrigen Orientalen steckte, manches dazugelernt. Aber nur für die Form des Vortrags. Nach eigentlichen Märchen stand sein Sinn nicht. Versuchten wir schon die Verwandtschaft des Rahmens mit gewissen Märchenmotiven festzustellen, in den Erzählungen selbst fehlt dieses Element fast ganz. Märchenmotive finden wir eigentlich nur in zwei Erzählungen des letzten Tages: Dianoras Zaubergarten und Saladins Großmut (X, 5; X, 9) – es sei denn, daß man den Wunderring (I, 3) dazurechnen will. Auch das Übernatürliche ist nicht häufig und wird in weitaus den meisten Fällen nur dazu benutzt, mit ihm Spott zu treiben. Es dient dazu, abergläubische Leute, wie Ferondo (III, 8), Calandrino (IX, 5), oder die eitle Lisetta (IV, 2) zu betrügen, oder um, wie es Frate Cipolla (VI, 10), Cepparello (I, 1) und Martellino (II, 1) machen, die nach Wundern gierende Menge zu täuschen. Selbst mit der unheimlichen Erscheinung der von Hunden zerrissenen Frau aus der Hölle hat es – wie wir sehen werden – seine eigene Bewandtnis (V, 8). Nur in Erfüllung gegangene Träume (IV, 6; IV, 7; IX, 7) werden ernst genommen. Im allgemeinen liegen Boccaccio weder das Märchen noch die Legende: seine Dichtart ist die Novelle.

Unter einer Novelle verstehen wir die Darstellung einer Begebenheit oder eines Ereignisses von eindringlicher Bedeutung, die uns als wahr anmutet. Dieses Ereignis führt uns die Novelle in einer Form vor, in der es uns wichtiger erscheint als die Personen, die es erleben. Auf das Geschehene kommt es an; die Psychologie, die Charaktere der

Handelnden und Leidenden interessieren uns nicht an und für sich, sondern nur insoweit das Geschehene durch sie bedingt ist. Dadurch unterscheidet sich die Novelle von dem Roman. Goethes *Werther* und Merimées *Carmen* zeigen beide inhaltlich, wie ein Mann an seiner Liebe zugrunde geht; aber Goethes Roman schildert den Mann, Merimées Novelle das Zugrundegehen, der eine gibt einen Menschen und sein Schicksal, der andre das Schicksal und einen Menschen. Selbst *Michael Kohlhaas* und *Pancraz der Schmoller* sind nicht an erster Stelle die Geschichten des märkischen Roßhändlers und des mürrischen Seldwylers, sondern die Geschichten dessen, was mit ihnen geschehen ist. In dem Roman umgeben die Abenteuer das Bildnis des Helden, die Novelle hat keinen Helden; ihre Personen sind nur wichtig, insoweit sie die Begebenheiten verursachen, nur gut gezeichnet, insoweit uns durch sie das Ereignis den Eindruck des Wahrhaftigen macht. Das gleiche gilt für die Schilderung der Zustände und der Umgebung; auch sie kommen nur in Betracht, sofern sie uns die Ereignisse begreiflicher machen oder dazu beitragen, sie uns als wirklich erscheinen zu lassen.

Wer das Gesamtgebiet dieser literarischen Gattung überschaut, wird einen tiefen Einschnitt zu machen haben, und obwohl das Wort »Novelle« Neuigkeit bedeutet, werden auf der einen Seite nur Künstler stehen, die überlieferte Stoffe wiedergegeben haben; auf der andern dagegen finden wir solche, denen Ursprünglichkeit des Inhalts künstlerische Bedingung erscheint. Rechts steht das Typischgewordene, links die Neuschöpfung. Diese Trennung scheint mir mit der Art des Vortrags zusammenzuhängen. Der Erzähler ist an den Augenblick gebunden und geht deshalb gerne von einem gegebenen Stoff aus. Gerade weil es sich nicht um ein beliebiges Fabulieren, sondern um die Darstellung eines bestimmten, als wahr zu empfindenden Ereignisses handelt, erleichtert es ihm die Aufgabe, wenn dieses von vornherein festliegt und er seine ganze Phantasie in die Darstellung legen kann. Der Schriftsteller dagegen, für den die Zeit keine Rolle spielt, fühlt durch den gegebenen Stoff seine Einbildungskraft gehemmt und gebunden und liebt es daher auch, bei der Wahl des Gegenstandes das Neue zu suchen. Man könnte deshalb statt von der »typischen« und der »erfundenen« auch von der »erzählten« und der »geschriebenen« Novelle reden oder, wenn dieses zu schroff klingt, wenigstens sagen, daß die Novelle, je nachdem sie sich der Kunst des Erzählers oder der Kunst des Schriftstellers zuwendet, typische oder erfundene Stoffe wählen wird.

Boccaccio hat beides versucht. Mit einigen Einschränkungen können wir das *Ninfale Fiesolano* zu den Novellen in schriftstellerischem Stile rechnen. Aber wir brauchen nicht so weit zu suchen: die beiden Stile stehen sich im Dekameron selbst gegenüber. Der Rahmen, der, wie wir sahen, in der Form beschreibend war, ist dem Inhalte nach eine erfundene Novelle. Die Geschichten gehören der typischen Gattung an, und hier waltet die Kunst des Erzählens mit allen ihren Mitteln, die den überkommenen Stoff erneuern.

Boccaccio ist ein geborener Erzähler. Zuallererst zeigt sich das in seiner unbeschränkten Fähigkeit, die überlieferten Begebenheiten zu lokalisieren, das heißt, sie so zu erzählen, als ob sie nur einmal an einem bestimmten Ort mit bestimmten Personen geschehen sein können. Er nimmt ihnen damit nichts von ihrem novellistischen Charakter, aber er verleiht in dieser Weise dem Typischen den Reiz des Wahren und Neuen. In sämtlichen hundert Geschichten haben fast alle wichtigen Personen Namen. Nirgends schreibt er: »ein armer Ritter lebte ...«, sondern der Ritter heißt Federigo degli Alberighi und gehört somit einem Geschlechte an, das seit dem elften Jahrhundert aus Fiesole nach Florenz eingewandert war (V, 9). Oder er sagt nicht: »in Florenz lebte ein Wollenweber mit seiner Frau ...«, sondern der Weber Gianni Lotteringhi wohnt in der Gegend von San Brancazio, ist öfters Oberer der Kirchensänger von Santa Maria Novella gewesen und hat Monna Tessa, die Tochter des Mannuccio della Cuculia, geheiratet (VII, 1) – wer im heutigen Florentiner Adreßbuch nachschlägt, wird die Lotteringhi noch finden. Dies ist nicht nur für Florentiner oder Italiener der Fall – auch außerhalb seines Gesichtskreises sind die Namen mit erstaunlichster Genauigkeit ausgesucht. In der abenteuerlichen Geschichte Der Verlobte des Königs von Algarbien (II, 7) betreten wir der Reihe nach eine Anzahl Mittelmeerländer; die Prinzessin selbst stammt aus Alexandrien und heißt Alatiel, wohl die Umgestaltung eines arabischen Wortes; ihr Vater ist der Sultan von Babylon – Babylon ist die griechische Verbalhornung eines ägyptischen Wortes, mit der man zur hellenistischen Zeit Ägypten bezeichnete – und heißt Beminedab, wieder ein semitisches Wort. Zuerst kommt sie nach Majorca, zu Boccaccios Zeit spanisch, und liebt dort einen Edelmann mit dem spanischen Namen Perico. Danach wird sie nach Griechenland verschlagen, und wir finden dort einen Diener mit dem griechischen Namen Ciuriaci oder Kyriazis. Die Söhne des Kaisers von Byzanz heißen Konstantin und Manuel, der Sultan von der Türkei Osbek ... So ist es überall.

Dieser Kunstgriff ist natürlich nicht neu. In den Resten der antiken Novelle, bei Apulejus und Petron finden wir Ähnliches – ebenso in den indischen und arabischen Erzählungen, ja, der gute Erzähler aller Länder und Zeiten wird wahrscheinlich, auch unabhängig von andern, immer wieder zu diesem Mittel greifen, um bei seinem Zuhörer die Wirklichkeitsempfindung zu steigern. Aber nur wenige haben es mit solcher künstlerischen Anschaulichkeit gehandhabt wie Boccaccio. Und gewiß ist er auch hierbei weit über seine Vorgänger hinausgegangen, denn wir dürfen doch wohl annehmen, daß der griechische Roman, der das Vorbild zu Alatiels Novelle bildete, in welcher Form sie nun auch Boccaccio vorgelegen hat, jedenfalls keine spanischen oder türkischen Namen enthielt.

Kein Wunder, wenn im achtzehnten Jahrhundert, einer Zeit, da über die Wanderungen und die Vorgeschichte der typischen Novellenstoffe noch wenig bekannt war, ein hervorragender Dekameronkenner, Domenico Maria Manni, dessen Kommentar immer noch unentbehrlich ist, die Lokalisierung für bare Münze genommen hat und weitaus die meisten Geschichten für historisch und wirklich geschehen hält.

Wie die Personen, so die Landschaft und die Umgebung. Auch sie sind durch die Festlegung erneuert. Wo immer der Stoff es erlaubt, wählt Boccaccio Gegenden, die er selber genau kennt. Von den Geschichten spielen fast neun Zehntel ganz oder zum Teil in Italien, von diesen die Hälfte in Florenz oder den benachbarten umbrischen und toskanischen Städten. Mit einem kurzen Satz weiß er einen deutlichen Grundriß zu geben, wie in der Geschichte des Guido Cavalcanti: »Er ging, wie es seine Gewohnheit war, von Or San Michele über den Corso degli Adimari bis zu San Giovanni, wo damals die Marmorsärge herumlagen – heute sind sie bei Santa Reparata –« (VI, 9). Selbst wenn er nicht ausdrücklich die Namen nennt, ist die Ortsbeschreibung von einer treffenden Anschaulichkeit: wie deutlich sehen wir das vorspringende Häuschen an der Stadtmauer von Castel Guiglielmo, wo Rinaldo d'Asti Unterschlupf findet (II, 2); wie klar zu erkennen sind die nicht gerade hygienischen baulichen Verhältnisse des Viertels Malpertugio in Neapel (II, 5). Sei es ein Zimmer mit drei Betten und einer Wiege (IX, 6), sei es ein Rasenflecken mit einem Birnbaum (VII, 9), er weiß sie mit wenigen Worten so zu charakterisieren, daß wir sie zu schauen glauben.

Und trotz dieser individuellen Differenzierung ergibt sich aus dem Dekameron die Gesamtdarstellung einer Welt. Es läßt sich hierin mit den Fabeln von Lafontaine vergleichen.

Wie sich für den aufmerksamen Leser aus Löwe, Maus, Fuchs, Wiesel und Taube allmählich das Gesellschaftsbild aller Kreise des Sonnenkönigs ergibt, mit dem unumschränkten Monarch, dem schlauen Staatsmann, dem einfältigen Bürger, mit eiteln Edeln und fleißigen Bauern, mit höfischen Sitten und zu belächelnden Mißbräuchen – so rollt sich beim Lesen des Dekamerons das ganze Leben des Trecento vor uns auf. Ja, manchmal ist es, als ob diesem Gesamtbild gegenüber die ganze Buntheit des Inhalts verschwindet. Wir sehen den gerechten Fürst und den launischen Herrscher, den echten Edelmann und den anmaßenden Emporkömmling, den witzigen Höfling und den groben Schmarotzer, die feingebildete Dame und ihr eingebildetes Widerspiel. Da tauchen sie vor uns auf, die vor sinnlicher Gesundheit strotzende Bäuerin, das verliebte junge Mädchen, die drollige Köchin, die schelmische Bürgerfrau. Er führt uns in das Getriebe des Handelshafens, in die Schrecken der nächtlichen Stadt, zeigt uns den Maler in seinem Atelier, den Dichter bei der Arbeit, er kennt die Gerichtssitzung und den Beichtstuhl; Kurtisanen und Kupplerinnen treiben ihr Wesen, Bettelmönche, Vagabunden, Piraten und Wegelagerer stehen neben Fürsten, Kirchenlichtern und Gelehrten. Neben dem Zeigenössischen dämmert die Geschichte, von der italienischen Heimat aus schauen wir Frankreich und das Morgenland.

Aber seine Erzählergabe beschränkt sich nicht auf Personen und Zustände. Über die Einkleidung hinaus ergreift sie den Inhalt der Geschichten. Wir nannten die Stoffe überliefert, aber sagten wir nicht schon, daß Boccaccios Größe darin liegt, daß er nur selten etwas so wiedergibt, wie er es findet? Er schaltet und waltet mit den gegebenen Stoffen, bis sie ganz neu, ganz sein Eigentum geworden sind; er spielt mit ihnen ein lustiges, verwegenes Spiel; er knetet den alten Ton, bis ganz veränderte Gestalten hervorwachsen. Was Boccaccios Seelenbruder Gottfried Keller in der Einleitung

zu seinen *Sieben Legenden* sagt, kann auch der Dekamerondichter auf sich anwenden, auch ihn »überkam die Lust zu einer Reproduktion jener abgebrochenen, schwebenden Gebilde, wobei ihnen freilich zuweilen das Antlitz nach einer andern Himmelsgegend hingewendet wurde, als nach welcher sie in der überkommenen Gestalt schauen.«
Wahrhaftig eine andere Himmelsgegend! Wie Keller aus der verlassenen, reumütigen Nonne eine stolze Mutter von acht starken Söhnen macht, so tut es der Erzähler im Dekameron. In einem frommen Erbauungsbuche finden wir die gespensterhafte Geschichte der Höllenstrafe einer Ehebrecherin, die ihren Gatten gemordet hat. Allnächtlich verfolgt sie ihr Buhle auf einem flammenschnaubenden Roß, ergreift sie bei den Haaren, durchbohrt sie, wirft sie ins Feuer und galoppiert mit ihr von dannen. Ewige Strafe – Schreckensbild für ungetreue Eheweiber. Boccaccio erzählt die Geschichte wieder, die Szene gestaltet sich noch grausiger, Hunde zerreißen die Frau; aber die hier die Strafe erleidet, ist keine Ehebrecherin, sondern ein Mädchen, das ihren Liebhaber, statt, wie es Amor befiehlt, zu erhören, abgewiesen hat und sich wenig daraus machte, als er sich aus Trauer selber den Tod gab. Schreckensbild für hartherzige Mädchen (V, 8). Oder die alte Geschichte des ungetreuen Mannes wird noch einmal erzählt, der glaubt, ein Stelldichein mit seiner Geliebten zu haben, in Wirklichkeit aber mit seiner Ehefrau zusammenkommt. Im Dekameron ist die Sache etwas komplizierter. Ricciardo, der bei der geliebten Catella nichts erreichen kann, erzählt ihr, daß ihr Gatte, den sie wahrhaft liebt, ihr untreu ist und sich zu einer bestimmten Stunde mit seiner Freundin verabredet habe; er schlägt ihr vor, statt dieser Frau sich dort einzufinden; sie geht auf den Leim, glaubt im dunklen Zimmer bei ihrem Manne zu sein, hält die Rede der empörten Ehefrau – aber entdeckt, daß es Ricciardo ist, der diese lächelnd anhört (III, 6). Und dann? Der erste Schritt tut die andern mit,

und die Küsse des Liebhabers sind würziger als die des Gatten ... Oder sehen wir uns noch einmal die Geschichte der Alatiel, der Tochter des Sultans, an. Das Vorbild war ein griechischer Roman in der Art des Xenophon von Ephesus. Obwohl wir es nicht kennen, können wir doch mit einiger Sicherheit sagen, daß es die Schicksale zweier Liebenden enthielt, wie Flor und Blancheflor oder wie Kamar al- Zaman und Budúr grausam getrennt wurden, beide ihre Abenteuer hatten, aber in Liebe und Treue standhaft blieben, bis sie sich zu guter Letzt glücklich wiederfanden. Was ist aus alledem geworden? Boccaccio läßt die Geschichte des Mannes überhaupt fallen und gibt nur die des Mädchens. Dieses treibt das Schicksal von Liebhaber zu Liebhaber; acht Männern gehört sie an; dann wird sie, durch einen glücklichen Zufall gerettet, ihrem Bräutigam als jungfräuliche Braut zugeführt: ein geküßter Mund verliert keinen Reiz, sondern erneut sich wie der Mond.

So ziehen sich die Änderungen durch viele, viele Novellen. Liegt hier eine parodistische Absicht vor? Ebensowenig und ebensoviel wie in Kellers Legenden. Der Erzähler hat die überkommenen Stoffe mit Ernst oder Schelmerei wiedergegeben, sie verschönert oder verzerrt, je nachdem sie sich in seiner Seele spiegelten. Er hat sie gefunden, er hat sie verarbeitet – manchmal wie ein Kind, das aus einem am Strande gefundenen Holzschuh ein Schifflein baut und es fröhlich auf den Wellen schaukeln läßt, manchmal wie ein Fürst, der sein protziges silbernes Tischgerät zu guten Münzen umschmelzen läßt. Begriffe wie Plagiat, Musterschutz und geistiges Eigentum gab es für ihn nicht. Er lebte in einer Zeit, da jeder Maler Madonnen zu malen hatte, jeder Künstler sich mit denselben Gegenständen wie seine Zeitgenossen und Vorgänger zu beschäftigen hatte. Erst durch die endlose Differenzierung erkennt man den immerwährenden Wert des gleichen Stoffes, erst aus der Bewegung ergibt sich die Bedeutung des Bleibenden. Der Satz, mit dem die Geschich-

te der Alatiel schließt, gilt auch für diese Novellen – auch sie sind vielgeküßte Münder, aber sie haben den Reiz nicht verloren, sondern sich wie der Mond erneut.
Ein italienischer Kritiker hat einmal gesagt, daß Boccaccios Sprache ausgezeichnet, sein Stil aber ganz abscheulich wäre. Wir sahen beim Rahmen, wie vortrefflich es Boccaccio verstand, seinen Stil durchzuführen – hinsichtlich der Erzählungen steckt aber in dieser Behauptung Wahres. Stil, im Sinne einer einheitlichen, ausgeglichenen Ausdrucksweise, die das Heterogene verbindet, ist jedoch schon wieder ein Charakteristikum des Schriftstellers. Bei dem Erzähler dagegen finden wir statt dieses Stiles die Stimme – er ist nur selten er selber, er geht in seinen Personen auf, er redet wie die kleinen Geißlein und wie die alte Geiß, und wie der Wolf, der die Kreide verschluckt hat. So wechselt Boccaccio die Stimme von Tag zu Tag, von Novelle zu Novelle, von Person zu Person. Man kann ihm kein größeres Lob geben, als wenn man sagt, daß seine Sprache ausgezeichnet ist, denn diese Sprache ist ein neues Mittel, um unaufhörlich Wechsel und Verschiedenheit zu bringen. Ton und Farbe seiner Sprache passen sich immer den einzelnen Charakteren an: wir hören das affektierte Genäsel der eitlen Jungfer, die Klage der betrogenen Frau, das schnarrende Organ des Quacksalbers, das Keifen der Schweigermutter, das grobe Gepolter des Zuhälters. Auch abgesehen von den Personen hat die Sprache der einzelnen Erzählungen eine andre Färbung. Wer diese Gegensätze in aller Schärfe und in ihrer Feinheit empfinden will, lese einmal nacheinander die Novelle des Frate Cipolla (VI, 10) und jene der Freunde Gisippo und Tito (X, 8) – beide geben sie Meisterwerke der Beredtheit, hier der antike Rhetor, dort der nicht einzuschüchternde Bettelmönch, und dieser Unterschied dehnt sich über die ganze Sprache aus: hier ein Stückchen Antike, wie sie sich Boccaccio dachte, dort ein zeitgenössisches Bild aus seinem eigenen Certaldo. Oder man vergleiche die hei-

tere sonnige Art der sprunghaften Sätze in der Geschichte der Monna Belcolore und des Pfarrers von Varlungo (VIII, 2) mit den dumpfen, schleppenden Gefügen in der Novelle der Lisabetta (IV, 5). Man hat Boccaccios Prosa oft eine übermäßige Geziertheit vorgeworfen, die ungünstig auf die spätere italienische Prosa eingewirkt haben soll. Kein Schriftsteller ist verantwortlich für den Mißbrauch, den Epigonen von Schwächen machen, die bei ihm durch Tugenden aufgewogen werden; aber auch abgesehen davon ist der Vorwurf ungerecht. Geziert ist die Sprache nur dort, wo sie Geziertheit braucht, jeder Schnörkel hat seine Bedeutung, jede syntaktische Gebärde entspricht einer Stimmung.

Deutlicher denn je sehen wir, mit welchem Instinkt oder mit welcher Berechnung – wissen wir jemals, wo bei einem großen Künstler der Instinkt aufhört und die Berechnung anfängt? – die Personen des Rahmens in dekorativem Stil gehalten sind. Gerade weil die Stimmen der Erzähler im Rahmen fast gleichmäßig klingen, kommen die Stimmen der Personen in den Erzählungen mehr zur Geltung.

Und doch – es ist eine Wonne, zu beobachten, wie unendlich viele Seiten ein Dichter besitzt und wie in ihm scheinbare Gegensätze zur Einheit werden – und doch klingt durch die Vielstimmigkeit der Erzählungen etwas Gemeinsames hindurch. Die Persönlichkeit Boccaccios ist in der vielgestaltigen Masse der Stoffe nicht untergegangen. Wie wir bei Shakespeare Lear und Caliban, Hamlet und Falstaff hören und das Ganze doch immer Shakespeare bleibt, so beherrscht auch hier Boccaccio die Gesamtheit. – Wir sahen ihn in seiner Jugend mit seinen Hoffnungen und Enttäuschungen, mit den hundert Widersprüchen seines Wollens unf Könnens, seines Charakters und seiner Begabung. Hier in diesem gesegneten Augenblick seines Lebens gab es einmal eine Möglichkeit, sie sämtlich auszugleichen und zu verwerten; hier konnte er bei aller Verschiedenheit ganz er selber sein. Dreimal hören wir die eigene Stimme des Dichters. Zuerst in der großen Einleitung, wo er seine Absichten kundgibt. Danach in der Einleitung des vierten Tages, wo er, als die schon veröffentlichten Tage bei einem Teil des Publikums Widerspruch erregten, sich verteidigen mußte. Endlich in der Nachschrift. Immer bleibt er seinem Vorsatz treu, die Welt zu beglücken, seinerseits als Vergeltung für den Trost, den ihm andre in schwierigen Lebenslagen geschenkt haben, den Schwachen und Betrübten, hauptsächlich den Frauen Linderung zu bringen. Auf dem Gipfel seiner Kunst gibt er sich ganz: mit seiner Resignation, die keineswegs seine köstliche Lebenslust vernichten kann, seiner Melancholie, die jeden Augenblick bereit war, in Ironie – auch in Selbstironie – umzuschlagen, seiner Weltverachtung, die nie eine innige Freude an den schönen und belustigenden Erscheinungen dieser lieben Erde ausschloß, seiner Nörgelei, die sich damals so gut und so gerne mit einem Gefühl des üppigen Überflusses verbinden ließ. Und wenn wir uns diese Dichterstimme einmal vergegenwärtigt haben, so hören wir sie auch in den Novellen.

Ja, es ist doch wieder ein einziger Mensch, der alles dieses krause Zeug erzählt. Wir sehen ihn als Kind seiner Zeit und als Träger alter Traditionen, als unermüdlichen Sammler des Überkommenen und in seiner selbständigen Ursprünglichkeit, aber wir sehen ihn als einen in sich geschlossenen, zielbewußten Dichter. Seine Persönlichkeit durchzieht das Dekameron mit ihren unveränderlichen Neigungen und Abneigungen, mit ihrem Willen, ihren Leidenschaften – schließlich mit ihren Göttern.

Götter? Boccaccio ist gewiß ein Christ gewesen. Wenn er zum Schlusse Dem dankt, der ihm durch seinen Beistand nach langer Mühsal zu dem ersehnten Ziel geholfen hat, so meint er zweifellos den Gott des rechtgläubigen Bekenntnisses. Dennoch – er und seine Zeit haben etwas Mühe, sich mit dem ersten Gebot abzufinden. Neben dem Deus Optimus Maximus schleichen sich dii minores ein. Von diesen Göttern, die seine Weltanschauung nicht entbehren kann, ist einer weiblich und heißt Fortuna, einer männlich: der Amor.

So reizvoll es wäre, auf den sprechenden Beweis des Fortlebens hellenistischen Geistes, auf die grillenhafte Fortuna, näher einzugehen, wir müssen es uns hier versagen. Genüge es, daß sie im Dekameron, wie überall, eine klare Gestalt besitzt; daß sie wie Athena in den Homerischen Epen immer dort auftritt, wo sich die Phantasie des Dichters und des Lesers nach ihr sehnt oder wo eine jähe Verschlingung der Ereignisse sie braucht; daß der zweite Tag ihr ganz gewidmet ist und daß sie in der ersten Novelle des zehnten Tages noch einmal in besonderer Form wiederkehrt.

Auch über Amor können wir, obwohl die Verführung, die Wandlung dieses Wesens von der provenzalischen Dichtung bis zum dolce stil nuovo, von dort bis Boccaccio zu beschreiben, groß ist, nicht allzu ausführlich sein. Aber jeder Leser des Dekamerons muß diesen Gott wenigstens aus der Ferne kennen. Wie bei den Alten, wie in allen Zeiten, da sich die Einbildungskraft die seelischen Erscheinungen in bestimmten Gestalten vorstellt, sind auch hier die Grenzen zwischen dem Begriff und seiner personifizierten Darstellung fließend. Wann und inwieweit die Liebe für Boccaccio einen Gott mit einem göttlichen Hofstaat bedeutet, wann und inwieweit sie ein persönliches Gefühl mit tausend Schattierungen, wann und inwieweit sie ein Weltgesetz mit vielen Paragraphen ist, läßt sich nicht feststellen. Wohl aber, daß er sie in jeder ihrer Gestalten als Herrscherin betrachtet, daß er ihre tastbare Anwesenheit unaufhörlich spürt und daß er sie als Mittel benutzt, um viele Tage und Novellen zu verbinden. Grausam oder gutmütig, grinsend oder lächelnd lenkt sie die Handlungen der Einzelnen, die Schicksale der Gesamtheit. Gegen Amor gibt es keinen Schutz. Der Vater, der, wie Filippo Balducci, glaubt, ihm seinen Sohn entziehen zu können, ist ein Tor. Wehe jedem, der sich ihm nicht bis zum letzten Schlusse ergibt! – Wehe der Frau, die ihm zuwider handelt, sei es aus Hochmut, wie die Gequälte im Pinienwalde bei Chiassi (V, 8), sei es aus Eigensinn oder weil sie einen andern zu lieben glaubt, wie Elena (VIII, 7), sei es selbst aus Frömmigkeit, wie Madonna Ermelina (III, 7). In seinem Namen ist dem Manne alles erlaubt, bis zum niederträchtigen Betrug, wie ihn Ricciardo (III, 6), bis zur Grausamkeit, wie sie der Scholar (VIII, 7) verübt. Groß und beredt werden die Frauen, die in Amors Namen sprechen, in bitterm Scherz wie Bartolomea, die Gattin des vertrottelten Messer Ricciardo Chinzica (II, 10); in heiligem Ernst, wie Madonna Filippa (VI, 7); mit dem Tod auf den Lippen, wie Gismonda (IV, 1). Amor ist der Feind des albernen eifersüchtigen Ehemannes, er haßt die Rohen und Ungewandten, aber er ist auch der liebevolle Erzieher des Tölpels Cimone in der entzückenden Idylle, mit der der fünfte Tag beginnt, der sorgfältige Führer, der Gilletta zum Ziele bringt (III, 9), die Nachtigall, die für Ricciardo Manardi und Caterina singt (V, 4).

Amor, dieser willkürliche Tyrann und dieser gerechte Gesetzgeber, dieses Zerrbild und diese höchste Gewalt, hat Boccaccio viele Feinde besorgt und noch mehr böse unzuverlässige Freunde. Vergessen wir nicht, daß diesem Amor, trotz der ergreifenden Wahrhaftigkeit, mit der er dargestellt wird, doch immer etwas von einem Scheinbild anhaftet. Minne und Minnedienst – sie erwachsen denn auf französischem, auf italienischem oder auf japanischem Boden – sind immer, auch im höchsten Sinne, auch wenn sie bis zu den letzten Konsequenzen führen, ein Spiel. Amor, so göttlich er ist, bleibt mehr der Leiter dieses Spieles als der Lenker des Lebens. Die erotische Novelle bildet einen Teil dieses Spieles.

Die Novelle soll ein Ereignis geben, das uns als wahr anmutet; aber es soll ein Ereignis von eindringlicher Bedeutung sein, das heißt eine Wahrheit, die wir herbeiwünschen, deren Tragik oder Komik unsern Gedanken, unserm Leben fehlt. Wenn die Wahrheit ein Spiegelbild von dem ist, was wir selber erleben, gehen wir gleichgültig an ihr vorbei; erst wenn sie eine seelische Lücke auszufüllen vermag, greifen wir nach ihr. So ist in der erotischen Novelle die Liebe nicht das, was wir besitzen, sondern das, was wir entbehren, Amor nicht der Gott dessen, was wir haben, sondern dessen, was wir ersehnen. Niemand hat das besser gewußt als Boccaccio; er schrieb für die Frauen, deren Betrübnis er in seiner Vorrede erwähnt, vielleicht für sich und seinesgleichen – nicht für glückliche Liebhaber, geschweige denn für Wüstlinge. Bei aller Freude an der gelungenen Darstellung hat er nie aus dem Auge verloren, daß er Geschichten erzählt, die uns als wahr anmuten, nicht weil sie wahr sind, sondern weil wir sie gerne hören.

Sie wollen den Beweis? Schon wieder liegt er in dem Gegensatz zwischen Rahmen und Novellen. Nannten wir den Rahmen ornamental, die Erzählungen wirklich? Noch einmal – lieber Leser, es ist zum allerletzten Mal – müssen wir eine Umkehrung machen. Wieder und wieder wird in dem Rahmen darauf hingewiesen, daß die jungen Männer und Frauen ehrsam leben. Zwar spinnen sich die Liebesfäden hinüber und herüber, werden verwegene Scherzworte gewechselt, aber niemals wird gegen die Sitte verstoßen. Selbst Dioneo verlangt nichts, was sich mit dem Anstand nicht verträgt, und lobt, König geworden, die Ehrbarkeit. Wenn in dem Küchenzank die Lüsternheit und Ungebundenheit der niedern Schichten durchklingt, fühlen wir die Entfernung, die die jungen Mädchen von dieser Liederlichkeit trennt, sie kennen die Lebenslust, aber üben die Selbstzucht. Wenn endlich die zehn auseinanderzugehen sich entschließen, kann Panfilo mit gutem Gewissen von einem geschwisterlichen Verkehr reden: so viele verführerische Geschichten erzählt sind, so gut gegessen und getrunken, gespielt und gesungen wurde, Dinge, die doch schwache Gemüter leicht zur Unehrbarkeit verleiten –: weder bei den Männern noch bei den Frauen ist etwas Tadelnswertes vorgekommen. Ja, Boccaccio weiß es ganz genau, daß die Sachen, die er erzählt, in der Literatur einen andern Platz einnehmen als im Leben. Wer die französische Frau nach den Novellen Maupassants beurteilt, ist ebensosehr auf dem Holzwege wie jener, der glaubt, daß die Frauen zu Shakespeares Zeit so geistreich waren wie Rosalind. Und gerade weil der Dichter dieses weiß und weil er Pampinea, Emilia und Fiammetta den Frauen wie Gismonda, Filippa oder Bartolomea gegenüberstellt, entspricht der dekorative Rahmen doch wieder der Wirklichkeit und geben die als wirklich empfundenen Novellen nur einen Schein.

– Und dann, Amor ist der großen Götter einer; der allergrößte ist er nicht.

Die verschiedenen Tage behandeln, wie wir wissen, verschiedene Gegenstände. Nachdem am ersten Tage jeder erzählt hat, was ihm gefällt, macht Filomena den Vorschlag, das, wovon erzählt wird, in gewisse Grenzen einzuschränken und diese Gegenstände vorher mitzuteilen, damit alle Zeit haben, sich auf eine Geschichte zu besinnen. Sie selbst schlägt vor, da die Menschen von Anbeginn der Welt dem Wechsel der Fortuna unterworfen sind und auch bleiben werden, von solchen zu sprechen, die trotz Ungemach und wider alle Hoffnung endlich ein glückliches Ziel erreichten. Nach den Fügungen der Fortuna folgt der Tag, wo unter Neifile von solchen gesprochen wird, die durch Geschicklichkeit Heißersehntes erlangen oder Verlorenes zurückgewinnen, solchen also, die Fortunas Stirnlocke ergreifen, von Schmieden ihres Glückes. Nun folgt Amor. König Filostrato zwingt die Gesellschaft, sich mit unglücklich Liebenden zu beschäftigen. Aber seine Nachfolgerin Fiammetta bringt das Widerspiel, und damit Filostrato sieht, wen er gewählt hat, befiehlt sie, daß an ihrem Tage nur von Liebenden gesprochen wird, die nach Ungemach und Kummer das Glück fanden. Unter Emilia folgt eine kleine Pause. Der kurze sechste Tag, eingeleitet durch den Zank der Diener, beendet durch den Ausflug der Mädchen in das Frauental, bringt die einfachste Form der Novelle: die Begebenheit als Witzwort oder schlagfertige Antwort, mit denen man sich einen Gegner vom Halse schafft, sich aus einer schwierigen Lage rettet. Am nächsten Tage regiert Dioneo, er nimmt das Problem der Liebe wieder auf, aber in andrer Form: es soll von den Listen der Liebe erzählt werden, von Streichen, die Frauen aus Liebe oder um sich aus der Not zu helfen ihren Männern spielen. Lauretta, die nächste Königin, möchte wieder den Spieß umdrehen und von den Streichen, die Männern ihren Frauen spielen, erzählen lassen. Um aber selbst den Schein zu vermeiden, daß sie zu den kleinen Hunden gehört, die sich gleich rächen wollen, erweitert sie den Gegenstand und erlaubt von gegenseitigen Streichen zu reden. Der neunte Tag bringt wieder einen Ruhepunkt: Emilia läßt jeden von dem, was ihm beliebt, sprechen. Der Leser kann sich erholen, der Dichter hübsche Geschichten, die er noch auf Lager hatte und die sich an andern Tagen nicht einfügen ließen, hier unterbringen. Endlich kommt der letzte Tag, und Panfilo widmet ihn der Großmut: es soll von Menschen gesprochen werden, die in der Liebe oder in andern Dingen großmütig oder hochsinnig gehandelt haben.

Man sieht es, der ganze Aufbau geschieht nach einem wohlvorbereiteten Plan, wird durch einen einheitlichen Willen zusammengehalten. Es ist eine Steigerung beabsichtigt von der Fortuna zum Amor in seinen verschiedenen Formen, von Amor zur Großmut. Diese Art Steigerungen bildet an sich eine literarische Gattung, die wir bei vielen Völkern, in vielen Zeiten beobachten können: es sind Kettenlieder, die Kinder singen und wie Weise sie dichten; sie sind zugleich heiter und moralisch, sie umschließen den salomonischen

Gedanken der Vanitas und die Lehre, daß sich schließlich alles doch zum Guten wendet. Man hört sie in dem jüdischen Lied vom Böcklein, das mein Vater kaufte und das die Katze fraß, am Paschafest, und sie steckt in dem lustigen Reim von dem Bauer, der den Knaben ins Feld schickt, um den Hafer zu schneiden. Zu Boccaccios Zeit tauchte diese Gattung bei den Dichtern wieder auf. Petrarca gab sie in seine *Trionfi:* wie im israelitischen Lied die Katze über das Böcklein, Hund über Katze, Stock über Hund, Feuer über Stock, Wasser über Feuer, Ochs über Wasser, Schlächter über Ochs, Todesengel über Schlächter, Gott über Todesengel triumphiert, so tut es in diesem Gedicht Amor über den Menschen, die Keuschheit über Amor, der Tod über die Keuschheit, der Ruhm über den Tod, die Zeit über den Ruhm und schließlich die Seligkeit über alle zusammen. Boccaccio hat Ähnliches in der *Amorosa Visione* versucht; und steckt schließlich in der Reihenfolge in der *Divina Commedia:* Hölle, Fegefeuer, Himmel, nicht etwas von diesem unsterblichen Völkergedanken?

So fließen hier zwei uralte Formen der Dichtung ineinander: Rahmenerzählung und Kettenlied, und da sie beide tief in der Volksmoral wurzeln, habe ich wohl nicht zu viel versprochen, als ich zu Anfang sagte, beweisen zu können, daß das Dekameron ein moralisches Buch ist.

Ja, wer das Buch bei aller Freude am Einzelnen mit Ernst bis zu Ende als Ganzes durchliest, dem muß die Steigerung klar werden. Panfilo hat recht, wenn er sagt, daß »die Reden und Taten des zehnten Tages unsre zum Guten geneigten Seelen zu hochherzigen Handlungen entflammen, damit sich unser Leben, das im sterblichen Leibe nur kurz sein kann, in ehrenvollem Andenken verewige«. – Wen die Gesinnung, die am letzten Tage herrscht, erfaßt, der wird das Vorhergehende zwar nicht vergessen, aber er wird es überwinden. Diese Beispiele von Freundschaft und Freigebigkeit, vor allem aber von strengster Selbstzucht und edelster

Selbstbeherrschung stehen wohl im höchsten Gegensatz zu dem lockern Anfang. Jener siegreiche Karl von Anjou, der, geleitet von einem guten Berater, einer lüsternen Herrscherlaune, auch einem politischen Gegner gegenüber, nicht nachgibt, jener Peter von Aragonien, der ritterliche Ehemann, der ein sich ihm bietendes junges Mädchen nicht verschmäht, sondern sie mit einem Kuß auf die Stirn von ihrer Torheit heilt, sind sie nicht Helden im höchsten Sinne, geben sie uns nicht allen Grund, an den vergangenen Geschichten lächelnd vorüberzugehen? Zum Schlusse macht Dioneo von seinem Rechte Gebrauch, und aus dem Munde des übermütigen Knaben, der die schlüpfrigsten Erzählungen aufgetischt hat, hören wir nun zu Ende des Buches das höchste Lob der Frau: die Geschichte der Griseldis.

Und nun – um auch einmal in dem Stil des Buches zu reden, mit dem ich mich so lange und mit solcher Freude befaßt habe –, meine schönen Damen von heute, ist es mir nicht unbekannt, daß Sie in dieser Zeit dem Dichter Boccaccio nichts so übelnehmen, als daß er gerade diese Griseldis geschildert hat, und daß Sie unendlich viel lieber den verbotenen Geschichtchen mit dem Lächeln und dem Erröten zuhören, mit denen sie einmal die Florentiner Mädchen angehört haben, als daß Sie sich von der Frau berichten lassen, die sich von ihrem Manne alles gefallen läßt, die glaubt, daß er ihre Kinder tötet und sie selbst um eine Jüngere und Schönere verläßt, die ihm trotzdem treu und ergeben bleibt, sich bereit erklärt, der neuen Frau zu dienen, und die in höchster Not nur diesen einzigen Vorwurf findet: »Herr, ich bitte Euch, so sehr ich kann, die Kränkungen, die Ihr mir angetan habt, nicht auch der Neuen anzutun!« Ihr, meine Freundinnen, liebt diese gehorsame Dulderin nicht. Sagt einmal aufrichtig: lest ihr nicht lieber Boccaccios herben Satz: »Ein gutes Pferd braucht ebensosehr den Sporn wie ein schlechtes, und eine gute Frau braucht ebenso den Stock wie eine schlechte«, als daß ihr euch von diesem in biblischem Sinne untertänigen Weibe erzählen laßt? Aber dennoch, ihr Selbständigen, die ihr euch befleißigt, dem Manne in allen Dingen gleichberechtigt zu sein, hat Boccaccio mit der armen Hirtin Griseldis sein eigenes Ideal der Weiblichkeit schildern wollen und sie als solche, zu Ende seines Buches, den vielen üppigen, leichtsinnigen, lebenslustigen und liebeslüsternen Weibsbildern gegenübergestellt. Er nimmt den Gatten nicht in Schutz, er rät keinem, ihm nachzufolgen, bedauert es, daß ihm aus seinen Taten Gutes erwachsen ist, ja, er spricht von seiner viehischen Roheit – und nichtsdestoweniger ist die Frau, die auch in den schwersten Prüfungen dem sinnlosen Tyrannen als ihrem Ehemann ergeben bleibt, im Grunde für ihn das Weib, wie es sein soll, und er gibt sie als solche den trostbedürftigen Herzen, denen sein Buch gewidmet ist.

Auch hierin ist Boccaccio seinem Meister Dante gefolgt, daß er das beste seiner Weltanschauung für die letzte Steigerung bewahrt und uns von der Hölle in den Himmel führt.

Es beginnt das Buch
mit dem Namen Dekameron und dem
Beinamen Principe Galeotto,
das hundert Geschichten in sich begreift,
die von sieben Damen
und drei jungen Männern
an zehn Tagen
erzählt worden sind

Vorrede

Im menschlichen Wesen liegt es, Mitleid mit den Unglücklichen zu haben; und obwohl das jedermann wohl ansteht, so wird es doch sonderlich von denen gefordert, die einmal selbst des Trostes bedurften und ihn bei andern gefunden haben: wenn ihn aber je Menschen nötig gehabt oder ihn geschätzt oder Freude von ihm empfangen haben, so bin ich einer von ihnen. Denn von meiner ersten Jugend an bin ich bis zu dieser Zeit in einer hohen und adeligen Liebe über die Maßen entbrannt gewesen, mehr vielleicht, als es, wenn ich davon erzählen wollte, meinem niedrigen Stande angemessen schiene; obwohl ich nun deswegen von den verständigen Männern, die davon Kunde bekommen haben, gelobt worden und in ihrer Achtung um vieles gestiegen bin, habe ich nichtsdestoweniger dieser Liebe halber gar schwere Pein zu erleiden gehabt, wahrlich nicht, weil die geliebte Dame grausam gegen mich gewesen wäre, sondern wegen der übermäßigen, von einer wenig gezügelten Begierde in meinem Herzen entzündeten Glut, die mir, weil sie mich bei keiner ziemlichen Grenze Befriedigung finden ließ, zu often Malen mehr Leid gebracht hat, als nötig gewesen wäre. In diesem

Leide haben mir der freundliche Zuspruch manches Freundes und seine lobenswerten Tröstungen eine solche Erquickung verschafft, daß ich völlig überzeugt bin, daß sie es gewesen sind, die mein Leben erhalten haben. Weil es aber dem gefallen hat, der in seiner Unendlichkeit das Gesetz gegeben hat, daß alles Irdische ein Ende nehmen muß, so hat sich meine Liebe, die vor jeder andern loderte und die weder durch die Kraft eines Vorsatzes oder eines Ratschlags noch durch die offenkundige Schande oder durch eine Gefahr, die daraus hätte erfolgen können, zu brechen oder zu beugen gewesen wäre, im Verlaufe der Zeit durch sich selbst in einer Weise vermindert, daß sie mir derzeit nichts sonst von sich im Herzen zurückgelassen hat als jene Heiterkeit, die die Liebe denen zu bereiten pflegt, die nicht allzu weit in ihre tiefern Meere hinaussteuern; so fühle ich denn, daß mir von ihr, die mir sonst zu steter Qual gewesen ist, jetzt, wo alles Ungemach geschwunden ist, ein süßes Behagen geblieben ist. Obgleich aber die Pein gewichen ist, so ist doch nicht auch die Erinnerung an die empfangenen Wohltaten entflohen, die mir von denen gespendet worden sind, die meine Qualen teilnehmend mit mir gelitten haben; und diese Erinnerung wird, glaube ich, nichts verlöschen als der Tod. Und weil unter den Tugenden, wie ich glaube, sonderlichen Preis die Dankbarkeit verdient, während ihr Gegenteil ebenso verwerflich ist, so habe ich mir, um nicht als undankbar dazustehn, bei mir selbst vorgenommen, jetzt, wo ich mich einen freien Mann nennen darf, zur Vergeltung für das, was ich empfangen habe, zwar nicht denen, die mir geholfen haben, weil es die entweder ihrer Klugheit halber oder wegen ihres guten Glückes nicht brauchen, aber wenigstens denen, bei denen es am Platze ist, nach meinen schwachen Kräften einige Linderung bringen zu wollen. Und obwohl meine Hilfe oder mein Trost, wie wir es nennen wollen, für die Bedürftigen gar wenig bedeuten kann und bedeutet, dünkt es mich doch, daß dieser Trost um so eher dargeboten werden soll, je größer die Not ist, sowohl weil er dort mehr Nutzen stiften wird, als auch weil er dort mehr erwünscht sein wird. Und wer wird es leugnen, daß er, wie immer er beschaffen sei, viel mehr den holdseligen Frauen, als den Männern gespendet werden soll? Voll Furcht und Scham bergen die Frauen die Liebesflammen in ihrem zarten Busen, und daß die mehr Gewalt haben als die unverhohlenen, das wissen die, die es versucht haben; überdies verbringen sie, gezwungen unter den Willen, das Belieben und die Befehle der Väter, der Mütter, der Brüder und der Gatten, die meiste Zeit abgeschlossen in dem kleinen Umkreise ihrer Gemächer und überlegen, schier müßig sitzend, in einunddemselben Augenblicke widerstreitende Gedanken des Wollens und Nichtwollens, die unmöglich immer heiter sein können. Und wenn etwa auf diese Art, von glühender Sehnsucht erregt, eine Schwermut in ihr Herz kommt, so muß sie, ganz zu geschweigen davon, daß die Frauen viel weniger stark im Dulden sind als die Männer, mit schwerer Pein drinnen bleiben, wenn sie nicht von einer neuen Anregung verscheucht wird. Bei den verliebten Männern trifft das nicht zu, wie wir klärlich sehn können. Die haben, wenn sie von einer Schwermut oder von düstern Gedanken befallen werden, viele Mittel, sich Erleichterung zu verschaffen oder darüber hinwegzukommen; denn ihnen fehlt es, wenn sie wollen, nie an der Gelegenheit zu lustwandeln, vielerlei zu hören oder zu sehn, die Vogelbeize oder die Jagd zu treiben, zu fischen, zu reiten, zu spielen oder Handelsgeschäften nachzugehn. Jegliches von diesen Mitteln ist imstande, den Geist entweder ganz oder teilweise zu fesseln und ihn von den unangenehmen Gedanken abzulenken, wenigstens auf eine Zeitlang; entweder stellt sich dann auf die eine oder andere Weise Trost ein oder die Unannehmlichkeit läßt nach. Auf daß nun der Fehler des Schicksals, daß es gerade dort, wo die Kräfte geringer waren, wie wir das bei den zarten Frauen sehn, viel geiziger mit den Behelfen gewesen ist, einigermaßen durch mich verbessert werde, gedenke ich zur Hilfe und Zuflucht für die liebenden Damen – für die andern genügen die Nadel, die Spindel und der Haspel – hundert Geschichten oder Fabeln oder Parabeln oder Historien, wie wir sie nennen wollen, zu erzählen, welche von einer ehrsamen Gesellschaft von sieben Damen und drei jungen Männern, die sich während der unseligen Zeit des vergangenen Sterbens zusammengefunden haben, an zehn Tagen erzählt worden sind, nebst einigen Liedern, die von den besagten Damen zur allgemeinen Lust gesungen worden sind. In diesen Geschichten werden heitere und ernste Liebesbegebenheiten und andere abenteuerliche Ereignisse ersehn werden, die sich sowohl in neuen als auch in alten Zeiten zugetragen haben; aus ihnen werden die genannten Damen, die sie lesen werden, gleicherweise Lust an den darin dargelegten kurzweiligen Dingen schöpfen können, wie auch nützlichen Rat und die Erkenntnis, was zu fliehen und was zu suchen ist: und das, glaube ich, kann nicht geschehn, ohne daß der Kummer entschwände. Trifft das zu – und Gott gebe, daß es zutreffe –, so mögen sie Amor danken, der mir, indem er mich aus seinen Banden gelöst hat, das Vermögen gewährt hat, auf ihr Vergnügen bedacht zu sein.

Es beginnt der

erste Tag des Dekamerons

wo nach einer vom Verfasser
gegebenen Darlegung,
wieso es geschehn ist, daß sich
die später auftretenden Personen
zum Erzählen
zusammengefunden haben,
unter der Herrschaft Pampineas
von dem gesprochen wird,
was jedem beliebt

Sooft ich, meine holdseligen Damen, sinnend betrachte, wie mitleidig ihr alle von Natur aus seid, erkenne ich, daß das gegenwärtige Werk nach euerm Urteile einen harten und traurigen Anfang haben wird, weil es an seiner Stirn die schmerzliche Erinnerung an das verwichene große Sterben trägt, das allgemein von jedem verflucht wird, der es miterlebt oder davon erfahren hat. Aber ich will nicht, daß ihr euch dadurch vor dem Weiterlesen abschrecken ließet, in der Meinung, ihr würdet beim Lesen schier immer durch Seufzer und Tränen wandeln müssen. Dieser schreckliche Anfang soll euch nichts andres sein, als was den Wanderern ein rauhes und steiles Gebirge ist, hinter dem die schönste und anmutigste Ebene liegt, die sie um so lieblicher dünkt, je beschwerlicher das Erklimmen und Herabsteigen war. Und so wie sich an die äußerste Freude der Schmerz schließt, so wird auch der Jammer von einer hinzutretenden Lust begrenzt. Auf diese kurze Traurigkeit – kurz sage ich, weil sie nur wenige Zeilen einnimmt – folgt alsbald das süße Vergnügen, das ich euch vorhin versprochen habe und das ihr vielleicht bei einem also beschaffenen Eingange ohne ausdrückliche Ankündigung nicht erwartet hättet. Und wahrhaftig, hätte ich euch auf eine anständige Art von einer andern Seite als über diesen also rauhen Pfad dorthin, wo ich wünsche, führen können, so hätte ich's gerne getan; weil es aber ohne diese Erinnerung unmöglich wäre, euch den Anlaß darzulegen, warum das, was später zu lesen sein wird, geschehn ist, so gehe ich notgedrungen an diese Beschreibung.

Ich sage also, daß seit der heilbringenden Menschwerdung des Gottessohnes eintausenddreihundertachtundvierzig Jahre verstrichen waren, als in die herrliche Stadt Florenz, die alle andern italischen Städte an Schönheit überragt, die todbringende Pest gekommen ist, die, entweder durch die Einwirkung der Himmelskörper oder wegen unsers schlechten Wandels von dem gerechten Zorne Gottes zu unserer Besserung über die Sterblichen geschickt, einige Jahre vorher in den östlichen Ländern begonnen, diese einer unzähligen Menge von Menschen beraubt und sich unaufhaltsam von Ort zu Ort vordringend, grausam nach Westen verbreitet hat. Umsonst war da alle Klugheit oder menschliche Vorsicht, mit der die Stadt durch dazu bestellte Beamte von vielen Unsauberkeiten gereinigt und jedem Kranken der Eintritt verwehrt und mancher Rat zur Erhaltung der Gesundheit gegeben wurde, und umsonst waren die demütigen Gebete, die nicht einmal, sondern zu often Malen, sowohl in angeordneten Bittgängen als auch in anderer Weise von den Frommen an den Herrgott gerichtet wurden: etwa zu Frühlingsanfang des genannten Jahres begann sie ihre schmerzensreichen Wirkungen auf eine gräßliche und erstaunliche Art zu zeigen. Und das nicht so, wie sie es im Morgenlande getan hatte, wo es für jeden ein offenbares Zeichen des unvermeidlichen Todes war, wenn ihm Blut aus der Nase drang, sondern es entstanden bei ihrem Beginne, gleicherweise bei Mann und Weib, entweder an den Leisten oder unter den Achseln Geschwülste, die, bei dem einen in größerer, bei dem andern in geringerer Anzahl, zum Teile die Größe eines gewöhnlichen Apfels, zum Teile die eines Eies erreichten und vom Volke Pestbeulen genannt wurden. Von diesen zwei genannten Stellen aus begannen die besagten todbringenden Beulen unterschiedslos überall am Körper zu entstehn und zum Vorschein zu kommen; und dann begann sich das Bild der besagten Krankheit in schwarze oder blauschwarze Flecken zu verändern, die bei vielen an den Armen und an den Lenden und an jedem andern Körperteile auftraten, bei dem einen groß und in geringer Zahl, bei dem andern klein und zahlreich. Und wie zuerst die Beulen ein sicheres Zeichen des kommenden Todes gewesen waren und noch waren, so waren es nun auch diese Flecken bei jedem, den sie befielen. Zur Heilung dieser Krankheit schien weder der Rat eines Arztes noch irgendeine Arznei etwas zu vermögen oder von Vorteil zu sein; ob es nun die Natur der Seuche nicht zuließ, oder ob die Ärzte – deren Zahl außer den studierten Leuten ebenso durch Frauen, wie durch Männer, die nie einen Unterricht in der Arzneikunst gehabt hatten, übermäßig groß geworden war – in ihrer Unwissenheit nicht erkannten, woher sie rühre, und folglich nicht die richtigen Mittel anwandten, jedenfalls genasen nur sehr wenige, während schier alle binnen drei Tagen von dem Auftreten der oben erwähnten Zeichen, der eine rascher, der andere langsamer und die meisten ohne irgendein Fieber oder einen sonstigen äußern Anlaß starben. Und diese Pest war noch schrecklicher dadurch, daß sie von denen, die daran erkrankt waren, durch den Verkehr auf die Gesunden übergriff, nicht anders als das Feuer mit trockenen oder fetten Dingen tut, wenn sie in seine nächste Nähe gebracht werden. Und das war noch nicht das ärgste; denn nicht nur das Sprechen oder der Umgang mit den Kranken teilte den Gesunden die Krankheit oder den Keim des gemeinsamen Todes mit, sondern es stellte sich auch heraus, daß schon die Berührung der Kleider oder irgendeines andern Gegenstandes, den die Kranken berührt oder gebraucht hatten, den Berührenden mit dieser Krankheit ansteckte. Wundersam ist zu hören, was ich sagen muß; und wenn es nicht die Augen vieler Leute und auch die meinigen gesehn hätten, würde ich mich kaum getrauen, es zu glauben, geschweige denn es niederzuschreiben, und wäre mein Gewährsmann noch so glaubwürdig gewesen. Ich sage, daß die Fähigkeit der Pest, von dem einen auf den andern überzuspringen, von einer solchen Kraft war, daß sie sich nicht nur zwischen Mensch und Mensch zeigte, sondern daß sie auch, wie sie's gar oft augenscheinlich tat, eine andere Kreatur, nicht von der Gattung der Menschen, wenn die etwas von einem an der Pest krank Gewesenen oder Verstorbenen berührt hatte, nicht nur mit der Krankheit ansteckte, sondern auch binnen ganz kurzer Zeit tötete. Davon habe ich unter andern Malen eines Tages mit meinen eigenen Augen, wie ich vorhin gesagt habe, folgendes Beispiel gesehn: man hatte die Lumpen eines armen Mannes, der an der Krankheit verstorben war, auf die offene Straße geworfen und zwei Schweine, die dazukamen, machten sich zuerst mit dem Rüssel und dann mit den Zähnen darüber und wühlten darin herum; und kaum eine Stunde später fielen sie beide, als ob sie Gift bekommen hätten, nach einigen Zuckungen tot auf die Lumpen hin, die sie zu ihrem Unheil zerzaust hatten. Diese und viel andere oder noch ärgere Vorfälle erzeugten bei denen, die am Leben geblieben waren, mancherlei Angst und Einbildungen, und schier alle strebten dem einen, gar grausamen Ziele zu, die Kranken und deren Sachen zu meiden und zu fliehen; und durch diese Handlungsweise glaubte jedermann seine eigene Rettung zu finden. Und da waren manche, die dachten, daß ein mäßiges Leben, wobei man sich vor aller Üppigkeit hüte, die Widerstandskraft erheblich fördere: sie vereinigten sich zu Gesellschaften und lebten sonst von allen abgesondert; und indem sie sich in Häusern, wo kein Kranker war, versammelten und einschlossen, genossen sie die schmackhaftesten Speisen und den besten Wein, aber mit Maß und auf der Hut vor aller Schwelgerei, und verbrachten ihre Zeit mit Saitenspiel und all den Vergnügungen, die sie sich verschaffen konnten, ohne sich von jemand sprechen zu lassen oder sich um das, was außerhalb ihres Hauses vorging, weder um den Tod noch um die Kranken, zu kümmern. Von einer gegenteiligen Meinung geleitet, behaupteten andere, die sicherste Arznei bei einem solchen Übel sei, reichlich zu trinken, sich gute Tage zu machen, mit Gesang und Scherz umherzuziehen, jeglicher Begierde, wo es nur möglich sei, Genüge zu tun und über das, was kommen werde, zu lachen und zu spotten; und so wie sie sagten, setzten sie es auch nach ihren Kräften ins Werk: bei Tag und Nacht zogen sie, um ohne Maß und Ziel zu trinken, bald in diese, bald in jene Schenke, viel lieber aber noch in fremde Häuser, wenn sie nur dort etwas gemerkt hatten, was ihnen zur Freude und Lust war. Und das konnten sie leichtlich tun, weil jedermann all sein Eigentum geradeso wie sich selber aufgegeben hatte, als ob sein Leben verwirkt gewesen wäre; auf diese Art waren die meisten Häuser Gemeingut geworden und der Fremde schaltete damit, wenn er nur einmal drinnen war, ebenso wie der eigene Herr getan hätte. Aber samt ihrem viehischen Vorsatze mieden diese Leute die Kranken, soweit sie nur konnten. Und in der also verheerenden Not unserer Stadt war das ehrwürdige Ansehen der Gesetze, der göttlichen wie der menschlichen, schier völlig gesunken und vernichtet, weil ihre Verweser und Vollstrecker so wie die anderen entweder tot oder krank waren oder weil es ihnen so an Gehilfen gebrach, daß sie keine Amtshandlung vornehmen konnten: aus diesem Grunde war jeglichem erlaubt zu tun, was er wollte. Viele andere schlugen zwischen den zwei obengenannten einen Mittelweg ein, indem sie sich weder eine solche Mäßigkeit im Essen wie die ersten auferlegten, noch im Trinken und in den anderen Ausschweifungen so ausarteten wie die zweiten, vielmehr alles zur Genüge und nach ihrer Lust genossen und sich keineswegs absperrten, sondern umhergingen, wobei der eine Blumen, der andere wohlriechende Kräuter und manche verschiedene Spezereien in den Händen trugen, um sie oft an die Nase zu führen, weil sie meinten, es sei gar gut, das Gehirn mit derartigen Wohlgerüchen zu erquicken, da die ganze Luft von dem Gestank der Leichname und der Krankheit und der Arzneien dumpf und stinkend geworden war. Andere waren eines grausamern Sinnes – obwohl das vielleicht sicherer war – und sagten, gegen die Pest gebe es keine bessere oder ebenso gute Arznei als die Flucht: und von diesem Grundsatze geleitet, verließen viele Leute, sowohl Männer als auch Frauen, ohne auf etwas anderes als auf sich selber bedacht zu sein, die Vaterstadt, die eigenen Häuser, ihre Würden und ihre Verwandten und ihr Gut und suchten, wenn nicht gar fremde, so doch die eigenen Landsitze auf, als ob sie der zornige Wille Gottes, die Schlechtigkeit der Menschen mit dieser Pest zu strafen, nicht an jeglichem Orte hätte erreichen können, sondern sich, einmal erregt, hätte darauf beschränken wollen, nur die zu vernichten, die sich innerhalb der Mauern ihrer Stadt fänden, oder als ob sie der Meinung gewesen wären, in dieser Stadt dürfe kein Mensch verbleiben und ihre letzte Stunde sei gekommen. Und obwohl diese Leute mit den also verschiedenen Meinungen nicht allesamt starben, kamen doch auch nicht alle davon: vielmehr erkrankten von einer jeden Richtung viele, und die gingen dann überall, da sie zur Zeit ihrer eigenen Gesundheit denen, die auch jetzt noch gesund geblieben waren, das Beispiel gegeben hatten, von allen verlassen elendiglich zugrunde. Schweigen wollen wir davon, daß ein Bürger dem anderen aus dem Wege ging und daß sich schier niemand um seinen Nachbar kümmerte und daß die Verwandten einander nur zu seltenen Malen oder nie oder nur von weitem sahen, aber diese Heimsuchung hatte in den Herzen der Männer und der Frauen einen solchen Schauder erregt, daß ein Bruder den anderen verließ oder der Oheim den Neffen und die Schwester den Bruder und oft die Frau ihren Gatten; und was gewichtiger und schier unglaublich ist, sogar die Väter und die Mütter scheuten sich, nach ihren Kindern zu sehen und sie zu pflegen, als ob sie nicht die ihrigen gewesen wären. Aus diesem Grunde blieb der unzähligen Menge derer, die krank wurden, sowohl Männern als auch Frauen, keine andere Hilfe als entweder die Teilnahme der Freunde, und die war selten, oder die Habsucht der Wärter, die sie, durch einen hohen und unverhältnismäßigen Lohn bewogen, warteten, obwohl sich samt alledem nicht viele dazu hergaben, und die, die es taten, Männer und Frauen von grobem Sinne und zumeist in einer derartigen Dienstleistung unerfahren waren, so daß ihre ganzen Dienste schier darin bestanden, die Sachen zu bringen, die die Kranken verlangten, oder zuzusehen, wann sie starben; indem sie aber derartige Dienste leisteten, fanden sie oft mit dem Gewinne zugleich den Tod. Und weil die Kranken von den Nachbarn, den Verwandten und den Freunden verlassen wurden und daß Not an Wärtern war, bürgerte sich etwas bis dahin Unbekanntes ein, daß nämlich keine Dame, wie groß auch ihre Lieblichkeit oder Schönheit oder Anmut war, wann sie erkrankte, Bedenken trug, sich von einem Manne, ob er nun jung oder alt war, bedienen zu lassen und vor ihm ohne die mindeste Scham, wenn dies nur die Not der Krankheit erheischte, jeden Teil ihres Körpers zu entblößen, nicht anders als sie bei einer Frau getan hätte: das wurde wohl später bei denen, die genasen, zum Anlasse einer geringeren Ehrbarkeit. Überdies starben auch viele, die sich vielleicht, wenn sie betreut worden wären, erholt hätten: daher war die Menge derer, die in der Stadt bei Tag und Nacht, sowohl wegen des Mangels einer gehörigen Wartung als auch wegen der Heftigkeit der Pest starben, so groß, daß es gräßlich war, nur davon zu hören, geschweige denn es mitzuerleben. Auf diese Art entstanden unter den Überlebenden notwendigerweise Gebräuche, die den früher von den Bürgern beobachteten entgegengesetzt waren.

Vorher war's üblich gewesen – und auch heute noch sehn wir's –, daß sich die verwandten und benachbarten Frauen im Hause des Verstorbenen versammelten und dort mit seinen nächsten weiblichen Angehörigen klagten; vor dem Hause wieder versammelten sich die Nachbarn des Toten und viele andere Bürger mit seinen männlichen Verwandten, und dem Stande des Verstorbenen gemäß kam auch die

Geistlichkeit dazu, und nun wurde er auf den Schultern von seinesgleichen mit einem Trauergepränge an Wachskerzen und Gesängen in die von ihm vor seinem Tode bestimmte Kirche getragen. Als nun die Heftigkeit der Pest überhandzunehmen begann, kam das alles gänzlich oder zum größern Teile ab, und neue Gebräuche traten an die Stelle der alten. Die Leute starben nämlich, nicht nur ohne daß sie viel Frauen um sich gehabt hätten, sondern es waren auch gar manche, die ohne Zeugen aus diesem Leben schieden, und den wenigsten wurden die mitleidigen Klagen und die bittern Tränen ihrer Verwandten gewährt; dafür gab es nunmehr meistens Gelächter und Scherze und geselligen Jubel, und in diesen Gebrauch hatten sich die Frauen, die zu einem großen Teile das weibliche Mitleid hintansetzten, der eigenen Gesundheit halber trefflich geschickt. Selten kam es vor, daß eine Leiche von mehr als zehn oder zwölf Nachbarn zur Kirche geleitet wurde, und es waren nicht ehrbare und angesehene Bürger, die die Bahre trugen, sondern eine Art Totengräber, die der Hefe des Volkes entstammten und sich Leichenknechte nennen ließen; und diese Leute, die das nur um Geld taten, trugen den Toten mit hastigen Schritten nicht zu der Kirche, die er vor seinem Tode bestimmt hatte, sondern zur nächstgelegenen, und vier oder sechs Geistliche gingen voraus mit wenig Lichtern und manchmal überhaupt ohne Lichter und ließen den Toten, ohne sich mit einer langen Feierlichkeit zu plagen, von den besagten Leichenknechten in das erste beste Grab legen, das offenstand. Bei den kleinen Leuten und wohl auch bei einem großen Teile des Mittelstands ging es noch viel jämmerlicher zu: da sie entweder von der Hoffnung oder von der Armut in ihren Häusern zurückgehalten wurden und also mit der Nachbarschaft in Berührung blieben, erkrankten sie täglich zu Tausenden; und da sie weder irgendwie bedient noch gepflegt wurden, starben sie fast alle rettungslos dahin. Und nicht wenige waren, die bei Tag oder bei Nacht auf der öffentlichen Straße verschieden; und bei vielen, die in ihren Häusern verschieden waren, erfuhren die Nachbarn erst durch den Gestank ihrer verwesenden Körper, daß sie tot waren: und der Gestank von diesen und den andern, die überall starben, machte sich weit und breit bemerkbar. Meistens hielten sich die Nachbarn an dieselbe Maßregel, wozu sie die Furcht, daß ihnen die Verwesung der Leichname schaden könnte, nicht weniger antrieb als die Barmherzigkeit, die sie mit den Toten hatten: sie zogen die Leichname entweder allein oder, wann sie Träger haben konnten, mit deren Hilfe aus den Häusern und legten sie vor die Türen, so daß einer, der dort, sonderlich am Morgen, vorübergegangen wäre, eine Unzahl von Leichen hätte sehn können; dann ließen sie Bahren kommen oder legten sie auch, wenn es an diesen gebrach, auf irgendein Brett. Und es war nichts Außergewöhnliches, daß eine Bahre zwei oder drei auf einmal trug, und es geschah nicht etwa nur einmal, sondern man hätte eine Menge Bahren zählen können, wo Frau und Mann, zwei oder drei Brüder oder Vater und Sohn oder dergleichen beisammen lagen. Und unzählige Male geschah es, daß sich, wenn zwei Priester mit einem Kreuze einen holten, drei oder vier Bahren, die von Trägern getragen wurden, anschlossen; und hatten die Priester einen zu begraben geglaubt, so hatten sie nun sechs oder acht und bisweilen noch mehr. Freilich wurden diese weder durch eine Träne noch durch Lichter noch durch ein Geleite geehrt, vielmehr war es so weit gekommen, daß man sich um die Menschen, welche starben, nicht anders kümmerte, als man es heute bei Ziegen täte. Daraus erhellt klärlich, daß etwas, was kein Weiser aus dem natürlichen Laufe der Dinge mit seinem kleinen und seltenen Ungemach gleichgültig zu ertragen lernt, bei einer gewissen Größe des Unheils auch von Einfältigen mit gelassener Achtlosigkeit hingenommen wird. Da für die geschilderte große Menge Leichname, die alltäglich und schier allstündlich zu jeder Kirche gebracht wurden, die geweihte Erde nicht ausreichte, sonderlich nicht, wenn nach dem alten Gebrauche jedem hätte sein eigenes Grab gegeben werden sollen, wurden, da die Kirchhöfe allenthalben voll waren, große Gruben gemacht und die neu Hinzukommenden zu Hunderten hineingelegt; dort wurden sie, wie im Schiffsraume die Waren, Schicht auf Schicht übereinandergeschlichtet und mit wenig Erde bedeckt, bis die Grube bis zum Rande voll war. Um aber unserem vergangenen Jammer, der über die Stadt gekommen ist, nicht länger bis in jede Einzelheit nachzugehn, sage ich, daß die schweren Zeitläufte, die über sie dahingingen, doch deswegen keineswegs das umliegende Land verschonten; abgesehn von den Burgflecken, wo es in kleinerem Maßstabe ebenso war wie in der Stadt, starben auch in den zerstreuten Weilern und in den Dörfern die elenden, armen Bauern und ihre Familien, ohne daß sich ein Arzt um sie bemüht oder ihnen ein Wärter beigestanden hätte, auf den Wegen und auf ihren Feldern und in den Häusern bei Tag und bei Nacht unterschiedslos hin, nicht wie Menschen, sondern fast wie Tiere. Darum wurden sie geradeso wie die Städter in ihren Sitten ausschweifend und kümmerten sich nicht mehr um ihr Eigentum oder ihre Arbeit; anstatt wegen der künftigen Frucht, ihres Viehs und ihrer Äcker und ihrer früheren Mühe nach dem Rechten zu sehn, trachteten sie, als ob sie an jedem Tage, den sie anbrechen sahen, den Tod erwartet hätten, mit allen ihren Sinnen, alles zu verzehren, was sie vorfanden. So geschah es denn, daß sich die Rinder, die Esel, die Schafe, die Ziegen, die Schweine und die Hühner, ja selbst die Hunde, die doch den Menschen so treu sind, aus den Häusern, wohin sie gehörten, verjagt, nach ihrem Belieben in den Feldern herumtrieben, wo noch das Getreide stand, das nicht geschnitten, geschweige denn geerntet war. Und viele von diesen Tieren kamen, nachdem sie am Tage trefflich geweidet hatten, des Nachts, wie vernünftige Wesen, ohne Führung eines Hirten gesättigt zu den Häusern zurück. Was ließe sich – um das Land zu lassen und uns wieder zur Stadt zu wenden – mehr sagen, als daß die Grausamkeit des Himmels und vielleicht auch teilweise die der Menschen so groß war, daß die Zahl der menschlichen Geschöpfe, die durch die Heftigkeit der Pestseuche und dadurch, daß viele Kranke wegen der Angst, die die Gesunden hatten, schlecht gewartet oder in ihrer Not verlassen wurden, zwischen dem März und dem Juli desselben Jahres innerhalb der Mauern der Stadt Florenz aus dem Leben gerafft worden sind, auf mehr als hunderttausend geschätzt wird, wo man doch vor der todbringenden Heimsuchung nicht einmal so viele Einwohner angenommen hätte. Wie viele stolze Paläste, wie viele prächtige Häuser, wie viele adelige Wohnsitze, einst voll von Gesinde und Herren und Damen, standen nun leer bis auf den letzten Knecht! Wie viele altangesehne Geschlechter, wie viele reiche Erbschaften, wie viele berühmte Reichtümer blieben ohne einen rechtmäßigen Nachfolger! Wie viele wackere Männer, wie viele schöne Frauen, wie viele anmutige Jünglinge, denen, von andern zu schweigen, sogar Galenus, Hippokrates und Äskulap das Zeugnis einer blühenden Gesundheit ausgestellt hätten, hatten am Morgen mit ihren Verwandten, Gesellen und Freunden gespeist, um an dem Abende desselben Tages in der anderen Welt mit ihren Vorfahren zu essen!

Mich widert es an, so lange durch einen solchen Jammer hin und wider zu wandern; indem ich darum den Teil, wo es füglich zulässig ist, übergehe, sage ich, daß es, als es mit unserer Stadt, die schier ohne Bewohner war, an diesem Ende stand, geschah, daß sich (wie ich von jemand Glaubwürdigem vernommen habe) an einem Dienstagmorgen sieben junge Damen, die einander entweder als Freundinnen oder als Nachbarinnen oder als Verwandte nahestanden, in der ehrwürdigen Kirche von Santa Maria Novella trafen, wo sie fast als einzige Besucher dem Gottesdienste in Trauerkleidern, wie es die Zeit erheischte, beigewohnt hatten; keine von ihnen hatte das achtundzwanzigste Jahr überschritten, und keine war jünger als achtzehn, und jede war klug und aus edelm Geblüte und schön von Ansehen und gefällig im Betragen und von ehrsamer Liebenswürdigkeit. Ich würde ihre wirklichen Namen angeben, wenn mich nicht ein triftiger Grund abhielte, sie zu nennen, und zwar dieser, daß ich nicht will, daß sich eine von ihnen wegen der folgenden Dinge, die sie erzählt oder angehört haben, in der Zukunft zu schämen haben sollte, weil heute dem Vergnügen viel engere Schranken gezogen sind als damals, wo sie aus den oben dargelegten Ursachen nicht nur für ihr Alter, sondern auch für ein viel reiferes gar weit waren; auch will ich den hämischen Leuten, die an jedem lobenswerten Lebenswandel zu nörgeln bereit sind, keine Gelegenheit geben, die Ehrbarkeit der trefflichen Damen irgendwie durch garstige Reden zu schmälern. Damit aber im folgenden das, was jede gesagt hat, ohne Verwirrung verstanden werden kann, gedenke ich ihnen Namen beizulegen, die dem Wesen einer jeden entweder völlig oder teilweise entsprechen. Die erste und älteste wollen wir Pampinea nennen, die zweite Fiammetta, Filomena die dritte und die vierte Emilia, Lauretta soll die fünfte und Neifile die sechste heißen, und der letzten wollen wir nicht ohne Grund den Namen Elisa geben. Diese sieben waren, nicht vielleicht einer Verabredung halber, sondern von ungefähr in einer Ecke der Kirche zusammengekommen: sie setzten sich im Kreise nieder und begannen, da sie verzichtet hatten, Vaterunser zu beten, nach mehreren Seufzern viel und mancherlei miteinander über die Art der Zeitläufte zu reden, und nach einer Weile begann Pampinea, als die andern alle schwiegen, also zu sprechen:

»Ihr werdet, meine lieben Damen, ebenso wie ich zu often Malen gehört haben, daß, wer sein Recht auf ziemliche Art benutzt, niemand unrecht tut. Nun ist es ein gutes Recht eines jeden, der hienieden geboren wird, sein Leben nach Kräften zu fördern und zu erhalten und zu verteidigen; und das wird so weit zugestanden, daß es schon manchmal geschehn ist, daß einer um seines Lebens willen einen andern ungestraft getötet hat. Und wenn dies die Gesetze zugestehn, zu deren Obliegenheiten es gehört, dafür zu sorgen, daß jeder Sterbliche schlecht und recht leben kann, um wieviel mehr muß es uns und allen andern gestattet sein, zur Erhaltung unseres Lebens ohne Kränkung für irgend jemand die Mittel zu ergreifen, über die wir verfügen? Je öfter ich unser Verhalten am heutigen Morgen und auch das an den vergangenen recht betrachte und je öfter ich bedenke, von was für einer Art unsere Gespräche sind, desto mehr ersehe ich, und ihr werdet es ebenso ersehn, daß jede von uns für sich selber bangt; darüber wundere ich mich auch keineswegs, wohl aber wundere ich mich baß, daß wir uns nicht, wo doch jede von uns weiblich empfindet, für das, was jede billig fürchtet, irgendwie entschädigen. Meiner Meinung nach bleiben wir nicht anders hier, als wollten oder sollten wir Zeugen sein, wie viele Leichen zu Grabe getragen werden, oder achtgeben, ob die Brüder dieses Klosters, deren Zahl fast auf nichts zusammengeschmolzen ist, ihre Offizien zur richtigen Stunde singen, oder als sollten wir jedem, der uns trifft, durch unsere Kleider zeigen, wie groß und wie geartet unser Elend ist. Und wenn wir aus dieser Kirche hinaustreten, so sehn wir Leichname oder Kranke herumtragen, oder wir sehn die ihrer Verbrechen wegen von den Gesetzen Verbannten schier zum Spotte für diese Gesetze, deren Vollstrecker sie tot oder erkrankt wissen, mit abscheulichem Trotze durch die Stadt streifen, oder wir sehn den Abschaum unserer Stadt, erhitzt von unserm Blute, unter dem Namen von Leichenknechten uns zuleide überall reiten und streifen, wobei sie uns unser Unglück mit schändlichen Liedern vorwerfen. Und wir hören auch nichts andres als ›die und die sind gestorben‹ und ›die und die liegen im Sterben‹; und überall würden wir schmerzlich klagen hören, wenn es Leute gäbe, die das täten. Und kehren wir in unsere Häuser zurück – ich weiß nicht, ob es euch ebenso geht wie mir, aber mich befällt Angst, wenn ich von dem zahlreichen Gesinde niemand mehr finde als mein Mädchen, und ich fühle, wie sich mir die Haare zu Berge sträuben; und wo ich im Hause gehe und stehe, glaube ich die Schatten der Verblichenen zu sehn, und nicht mit ihren gewohnten Gesichtern, sondern sie erschrecken mich mit einem entsetzlichen Aussehn, von dem ich nicht weiß, wieso es ihnen auf einmal gekommen ist. Dieser Dinge wegen fühle ich mich hier und draußen und zu Hause unglücklich, und das um so mehr, je mehr ich daran denke, daß außer uns schier niemand, dem es möglich ist, sich zu entfernen, und der auch einen Ort hat, wohin er gehn könnte, wie es bei uns zutrifft, hier geblieben ist. Und sind wirklich noch einige hier, so habe ich zu mehrern Malen vernommen und gehört, daß diese, ohne einen Unterschied zwischen ehrbar und unehrbar zu machen, wenn es nur ihre Begierde verlangt, sowohl allein als auch in Gesellschaft, bei Tag wie bei Nacht das tun, was ihnen am meisten Vergnügen macht. Und nicht nur die freien Leute, sondern auch die in den Klöstern eingeschlossen sind, weil sie sich eingeredet haben, was den andern nicht verwehrt sei, zieme auch ihnen, ausschweifend und zügellos geworden, indem sie die Gesetze gebrochen und sich in der Meinung, sich also zu retten, der Fleischeslust ergeben haben. Und wenn das so ist – und daß es so ist, sieht man offenkundig –, was machen wir hier? worauf warten wir? was träumen wir? Warum sind wir, wo es sich um unser Heil handelt, träger und saumseliger als alle andern Bürger? Halten wir uns für geringer als die andern Frauen? oder glauben wir, daß unser Leben mit einer festern Kette an den Körper gefesselt sei als das der andern, so daß wir uns um nichts zu kümmern brauchten, was die Kraft hat, ihm zu schaden? Wir irren, wir täuschen uns: wie töricht sind wir, wenn wir so etwas glauben! Sooft wir uns erinnern wollen, wie viele und was für Frauen und junge Männer von der grausamen Pest überwunden worden sind, sehn wir den offenbarsten Beweis. Damit wir nun nicht aus Kleinmut oder aus Leichtsinn in ein Unglück fallen, dem wir vielleicht, wenn wir wollen, auf irgendeine Art entrinnen können – ich weiß nicht, ob ihr darin derselben Meinung seid wie ich –, würde ich es für das beste halten, wenn wir, wie wir hier sind, so wie es viele vor uns getan haben und noch tun, diese Stadt verließen und uns, das unehrbare Beispiel der andern wie den Tod fliehend, in ehrbarer Weise auf unsere Landgüter, deren jede von uns die Menge hat, begäben und uns dort Freude, Annehmlichkeit und Lust, wie wir nur könnten, verschafften, ohne die Grenze der Billigkeit irgendwie zu überschreiten. Dort hört man die Vöglein singen, dort sieht man die Hügel und die Ebenen grünen und die vollen Kornfelder nicht anders wogen als das Meer und sieht tausenderlei Bäume und sieht den Himmel offener, der, wenn er auch ergrimmt ist, doch seine ewige Schönheit nicht verleugnet, was alles viel schöner ist als der Anblick der leeren Mauern unserer Stadt. Und die Luft ist dort weit frischer, und alles, was man in dieser Zeit zum Leben braucht, ist dort in größerer Menge, und die Trübsal ist kleiner; denn obwohl die Bauern geradeso sterben wie die Städter, so gibt es dort um so viel weniger Widerwärtigkeiten, wie die Häuser und die Bewohner dünner gesät sind als in der Stadt. Andererseits verlassen wir hier, wenn ich recht zusehe, keinen Menschen, sondern wir können in Wahrheit sagen, daß eher wir verlassen sind; unsere Angehörigen haben uns ja, indem sie entweder gestorben oder geflohen sind, allein unserm Ungemach überlassen, als ob wir sie gar nichts angegangen wären. Kein Tadel kann also auf uns fallen, wenn wir diesem Rate folgen; folgen wir ihm nicht, so haben wir Schmerzen und Elend und vielleicht den Tod zu gewärtigen. Wenn es euch daher recht ist, so würde ich meinen, daß es wohlgetan wäre, wenn wir uns heute an diesem Orte und morgen an jenem, wohin uns unsere Mägde, die wir mitnähmen, mit den notwendigen Dingen nachkommen müßten, alle Freude und Lust verschafften, die diese Zeit bieten kann, und damit so lange fortführen, bis wir, wenn uns nicht früher der Tod überrascht, sähen, daß der Himmel diesem Unheil ein Ende vorgesehn hat. Und ich mache euch darauf aufmerksam, daß es uns nicht weniger ziemt, in Ehrbarkeit zu gehn, als einem großen Teile der andern Frauen, in Unehrbarkeit zu bleiben.«

Die andern Damen lobten nicht nur den Rat Pampineas, sondern hatten auch schon, voll Begierde, ihn zu befolgen, einzeln untereinander über die Ausführung zu sprechen begonnen, als ob sie sich sofort, wann sie von ihren Sitzen aufgestanden wären, hätten auf den Weg machen sollen. Aber Filomena, die gar verständig war, sagte: »Meine Damen, obwohl das, was Pampinea spricht, wohlgesagt ist, so ist doch keine solche Eile nötig, wie ihr vorzuhaben scheint. Ich erinnere euch daran, daß wir allesamt Frauen sind, und keine von uns ist so kindisch, daß sie nicht einsehen könnte, wie klug die Frauen alle miteinander sind und wie sie sich ohne männlichen Vorbedacht einzurichten verstehn. Wir sind unbeständig, eigensinnig, argwöhnisch, kleinmütig und ängstlich: dieser Eigenschaften wegen fürchte ich sehr, daß sich unsere Gesellschaft, wenn wir uns niemand andern zum Führer nehmen als uns selber, sehr bald auflösen wird, und das mit weniger Ehre für uns als gerade notwendig wäre; und darum ist es gut, deswegen Vorsorge zu treffen, bevor wir anfangen.« Nun sagte Elisa: »Freilich sind die Männer das Haupt der Frauen, und ohne ihre Anordnungen gedeiht selten eine Unternehmung von uns zu einem lobenswerten Ende; aber woher sollten wir Männer nehmen? Jede von uns weiß, daß ihre Angehörigen zum größten Teile tot sind, und die Überlebenden trachten, der eine dort, der andere da, in verschiedenen Gesellschaften, ohne daß wir wüßten wo, eben dem zu entgehen, dem wir zu entgehn trachten; und Fremde zu bitten, wäre nicht schicklich: denn wenn wir unserm Heile nachgehn wollen, müssen wir es auf eine solche Weise zu veranstalten wissen, daß für uns weder Verdruß noch Ärgernis erfolgt, wo wir uns Lust und Ruhe holen wollen.« Dieses Gespräch war noch immer unter den Damen im Gange, als plötzlich drei junge Männer in die Kirche traten, freilich nicht so jung, daß der jüngste von ihnen unter fünfundzwanzig Jahren gewesen wäre, deren Liebe weder die Widrigkeit der Zeit noch der Verlust der Freunde und Verwandten noch die Furcht um das eigene Leben hatte abkühlen, geschweige denn auslöschen können. Der eine hieß Panfilo, Filostrato der zweite und der dritte Dioneo, und alle drei waren anmutige Leute von guter Lebensart; und sie waren eben auf dem Wege, um als höchsten Trost in so großer Wirrsal den Anblick ihrer Damen zu suchen, die zufällig alle drei unter den besagten sieben waren, wie auch von den übrigen die eine oder die andere mit dem einen oder dem andern von ihnen verwandt waren. Und die Damen wurden ihrer früher ansichtig, als sie von ihnen gesehn wurden; darum begann Pampinea lächelnd also: »Seht, das Glück ist unserm Beginnen hold und hat uns verständige, wackere junge Männer geschickt, die uns willig sowohl Führer als auch Diener sein werden, wenn wir es nicht verschmähen, sie zu diesem Amte zu nehmen.« Nun sagte Neifilo, die vor Scham im ganzen Gesichte rot geworden war, weil sie von einem von den dreien geliebt wurde: »Um Gottes willen, Pampinea, bedenke doch, was du sagst! Ich bin ja völlig überzeugt, daß man von keinem von ihnen irgendwie andres als Gutes sagen könnte, und glaube, daß sie zu viel höhern Dingen als zu diesem taugten, und bin auch der Meinung, sie würden, von uns nicht erst zu reden, aber viel schönern und trefflichern Damen als uns eine gute und ehrbare Gesellschaft leisten; weil es aber allbekannt ist, daß sie in einige von den hier anwesenden Damen verliebt sind, so fürchte ich, daß uns ohne unsere oder ihre Schuld Schande und Tadel erwachsen könnten, wenn wir sie mitnähmen.« Nun sagte Filomena: »Das hat nichts auf sich: wenn ich ehrbar lebe und mir mein Gewissen nichts vorwirft, so mag, wer da will, das Gegenteil sprechen; Gott und die Wahrheit werden für mich zu den Waffen greifen. Wären sie nur schon entschlossen, mitzugehn, damit wir wirklich, wie Pampinea gesagt hat, sagen könnten, daß das Glück unserm Ausfluge hold ist.« Als die andern Filomena also sprechen hörten, hatten sie nicht nur nichts dagegen, sondern sagten auch alle mit einmütiger Zustimmung, die jungen Männer sollten gerufen, mit ihrer Absicht bekannt gemacht und gebeten werden, daß sie es sich gefallen ließen, ihnen bei diesem Ausfluge Gesellschaft zu leisten. Ohne darum weiter etwas zu reden, erhob sich Pampinea, die mit einem von den jungen Männern verwandt war, begab sich zu ihnen, die in dem Anblick der Damen versunken dastanden, grüßte sie heitern Antlitzes, tat ihnen ihr Vorhaben kund und bat sie in aller Namen, sie möchten sich entschließen, ihnen mit reinem, brüderlichem Sinne Gesellschaft zu leisten. Anfänglich glaubten die jungen Männer, sie würden zum besten gehalten; als sie aber dann sahen, daß die Dame im Ernste sprach, antworteten sie freudig, sie seien bereit dazu, und sie trafen auch, ohne mit der Ausführung zu verziehen, noch bevor sie auseinandergingen, Verabredung, was sie der Abreise halber zu tun hätten. Nachdem sie dann alles Notwendige hatten besorgen lassen und es dorthin, wohin sie zu gehn gedachten, vorausgeschickt hatten, verließen die Damen mit etlichen ihrer Mädchen und die drei jungen Männer mit drei Dienern von ihnen am nächsten Morgen, nämlich am Mittwoch, bei Tagesanbruch die Stadt, um sich auf den Weg zu machen; und sie waren kaum zwei Meilen von der Stadt entfernt, als sie zu dem Landsitze kamen, den sie zuerst verabredet hatten. Dieser Landsitz war auf einem von unsern Straßen nach jeder Richtung ziemlich abseits gelegenen Hügel, der über und über bewachsen war mit mancherlei Bäumen und Sträuchern, alle grünbelaubt und lieblich anzusehn. Auf dem Gipfel des Hügels war ein Palast mit einem schönen, großen Hofe in der Mitte und mit Säulengängen und Sälen, mit Gemächern, deren jedes sowohl an sich sehr schön, als auch wegen seines Schmuckes durch heitere Gemälde ansehnlich war, und mit Wiesen rundherum und mit wundersamen Gärten und mit Brunnen eisfrischen Wassers und mit Kellern, voll des köstlichsten Weines, wie er lüsternen Trinkern mehr getaugt hätte als enthaltsamen, züchtigen Damen. Den Palast fand die ankommende Gesellschaft zu ihrem größten Vergnügen völlig gesäubert; in den Gemächern waren die Betten gemacht, und an allen Ecken und Enden waren Blumen, wie sie die Jahreszeit bot, und der Fußboden war überall mit Binsen bestreut. Und nachdem sie sich sofort nach ihrer Ankunft gesetzt hatten, sagte Dioneo, der an Frohsinn und Witz nicht seinesgleichen hatte: »Es war nicht so sehr unsere Erwägung, meine Damen, die uns hierher geleitet hat, sondern euere Klugheit: was nun ihr mit euern Sorgen zu machen gedenkt, das weiß ich nicht, die meinigen habe ich auf der andern Seite des Stadttors gelassen, als ich vor kurzem mit euch herausgegangen bin: darum entschließt euch, entweder allesamt mit mir zu scherzen und zu lachen und zu singen – so viel, sage ich, wie sich mit euerer Ehrbarkeit verträgt –, oder beurlaubt mich, auf daß ich zu meinen Sorgen zurückkehre und in der schwer heimgesuchten Stadt verweile.« Fröhlich antwortete ihm Pampinea, nicht anders als ob sie ebenso die ihrigen von sich getan hätte: »Gar trefflich sprichst du, Dioneo; jetzt gilt es, vergnügt zu leben: hat uns doch kein anderer Grund vor dem Jammer fliehen lassen. Weil aber nichts Ungeregeltes lange währen kann, so spreche ich, die ich als die Urheberin des Gespräches, dem diese schöne Gesellschaft ihr Dasein verdankt, darauf bedacht bin, daß unsere Freude von Dauer sei, die Meinung aus, es sei notwendig, daß wir uns unter uns auf einen Gebieter einigen, dem wir als unserem Oberhaupte Ehre erweisen und gehorchen wollen und der alle Sorge auf sich nehmen soll, unser Leben heiter zu gestalten. Und damit jeder die Bürde der Pflicht zugleich mit dem Vergnügen der Macht versuche und damit demnach niemand, der es nicht versucht hätte, die sowohl aus euch Männern als auch von uns Frauen Gewählten irgendwie beneiden könnte, sage ich, daß jedem einen Tag lang die Bürde sowohl als auch die Ehre zuteil werden möge; und wer von uns der erste sein soll, das möge von uns allen durch die Wahl bestimmt werden: den Nachfolger oder die Nachfolgerin möge dann immer der jeweilige Herr oder die jeweilige Herrin des ablaufenden Tages ernennen; und der soll dann, solange seine Herrschaft währt, nach seinem Gutdünken anordnen und verfügen, wo und wie wir leben sollen.«

Diese Worte fanden lebhaften Beifall, und Pampinea wurde einstimmig zur Königin des ersten Tages erwählt; und Filomena, die gar oft gehört hatte, was für einer Ehre das Laub des Lorbeers würdig ist und wie ehrwürdig es den macht, der verdienterweise damit gekrönt worden ist, lief alsbald zu einem Lorbeer, pflückte einige Zweiglein und wand einen hübschen, ansehnlichen Kranz: der wurde Pampinea aufs Haupt gesetzt und war dann, solange die Gesellschaft beisammenblieb, bei jedem das sichtbare Zeichen der königlichen Herrschaft und Hoheit.

Als Königin befahl Pampinea, nachdem sie die Diener der jungen Männer und die Mädchen der Damen, vier an der Zahl, hatte vor sich rufen lassen, jedermann Stillschweigen und sagte, als alle schwiegen: »Um zuerst euch Damen allen ein Beispiel zu geben, wie unsere Gesellschaft mit stetem Fortschritte vom Guten zum Besseren in Ordnung und mit Lust und ohne jegliche Schande so lange leben und währen kann, wie uns beliebt, ernenne ich zuvörderst Parmeno, den Diener Dioneos, zu meinem Seneschall und übertrage ihm die Aufsicht über das ganze Gesinde und die Sorge für die ganze Wirtschaft. Sirisco, der Diener Panfilos, soll unser Zahlmeister und Säckelverweser sein und den Befehlen Parmenos unterstehn. Tindaro soll Filostrato und

ebenso den beiden andern in ihren Kammern aufwarten, wenn ihnen die andern, durch ihre Obliegenheiten verhindert, nicht aufwarten können. Mein Mädchen Misia und Filomenas Licisca sollen ständig in der Küche sein und die Gerichte, die ihnen Parmeno auftragen wird, sorgfältig bereiten. Laurettas Chimera und Fiammettas Stratilia haben nach unserem Willen die Gemächer der Damen aufzuräumen und dort, wo wir alle verweilen werden, für Sauberkeit zu sorgen. Und weiter wollen und befehlen wir, daß sich allgemein jeglicher, wenn ihm unsere Gnade lieb ist, wo immer er gehe, von wo immer er komme, was immer er sehe oder höre, wohl in acht nehme, uns von draußen eine andere Nachricht als eine fröhliche zu bringen.« Und nachdem Pampinea diese Anordnungen, die den Beifall aller fanden, bündig erteilt hatte, stand sie fröhlich auf und sagte: »Hier sind Gärten, hier sind Wiesen, hier sind viele andere liebliche Plätze, und so möge sich jeder nach seinem Belieben ergötzen gehn, wenn aber die dritte Morgenstunde schlägt, wieder da sein, damit wir zur kühlen Zeit speisen.«
Da also die fröhliche Gesellschaft von der neuen Königin

beurlaubt worden war, begaben sich die jungen Männer mit den schönen Damen unter heitern Gesprächen langsamen Schrittes in einen Garten, um schöne Kränze aus mancherlei Laub zu winden und Liebeslieder zu singen. Und nachdem sie dort so lange geblieben waren, wie ihnen die Königin Zeit gegeben hatte, gingen sie zurück zum Hause, und da fanden sie, daß Parmeno sein Amt mit Eifer angetreten hatte; denn in einem Saale des Erdgeschosses, den sie betraten, sahen sie die Tische mit schneeweißen Tüchern gedeckt und Gläser hingesetzt, die wie Silber blinkten, und überall Ginsterblüten gestreut: darum setzten sie sich alle, nachdem auf den Befehl der Königin das Wasser für die Hände herumgegeben worden war, in der von Parmeno bestimmten Ordnung. Die Gerichte, die nun kamen, waren schmackhaft zubereitet, und der trefflichste Wein stand bereit, und alsbald begannen die drei Diener geräuschlos bei den Tischen aufzuwarten. Weil alles schön und in Ordnung war, freuten sich alle und aßen vergnügt bei scherzenden Worten. Und als die Tische weggenommen waren, ließ die Königin, da sich alle Damen ebenso wie die jungen Männer auf den Reigen verstanden und einige von ihnen trefflich zu spielen und zu singen wußten, die Instrumente bringen; und auf ihren Befehl nahm Dioneo eine Laute und Fiammetta eine Geige, um in süßen Weisen einen Tanz zu spielen. Sogleich stellte sich die Königin mit den anderen Damen und den zwei jungen Männern zum Reigen an – das Gesinde war schon zum Essen weggeschickt worden –, und sie begannen langsamen Schrittes zu tanzen; und nach dem Reigen stimmten sie liebliche und fröhliche Lieder an. Und so verweilten sie so lange, bis es endlich der Königin Schlafenszeit schien; als sie daher alle entlassen hatte, gingen die drei jungen Männer in ihre Gemächer, die von denen der Damen getrennt waren, und dort fanden sie wohlgemachte Betten und alles wie im Saale mit Blumen bestreut, und ebenso war es in denen der Damen: sie entkleideten sich denn alle und gingen zur Ruhe.

Die dritte Stunde des Nachmittags hatte noch nicht lange geschlagen, als die Königin aufstand und alle anderen Damen und ebenso die jungen Männer aufstehn hieß, weil es, wie sie beteuerte, schädlich sei, bei Tage viel zu schlafen; und nun gingen sie auf eine Wiese mit hohem, grünem Grase, die vor der Sonne völlig geschützt war. Dort, wo ein lindes Lüftchen wehte, setzten sie sich alle nach dem Wunsch ihrer Königin ins grüne Gras, und sie sprach also zu ihnen:
»Wie ihr seht, steht die Sonne hoch, und die Hitze ist groß, und man hört nichts sonst als die Grillen auf den Oliven; ohne Zweifel wäre es daher eine Torheit, jetzt anderswohin zu gehn. Hier ist es schön und kühl und, wie ihr seht, sind Brett- und Schachspiele hier, und jedermann kann sich nach seinem Belieben unterhalten. Wenn ihr aber darin meiner Meinung folgen wolltet, so würden wir uns diese heiße Tageszeit nicht mit Spielen vertreiben, wobei der eine Teil verdrießlich wird, ohne daß der andere oder die Zuschauer eine besondere Freude hätten, sondern mit Geschichtenerzählen, was der ganzen Gesellschaft, die dem einen Erzähler zuhört, Vergnügen bringen kann. Ihr werdet noch nicht jeder mit seinem einen Geschichtchen fertig sein, so wird sich die Sonne geneigt haben, und die Hitze wird vergangen sein, und wir werden lustwandeln können, wohin es euch belieben wird: wenn euch daher gefällt, was ich sage – ich bin ja bereit, mich darin euerm Gefallen zu fügen –, so wollen wir es tun; gefällt es euch nicht, so mag jedes bis zur Abendstunde tun, was ihm gefällt.« Die Damen und gleicherweise die Männer entschieden sich alle fürs Geschichtenerzählen. »Also«, sagte die Königin, »wenn euch das gefällt, so will ich, daß es an diesem ersten Tage jedem freistehe, von dem zu sprechen, was ihm beliebt.« Und indem sie sich zu Panfilo kehrte, der ihr zur Rechten saß, sagte sie ihm freundlich, er solle mit einer seiner Geschichten den Anfang machen. Panfilo beeilte sich, dem Befehle nachzukommen, und begann, während ihm alle zuhörten, in folgender Weise:

Erste Geschichte

Ser Ciappelletto täuscht einen frommen Bruder mit einer falschen Beichte und stirbt; obwohl er bei Lebzeiten ein ganz ruchloser Mensch gewesen ist, gilt er nun im Tode als Heiliger und wird St. Ciappelletto genannt.

Es ziemt sich, meine liebwerten Damen, daß alles, was der Mensch tut, mit dem erhabenen, heiligen Namen Dessen begonnen werde, der der Schöpfer von allem ist. Da ich also unser Geschichtenerzählen anfangen soll, gedenke ich den Anfang mit einer von seinen wundersamen Fügungen zu machen, damit sich in uns, wenn wir davon gehört haben, die Hoffnung auf ihn in seiner Unwandelbarkeit festige und sein Name stets von uns gepriesen werde. Es ist allgemein bekannt, daß alle zeitlichen Dinge ebensowohl vergänglich und hinfällig als auch nach innen und nach außen reich an Ungemach und Angst und Beschwerlichkeit sind und unzähligen Gefahren unterliegen, die wir, weil wir mitten unter den zeitlichen Dingen leben und ein Teil von ihnen sind, weder zu ertragen noch abzuwehren vermöchten, wenn uns nicht Gottes besondere Gnade Kraft und Vorbedacht liehe. Man darf aber nicht glauben, daß sich diese Gnade etwa unserer Verdienste halber auf uns oder in uns niedersenke, sondern sie geht von Gottes Güte aus und wird durch die Bitten derer erlangt, die sterblich waren so wie wir, und nun, weil sie zur Zeit ihres Lebens seinem Willen folgten, mit ihm ewig und selig geworden sind; ihnen als unsern Fürsprechern, die von unserer Gebrechlichkeit aus Erfahrung Kenntnis haben, bringen wir in dem, was uns für uns nützlich scheint, unsere Bitten vor, die wir vielleicht im Angesichte eines so erhabenen Richters nicht vorzubringen wagen würden. Und noch mehr ersehn wir, daß er voll mitleidiger Güte für uns ist, wenn es, weil der Scharfblick des sterblichen Auges auf keinerlei Weise in die Geheimnisse des göttlichen Sinnes dringen kann, hin und wieder vorkommt, daß wir, von unserem Wahne betrogen, vor seine Majestät einen Fürsprecher schicken, der aus ihrem Anblicke mit ewiger Verbannung verjagt worden ist; denn nichtsdestoweniger sieht er, dem nichts verborgen ist, mehr auf die Lauterkeit des Bittstellers als auf seine Unwissenheit oder auf die Verbannung des Gebetenen und erhört die Bittenden ebenso, als ob der Fürsprecher selig wäre in seinem Anblicke. Das wird aus der Geschichte, die ich zu erzählen gedenke, offenbar erhellen: offenbar sage ich, indem ich mich nicht auf das Urteil Gottes, sondern auf das der Menschen berufe.

Von Musciatto Franzesi, der aus einem großen und gar reichen Kaufherrn ein Edelmann geworden ist, heißt es, daß er, als er mit Herrn Karl ohne Land, dem Bruder des Königs von Frankreich, den der Papst Bonifaz gerufen und zu kommen eingeladen hat, habe nach Toskana reiten wollen, daran gedacht habe, seine Geschäfte, die er, wie es bei Kaufleuten oft zutrifft, hier und dort sehr verwickelt gefunden habe, mehrern Personen anzuvertrauen, weil er außerstande gewesen sei, sie leicht oder auf der Stelle abzuwickeln; und für alles habe er Rat gewußt und sei nur darin unschlüssig geblieben, wem er es füglich überlassen könne, seine Guthaben bei mehrern Burgundern einzutreiben. Und unschlüssig war er deshalb, weil er die Burgunder als händelsüchtige und unredliche und doppelzüngige Menschen kannte; und ihm wollte niemand einfallen, der ein so arglistiger Mann gewesen wäre, daß er irgendwelche Zuversicht hätte haben können, er werde ihrer Arglist gewachsen sein. Und nachdem er darüber lange nachgedacht hatte, fiel ihm ein gewisser Ser Cepparello aus Prato ein, der viel in seinem Hause in Paris verkehrte. Diesen, der ein kleines und gar geschniegeltes Männchen war, nannten die Franzosen, weil sie nicht wußten, was Cepparello heißt, sondern glaubten, es solle Cappello oder in ihrer Sprache Chapeau bedeuten, zwar nicht Cappello, aber, weil er, wie wir gesagt haben, klein war, Chapelet; und als Chapelet war er überall bekannt, während ihn wenige als Ser Cepparello kannten. Und das Leben dieses Chapelet war also: in seiner Eigenschaft als Notar hätte er es für die größte Schande gehalten, wenn eine seiner Urkunden, obwohl er deren wenige machte, anders als falsch erfunden worden wäre; solche falsche würde er so viele gemacht haben, wie verlangt worden wäre, und williger umsonst, als eine andere um schweren Lohn. Falsches Zeugnis legte er auf Verlangen oder ohne Verlangen mit dem größten Vergnügen ab; und da damals in Frankreich viel auf Eide gegeben wurde, gewann er, weil er sich nicht darum scherte, einen falschen zu schwören, arglistigerweise jeden Rechtshandel, bei dem man von ihm den Schwur verlangt hatte, daß er auf sein Gewissen die Wahrheit sagen werde. Eine außerordentliche Freude machte es ihm und er verwandte viel Mühe darauf, zwischen Freunden oder Verwandten oder anderen Leuten Unheil und Feindschaften und Ärgernis zu stiften, und je größer das Unglück war, das er daraus erfolgen sah, desto größer war seine Lust. Wurde er zu einem Morde oder zu einer andern Verruchtheit aufgefordert, so weigerte er sich nie, sondern ging herzlich gern daran; und zu mehreren Malen hatte er sich willig finden lassen, mit eigener Hand zuzustoßen und Leute umzubringen. Im Lästern Gottes und der Heiligen war er groß, auch schon um jeder Kleinigkeit willen, weil er an Jähzorn nicht seinesgleichen hatte. Die Kirche betrat er nie, und ihre Sakramente verspottete er mit den abscheulichsten Worten als Plunder! Dafür suchte er die Schenken und die verrufenen Häuser gern und häufig auf. Nach den Frauen gelüstete es ihn wie den Hund nach Prügeln; an dem Entgegengesetzten aber tat er sich mehr als irgendein Schandbube gütlich. Gestohlen und geraubt hätte er mit derselben Seelenruhe, mit der ein Frommer Almosen spendet. Im Essen und Trinken übernahm er sich so, daß ihm dann und wann auf eine ekelhafte Art übel wurde. Wenn er spielte, tat er es nur mit falschen Würfeln. Warum ergehe ich mich in so viel Worten? Er war vielleicht der schlechteste Mensch, der je geboren worden ist. Seine Bösartigkeit war lange durch den Einfluß und das Ansehen Messer Musciattos unterstützt worden, weil er diesem Manne zuliebe zu often Malen sowohl von Privatleuten, gegen die er sich häufig unbillig benahm, als auch von der Behörde, der er das immer tat, verschont geblieben war. Als nun dieser Ser Cepparello Messer Musciatto in den Sinn kam, dachte der, weil er sein Leben genau kannte, er werde der Mann sein, den die Arglist der Burgunder erheische; darum ließ er ihn rufen und sprach also zu ihm: »Ser Chapelet, wie du weißt, stehe ich im Begriffe, ganz von hier wegzuziehen; und weil ich unter andern auch mit Burgundern zu tun habe, die voller Trug stecken, so weiß ich niemand, dem ich es füglicher als dir überlassen könnte, das Meinige von ihnen einzutreiben: willst du dich, weil du jetzt sonst nichts zu tun hast, dieser Sache annehmen, so will ich dir die Unterstützung der Behörde verschaffen und dir einen angemessenen Teil von dem geben, was du eintreiben wirst.« Ser Chapelet, der sich unbeschäftigt und mit irdischem Gute schlecht versorgt wußte und überdies sah, daß nun der, der lange sein Unterhalt und Rückhalt gewesen war, wegging, faßte seinen Entschluß ohne viel Zaudern, schier notgedrungen, und sagte, das tue er gern. Sie trafen also ihre Abrede, und Ser Chapelet, der die Vollmacht Messer Musciattos und Empfehlungsbriefe des Königs erhielt, begab sich, nachdem Messer Musciatto abgereist war, nach Burgund, wo ihn fast niemand kannte; und dort begann er, ganz gegen seine Natur, damit, daß er die Schulden gütig und gelind eintrieb, als ob er sich die Bosheit auf zuletzt aufgespart hätte. Seine Wohnung hatte er bei zwei Brüdern aus Florenz genommen, die dort Geld auf Wucherzinsen liehen, und die erwiesen ihm Messer Musciatto zuliebe viele Aufmerksamkeiten. Er war noch immer mit dem beschäftigt, weswegen er gekommen war, als es geschah, daß er erkrankte; da ließen ihm die zwei Brüder auf der Stelle Ärzte kommen und Diener, die ihn pflegten, und beschafften alles, was seine Genesung hätte fördern können. Aber aller Beistand war umsonst; denn mit dem guten Manne, der schon alt war und unordentlich gelebt hatte, ging es, wie die Ärzte sagten, von Tag zu Tag schlimmer, weil er den Tod im Leibe hatte. Darüber waren die zwei Brüder arg bekümmert, und eines Tages fingen sie ganz nahe bei der Kammer, wo Ser Chapelet krank lag, miteinander zu reden an, und der eine sagte zum andern: »Was sollen wir denn mit ihm tun? Daß wir ihn hier haben, ist eine mißliche Sache, weil es jetzt, wo er so krank ist, eine große Schande und ein offenbarer Beweis von Torheit wäre, ihn aus dem Hause zu schaffen; den Leuten, die es ja gesehn haben, daß wir ihn zuerst aufgenommen und dann also eifrig für seine Wartung und Pflege gesorgt haben, müßte es doch auffallen, wenn wir ihn, obwohl er uns keinen Anlaß zur Unzufriedenheit hat geben können, jetzt, wo er todkrank ist, auf einmal aus unserem

Hause entfernten. Andererseits ist er ein so ruchloser Mensch, daß er weder beichten noch ein Sakrament wird empfangen wollen; und stirbt er ohne Beichte, so wird keine Kirche seinen Leichnam nehmen wollen, und er wird wie ein Hund verscharrt werden. Und beichtet er wirklich, so sind seine Missetaten so groß und so entsetzlich, daß dasselbe erfolgen wird, weil es keinen Mönch oder Priester geben wird, der ihn lossprechen wollte oder könnte; und ohne Lossprechung wird er auch verscharrt werden. Und geschieht das, und das Volk dieser Stadt sieht es, so wird es sich, sowohl wegen unsers Gewerbes, das sie verwerflich dünkt und ihnen Anlaß gibt, uns den ganzen Tag zu beschimpfen, als auch wegen ihrer Lust, uns auszuplündern, zum Aufruhr erheben und schreien: ›Diese italienischen Hunde, die keine Kirche nehmen will, wir wollen sie nicht länger mehr leiden‹; und sie werden unser Haus stürmen und uns vielleicht nicht nur unser Gut rauben, sondern uns etwa auch den Garaus machen: so sind wir also auf jeden Fall übel daran, wenn er stirbt.« Ser Chapelet, der, wie wir gesagt haben, ganz nahe bei dem Orte lag, wo sie sich also besprachen, hatte mit dem feinen Gehöre, das man bei den Kranken zumeist findet, alles gehört, was sie von ihm gesagt hatten. Darum ließ er sie rufen und sagte zu ihnen: »Ich will nicht, daß ihr meinetwegen unruhig seid oder daß ihr Angst habt, durch mich einen Schaden zu erleiden; ich habe gehört, was ihr über mich gesprochen habt, und ich bin völlig überzeugt, daß es so kommen würde, wie ihr gesagt habt, wenn die Sache so vor sich ginge, wie ihr euch vorstellt; aber sie wird anders vor sich gehn. Ich habe dem Herrgott mein Lebtag so viele Unbilden angetan, daß es gar nichts ausmachen wird, wenn ich ihm jetzt auf meinem Totenbette noch eine antue. Darum seht zu, daß ihr mir einen trefflichen Mönch verschafft, den frömmsten, den ihr haben könnt, wenn dergleichen hier sind, und laßt mich machen; dann werde ich wahrhaftig eure Angelegenheiten und die meinigen in einer Weise ordnen, daß alles gut sein wird und ihr zufrieden sein sollt.« Obwohl die zwei Brüder daraus nicht viel Hoffnung schöpften, gingen sie doch zu einem Mönchskloster und verlangten einen frommen und weisen Mann, der einem Italiener, der in ihrem Hause krank sei, die Beichte hören solle; und sie erhielten einen alten Mönch, der als großer Schriftgelehrter und gar ehrwürdiger Mann und wegen seines frommen, makellosen Lebenswandels in der ganzen Stadt der Gegenstand einer sonderlich großen Verehrung war, und den führten sie zu dem Kranken. Als er in die Kammer, wo Ser Chapelet lag, gekommen war und sich an seine Seite gesetzt hatte, begann er damit, daß er ihm gütig Trost zusprach, und dann fragte er ihn, wie lange es sei, daß er das letztemal gebeichtet habe. Und Ser Chapelet, der niemals gebeichtet hatte, antwortete: »Ich habe die Gewohnheit, Vater, wöchentlich wenigstens einmal zu beichten, aber nicht, daß es nicht häufig vorkäme, daß ich auch öfter beichte; seitdem ich freilich krank geworden bin, was etwa acht Tage her ist, habe ich nicht gebeichtet: so arg hat mich die Krankheit mitgenommen.« Nun sagte der Mönch: »Du hast recht getan, mein Sohn, und so sollst du es auch weiterhin halten; ich sehe schon, ich werde, da du so oft beichtest, wenig Mühe haben, dich anzuhören oder dich zu fragen.« Ser Chapelet sagte: »Sagt das nicht, ehrwürdiger Bruder; ich habe nie so oft und so häufig gebeichtet, daß ich nicht stets eine Generalbeichte aller meiner Sünden, deren ich mich von dem Tage meiner Geburt bis zum Tage der Beichte entsann, hätte ablegen wollen. Und darum bitte ich Euch, mein guter Vater, befragt mich nur geradeso haarklein über alles, als ob ich nie gebeichtet hätte; auf meine Krankheit nehmt keine Rücksicht, weil es mir lieber ist, ich plage dieses Fleisch, als daß ich, indem ich ihm Ruhe gäbe, etwas täte, was meiner Seele, die mein Heiland mit seinem kostbaren Blute losgekauft hat, zum Verderben gereichen könnte.« Diese Worte gefielen dem frommen Manne sehr, und er nahm sie als

Zeichen eines wohlbestellten Herzens; und nachdem er ihm dieses Verhalten höchlich gelobt hatte, begann er mit der Frage, ob er jemals mit einem Weibe in Wollust gesündigt habe. Und Ser Chapelet antwortete ihm seufzend: »Darin, Vater, schäme ich mich, Euch die Wahrheit zu sagen, weil ich die Sünde des eiteln Selbstlobs fürchte.« Und der fromme Bruder sagte zu ihm: »Sage es nur ruhig; wer die Wahrheit sagt, sündigt nie, weder in der Beichte noch bei einem sonstigen Anlasse.« Nun sagte Ser Chapelet: »Da Ihr mich darüber beruhigt habt, so will ich's Euch sagen: ich bin noch so unbefleckt, wie ich aus dem Mutterleibe gekommen bin.« – »Gesegnet seist du von Gott«, sagte der Mönch, »wie trefflich hast du getan! Und indem du so getan hast, ist dein Verdienst um so viel größer, wie du, wenn es dein Wille gewesen wäre, mehr Freiheit, das Gegenteil zu tun, gehabt hättest, als wir und alle andern, die von einer Ordensregel gebunden sind.« Und hierauf fragte er ihn, ob er Gott durch die Sünde der Völlerei mißfällig geworden sei. Da antwortete Ser Chapelet mit einem Seufzer, das habe er getan und zu often Malen; denn weil er außer den vierzigtägigen Fasten, die von den Frommen im Jahre gehalten werden, gewöhnlich noch in jeder Woche wenigstens drei Tage bei Wasser und Brot gefastet habe, habe er das Wasser, sonderlich nach den Anstrengungen des Gebets oder einer Pilgerreise, mit einer solchen Gier und Lust getrunken, wie die Säufer den Wein, und oftmals habe es ihn nach so einem Kräutersalat gelüstet, wie ihn die Frauen machen, wann sie auf dem Lande sind, und zuweilen habe ihm das Essen besser geschmeckt, als es seiner Meinung nach einem, der aus Frömmigkeit fastet, wie das bei ihm der Fall gewesen sei, hätte schmecken dürfen. Und der Mönch sagte zu ihm: »Diese Sünden, mein Sohn, liegen in der menschlichen Natur und sind geringfügig; und ich möchte nicht, daß du dir damit dein Gewissen mehr beschwertest, als nötig ist. Es geschieht jedem Menschen, wie fromm er auch sei, daß ihm nach langem Fasten das Essen gut schmeckt und nach einer großen Anstrengung das Trinken.« – »Ach, Vater«, sagte Ser Chapelet, »sagt mir das nicht, auch nicht, um mich zu trösten: Ihr sollt wissen, daß ich weiß, daß alles, was man tut, um Gott zu dienen, lautern und völlig unbefleckten Sinnes getan werden soll; und wer anders tut, sündigt.« Wohl zufrieden sagte der Mönch: »Ich bin zufrieden, daß du so darüber denkst, und es gefällt mir sehr, daß dein Gewissen darin rein und gut ist. Aber sage mir, hast du die Sünde des Geizes begangen, indem du mehr, als ziemlich gewesen wäre, begehrt oder etwas behalten hast, was du nicht hättest behalten sollen?« Und Ser Chapelet sagte: »Vater, ich möchte nicht, daß Ihr so etwas deswegen dächtet, weil ich im Hause dieser Wucherer bin: ich habe nichts damit zu tun, sondern bin nur hergekommen, um sie zu ermahnen und zu schelten und von diesem abscheulichen Erwerbe abzubringen, und das, glaube ich, wäre mir auch gelungen, wenn mich nicht Gott also heimgesucht hätte. Aber Ihr sollt wissen, daß mir mein Vater ein großes Vermögen hinterlassen hat, und davon habe ich den größten Teil um Gott hingegeben; dann habe ich, um mein Leben zu erhalten und um den Armen Christi beistehn zu können, meine kleinen Geschäfte getrieben und darin nach Gewinn getrachtet, und den Gewinn habe ich immer mit den Armen Gottes zu gleichen Teilen geteilt, indem ich meine Hälfte für meine Notdurft verwandt und die andere ihnen gegeben habe: und dabei ist mir der Schöpfer so wohl beigestanden, daß sich meine Umstände zusehends gebessert haben.« – »Da hast du recht getan«, sagte der Mönch; »aber bist du oft zornig geworden?« »Ach«, sagte Ser Chapelet, »das, ich sage es Euch frei, habe ich gar oft getan. Wer könnte denn an sich halten, wenn er tagtäglich sieht, wie garstig es die Menschen treiben, wie sie die Gebote Gottes nicht beobachten, wie sie sein Gericht nicht fürchten! Es ist zu often Malen am Tage vorgekommen, daß ich viel lieber tot gewesen wäre als lebendig, wenn ich die Jünglinge habe den Eitelkeiten nachgehn sehn, wenn ich gesehn habe, wie sie fluchen und aberfluchen, in die Schenken laufen, die Kirchen meiden und mehr auf den Wegen der Welt wandeln als auf dem Wege Gottes.« Nun sagte der Mönch: »Das ist ein gerechter Zorn, mein Sohn, und was mich betrifft, so bin ich außerstande, dir dafür eine Buße aufzulegen. Aber sollte es nicht von ungefähr geschehn sein, daß dich der Zorn dazu verleitet hätte, etwa einen Totschlag zu begehn oder jemand zu beschimpfen oder irgendwie ein andres Unrecht zu tun?« Und Ser Chapelet antwortete: »O weh, Herr, wie könnt Ihr denn, der Ihr mir doch ein Mann Gottes scheint, solche Worte reden? Wenn ich nur den kleinsten Gedanken gehabt hätte, etwas von dem, was Ihr sagt, zu tun, glaubt Ihr, daß ich glauben würde, daß mich Gott so lange erhalten hätte? Das sind Dinge, wie sie die Meuchelmörder und Ruchlosen tun, und jedesmal, wann ich so einen gesehn habe, habe ich gesagt: geh, daß dich Gott bekehre.« Nun sagte der Mönch: »Jetzt sage mir, mein Sohn, daß dich Gott segne, hast du jemals ein falsches Zeugnis gegen jemand abgelegt oder von andern schlecht gesprochen oder fremdes Gut genommen, ohne daß der Eigentümer einverstanden gewesen wäre?« – »Ja, Herr, freilich«, antwortete Ser Chapelet, »ich habe von andern schlecht gesprochen; einmal habe ich nämlich einen Nachbar gehabt, der mit der größten Ungerechtigkeit der Welt nichts sonst tat als seine Frau prügeln, so daß ich einmal zu den Verwandten der Frau schlecht von ihm gesprochen habe: so groß war mein Mitleid mit der Armen, die er jedesmal, wann er zu viel getrunken hatte, auf die schändlichste Art zurichtete.« – »Nun gut«, sagte der Mönch, »du hast mir gesagt, daß du Kaufmann gewesen bist: hast du nie jemand betrogen, wie es die Kaufleute tun?« – »Meiner Treu, ja, Herr«, sagte Ser Chapelet, »aber ich weiß nicht, wer es war, nur daß er mir eine Summe Geldes gebracht hat, die er mir für Tuch, das ich ihm verkauft hatte, schuldig war, und ich legte es ungezählt in einen Kasten, und gut nach einem Monate fand ich, daß vier Heller zu viel waren: weil ich ihn aber nie mehr sah, gab ich sie, nachdem ich sie gut ein Jahr aufbewahrt hatte, um sie ihm zurückzustellen, um Gottes willen den Armen.« Der Mönch sagte: »Das ist etwas Geringes; und du hast gut daran getan, zu tun, was du getan hast.« Und außer um diese Dinge fragte ihn der fromme Mönch noch um viele andere, und stets erhielt er solche Antworten. Und schon wollte er an die Absolution gehn, als Ser Chapelet sagte: »Noch eine Sünde habe ich, Herr, die ich nicht gesagt habe.« Der Mönch fragte ihn darum, und er sagte: »Mir ist eingefallen, daß ich an einem Samstage nach dem Abendgebete meinen Diener habe das Haus kehren lassen und also den Sonntag nicht so geheiligt habe, wie ich hätte tun sollen.« – »Ach, mein Sohn«, sagte der Mönch, »das ist eine Kleinigkeit.« – »O nein«, sagte Ser Chapelet, »nennt es keine Kleinigkeit; denn der Sonntag soll sonderlich geheiligt werden, weil es an einem solchen Tag war, daß unser Herr vom Tode auferstanden ist.« Nun sagte der Mönch: »Hast du sonst noch etwas getan?« – »Ja, Herr«, antwortete Ser Chapelet; »ich habe einmal unversehens in der Kirche ausgespuckt.« Der Mönch lachte und sagte: »Das ist etwas, worüber du dir keine Sorgen zu machen brauchst; wir Ordensbrüder spucken den ganzen Tag in der Kirche aus.« Nun sagte Ser Chapelet: »Da tut Ihr etwas sehr Unziemliches; denn nichts soll so sauber gehalten werden wie der heilige Tempel, wo dem Herrn geopfert wird.« Kurzum, derlei Sachen sagte er ihm noch viele, und schließlich begann er zu seufzen und dann heftig zu weinen; das traf er nämlich sehr gut, sooft er nur wollte. Der fromme Mönch sagte: »Was hast du denn, mein Sohn?« Ser Chapelet antwortete: »O weh, Herr, noch eine Sünde habe ich, und die habe ich nie gebeichtet, so sehr habe ich mich sie zu sagen geschämt; und jedesmal, wann ich mich ihrer erinnere, weine ich, wie Ihr seht, und ich halte es für eine ausgemachte

Sache, daß mir Gott um dieser Sünde willen nie barmherzig sein wird.« Nun sagte der fromme Mönch: »Aber, aber, Sohn, was sagst du da? Wenn alle Sünden, welche jemals von allen Menschen begangen worden sind oder welche von allen Menschen, solange die Welt dauern wird, werden begangen werden, wenn die alle in einem einzigen Menschen wären und er hätte Reue und Leid erweckt, wie ich sehe, daß du getan hast, so ist die Güte und Barmherzigkeit Gottes so groß, daß er ihm, wenn er beichtete, großmütig verzeihen würde; und darum sage sie nur ruhig.« Nun sagte Ser Chapelet, immerfort heftig weinend: »Ach, Vater, die meinige ist eine zu große Sünde, und kaum kann ich glauben, daß sie mir Gott je vergibt, wenn das nicht Euere Gebete bewirken.« Und der Mönch sagte: »Sage sie nur ruhig; denn ich verspreche dir, den Herrn für dich zu bitten.« Ser Chapelet weinte immerzu und sagte sie nicht; und der Mönch redete ihm weiter zu, sie zu sagen. Nachdem Ser Chapelet den Mönch durch seinen Tränenstrom eine hübsche Weile hingehalten hatte, stieß er einen tiefen Seufzer aus und sagte: »Da Ihr mir, Vater, versprecht, Gott für mich zu bitten, will ich sie Euch sagen: wisset denn, daß ich, als ich noch ein kleines Kind war, meine Mutter geschmäht habe«; und nach diesen Worten begann er von neuem heftig zu weinen. Und der Mönch sagte: »Ach, mein Sohn, das also dünkt dich eine gar so große Sünde? Die Menschen schmähen den Herrgott den ganzen lieben Tag, und er verzeiht jedem willig, der es bereut, ihn geschmäht zu haben; und du glaubst, er werde dir das nicht verzeihen? Weine nicht, fasse Mut; denn wahrlich, wärest du auch einer von denen gewesen, die ihn ans Kreuz geschlagen haben, und hättest du die Reue, die ich an dir sehe, so würde er dir verzeihen.« Nun sagte Ser Chapelet: »Ach, Vater, was sagt Ihr da? Meine süße Mutter, die mich neun Monate lang Tag und Nacht im Leibe getragen hat und mich mehr als hundertmal auf dem Arme getragen hat, die zu schmähen, das ist zu schlecht getan und ist eine allzu große Sünde; und wenn Ihr nicht Gott für mich bittet, so wird sie mir nicht verziehen werden.« Als der Mönch sah, daß Ser Chapelet nichts mehr zu sagen hatte, sprach er ihn los und gab ihm seinen Segen; und er hielt ihn für einen gar frommen Mann, weil er alles, was Ser Chapelet gesagt hatte, für lautere Wahrheit nahm. Und wer hätte es nicht geglaubt, wenn er einen Menschen hätte auf dem Totenbette also sprechen hören? Und nach alledem sagte er zu ihm: »Ser Chapelet, mit Gottes Hilfe werdet Ihr ja bald gesund sein; wenn es aber doch geschähe, daß Gott Euere gesegnete und wohlbestellte Seele zu sich riefe, wäret Ihr es zufrieden, daß Euer Leib in unserm Kloster begraben würde?« Und Ser Chapelet antwortete: »O ja, Herr: ich möchte gar nicht anderswo liegen, weil Ihr mir doch versprochen habt, Gott für mich zu bitten; und abgesehn davon, habe ich für Euern Orden immer eine sonderliche Verehrung gehabt. Und darum bitte ich Euch, daß Ihr, sobald Ihr in Euerm Kloster seid, Sorge traget, daß mir der wahrhaftige Leib Christi, den Ihr am Morgen auf dem Altare weiht, gebracht werde; obgleich ich nicht würdig bin, gedenke ich ihn doch mit Euerer Erlaubnis zu empfangen und dann auch die heilige Letzte Ölung, auf daß ich, wenn ich schon als Sünder gelebt habe, wenigstens als Christ sterbe.« Der fromme Mann sagte, das habe seinen Beifall und sei wohl gesprochen, und er werde sorgen, daß sein Wunsch alsbald erfüllt werde; und so geschah es. Die zwei Brüder, die sehr gefürchtet hatten, von Ser Chapelet hintergangen zu werden, hatten sich, um zu lauschen, an eine Bretterwand gestellt gehabt, die die Kammer, wo Ser Chapelet lag, von einer andern trennte, und hatten also alles, was Ser Chapelet dem Mönche gesagt hatte, leichtlich gehört und verstanden; und bei manchen Sünden, die er dem Mönche beichtete, hatten sie eine so große Lust zu lachen gehabt, daß sie bald geplatzt wären, und dann sagten sie zueinander: »Was ist das für ein

Mensch, den weder Alter noch Krankheit noch die Furcht vor dem Tode, dem er sich nahe sieht, noch die vor Gott, vor dessen Gerichte er in einer kleinen Weile zu stehn erwartet, von seiner Ruchlosigkeit hat abbringen oder ihm den Willen, anders zu sterben, als er gelebt, hat eingeben können?« Da sie aber hörten, er werde ein Begräbnis in der Kirche erhalten, scherten sie sich um das übrige nicht. Kurz darauf kommunizierte Ser Chapelet, und weil es immer schlechter mit ihm wurde, bekam er auch die Letzte Ölung; und bald nach der Vesper desselbigen Tages, wo er seine hübsche Beichte abgelegt hatte, starb er. Nachdem ihm die zwei Brüder aus seinem Hab und Gut ein ehrliches Begräbnis bestellt hatten und im Kloster hatten sagen lassen, die Mönche sollten am Abende kommen, um nach dem Gebrauche die Vigilie zu halten, und am Morgen den Leichnam abholen, ordneten sie alles in der gehörigen Weise an. Der fromme Mönch, der sein Beichtiger gewesen war, ging, als er gehört hatte, er sei verschieden, zum Prior seines Klosters, damit zum Kapitel geläutet werde; dann legte er den versammelten Mönchen dar, Ser Chapelet sei nach dem, was er aus seiner Beichte entnommen habe, ein heiliger Mann gewesen. Und in der Hoffnung, daß Gott durch ihn viele Wunder tun werde, überredete er sie, sein Leichnam müsse mit der größten Verehrung und Andacht eingeholt werden. Der Prior und die andern leichtgläubigen Mönche waren einverstanden; und so gingen sie allesamt am Abende dorthin, wo Ser Chapelets Leichnam lag, um ihm eine große, feierliche Vigilie zu halten, und am Morgen gingen sie, alle in Chorhemden und Mänteln, mit Büchern in den Händen und die Kreuze voran, singend den Leichnam holen und schafften ihn mit großem Gepränge und feierlich in ihre Kirche, und ihnen folgte schier das ganze Volk der Stadt, Männer und Frauen. Und nachdem sie ihn in der Kirche niedergesetzt hatten, stieg der Mönch, der sein Beichtiger gewesen war, auf die Kanzel und begann von seinem Leben, seinen Fasten und seiner Unbefleckheit und von seiner Einfalt und Unschuld und Heiligkeit wundersame Dinge zu predigen, indem er unter anderm erzählte, was ihm Ser Chapelet als seine größte Sünde gebeichtet hatte und wie er ihn kaum habe überreden können, daß sie ihm Gott verzeihen werde, und dann ging er dazu über, das Volk, das ihm zuhörte, zu schelten und ihm zu sagen: »Und ihr, ihr Gottvermaledeiten, um jedes Strohhalms willen, der euch unter die Füße kommt, lästert ihr Gott und die Jungfrau und alle Heiligen des Paradieses!« Und außerdem sagte er noch vielerlei von seiner Rechtschaffenheit und Lauterkeit; und kurzum, mit seinen Worten, denen die Gemeinde vollen Glauben schenkte, legte er allen, die dort waren, so viel Verehrung in Herz und Sinn, daß nach Beendigung der Feier alle in hellen Haufen hinliefen, um dem Toten Hände und Füße zu küssen und ihm die Kleider vom Leibe zu reißen, weil sich jedermann glücklich schätzte, wenn er ein Stückchen davon haben konnte: er mußte auch den ganzen Tag also ausgestellt bleiben, damit ihn alle sehn und besuchen konnten. In der folgenden Nacht wurde er in einem marmornen Sarge ehrenvoll in einer Kapelle bestattet, und schon am nächsten Tage begannen die Leute hinzugehn und Lichter anzuzünden und ihn zu verehren, und mit der Zeit gelobten sie ihm Opfergaben und hingen ihm, ihrem Versprechen gemäß, Wachsbilder auf. Und so sehr wuchsen der Ruf seiner Heiligkeit und seine Verehrung, daß fast niemand mehr in irgendeiner Widerwärtigkeit einen andern Heiligen als ihn anrief, und sie nannten und nennen ihn St. Chapelet; und sie versichern, daß Gott durch ihn viele Wunder getan habe und alltäglich jedem tue, der sich diesem Heiligen frommen Sinnes befehle. So also lebte und starb Ser Cepparello aus Prato und ist ein Heiliger geworden, wie ihr gehört habt. Ich will die Möglichkeit nicht leugnen, daß er selig sei im Anschauen Gottes, weil er, so verworfen und ruchlos auch sein Leben gewesen ist, doch in seinen letzten Augenblicken eine solche

Zerknirschung gefühlt haben mag, daß vielleicht Gott Barmherzigkeit mit ihm gehabt und ihn in sein Reich aufgenommen hat; weil das aber dunkel ist, so spreche ich nach dem, was wahrscheinlich ist, und sage, daß er viel eher in den Krallen des Teufels in der Verdammnis als im Paradiese sein dürfte. Und wenn das so ist, so kann man daraus erkennen, wie groß die Güte Gottes für uns ist, der nicht auf unsern Irrtum, sondern auf die Lauterkeit unsers Glaubens sieht und uns, wenn wir einen Feind Gottes, den wir für seinen Freund halten, zum Mittler nehmen, geradeso erhört, als wenn wir uns an einen wirklich Heiligen als Mittler zwischen uns und seiner Gnade gewandt hätten. Und damit wir durch seine Gnade in der gegenwärtigen Trübsal und in dieser also heitern Gesellschaft heil und gesund bleiben, wollen wir uns ihm mit ehrfürchtigen Lobpreisungen seines Namens, in dem wir diese Gesellschaft begonnen haben, in allen unsern Nöten befehlen, mit der sichern Gewähr, erhört zu werden. Und hier schwieg Panfilo.

Zweite Geschichte

Der Jude Abraham zieht, weil Jeannot de Sevigné in ihn dringt, an den Hof von Rom; und als er die Lasterhaftigkeit der Geistlichen sieht, kehrt er heim nach Paris und wird Christ.

Die Geschichte Panfilos, die von den Damen bei einzelnen Stellen sehr belacht worden war und im ganzen ihren Beifall gefunden hatte, war bis zu ihrem Ende aufmerksam angehört worden; nun befahl die Königin, daß Neifile, die neben ihr saß, eine erzähle und also der angefangenen Unterhaltung einen Fortgang gebe. Neifile, der ihre Liebenswürdigkeit zu einem nicht geringern Schmucke gereichte als ihre Schönheit, antwortete heiter, das tue sie gern, und begann in folgender Weise: Panfilo hat in seiner Geschichte gezeigt, daß die Güte Gottes unsere Irrtümer nicht in Betracht zieht, wenn sie aus etwas hervorgehn, was wir nicht ersehn können; und ich gedenke euch in der meinigen darzulegen, wie sich dieselbe Güte dadurch untrüglich offenbart, daß sie die Sünden derer erträgt, die, anstatt, wie sie sollten, sowohl in Worten als auch in Werken Zeugnis von ihr abzulegen, das Gegenteil tun; und daß wir dadurch dem, was wir glauben, festern Sinnes nachkommen.

Wie ich mir habe erzählen lassen, meine lieblichen Damen, war in Paris ein großer Kaufherr und Biedermann, Jeannot de Sevigné mit Namen, der in aller Ehrlichkeit und Rechtschaffenheit einen großen Tuchhandel trieb; ihn verband eine sonderliche Freundschaft mit einem sehr reichen Juden, Abraham genannt, der ebenso Kaufmann und ein gar rechtschaffener und ehrlicher Mann war. Wegen dieser Rechtschaffenheit und Ehrlichkeit des Juden ging es Jeannot sehr zu Herzen, daß die Seele eines so wackeren und weisen und guten Mannes verdammt werden sollte, weil er des Glaubens ermangelte. Und darum begann er ihn freundschaftlich zu bitten, er solle die Irrlehren des jüdischen Glaubens lassen und sich zur christlichen Wahrheit bekehren, die ja, wie er sehn könne, als eine heilige und gute immer gedeihe und wachse, während er im Gegenteile unterscheiden könne, daß sein Glaube abnehme und dem Ende entgegengehe. Der Jude antwortete, er halte sonst keinen Glauben für heilig oder gut, als den jüdischen, und in dem sei er geboren und in dem gedenke er zu leben und zu sterben; und es gäbe nichts, was ihn je davon abbringen könnte. Jeannot ließ sich durch diese Antwort nicht abhalten, nach Verlauf einiger Tage mit ähnlichen Worten darauf zurückzukommen, indem er ihm recht und schlecht, wie es die Mehrzahl der Kaufleute versteht, darlegte, warum unser Glaube besser ist als der jüdische. Ob es nun die große Freundschaft, die ihn mit Jeannot verband, oder ob der Anlaß vielleicht die Worte waren, die der Heilige Geist auf die Zunge des einfältigen Mannes legte, jedenfalls begann der Jude, obwohl er ein trefflicher Gelehrter im jüdischen Gesetze war, an den Darlegungen Jeannots großen Gefallen zu finden; trotzdem aber ließ er sich, starrsinnig auf seinem Glauben beharrend, nicht überreden. Obgleich er aber hartnäckig blieb, ließ Jeannot nicht ab, in ihn zu dringen, bis endlich der Jude, von einer solchen Ausdauer überwunden, sagte: »Schau, Jeannot, du willst, daß ich Christ werde, und ich bin bereit dazu, mit dem Vorbehalte jedoch, daß ich vorerst nach Rom ziehen will, um dort den, den du Gottes Stellvertreter auf Erden nennst, zu sehn und seinen Lebenswandel ebenso wie den seiner Brüder, der Kardinäle, zu beobachten: und ist dem so, daß ich daraus im Zusammenhange mit deinen Worten entnehmen kann, daß euer Glaube, wie du dich mir zu beweisen bemüht hast, besser ist als der meine, so werde ich tun, was ich dir gesagt habe; trifft das aber nicht zu, so werde ich Jude bleiben, wie ich es bin.« Als das Jeannot hörte, war er über die Maßen betrübt und sagte sich im stillen: ›Nun ist all die Mühe verloren, die ich in der Meinung, ihn bekehrt zu haben, für gut angebracht gehalten habe; denn kommt er an den Hof nach Rom und sieht er das verworfene, zügellose Leben der Geistlichen, so wird er niemals aus einem Juden ein Christ werden, ja wenn er schon Christ geworden wäre, würde er ohne Fehl zum Judentum zurückkehren.‹ Und zu Abraham gewandt, sagte er: »Ach, Freund, warum willst du eine solche Beschwerlichkeit und so große Kosten auf dich nehmen, wie sie für dich mit einer Reise nach Rom verbunden wären? Abgesehn davon, daß für einen reichen Mann, wie du einer bist, zu Wasser und zu Lande alles voll Gefahren ist. Glaubst du denn hier niemand zu finden, der dir die Taufe spendete? Und wenn du etwa über den Glauben, den ich dir dargelegt habe, noch einige Zweifel hast, wo gäbe es größere Gelehrte und weisere Männer als hier, die dich über das, was du wolltest oder verlangtest, aufklären könnten? Aus diesen Gründen ist diese Reise meiner Meinung nach überflüssig. Bedenke, daß die Prälaten dort geradeso sind, wie du sie hier sehen kannst, und um so besser, je näher sie dem obersten Hirten sind. Darum wirst du dir, wenn du auf meinen Rat hörst, diese Beschwerlichkeit auf ein andermal aufheben, etwa auf einen Ablaß, wo ich dich dann vielleicht begleiten werde.« Und der Jude antwortete ihm: »Ich glaube ja, Jeannot, daß es so ist, wie du sagst; um aber alles mit einem Worte zu sagen, ich bin, wenn du willst, daß ich das tue, worum du mich so sehr gebeten hast, entschlossen, hinzureisen, und anderswie werde ich es niemals tun.« Als Jeannot seinen festen Willen sah, sagte er: »So geh denn in Gottes Namen.« Und bei sich dachte er, Abraham werde, wenn er den römischen Hof gesehn habe, wohl niemals Christ werden; weil er aber nichts dabei verlor, so ließ er es damit bewenden. Der Jude stieg zu Pferde und begab sich, so rasch er nur konnte, nach Rom, und als er angelangt war, wurde er von seinen Juden mit Ehren empfangen: er blieb dort und begann, ohne jemand etwas über den Zweck seiner Reise zu sagen, aufmerksam das Betragen des Papstes und der Kardinäle und der andern Prälaten und aller Höflinge zu beobachten; und aus dem, was er als gar scharfsichtiger Mann selbst wahrnahm, und ebenso aus dem, worüber er von andern unterrichtet wurde, fand er, daß sie alle miteinander, vom Obersten bis zum Niedrigsten, in der schändlichsten Art der Wollust frönten, nicht nur der natürlichen, sondern auch der sodomitischen, ohne Gewissensbisse oder Schamgefühl, so daß der Einfluß der Dirnen und der Knaben für jeden, der etwas Wichtiges erlangen wollte, von nicht geringer Bedeutung war. Überdies erkannte er offenbar, daß sie allesamt Schwelger, Säufer und Trunkenbolde und, wie die unvernünftigen Tiere, nächst der Wollust am meisten dem Bauche untertan waren. Und indem er weiter beobachtete, sah er sie alle so geizig und habgierig, daß sie Menschenblut, ja Christenblut ebenso wie kirchliche Dinge, wie immer die beschaffen waren, ob sie den Gottesdienst oder Pfründen betrafen, um Geld verkauften und einhandelten, daß das Gefeilsche darum ärger und die Zahl der Makler größer als in Paris beim Tuchhandel oder in einem andern Geschäfte war und daß sie die offenbare Simonie Prokuration nannten und die Völlerei Refektion, als ob Gott, von der Bedeutung der Worte zu schweigen, aber die Meinung der verworfenen Herzen nicht erkennte und sich wie die Menschen durch die Namen der Dinge täuschen ließe. Alles das und noch viel andres, was verschwiegen bleiben soll, mißfiel dem Juden, der ein enthaltsamer, schlichter Mann war, über die Maßen; und da er genug gesehn zu haben glaubte, beschloß er, nach Paris zurückzukehren, und so tat er. Als Jeannot erfuhr, daß er angekommen war, ging er, obwohl er nichts weniger hoffte, als daß er werde Christ werden, zu ihm, und sie begrüßten einander mit herzlicher Freude; und nachdem Abraham etliche Tage geruht hatte, fragte ihn Jeannot, was ihn über den heiligen Vater und die Kardinäle und die Höflinge bedünke. Und der Jude antwortete auf der Stelle: »Nichts Gutes, und das möge Gott ihnen bescheren, so viele ihrer sind: und ich sage dir, daß ich, wenn ich gut zu beobachten verstanden habe, keine Frömmigkeit, keine Andacht, kein gutes Werk, kein gutes Beispiel oder sonst etwas dergleichen an irgendeinem Geistlichen gesehn habe; aber Wollust, Geiz und Völlerei und ähnliche Laster und ärgere, wenn sie noch irgendwie ärger sein können, habe ich bei allen so im Schwange gesehn, daß ich diese Stadt eher für eine Werkstatt teuflischen als göttlichen Wesens halte. Und meine Ansicht geht dahin, daß euer Hirte und, so wie er, jeder andere mit allem Eifer und allem Scharfsinn und aller List danach trachten, die christliche Religion, deren Grundfesten und Stützen sie doch sein sollten, zu vertilgen und aus der Welt zu verjagen. Und weil ich denn sehe, daß das, wonach sie trachten, nicht eintrifft, sondern daß eure Religion stets wächst und an Glanz und Herrlichkeit gewinnt, glaube ich wahrhaftig schließen zu können, daß sie als die wahrste und heiligste von allen den Heiligen Geist zur Grundfeste und Stütze hat. Und darum sage ich dir, so starr und hart ich auch gegen deinen Zuspruch war und so wenig ich Christ werden wollte, jetzt frei und offen, daß mich nichts auf der Welt abhalten könnte, Christ zu werden. Gehn wir also in die Kirche, und dort laß mich nach dem schuldigen Gebrauche euers heiligen Glaubens taufen!« Jeannot, der das gerade Widerspiel dieses Schlusses erwartet hatte, war, als er ihn so reden hörte, der zufriedenste Mensch, den es je gegeben hat. Und er ging mit ihm zur Frauenkirche in Paris und ersuchte die Geistlichen, Abraham die Taufe zu spenden. Als die hörten, was er verlangte, taten sie es auf der Stelle: und Jeannot hob ihn aus dem heiligen Quell und nannte ihn Johannes. Hierauf ließ er ihn von wackern Männern gründlich in unserm Glauben unterweisen; der Bekehrte lernte alles rasch und führte dann als guter, wackerer Mann einen frommen Wandel.

Dritte Geschichte

Der Jude Melchisedech entgeht durch eine Geschichte von drei Ringen einer großen Gefahr, die ihm Saladin bereitet hat.

Als Neifile, deren Geschichte den Beifall aller fand, schwieg, begann auf den Wunsch der Königin Filomena und sprach also: Neifiles Geschichte bringt mir eine verfängliche Begebenheit ins Gedächtnis, die einmal einem Juden zugestoßen ist: weil es nun bei dem Umstande, daß von Gott und von der Wahrheit unsers Glaubens schon viel Gutes gesagt worden ist, nicht unschicklich sein wird, zu den Erlebnissen und Handlungen der Menschen hinabzusteigen, will ich euch diese Geschichte erzählen, die euch vielleicht, wann ihr sie gehört haben werdet, in den Antworten auf die Fragen, die euch gestellt werden, vorsichtiger machen wird. Ihr müßt, meine liebenswürdigen Gesellinnen, wissen, daß so, wie einen die Torheit zu often Malen aus dem Glücke reißt und in das größte Elend stürzt, die Klugheit den Weisen aus den größten Gefahren reißt und ihn in völlige, geruhige Sicherheit bringt. Und daß es wahr ist, daß einen die Torheit aus dem Glücke ins Elend führt, das ersieht man aus vielen Beispielen, die wir nicht erst zu erzählen brauchen, weil uns ja alltäglich ihrer tausend sichtbarlich vorkommen; daß aber die Klugheit ein Ungemach zu stillen vermag, das werde ich euch, meinem Versprechen gemäß, in einem Geschichtchen kurz darlegen.

Saladin, dessen Trefflichkeit so groß war, daß sie ihn nicht nur aus einem geringen Manne zum Sultan von Babylon gemacht hat, sondern ihn auch viele Siege über sarazenische und christliche Könige hat erringen lassen, hatte in verschiedenen Kriegen und durch seine außerordentliche Prachtliebe seinen ganzen Schatz erschöpft, so daß er, als er aus irgendeinem Anlasse eine hübsche Summe Geldes nötig hatte, nicht

so schnell, wie es nötig gewesen wäre, wußte, woher sie nehmen, bis er sich eines reichen Juden, Melchisedech mit Namen, erinnerte, der in Alexandrien auf Zinsen borgte und, seiner Meinung nach, wenn er gewollt hätte, wohl imstande gewesen wäre, ihm zu dienen. Der Jude war aber so geizig, daß er es freiwillig nimmer getan hätte, und Gewalt wollte er nicht brauchen; da nun die Not drängte, richtete er seinen ganzen Sinn darauf, ein Mittel zu finden, wie ihm der Jude dienen müßte, und entschloß sich endlich, ihm unter einigem Scheine von Recht Gewalt anzutun. Und er ließ sich ihn rufen, empfing ihn freundlich und hieß ihn an seiner Seite niedersitzen und sagte dann zu ihm: »Ich habe, wackerer Mann, von mehrern Leuten vernommen, daß du gar weise bist und trefflich Bescheid weißt in göttlichen Dingen; und darum möcht ich gern von dir wissen, welches von den drei Gesetzen du für das wahre hältst, das jüdische oder das sarazenische oder das christliche.« Der Jude, der wirklich weise war, erriet sofort, daß ihn Saladin in seinen Worten fangen wollte, um ihn in einen schlimmen Handel zu verwickeln, und besann sich, daß er keines von den dreien würde vor den andern loben können, ohne daß Saladin seinen Zweck erreicht hätte. Weil er also einsah, daß er eine unverfängliche Antwort brauchte, nahm er seinen ganzen Scharfsinn zusammen, und schon fiel ihm auch ein, was er zu sagen hatte, und er sagte: »Herr, die Frage, die Ihr mir gestellt habt, ist schön, und um Euch zu sagen, was ich darüber denke, muß ich Euch eine Geschichte erzählen, die Ihr anhören möget. Wenn ich nicht irre, so erinnere ich mich, zu often Malen gehört zu haben, daß einmal ein gar reicher Mann gelebt hat, der in seinem Schatze neben andern Kleinodien auch einen herrlichen, kostbaren Ring hatte; weil es nun wegen des Wertes und der Schönheit dieses Ringes sein Wunsch war, daß er in Ehren gehalten werde und immer bei seinen Nachkommen verbleibe, ordnete er an, daß der Sohn von ihm, bei dem sich der Ring als sein Vermächtnis finden werde, als sein Erbe gelten und von allen andern als ihr Oberhaupt Ehre und Ehrfurcht genießen solle. Der, dem er ihn hinterließ, hielt es ebenso mit seinen Kindern und tat so wie sein Vorgänger: kurz der Ring ging mit der Zeit an viele aus seinem Geschlechte über, bis er schließlich in die Hände eines Mannes kam, der drei schöne, tapfere Söhne hatte, die ihm aufs Wort gehorchten, weshalb er sie denn alle drei gleichmäßig liebte. Die Jünglinge wußten, was es für eine Bewandtnis mit dem Ringe hatte, und darum bat jeder, begierig nach Ehre vor den andern, einzeln den Vater, der schon alt war, daß er den Ring, wann es mit ihm ans Sterben gehe, ihm hinterlasse. Der wackere Mann, der sie alle gleichmäßig liebte und sich selber nicht klar werden konnte, wem er ihn lieber hinterlassen wollte, versprach ihn allen dreien und gedachte alle drei zufriedenzustellen: darum ließ er heimlich von einem tüchtigen Meister zwei andere machen, die dem ersten so ähnlich waren, daß selbst der, der sie verfertigt hatte, kaum erkannte, welcher der richtige war. Und als es mit ihm ans Sterben ging, gab er jedem Sohne den seinigen; da daher nach dem Tode des Vaters alle drei die Erbschaft und die Ehre beanspruchten und es einer dem andern verweigerte, zeigte endlich jeder zum Beweise, daß er im Rechte sei, seinen Ring vor. Und weil sich nun ergab, daß die Ringe einander so ähnlich waren, daß man den richtigen nicht erkennen konnte, blieb die Frage, wer der wahre Erbe des Vaters sei, in Schwebe und schwebt noch heute. Und so sage ich Euch, Herr, auch von den drei Gesetzen, die Gott, der Vater, den drei Völkern gegeben hat und derentwegen Ihr die Frage aufgeworfen habt: jedes Volk glaubt seine Erbschaft, nämlich sein wahres Gesetz zu haben und seine Gebote befolgen zu müssen; wer sie aber hat, diese Frage ist so wie bei den Ringen noch immer in Schwebe.« Saladin erkannte, daß es der Jude gar trefflich verstanden hatte, den Schlingen auszuweichen, die er ihm vor die Füße gespannt hatte; darum entschloß er sich, ihm seine Not kundzutun und zu sehn, ob er ihm dienen wolle: und so tat er, indem er ihm auch eröffnete, was er im Sinne gehabt hätte, wenn er ihm nicht so verständig geantwortet hätte, wie er getan hatte. Nun diente ihm der Jude bereitwillig mit jeder Summe, die er verlangte; und Saladin erstattete ihm alles treulich wieder und begabte ihn überdies mit ansehnlichen Geschenken und behielt ihn für alle Zeit mit großer Auszeichnung als Freund in seiner Nähe.

Vierte Geschichte

Ein Mönch, der in eine Sünde gefallen ist, befreit sich von der schweren Strafe, die er dafür verdient hätte, indem er seinem Abte dasselbe Vergehn vorhält.

Kaum schwieg Filomena am Ende ihrer Geschichte, als Dioneo, der, weil er neben ihr saß, erkannte, daß nunmehr, der begonnenen Ordnung gemäß, die Reihe ihn traf, ohne auf einen Befehl der Königin zu warten, also zu sprechen begann: Wenn ich die Absicht von euch allen, meine liebenswürdigen Damen, richtig erfaßt habe, so sind wir hier, um uns mit Geschichtenerzählen zu unterhalten; wenn daher nichts gegen diese Absicht geschieht, so meine ich, daß es jedem erlaubt sein muß – und die Königin hat es vorhin erst gesagt, daß es erlaubt ist –, die Geschichte zu erzählen, die seinem Dafürhalten nach am meisten ergötzen kann: da wir nun gehört haben, wie Abraham durch den guten Rat des Jeannot de Sevigné sein Seelenheil gefunden hat und wie Melchisedech seine Reichtümer durch seine Klugheit vor den Nachstellungen Saladins verteidigt hat, so glaube ich von euch keinen Tadel besorgen zu müssen, wenn ich euch kurz erzähle, wie verschmitzt es ein Mönch angestellt hat, um sich von einer schweren Leibesstrafe zu befreien.

In der Lunigiana, einer nicht weit von hier gelegenen Landschaft, ist ein Kloster, wo einst mehr Frömmigkeit und mehr Mönche anzutreffen waren als heute; dort war unter andern auch ein junger Mönch, dessen strotzender Jugendkraft weder die Kälte noch Fasten noch Nachtwachen etwas anhaben konnten. Als der eines Tages um die Mittagsstunde, wo die andern Mönche alle schliefen, von ungefähr ganz allein bei ihrer Kirche, die an einem gar einsamen Orte lag, umherging, bekam er ein sehr hübsches junges Mädchen zu Gesicht, die die Tochter eines Bauern aus der Gegend sein mochte und auf den Feldern Kräuter sammelte: und kaum hatte er sie gesehn, so überfiel ihn auch schon heftig die fleischliche Begierde. Er trat zu ihr und fing mit ihr zu sprechen an, und ein Wort gab das andere, bis er mit ihr einig war und sie, von jedermann ungesehn, mit sich in seine Zelle nahm. Während er nun, von übergroßem Verlangen entflammt, wenig vorsichtig mit ihr scherzte, geschah es, daß der Abt, der sich vom Schlafe erhoben hatte und leise bei der Zelle vorbeikam, das Geräusch vernahm, das sie miteinander machten; und um die Stimmen besser unterscheiden zu können, trat er still an die Tür der Zelle und lauschte, und erkannte deutlich, daß ein Weib drinnen war. Schon fühlte er sich versucht, sich öffnen zu lassen; dann aber gedachte er sein Verhalten anders einzurichten und ging auf seine Kammer, um zu warten, bis der Mönch herauskommen werde. Obwohl den Mönch die große Lust und Freude mit dem Mädchen vollauf beschäftigt hatte, war er doch allwege unruhig gewesen; und da es ihn gedeucht hatte, er vernehme im Schlafhause ein Geräusch von Tritten, hatte er sein Auge an eine Ritze gelegt und den Abt unverkennbar dastehn und lauschen sehn, woraus er denn leichtlich begriff, daß es der Abt innegeworden sein dürfte, daß das Mädchen in seiner Zelle war. Weil er wußte, daß darauf eine strenge Strafe stand, war er über die Maßen betrübt: immerhin begann er alsbald, ohne das Mädchen seinen Mißmut merken zu lassen, hin und her zu überlegen, ob er ein Rettungsmittel finden könnte; schließlich fiel ihm eine Bosheit ein, die geradeswegs auf das Ziel, das er im Sinne hatte, hinauslief. Er sagte nämlich zu dem Mädchen, als ob er der Meinung gewesen wäre, lange genug mit ihr verweilt zu haben: »Ich will gehn und mich kümmern, wie du ungesehn von hier hinauskommen kannst; darum verhalte dich still, bis ich zurückkomme.« Und nachdem er die Zelle verlassen und abgesperrt hatte, ging er schnurstracks in die Kammer des Abtes, übergab ihm den Schlüssel, wie es jeder Mönch tat, wann er ausging, und sagte unbefangenen Gesichtes: »Herr, ich habe heute morgen nicht alles Holz, das ich habe machen lassen, herschaffen können, und deswegen will ich mit Eurer Erlaubnis in den Wald gehn und es herschaffen.« In der Meinung, der Mönch habe es nicht bemerkt, daß er ihn belauscht hatte, war der Abt, dem viel daran lag, über das Vergehn des Mönches volle Klarheit zu bekommen, ob dieser Wendung sehr erfreut und nahm den Schlüssel gern in Empfang und erteilte ihm gerne Urlaub. Und als er sah, daß der Mönch weggegangen war, begann er nachzudenken, wie er die Sache anfangen solle: ob er entweder seine Zelle vor allen Mönchen öffnen lassen und ihnen seine Verfehlung zeigen sollte, damit er ihnen also jeden Anlaß nähme, wider ihn, wenn er den Mönch bestrafen würde, zu murren, oder ob es besser wäre, wenn er sich zuerst von dem Frauenzimmer den Hergang des Handels erzählen ließe. Und weil er bei sich dachte, sie könnte am Ende eine solche Frau oder die Tochter eines solchen Mannes sein, daß es ihm vielleicht lieber wäre, er hätte ihr die Schande, sie von allen Mönchen betrachten zu lassen, nicht angetan, so beschloß er, vor allem zu sehn, wer sie sei, und sich erst dann endgültig zu entscheiden; und er ging leise zu der Zelle, öffnete sie und trat ein und schloß die Tür hinter sich zu. Als das Mädchen den Abt kommen sah, begann sie besturzt und aus Furcht vor Schande zu weinen. Da sie aber der Herr Abt, als er sie anblickte, hübsch und frisch fand, fühlte er plötzlich, obwohl er ein Greis war, den Stachel des Fleisches nicht minder brennen als der junge Mönch und begann sich selber zu sagen: ›Warum sollte ich mir nicht ein Vergnügen gönnen, wenn ich es haben kann? Mißvergnügen und Ärger warten sowieso öfter auf mich, als mir lieb wäre. Das ist ein hübsches junges Mädchen, und sie ist hier, ohne daß es ein Mensch auf der Welt wüßte; wenn ich sie dazu bringen könnte, daß sie mir zu Willen wäre, so wüßte ich nicht, warum ich es nicht tun sollte: wer wird es denn erfahren? Niemand wird es erfahren, und eine heimliche Sünde ist halb vergeben: so eine Gelegenheit wird sich mir vielleicht nie wieder bieten; ich meine, es ist nur vernünftig, das Gute zu nehmen, wenn es einem der Himmel schickt.‹ Da er mit diesen Worten die Absicht, womit er gekommen war, völlig geändert hatte, machte er sich an das Mädchen heran und begann ihr leise Trost zuzusprechen und sie zu bitten, daß sie aufhöre zu weinen; und indem ein Wort das andere gab, kam er endlich dazu, ihr sein Begehren zu eröffnen. Das Mädchen, das weder aus Eisen noch aus Diamant war, schickte sich gar willig in die Wünsche des Abtes: nachdem er sie mehrere Male umarmt und geküßt hatte, legte er sich auf das Bett des Mönchs, wo er dann, vielleicht aus Rücksicht auf die Würde, die auf ihm lastete, oder auf das zarte Alter des Mädchens, vielleicht auch, um ihr nicht durch seine allzu große Gewichtigkeit beschwerlich zu fallen, nicht auf sie stieg, sondern sie auf sich zog und sich eine lange Weile mit ihr ergötzte. Der Mönch, der getan hatte, als ginge er in den Wald, sich aber im Schlafhause versteckt hatte, war sofort, als er den Abt hatte allein in seine Kammer gehn sehn, ganz ruhig geworden, daß sein Anschlag gelingen werde; und als er ihn hatte die Tür verschließen sehn, war auch sein letzter Zweifel geschwunden. Er verließ sein Versteck und ging leise zu einer Spalte, und dort hörte und sah er denn alles, was der Abt tat oder sagte. Als der Abt lange genug bei dem Mädchen verweilt zu haben glaubte, schloß er sie in der Zelle ein und kehrte in seine Kammer zurück: und da er, als er bald darauf den Mönch hörte, der Meinung war, der sei aus dem Walde zurückgekommen, nahm er sich vor, ihm einen tüchtigen Verweis zu geben und ihn, damit er der alleinige Besitzer der gewonnenen Beute bleibe, gefangensetzen zu lassen; nachdem er ihn darum hatte rufen lassen, gab er ihm mit bösem Gesichte einen derben Verweis und befahl, ihn ins Gefängnis zu werfen. Der Mönch aber antwortete augenblicklich: »Herr, ich bin noch nicht so lange im Orden des heiligen Benedikt, daß ich schon alle seine Eigentümlichkeiten hätte lernen können; und Ihr habt mir noch nicht gezeigt gehabt, daß die Mönche die Frauen geradeso auf sich nehmen sollen wie die Fasten und die Nachtwachen: weil Ihr es mir nun aber gezeigt habt, verspreche ich Euch, wenn Ihr mir für dieses Mal verzeiht, darin nie wieder zu sündigen, vielmehr will ich so tun, wie ich Euch habe tun sehn.« Der Abt, der ein gescheiter Mann war, erkannte auf der Stelle, daß der Mönch die Sache nicht nur besser als er getroffen, sondern ihn auch bei seinem Tun beobachtet hatte. Da ihn daher seine eigene Schuld drückte, scheute er sich, dem Mönche etwas zu tun, was er selber ebenso verdient hätte. Und er vergab ihm und trug ihm auf, Stillschweigen über das Geschehne zu halten; das Mädchen schafften sie recht und schlecht hinaus, und es ist wohl glaublich, daß sie sie zu mehrern Malen haben wiederkommen lassen.

Fünfte Geschichte

Die Markgräfin von Montferrat wehrt der tollen Liebe des Königs von Frankreich zu ihr durch eine Mahlzeit von Hühnergerichten und durch ein paar hübsche Worte.

Die Geschichte Dioneos hatte im Anfange die Herzen der zuhörenden Damen mit ein wenig Scham erfüllt, und davon hatte die ehrbare Röte, die auf ihre Gesichter getreten war, Zeugnis gegeben: später jedoch hatten sie sich, eine die andere ansehend, kaum des Lachens enthalten können und mit heitern Mienen zugehört. Als sie aber zu Ende war, verwiesen sie ihm mit neckenden Worten die Ungehörigkeit, solche Geschichten vor Damen zu erzählen, bis sich die Königin zu Fiammetta, die neben ihr im Grase saß, wandte und ihr befahl, in der Reihe fortzufahren. Die begann anmutig und mit frohem Gesichte: Sowohl deswegen, weil es mir lieb ist, daß wir dabei angelangt sind, mit unsern Geschichten zu zeigen, was eine hübsche, schlagfertige Antwort vermag, als auch weil geradeso, wie es bei einem Manne Hochsinn beweist, wenn er die Liebe einer Dame, die höher steht als er, sucht, die Damen gar wohlweislich handeln, wenn sie sich davor hüten, von der Liebe zu Männern, die vornehmer sind als sie, erfaßt zu werden – aus diesen beiden Gründen also, meine schönen Damen, ist es mir eingefallen, euch in der Geschichte, die ich zu erzählen habe, darzulegen, wie sich eine edle Dame durch Wort und Tat davor gehütet und den Mann umgestimmt hat.

Der Markgraf von Montferrat, ein Mann von hoher Tapferkeit und Bannerherr der Kirche, war mit einem Kreuzzuge übers Meer gezogen. Als nun am Hofe König Philipps des Einäugigen, der sich eben, um an demselben Kreuzzuge teilzunehmen, anschickte, Frankreich zu verlassen, von seiner Tapferkeit die Rede war, sagte ein Ritter, unter der Sonne gäbe es kein Paar, das dem Markgrafen und seiner Dame gliche; denn so wie der Markgraf in jeder Tüchtigkeit unter den Rittern wohlberufen sei, so sei die Dame die schönste und sittsamste von allen Frauen der Welt. Diese Worte machten auf das Herz des Königs einen solchen Eindruck, daß er die Dame, ohne sie je gesehn zu haben, glühend zu lieben begann und sich vornahm, sich zu dem Kreuzzuge, in den er zog, nirgends anderswo einzuschiffen als in Genua; die Landreise dorthin, meinte er, werde ihm einen schicklichen Grund zu einem Besuche der Markgräfin bieten, und er dachte, daß es ihm bei der Abwesenheit des Markgrafen gelingen könnte, ans Ziel seiner Wünsche zu gelangen. Und wie er sich's vorgenommen hatte, so setzte er es auch ins Werk: nachdem er alle seine Leute vorausgeschickt hatte, machte er sich mit einem kleinen Gefolge von Rittern auf den Weg, und als er sich dem Lande des Markgrafen näherte, ließ er der Dame einen Tag vorher sagen, sie möge ihn am nächsten Morgen zum Essen erwarten. In ihrer Klugheit und Besonnenheit antwortete die Dame wohlgemut, das werde ihr die höchste Gnade sein, und er sei ihr willkommen. Dann aber sann sie nach, was das bedeuten solle, daß sie ein so großer König zu einer Zeit, wo ihr Gatte nicht daheim sei, besuchen komme: und die Vermutung, auf die sie kam, daß ihn nämlich der Ruf ihrer Schönheit hergeführt habe, betrog sie nicht. Nichtsdestoweniger entschloß sie sich als hochsinnige Frau, ihn mit Ehren zu empfangen: sie ließ die Edelleute, die zu Hause geblieben waren, rufen und traf alle Anordnungen nach ihrem Rate; die Besorgung des Mahles aber und der Gerichte behielt sie sich allein vor. Und nachdem sie unverzüglich hatte alle Hennen, so viele nur in der Gegend waren, zusammenbringen lassen, befahl sie ihren Köchen, nur aus diesen verschiedene Gerichte für die königliche Tafel zu bereiten. Der König kam an dem bestimmten Tage und wurde von der Dame mit festlichem Gepränge und ehrenvoll empfangen. Als er sie sah, schien sie ihm weit schöner und liebenswürdiger, als er nach den Worten des Ritters erwartet hätte, und voll hellen Staunens und hoher Lobpreisungen entflammte er sich in seiner Leidenschaft um so höher, je mehr er seine Meinung von ihr durch die Wirklichkeit übertroffen fand. Und nachdem er in prächtigen Gemächern, die mit allem zum Empfange eines so erhabenen Königs Nötigen geziert waren, eine Weile der Ruhe gepflegt hatte, setzte er sich mit der Markgräfin, als die Essensstunde gekommen war, an einen Tisch, und die andern wurden je nach ihrem Range an anderen Tischen bewirtet. Nun wurde der König nach und nach mit verschiedenen Schüsseln und mit den köstlichsten Weingattungen bedient; aber ein größers Vergnügen war es für ihn, daß er sich zuweilen an dem Anblicke der schönen Markgräfin weiden durfte. Als aber eine Schüssel nach der andern kam, begann sich der König baß zu verwundern, weil er, obwohl die Gerichte verschiedener Art waren, doch erkannte, daß sie allesamt aus nichts anderm als aus Hennen bereitet waren. Und obgleich der König wußte, daß es in der Gegend, wo er war, Wildbret in Hülle und Fülle gab, und obwohl der Dame dadurch, daß er ihr seine Ankunft früher angezeigt hatte, reichlich Zeit geblieben sein mußte, um jagen zu lassen, wollte er doch, wie verwundert er auch darüber war, nichts sonst als Anlaß zu einem Gespräche mit ihr nehmen, als ihre Hennen, und wandte sich mit heiterm Gesichte zu ihr und sagte: »Meine Dame, gibt es denn hierzulande nur Hennen und gar keinen Hahn?« Die Markgräfin, die die Frage wohl verstand und der Meinung war, Gott habe ihr eine Gelegenheit geschickt, ihm ihre Gesinnung kundzutun, blickte den König freimütig an und sagte: »Nein, gnädiger Herr, aber die Frauen sind hier, wenn sie sich auch durch Kleidung und Schmuck von den andern unterscheiden, dennoch ebenso beschaffen wie anderswo.« Als der König diese Worte hörte, begriff er gar gut den Zweck der Hennenmahlzeit und den in den Worten verborgenen Sinn; und weil er merkte, daß es umsonst wäre, an eine solche Dame Worte zu verschwenden, und weil von Gewalt keine Rede sein konnte, so verlöschte er um seiner Ehre willen das zu einem schlechten Ende genährte Feuer ebenso weislich, wie er es unbesonnen entzündet hatte. Und ohne weitere anzügliche Reden zu führen, weil er ihre Antworten fürchtete, wartete er, aller Hoffnung beraubt, auf das Ende des Mahles; um dann die Unehrbarkeit, die ihn hingeführt hatte, durch eine rasche Abreise zu bemänteln, machte er sich, nachdem er ihr für die empfangene Ehre gedankt und sie Gott befohlen hatte, auf den Weg nach Genua.

Sechste Geschichte

Ein wackerer Mann beschämt mit einem hübschen Worte die schändliche Heuchelei der Mönche.

Nachdem alle Damen die Rechtschaffenheit der Markgräfin und ihre artige Zurechtweisung des Königs von Frankreich gelobt hatten, begann Emilia, die neben Fiammetta saß, dem Wunsche ihrer Königin gemäß, herzhaft also zu sprechen: Ich wieder sehe keinen Grund, euch einen beißenden Tadel zu verschweigen, den ein wackerer Mann einem habgierigen Mönche mit einem nicht minder witzigen, als lobenswerten Worte ausgesprochen hat.

Es war also, meine teuern jungen Damen, vor nicht gar

langer Zeit in unserer Stadt ein Barfüßermönch, Inquisitor der ketzerischen Schändlichkeit, der trotz seinem Trachten, als frommer und dem christlichen Glauben herzlich ergebener Mann dazustehn, doch, ebenso wie es alle machen, nicht weniger einem vollen Beutel als einem Mangel an Glauben nachspürte. Bei diesem Eifer traf er einmal auf einen Biedermann, der mehr Geld hatte als Vorsicht; dem war einmal, nicht daß es ihm an Glauben gebrochen hätte, sondern in aller Einfalt, als er etwa vom Weine oder von übermäßiger Lustigkeit erhitzt war, zu seiner Gesellschaft die Äußerung entschlüpft, er habe einen Wein, der so gut sei, daß ihn Christus trinken würde. Das wurde dem Inquisitor hinterbracht und dieser, der wußte, daß sein Grundbesitz groß war und sein Beutel prall, hatte nichts eiliger zu tun, als ihm cum gladiis et fustibus einen schweren Prozeß an den Hals zu hängen, woraus er sich nicht so sehr eine Behebung des Irrglaubens des Inquisiten als eine Füllung der eigenen Hände mit Gold versprach. Und er ließ ihn vorladen und fragte ihn, ob das wahr sei, was von ihm erzählt worden sei. Der Biedermann antwortete mit Ja und erzählte den Hergang. Nun sagte der fromme Inquisitor und Verehrer des heiligen Johannes Chrysostomus oder Goldmund: »Du hast also Christus zu einem Trinker gemacht, den es nach gutem Weine gelüstete, als ob er ein Säufer oder einer von euch Trunkenbolden und Wirtshausbrüdern wäre! Und jetzt redest du demütig daher und möchtest die Sache als harmlos hinstellen; aber sie ist nicht so, wie du meinst: du hast den Scheiterhaufen verdient, wenn wir mit dir so verfahren wollen, wie wir sollen.« Und diese und viele andere Worte brachte er mit einer so drohenden Miene heraus, als ob Epikur selber, der die Unsterblichkeit der Seele geleugnet hatte, vor ihm gestanden hätte. Kurz er jagte dem Biedermann eine solche Angst ein, daß ihm der, um von ihm barmherzig behandelt zu werden, durch Mittelspersonen die Hände mit einer hübschen Menge der Salbe des heiligen Johannes Goldmund schmieren ließ, die bei der schwärenden Habsucht der Geistlichkeit, sonderlich der Barfüßer, die sich kein Geld anzurühren getrauen, wesentliche Dienste tut. Und diese Salbung wandte er ihrer sonderlichen Kraft wegen, die sie trotz Galenus hat, der nirgends in seinen medizinischen Schriften davon spricht, so gut und reichlich an, daß sich der ihm angedrohte Scheiterhaufen in ein Bußkreuz verwandelte, das er auf dem Rocke tragen mußte; und als ob er hätte in einen Kreuzzug ziehen sollen, machte es ihm der Inquisitor zur größern Schönheit des Banners gelb auf schwarzem Grunde. Und überdies behielt er ihn, als er schon das Geld hatte, noch einige Tage bei sich und legte ihm die Buße auf, jeden Morgen in Santa Croce eine Messe zu hören und sich um die Essensstunde bei ihm einzustellen, worauf er den Rest des Tages tun durfte, was ihm beliebte. Das tat er denn gar gewissenhaft, bis es eines Morgens geschah, daß er bei der Messe ein Evangelium hörte, worin gesungen wurde: ›Ihr werdets hundertfältig nehmen und das ewige Leben ererben‹; und diese Worte behielt er fest im Gedächtnis. Als er nun dem erhaltenen Befehle gemäß zur Essensstunde vor den Inquisitor kam, fragte ihn der, der eben speiste, ob er an diesem Tage die Messe gehört habe. Und er antwortete sofort: »Ja, Herr.« Und der Inquisitor sagte zu ihm: »Hast du dabei nichts gehört, worüber du im Zweifel wärest oder fragen wolltest?« – »O nein«, antwortete der Biedermann, »ich bin über nichts, was ich gehört habe, im Zweifel, sondern glaube, daß alles völlig wahr ist. Wohl aber habe ich etwas gehört, weswegen ich mit Euch und Euern Brüdern bei dem Gedanken, wie schlimm es Euch in der andern Welt ergehn wird, herzliches Mitleid gefühlt habe und fühle.« Nun sagte der Inquisitor: »Und was ist das für ein Wort, das dich zu diesem Mitleid mit uns bewegt hat?« Der Biedermann sagte: »Herr, das ist das Wort des Evangeliums, das da sagt: ›Ihr werdets hundertfältig nehmen‹.« Der Inquisitor sagte: »Das ist richtig; aber wieso hat dich dieses Wort zu Mitleid bewegt?« – »Herr«, antwortete der Biedermann, »ich will's Euch sagen: seitdem ich hier bin, habe ich alltäglich gesehn, daß den armen Leuten einmal ein und manchmal zwei große Kessel mit Suppe hinausgegeben werden, die den Brüdern dieses Klosters und Euch gehört, aber überschüssig ist; wenn ihr nun dort für jede Suppe hundert wiederbekommt, so wird es so viel werden, daß ihr alle miteinander werdet drinnen ertrinken müssen.« Obwohl alle, die am Tische des Inquisitors waren, darüber lachten, war doch der Inquisitor heftig erbost, weil er merkte, daß ihre Suppenheuchelei getroffen war; und hätte er nicht schon des ersten Prozesses halber genug Mißbilligung erfahren, so hätte er ihm wegen des für ihn und die andern Taugenichtse so beißenden Witzwortes noch einen zweiten angehängt: so aber befahl er ihm ärgerlich, sich nicht mehr vor ihm sehen zu lassen und zu tun, was er wolle.

Siebente Geschichte

Bergamino hänselt Messer Cane della Scala wegen einer plötzlichen Anwandlung von Geiz, indem er ihm eine Geschichte von Primas und dem Abte von Clugny erzählt.

Die drollige Geschichte Emilias gab der Königin und allen andern genug Anlaß, zu lachen und den heitern Einfall des Kreuzträgers zu loben. Als aber das Gelächter vorüber war und sich jeder beruhigt hatte, begann Filostrato, an dem die Reihe war, folgendermaßen zu reden: Es ist ja eine schöne Sache, meine trefflichen Damen, ein Ziel zu treffen, das unbeweglich ist, aber bewundernswürdig ist es, wenn etwas Außergewöhnliches, das sich plötzlich zeigt, ebenso plötzlich von einem Schützen getroffen wird. Der lasterhafte und schändliche Lebenswandel der Geistlichen bietet als Zeichen ihrer Verworfenheit in mancher Beziehung ein stetiges Ziel, so daß es jedem, der Lust hat, gar leicht ist, ihn zu bereden, ihn zu bespötteln und ihn zu tadeln; obwohl es darum von dem wackern Manne wohlgetan war, daß er den Inquisitor wegen der geheuchelten Mildtätigkeit der Mönche, die den Armen das geben, was sie wegwerfen oder den Schweinen geben sollten, gehänselt hat, so glaube ich doch, daß der, von dem ich, durch die vorige Geschichte angeregt, erzählen will, mehr Lob verdient: er hat nämlich Messer Cane della Scala, den hochherzigen Herrn, wegen einer bei ihm unerhörten plötzlichen Anwandlung von Geiz mit einer Geschichte gehänselt, worin er auf andere das übertrug, was er über sich und ihn zu sagen gedachte, und die Geschichte ist die:

Wie es ein glänzender Ruhm schier in der ganzen Welt verkündet, war Messer Cane della Scala, dem das Glück in gar vielen Dingen hold war, einer der lobenswertesten und hochherzigsten Herren, die man seit Kaiser Friedrich dem Zweiten in Italien gekannt hat. Da er einmal beschlossen hatte, in Verona ein prächtiges, wundersames Fest zu geben, kamen aus allen Himmelsrichtungen eine Menge Leute dorthin, sonderlich Hofgänger jeder Gattung; plötzlich aber stand er, was immer der Grund gewesen sein mag, von seinem Vorhaben ab und beschenkte fast alle, die gekommen waren, und beurlaubte sie. Nur einer von ihnen, Bergamino geheißen, ein weit schlagfertigerer und zierlicherer Redner, als man, ohne ihn gehört zu haben, hätte glauben wollen, erhielt weder irgendein Geschenk noch Urlaub, blieb aber noch weiter dort, weil er hoffte, daß ihm dies noch einmal zu seinem Vorteile ausschlagen werde. Aber Messer Cane hatte sich in den Kopf gesetzt, daß alles, was er ihm gäbe, schlechter angewandt wäre, als wenn er's ins Feuer geworfen hätte; und darüber sagte er ihm weder selbst etwas noch ließ er ihm etwas sagen. Als Bergamino nach etlichen Tagen sah, daß man ihn weder rief noch eine Probe seiner Kunst von ihm forderte, begann er, zumal da die Rechnung in der Herberge für ihn und für seine Pferde und Knechte immer mehr anwuchs, mißmutig zu werden; trotzdem wartete er, weil er es nicht für ratsam hielt, abzureisen. Er hatte, um bei dem Feste anständig auftreten zu können, drei schöne, reiche Kleider mitgebracht, die er von anderen Herren zum Geschenke erhalten hatte: als nun sein Wirt bezahlt sein wollte, gab er ihm zuerst eines davon, mußte ihm aber bald, da er noch länger verweilte, auch das zweite geben, wenn er sich mit ihm verhalten wollte; als er dann an dem dritten zu zehren anfing, entschloß er sich, noch so lange zuzusehn, wie dieses vorhalte, und hierauf abzureisen. An diesem dritten Kleide zehrte er noch, als es geschah, daß er sich eines Tages zu der Zeit, wo Messer Cane speiste, mit mißmutigem Gesichte vor ihm einfand. Als ihn Messer Cane sah, sagte er, mehr um ihn zu hänseln, als um sich von ihm unterhalten zu lassen: »Bergamino, was hast du? Du stehst so mißmutig da, erzähle uns doch, etwas.« Ohne nur im geringsten nachzudenken, erzählte Bergamino auf der Stelle, als ob er seit langem darauf vorbereitet gewesen wäre, folgende Geschichte, um seiner Sache einen Fortgang zu geben: »Ihr müßt wissen, Herr, daß Primas gar tüchtig in der lateinischen Sprache war und schöner und flinker Verse zu machen verstand als jeder andere: wegen dieser Fähigkeiten war er so beliebt und wohlberufen, daß es, wenn er auch nicht überall von Angesicht bekannt war, doch fast niemand gab, der nicht nach Namen und Ruf gewußt hätte, wer Primas war. Als er einmal in Paris in dürftigen Umständen war, was bei ihm öfters der Fall war, weil seine Trefflichkeit bei den Hochmögenden nicht viel Anerkennung fand, geschah es, daß er von dem Abte von Clugny sprechen hörte, der nach dem Papste das reichste Einkommen haben soll unter allen Prälaten der Kirche Gottes; und von ihm hörte er wundersame und großartige Dinge sagen, wie er immer Hof halte und wie noch keinem, der zu ihm gekommen sei, Speise und Trank verweigert worden wäre, wenn er es nur zu der Zeit, wo der Abt beim Esssen gewesen sei, verlangt habe. Als das Primas hörte, dem es eine Lust war, treffliche Männer und Herren kennenzulernen, beschloß er, sich aufzumachen, um die Hochherzigkeit dieses Abtes zu sehn, und fragte, wie weit es von Paris zu seinem dermaligen Aufenthaltsorte sei. Ihm wurde die Antwort, bis zu diesem Landgute von ihm seien es etwa sechs Meilen; darum gedachte Primas, er könne, wenn er am Morgen beizeiten aufbreche, zur Essensstunde dort sein. Weil er keinen Gefährten fand, ließ er sich den Weg zeigen; immerhin fürchtete er, er könnte ihn verfehlen und sich irgendwohin verirren, wo er nicht so bald etwas zu essen fände; damit er nun, wenn das einträte, nicht Hunger leiden müßte, beschloß er, drei Brote mitzunehmen, während er Wasser, an dem ihm übrigens wenig lag, überall zu finden hoffte. Er steckte also die Brote zu sich und machte sich auf den Weg und kam glücklich vor der Essensstunde dort an, wo der Abt war. Und nachdem er eingetreten war, ging er, um alles zu betrachten, im ganzen Hause herum, und als er die große Menge der aufgestellten Tische und die Vorbereitungen in der Küche und die andern Zurüstungen zum Mahle sah, sagte er sich selber:

›Wahrlich, es ist alles richtig, was die Leute sagen.‹ Noch war seine Aufmerksamkeit also beschäftigt, als der Seneschall des Abtes, weil es Essenszeit war, befahl, das Wasser für die Hände herumzugeben; und nachdem das Wasser herumgegeben war, wies er jedem seinen Platz bei Tische an. Und durch Zufall geschah es, daß Primas just gegenüber der Tür zu sitzen kam, wo der Abt herauskommen mußte, um in den Speisesaal zu gelangen. An diesem Hofe war es Gebrauch, weder Wein noch Brot noch sonst Speise oder Trank aufzutragen, bevor sich der Abt zu Tische gesetzt hatte. Als nun der Seneschall alles in Ordnung sah, ließ er dem Abte sagen, das Essen sei, wann es ihm belieben werde, bereit. Der Abt ließ die Tür öffnen, um in den Saal zu treten, und weil er beim Gehn geradeaus sah, so war von ungefähr der erste Mensch, der ihm in die Augen fiel, Primas, dessen Kleidung ziemlich armselig war und den er nicht vom Sehn kannte; und kaum hatte er ihn gesehn, so fuhr ihm ein niedriger und ihm sonst fremder Gedanke in den Sinn, und er sagte bei sich: ›Schau einmal, wem ich da zu essen gebe.‹ Und er kehrte wieder um, ließ das Gemach abschließen und fragte seine Umgebung, ob einer den Strolch kenne, der gegenüber der Tür seines Gemaches an einem Tische sitze. Alle antworteten mit Nein. Primas, den, weil er den Weg gemacht hatte und weil er nicht gewohnt war zu fasten, hungerte, zog nach einigem Warten, als der Abt nicht kam, eins von seinen drei Broten hervor und begann zu essen. Nach einer Weile befahl der Abt einem seiner Diener, nachzusehn, ob Primas weggegangen sei. Der Diener antwortete: ›Nein, Herr, vielmehr ißt er Brot, das er sich mitgebracht zu haben scheint.‹ Nun sagte der Abt: ›Soll er denn von dem seinigen essen, wenn er etwas hat; von dem meinigen wird er heute nichts essen.‹ Dem Abte wäre es aber lieber gewesen, wenn Primas von selber gegangen wäre, weil es ihm nicht wohlgetan schien, ihn wegzuschicken. Als nun Primas ein Brot gegessen hatte

und der Abt noch nicht kam, begann er das zweite zu essen: das wurde ebenso dem Abte berichtet, der wieder hatte nachsehn lassen, ob er schon gegangen sei. Endlich begann Primas, da auch das zweite gegessen war und der Abt noch immer nicht kam, auch das dritte zu essen; auch dies wurde dem Abte berichtet, und da begann der bei sich nachzudenken und sich zu sagen: ›Was ist mir denn heute auf einmal in den Sinn gekommen? Was für ein Geiz? Was für ein Ärger? Und wessentwegen? Ich habe doch, seit vielen Jahren, jedem, der es begehrt hat, zu essen gegeben, ohne Rücksicht, ob er ein Edelmann oder ein Bauer, ein Kaufmann oder ein Betrüger gewesen ist, und unzählige Strolche habe ich mit meinen Augen schlemmen sehn, aber nie ist mir ein solcher Gedanke in den Sinn gekommen wie heute; wahrlich, das kann kein unbedeutender Mensch sein, um dessentwillen sich der Geiz meiner bemeistert hat: an dem Manne, der mir ein Strolch scheint, muß etwas Besonderes sein, weil er meinen Sinn also widerspenstig gemacht hat, ihn zu bewirten.‹ Und nachdem er so zu sich gesprochen hatte, wollte er wissen, wer er sei, und als er erfuhr, daß es Primas sei, der gekommen sei, um seine Hochherzigkeit zu sehn, von der er gehört habe, schämte er sich, weil er ihn schon seit langem als trefflichen Mann gekannt hatte; und voll Verlangen, seinen Fehler wieder gutzumachen, trachtete er, ihn auf mancherlei Weise zu ehren und ließ ihn nach dem Essen adelig kleiden, wie es dem berühmten Primas zukam, und beschenkte ihn mit Geld und einem Rosse und überließ es seinem Gutdünken, zu ziehen oder zu bleiben: glücklich darüber stattete ihm Primas den größtmöglichen Dank ab und kehrte nach Paris, von wo er zu Fuß gekommen war, zu Pferde zurück.«
Messer Cane, der ein verständiger Mann war, verstand ohne jedwede Erläuterung sehr wohl, was Bergamino hatte sagen wollen, und sagte lächelnd zu ihm: »Bergamino, gar füglich hast du mir deine Not und deine Trefflichkeit und meinen Geiz und was du von mir begehrst dargelegt: und wahrlich,

noch nie sonst, als jetzt um deinetwillen, hat sich der Geiz meiner bemeistert; aber ich will ihn mit dem Stocke verjagen, den du mir beschrieben hast.« Und er ließ den Wirt Bergaminos bezahlen und stellte es Bergamino, nachdem er ihm eins seiner fürstlichen Kleider und Geld und ein Roß geschenkt hatte, für dieses Mal frei, zu gehn oder zu bleiben.

Achte Geschichte

Guiglielmo Borsiere geißelt mit einem witzigen Worte den Geiz Messer Erminos de' Grimaldi.

Nachdem Lauretta, die neben Filostrato saß, das Lob, das der Findigkeit Bergaminos gespendet worden war, angehört hatte, begann sie, weil sie wußte, daß die Reihe an ihr war, ohne auf einen Befehl zu warten, also zu sprechen: Die eben erzählte Geschichte veranlaßt mich, euch, meine lieben Gesellinnen, sagen zu wollen, wie ein wackerer Mann, auch ein Hofgänger, auf eine ähnliche Art und nicht vergebens einen schwerreichen Kaufmann der Habsucht geziehen hat; läuft auch diese Geschichte auf dasselbe Ende hinaus wie die vorige, so wird sie euch deswegen doch nicht weniger lieb sein dürfen, zumal da sie gut ausgegangen ist.

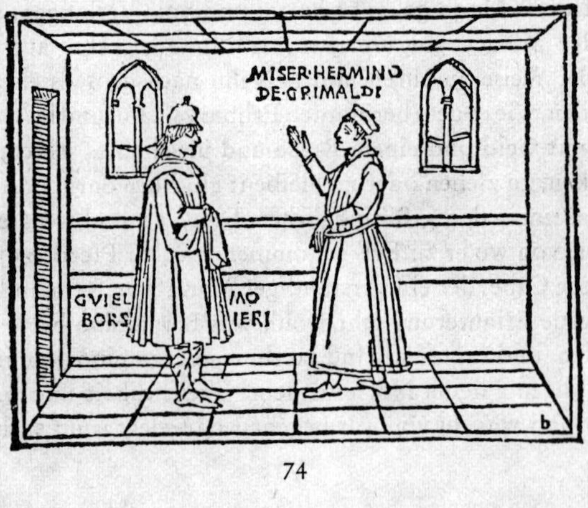

Es war vor geraumer Zeit in Genua ein Edelmann, Messer Ermino de' Grimaldi mit Namen, der, wie es allgemein hieß, an großem Grundbesitze und an Geld den Reichtum aller andern reichen Leute, die man damals in Italien kannte, weit übertraf; und so wie er es an Reichtum jedem Italiener zuvortat, so überbot er an Geiz und Knauserei den ärgsten Knauser und Geizhals, den es auf der Welt gab, in unerhörter Weise: denn er hielt nicht nur dann, wenn es gegolten hätte, jemand zu bewirten, den Beutel knapp, sondern tat sich auch selber, ganz gegen die allgemeine Gewohnheit der Genueser, die sich prächtig zu kleiden pflegen, in allem, was sein Äußeres betraf, Abbruch, um nur nichts ausgeben zu müssen, und ebenso im Essen und im Trinken. Aus diesem Grunde war sein Zuname de' Grimaldi in Vergessenheit geraten, und bei allen hieß er nur Messer Ermino Avarizia, das ist Herr Ermino Geizhals. Zu dieser Zeit, wo er sein Vermögen dadurch, daß er nichts ausgab, vervielfältigte, geschah es, daß ein wackerer, anständiger und wohlberedter Mann, Guiglielmo Borsiere mit Namen, nach Genua kam, ein Hofgänger, der aber keineswegs den heutigen Leuten dieser Gattung glich, die zur größten Schande aller derer, die jetzt als Edelleute und Herren geachtet und so genannt werden wollen, keinen andern Namen verdienen als den von Eseln, die mehr in dem Schmutze aller Niedertracht des menschlichen Gesindels als an den Höfen aufgewachsen sind: denn während zur damaligen Zeit ihre Hauptbeschäftigung darin bestand, daß sie alle Mühe aufboten, um Frieden zu stiften, wo Krieg oder Zwietracht zwischen Edelleuten entstanden war, oder um Ehen, Verwandtschaften und Freundschaften zu stiften, und daß sie die Gemüter der Verdrießlichen mit hübscher Scherzrede erquickten und die Höfe erheiterten und daß sie auf väterliche Art die Fehler der Schlechten mit scharfem Tadel geißelten, und das alles um geringen Lohn, so trachten sie heute ihre Zeit darauf zu verwenden, dem einen vom anderen Böses zu hinterbringen,

Zwistigkeiten zu säen, Abscheulichkeiten zu sagen und, was schlimmer ist, vor den Leuten zu tun, sich untereinander Schlechtigkeiten, Schande und Schmach, ob wahr oder nicht wahr, vorzuwerfen und die Edelleute mit falscher Wohldienerei zu niedrigen und ruchlosen Handlungen zu verleiten; und je größere Gemeinheiten einer sagt oder tut, um so mehr gilt er und um so mehr wird er von elenden, entarteten Herren geehrt und mit hohem Lohne ausgezeichnet; wahrlich eine große, sträfliche Schande der heutigen Welt und ein augenscheinlicher Beweis, daß die Tugenden von hienieden verschwunden sind und die elenden Sterblichen im Unflat der Laster gelassen haben. Um aber auf das zurückzukommen, was ich begonnen habe und wovon mich ein gerechter Unwille weiter abgelenkt hat, als ich gedacht hätte, sage ich, daß der besagte Guiglielmo von allen Edelleuten Genuas geehrt und gern gesehn wurde. Als er sich nun etliche Tage in der Stadt aufgehalten und viel von der Knauserei und dem Geize Messer Erminos gehört hatte, wollte er ihn sehen. Messer Ermino hatte schon erfahren, was für ein trefflicher Mann Guiglielmo Borsiere war, und so empfing er ihn, weil er trotz seinem Geize doch ein Fünkchen Höflichkeit in sich hatte, mit gar freundlichen Worten und heiterem Gesichte und sprach mit ihm von vielen und verschiedenen Dingen und führte ihn dabei zugleich mit einigen Genuesern, die mitgekommen waren, in ein ihm gehöriges neues Haus, das er sehr schön hatte einrichten lassen; und nachdem er ihm dort alles gezeigt hatte, sagte er zu ihm: »Nun, Messer Guiglielmo, wißt Ihr mir, der Ihr so viel gesehn und gehört habt, etwas noch nie Gesehnes anzugeben, was ich in den Saal meines Hauses da malen lassen könnte?« Und Guiglielmo antwortete auf diese Frage, deren Unangemessenheit ihm nicht entging: »Messer, etwas noch nie Gesehnes wüßte ich Euch nicht anzugeben, außer etwa ein gemaltes Niesen oder dergleichen; wenn es Euch aber recht ist, so werde ich Euch etwas angeben, was wenigtens Ihr, wie ich glaube, noch nie gesehn habt.« Messer Ermino, der nicht erwartete, die Antwort zu bekommen, die er bekommen sollte, sagte: »Ach, ich bitte Euch, sagt mir, was das ist.« Und Guiglielmo sagte auf der Stelle: »Laßt die Freigebigkeit malen.« Als Messer Ermino diese Rede hörte, kam im Augenblick eine solche Scham über ihn, daß sie die Kraft hatte, seinen Sinn schier in das Gegenteil von dem umzuwandeln, was er bisher gegewesen war, und er sagte: »Messer Guiglielmo, ich werde sie auf eine Weise malen lassen, daß fortan weder Ihr noch sonst jemand wird sagen dürfen, ich hätte sie weder gesehn noch gekannt.« Und von Stund an war er – eine solche Kraft hatte das Wort Guiglielmos – der freigebigste und huldreichste Edelmann, und niemand von allen, die zu seiner Zeit in Genua lebten, erwies Fremden und Bürgern mehr Aufmerksamkeiten als er.

Neunte Geschichte

Der Hohn einer Dame aus der Gascogne verwandelt den Kleinmut des Königs von Zypern in Entschlossenheit.

Der letzte Befehl der Königin war für Elisa verblieben, und die begann, ohne ihn zu erwarten, wohlgemut also: Gar oft ist es schon geschehn, meine jungen Damen, daß das, was mancherlei Tadel und viele Strafen bei dem also Zurechtgewiesenen nicht auszurichten vermocht hatten, ein einziges, manchmal gar nicht absichtlich, sondern nur zufällig gesagtes Wort ausgerichtet hat. Das erhellt gar wohl aus der Geschichte, die Lauretta erzählt hat, und auch ich gedenke es euch mit einer ganz kurzen zu beweisen; denn gute Geschichten müssen, weil sie stets nützen können, aufmerksamen Sinnes aufgenommen werden, wer immer der Erzähler ist.

Ich sage also, daß es zu den Zeiten des ersten Königs von Zypern, nach der Eroberung des Heiligen Landes durch

Gottfried von Bouillon, geschehn ist, daß eine Edeldame aus der Gascogne, die eine Pilgerfahrt zum Heiligen Grabe unternommen hatte, auf der Rückreise nach ihrer Ankunft in Zypern von einigen verworfenen Leuten in niederträchtiger Weise beschimpft wurde; empört darüber, weil ihr keine Genugtuung ward, gedachte sie vom König Gerechtigkeit zu heischen, aber man sagte ihr, daß ihre Mühe verloren wäre, weil der König so schwach und kleinmütig sei, daß er, weit entfernt, die einem andern angetane Schmach nach dem Gesetze zu ahnden, sogar unzählige Male die niederträchtigsten Beleidigungen seiner eigenen Person ruhig hingenommen habe, so daß jedermann dem Ärger, den er etwa habe, dadurch Luft mache, daß er ihm irgendwie Schimpf und Schande antue. Da die Dame, als sie das hörte, an einer Ahndung verzweifelte, beschloß sie, den König, um ihrem Zorne eine Erleichterung zu verschaffen, seiner Jämmerlichkeit halber zu höhnen; darum trat sie weinend vor ihn hin und sagte: »Herr, ich komme nicht zu dir wegen einer Rache, die ich für die Unbill, die mir geschehn ist, erwartete, sondern ich bitte dich, daß du mir statt einer Genugtuung für sie lehrest, wie du es anfängst, die Unbilden, die dir, wie ich hörte, angetan werden, zu ertragen, auf daß ich, von dir unterrichtet, die meinigen geduldig leiden könne, die ich, weiß Gott, wenn es möglich wäre, gern dir schenken würde, weil du ein so trefflicher Dulder bist.« Der König, der bis dahin träge und schlaff gewesen war, begann, als ob er vom Schlafe erwacht wäre, mit der dieser Dame zugefügten Unbill, die er bitter rächte, und wurde nun ein gar harter Verfolger eines jeden, der sich fortan irgendwie gegen die Ehre seiner Krone verging.

Zehnte Geschichte

Meister Alberto von Bologna beschämt eine Dame, die ihn wegen seiner Liebe zu ihr hat beschämen wollen.

Als Elisa schwieg, blieb die letzte Mühe des Erzählens der Königin, und die begann mit frauenhaftem Anstande also zu reden: So wie in hellen Nächten die Sterne der Schmuck des Himmels sind und im Frühling die Blumen der Schmuck des grünen Angers, so ist, meine trefflichen jungen Damen, das gefällige Witzwort die Zier lieblicher Sitten und anmutiger Reden. Und weil das Witzwort kurz ist, so schickt es sich um so besser für die Frauen als für die Männer, je mehr das viele Reden, wenn es nicht unbedingt nötig ist, den Frauen vor den Männern übel ansteht, obwohl es heute nur wenig Frauen oder vielleicht gar keine gibt, die ein Witzwort verständen, oder wenn sie es schon verstehen, zu beantworten wüßten: und das ist eine große Schande für uns und für alle Frauen, die jetzt leben. Denn die Fähigkeiten, die in dem Geiste der Frauen von einst waren, haben die gegenwärtigen auf die Zier des Leibes verwandt; und je bunter und mehr mit Putz überladen das Kleid ist, womit sich eine angetan sieht, desto mehr glaubt sie vorzustellen und desto mehr Ehre vor den andern beanspruchen zu können, ohne zu bedenken, daß ein Esel, wenn sich jemand fände, der ihm diese Dinge auf- oder umlegte, viel mehr davon trüge als irgendeine von ihnen, deswegen aber noch immer nicht mehr Ehre verdiente als ein Esel. Ich schäme mich ja, es zu sagen, weil ich nichts gegen die andern sagen kann, was ich nicht auch gegen mich sagen würde, aber diese geputzten, diese gemalten, diese buntscheckigen Frauen stehn entweder stumm und verständnislos da wie Steinbilder, oder sie antworten, wenn sie gefragt werden, so, daß es viel besser wäre, sie hätten geschwiegen; und dabei wollen sie sich einreden, es komme von der Reinheit der Seele, daß sie weder unter Frauen noch mit wackeren Männern zu reden verstehn, und ihrer Unbeholfenheit haben sie den Namen Ehrbarkeit gegeben, als ob nur die ehrbar wäre, die sich mit der Magd oder mit der Wäscherin oder mit ihrer Bäckerin unterhielte: hätte das die Natur gewollt, wie sie sich einreden wollen, so hätte sie dem Geschwätze andere Grenzen gesetzt. Freilich heißt es beim Witzworte so wie bei andern Dingen achthaben auf die Zeit und auf den Ort und mit wem man spricht; denn zuweilen geschieht es, daß eine Frau oder ein Mann, die der Meinung gewesen sind, einen andern mit einem scherzenden Worte zum Erröten zu bringen, diese Röte, die sie dem andern zugedacht haben, auf sich selber zurückfallen fühlen, weil sie ihre Kräfte nicht richtig gegen die des andern abgemessen haben. Auf daß ihr euch nun davor zu hüten wisset und auf daß auf euch überdies das Sprichwort keine Anwendung finde, das man gemeiniglich hört, daß nämlich die Frauen in allen Dingen stets den kürzern ziehen, will ich, daß euch diese letzte der heutigen Geschichten, die mich zu erzählen trifft, zur Witzigung diene, damit ihr euch, ebenso wie ihr euch durch den Adel des Geistes von den andern Frauen unterscheidet, auch durch die Vollkommenheit der Sitte vor ihnen auszeichnet.

Es sind noch nicht viele Jahre verstrichen, daß in Bologna ein großer und wohl in der ganzen Welt berühmter Arzt war – vielleicht lebt er auch noch heute –, Meister Alberto mit Namen, der von so adeligem Geiste war, daß er es auch als Greis von fast siebzig Jahren, als schon alle natürliche

Wärme aus seinem Körper gewichen war, nicht verschmähte, die Flammen der Liebe in sich aufzunehmen; denn als er bei einem Feste eine sehr schöne verwitwete Dame, die, wie einige sagen, Madonna Malgherida de' Ghisolieri hieß, gesehn und an ihr ein überaus großes Gefallen gefunden hatte, nahm er diese Flammen nicht anders wie ein Jüngling in sein altes Herz auf, so sehr, daß er keine Nacht ruhig schlafen zu können glaubte, wenn er nicht am vorhergehenden Tage das reizende, zarte Gesicht der schönen Dame gesehn hatte. Und darum begann er sich tagtäglich, bald zu Fuß und bald zu Pferde, wie es sich ihm eben schickte, vor ihrem Hause zu zeigen. Auf diese Weise wurde sowohl sie als auch viele andere Damen inne, was der Anlaß seines Vorbeikommens war, und nun machten sie sich zu mehrern Malen darüber lustig, daß ein Mann, so alt an Jahren und an Verstand, verliebt sei, als ob sie geglaubt hätten, daß die wonnige Leidenschaft der Liebe nur in den törichten Herzen der jungen Männer und nirgends anderswo einkehre und hause. Da Meister Alberto seiner neuen Gewohnheit treu blieb, geschah es an einem Festtage, daß er von ihr und vielen anderen Damen, die vor ihrer Haustür saßen, bei seinem Kommen von weitem bemerkt wurde und daß sich deshalb die Damen, die seinige miteingeschlossen, miteinander verabredeten, ihn willkommen zu heißen und ihm Ehre zu erweisen und ihn dann seiner Liebe wegen zu necken; und das taten sie auch: sie erhoben sich allesamt, luden ihn ein und führten ihn in einen kühlen Hof und ließen köstlichen Wein und Konfekt bringen; und zum Schlusse fragten sie ihn mit hübschen lustigen Worten, wie es denn sein könne, daß er sich in diese schöne Dame verliebt habe, wo er doch wisse, daß sie von vielen schönen adeligen Jünglingen geliebt werde. Der Meister, der merkte, daß er auf eine gar höfliche Weise zum besten gehalten wurde, machte ein heiteres Gesicht und antwortete: »Madonna, daß ich liebe, das darf keinen gescheiten Menschen wundernehmen, und daß ich Euch liebe, erst recht nicht, weil Ihr es verdient. Obgleich nämlich den alten Männern natürlicherweise die Kräfte genommen sind, die das Liebesspiel erheischen würde, so ist ihnen deswegen nicht auch der gute Wille genommen und nicht die Erkenntnis, was liebenswürdig ist, und darin vermögen sie um so viel besser zu urteilen, wie sie mehr Verstand haben als die jungen. Die Hoffnung, die mich als alten Mann verleitete, Euch zu lieben, die Ihr von vielen jungen geliebt werdet, ist die: ich bin zu mehreren Malen dabei gewesen, wann die Damen zum Imbiß Feigbohnen und Lauch aßen; ist nun schon am Lauch überhaupt nichts Gutes, so ist doch das am wenigsten Widerliche und dem Munde Angenehmste sein Kopf: Ihr aber nehmt alle miteinander, von einer verkehrten Lust geleitet, den Kopf in die Hand und eßt die Blätter, die nicht nur nichts wert sind, sondern auch noch garstig schmecken. Weiß ich es denn, Madonna, ob Ihr nicht bei der Wahl Euerer Geliebten ebenso tut? Und tätet Ihr so, so wäre ich der, den Ihr erwählen würdet, und die andern hätten das Nachsehn.« Die Edeldame, die sich ebenso wie die andern schämte, sagte: »Meister, Ihr habt uns sehr gut und höflich für unsern Übermut gezüchtigt, allwege aber ist mir die Liebe eines so weisen und wackern Mannes, wie Ihr seid, teuer, und darum mögt Ihr, soweit es meine Ehre erlaubt, ruhig über mich wie über Euer Eigentum nach Euerm Belieben verfügen.« Der Meister erhob sich mit seinen Begleitern, dankte der Dame, nahm lächelnd in herzlicher Weise Abschied von ihr und entfernte sich. So wurde die Dame, die zu siegen glaubte, besiegt, weil sie nicht achthatte, wen sie neckte; davor werdet ihr euch, wenn ihr klug sein werdet, trefflich in acht nehmen.

Die Sonne hatte sich schon gegen Abend geneigt, und die Hitze war zum großen Teile vorüber, als die Geschichten der jungen Damen und der drei jungen Männer zu Ende waren. Darum sagte die Königin in liebenswürdiger Weise: »Nun, meine teuern Gesellinnen, bleibt meiner Herrschaft für den heutigen Tag nichts mehr zu tun übrig, als euch eine neue Königin zu geben, die für den morgigen Tag ihr und unser Verhalten nach ihrem Gutdünken zu ehrbarer Lust bestimmen mag; und obwohl es richtig ist, daß der Tag erst mit dem Einbruche der Nacht endet, so meine ich doch, daß die folgenden Tage zu dieser Stunde beginnen sollen, einmal, weil es nicht gut möglich scheint, daß jemand, dem nicht vorher einige Zeit bleibt, gute Anordnungen für später treffen könne, und dann auch, damit das, was die neue Königin als nötig für den nächsten Tag erachten wird, vorbereitet werden könne. So soll denn zur Ehre Dessen, durch den alle Wesen leben, und zu unserer Freude am morgigen Tage Filomena, die verständige Dame, in unserm Reiche herrschen.« Und nach diesen Worten stand sie auf, nahm den Lorbeerkranz von ihrem Haupte und setzte ihn ehrerbietig auf das Filomenas, die nun zuerst von ihr und dann von allen anderen Damen und ebenso von den jungen Männern als Königin begrüßt wurde und die Versicherung ihres Gehorsams empfing. Filomena war ein wenig vor Scham errötet, als sie sich mit der Herrschaft gekrönt sah;

da sie sich aber der kurz vorhin von Pampinea gesprochenen Worte erinnerte, legte sie, um nicht unbeholfen zu scheinen, ihre Scheu ab, bestätigte zuerst alle von Pampinea verliehenen Ämter und ordnete dann, ohne den Aufenthaltsort der Gesellschaft wechseln zu wollen, alles für das Frühmahl und das Abendessen des nächsten Tages an und begann hierauf also zu sprechen: »Meine teuern Gesellinnen, obwohl mich Pampinea, mehr in ihrer Güte als wegen meiner Verdienste, zur Königin über euch alle gemacht hat, bin ich keineswegs gesonnen, in der Art, wie wir leben werden, lediglich meinem Gutdünken zu folgen, sondern euerm zugleich mit dem meinigen; und damit ihr erfahret, was meiner Meinung nach geschehen soll, und damit ihr also nach euerm Belieben etwas hinzufügen oder etwas ablehnen könnet, will ich euch in kurzen Worten sagen, was ich beabsichtige. Wenn ich die ganze Art und Weise, die Pampinea eingehalten hat, gut beobachtet habe, so glaube ich sie gleicherweise löblich und ergötzlich gefunden zu haben; darum gedenke ich sie nicht früher zu ändern, als bis sie uns entweder wegen zu langer Dauer oder aus einem andern Grunde lästig geworden ist. Wann also bestimmt sein wird, wie wir das Angefangene fortsetzen werden, wollen wir uns erheben und ein wenig lustwandeln und, wenn die Sonne untergehen will, im Kühlen speisen, und dann wird es nach einigen Liedchen und anderer Kurzweil wohlgetan sein, zur Ruhe zu gehn. Morgen wollen wir, nachdem wir noch zur kühlen Zeit aufgestanden sind, unserer Lust nachgehn, wie es jedem belieben wird; und so, wie wir es heute getan haben, werden wir zur schicklichen Stunde zum Essen heimkehren, tanzen und nach dem Schlafen, so wie heute, hierherkommen, um uns Geschichten zu erzählen, worin wir nach meiner Meinung hauptsächlich sowohl Vergnügen als auch Nutzen finden. Allerdings will ich mit etwas beginnen, was Pampinea, weil sie zu spät zur Herrschaft erwählt worden ist, nicht hat tun können, nämlich das, wovon wir erzählen sollen, in eine gewisse Grenze einzuschränken und euch diese vorher bekanntzugeben, damit jedes Zeit hat, sich auf eine hübsche Geschichte zu diesem Gegenstande zu besinnen, und dieser Gegenstand soll, wenn es euch recht ist, der sein: da die Menschen seit dem Anbeginne dieser Welt den Wechselfällen des Schicksals unterworfen gewesen sind und bis an ihr Ende unterworfen bleiben werden, so soll jeder von Menschen sprechen, die nach mancherlei Ungemach wider alle Hoffnung ein glückliches Ziel erreicht haben.« Alle Damen und Herren lobten diese Anordnung gleicherweise und sagten, sie würden sie befolgen; nur Dioneo sagte, als alle anderen schwiegen: »So wie alle andern, Madonna, gesagt haben, so sage auch ich, daß diese von euch getroffene Anordnung hübsch und lobenswert ist; trotzdem heische ich von euch als besondere Gnade ein Geschenk, das ich für die ganze Zeit, die unsere Gesellschaft dauern wird, bestätigt haben möchte, daß ich nämlich durch dieses Gesetz nicht gezwungen sei, eine Geschichte zu dem bestimmten Gegenstande zu erzählen, wenn ich nicht will, sondern daß ich die erzählen dürfe, die mir beliebt. Und damit niemand glaube, ich wünschte diese Gnade, weil ich keine Geschichten bei der Hand hätte, so erkläre ich, daß ich von Stund an zufrieden bin, immer der letzte Erzähler zu sein.« Die Königin, die ihn als einen lustigen und kurzweiligen Mann kannte und gar wohl erriet, daß er das aus keinem anderen Grund heischte, als um die Gesellschaft, wenn sie des ernsten Erzählens müde sei, mit einer zum Lachen reizenden Geschichte wieder aufzuheitern, gewährte ihm mit der Einwilligung der anderen freudig diese Gunst. Nachdem sie sich nun von ihrem Sitze erhoben hatte, gingen sie langsamen Schrittes zu einem klaren Bache, der von der Höhe eines Hügels zwischen Felsen und grünen Kräutern in ein von vielen Bäumen beschattetes Tal herabfloß. In seinem Wasser plätscherten sie barfuß und mit nackten Armen herum und belustigten sich untereinander auf mancherlei Art. Und als dann die Stunde des Abendessens kam, kehrten sie in den Palast zurück und aßen mit Lust. Nach dem Essen ließ die Königin die Instrumente bringen und befahl der Gesellschaft, sich zu einem Tanze aufzustellen, den Lauretta führen sollte, während Emilia, von Dioneos Laute begleitet, ein Lied zu singen hatte. Auf diesen Befehl begann Lauretta einen Tanz und führte ihn und Emilia sang dazu mit innigem Gefühl folgendes Lied:

Ich bin in meine eigne Schönheit so verliebt,
Daß eine andre Liebe nimmer
Mich beschleicht. Und jeder Wunsch zerstiebt.
Ich sah in mir, wenn ich ihr Spiegelbild bestaune,
So voll mein teures Hab in das Gemüt gefügt,
Daß kein Erinnern, keine jüngste Laune
Mir ohne diese treue Fröhlichkeit genügt.
Was für ein Ding, wenns mich erfreut,
Vermöcht ich je zu kennen,
Das andres Schwärmen mir im Herz erneut?

Nie flieht mir der Besitz, wenn ich zum Trost im Spiel,
Ihn herzhaft zu umwundern schwer begehre:
Er naht mir gleich, als wäre Lust für mich sein Ziel.
Und bleibt so süß zu fühlen, daß mir niemals Rede
Davon berichten kann: noch je von dem Verkehre,
Durch Sterblichen, ein weises Wissen sich ermehre:
Es sei denn, Flamme trieb ihn selbst zur Triebe-Fehde.

Und ich, da ich mit jedem Morgen mehr erbrenne,
Daß meine Augen tastend auf ihn haften,
Ergeb mich ihm, verschenke mich: bekenne,
Daß schon seine Versprechungen Genuß verschafften.
Und nah zu mir, bewähn ich mich in Freuden,
Wie sie noch niemand
Im Traum, beim Schwärmen, ähnlich wüßte zu vergeuden.

Obwohl dieses Lied, dessen Endreime alle freudig wiederholt hatten, manchen viel zu denken gab, gedachte die Königin, als es zu Ende war, nach ein paar andern Tänzen den ersten Tag zu beschließen, weil schon ein Teil der kurzen Nacht verstrichen war; und nachdem die Fackeln angezündet worden waren, befahl sie allen, bis zum Morgen zur Ruhe zu gehn: darum kehrte jeder auf sein Gemach zurück und tat nach ihren Worten.

Es endet der erste Tag des Dekamerons

Es beginnt der

zweite Tag des Dekamerons

wo unter der Herrschaft Filomenas
von Menschen erzählt wird,
die nach mancherlei Ungemach
wider alle Hoffnung
ein glückliches Ziel erreicht haben

Schon hatte die Sonne überallhin mit ihrem Lichte den neuen Tag gebracht und die Vöglein, die auf den grünen Zweigen süße Weisen sangen, gaben davon den Ohren Kunde, als alle Damen und auch die drei jungen Männer aufstanden und in die Gärten gingen, um, langsamen Schrittes durch das tauige Gras stapfend, hier und dort zu lustwandeln und schöne Kränze zu winden. Und so wie sie am vergangenen Tag getan hatten, so taten sie auch heute: nachdem sie noch zur kühlen Zeit gegessen hatten, gingen sie nach einigen Tänzen zur Ruhe, standen nach der dritten Stunde des Nachmittags wieder auf, kamen dann, wie es der Königin beliebte, auf der frischen Wiese zusammen und setzten sich rings um die Königin. Nachdem diese, die schön von Gestalt und gar lieblich von Antlitz war und die Krone ihres Lorbeerkranzes trug, eine Weile nachdenklich geschwiegen und die ganze Gesellschaft ins Auge gefaßt hatte, befahl sie, daß Neifile mit einer Erzählung den Anfang mache; und diese begann, ohne eine Entschuldigung vorzubringen, heiter also zu sprechen:

Erste Geschichte

Martellino, der den Krüppel gespielt hat, tut so, als ob er auf dem Leichname des heiligen Heinrich geheilt worden wäre; da sein Trug entdeckt wird, wird er geprügelt und gegriffen und ist in der Gefahr, gehenkt zu werden, kommt aber schließlich los.

Zu often Malen, meine teuern Damen, ist es geschehn, daß einer, der seinen Spott zu üben trachtete, sonderlich wenn es sich um verehrungswürdige Dinge handelte, den Spott, und dann und wann auch den Schaden dazu, für sich allein behalten hat. Um nun dem Befehle der Königin zu gehorchen und die Geschichten über den uns gestellten Vorwurf mit der meinigen in Gang zu bringen, gedenke ich euch in diesem Sinne zu erzählen, wie einem Mitbürger von uns ein zuerst mißlicher Handel wider all sein Erwarten glücklich verlaufen ist.

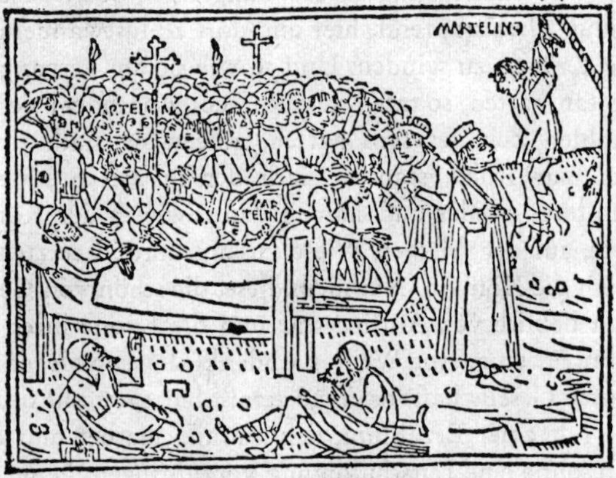

Es ist noch nicht lange her, daß in Treviso ein Deutscher war, Heinrich mit Namen, der als armer Mann jedem, der es verlangte, als Lastträger diente; und samt dem galt er bei allen als ein Mann von frommem und rechtschaffenem Lebenswandel. Als es darum mit ihm zum Sterben ging, geschah es, wie die Trevisaner, ob wahr oder unwahr, behaupten, daß in seiner Todesstunde alle Glocken der Domkirche von Treviso zu läuten begannen, ohne von jemand gezogen worden zu sein. Das wurde allgemein für so viel wie ein Wunder gehalten, und jedermann sagte, daß Heinrich ein Heiliger sei; und das Volk der Stadt strömte zu dem Hause zusammen, wo sein Leichnam lag, und sie trugen ihn wie einen heiligen Leichnam in die Domkirche und brachten dort Lahme und Krüppel und Blinde und mit einem andern Übel oder Gebrechen behaftete hin, als ob die allesamt durch die Berührung des Leichnams gesund hätten werden müssen. Bei diesem lärmenden Auflaufe des Volkes geschah es, daß drei unserer Mitbürger, Stecchi, Martellino und Marchese mit Namen, in Treviso ankamen; das waren Leute, die die Höfe der Herren besuchten und die Zuseher damit unterhielten, daß sie sich verstellten und die Leute auf überraschende Weise nachahmten. Da sie, die noch nie dort gewesen waren, alle Welt laufen sahen, verwunderten sie sich, und als sie den Grund davon gehört hatten, sagte Marchese: »Wir wollen uns diesen Heiligen ansehn gehn; ich für meinen Teil sehe aber keine Möglichkeit hinzukommen, weil der Platz, wie ich gehört habe, voll deutscher und anderer Kriegsknechte ist, die der Herr der Stadt dort stehn läßt, um Unruhen vorzubeugen, und überdies ist die Kirche, wie es heißt, so voller Menschen, daß schier niemand mehr hineinkann.« Da sagte Martellino, der das gern gesehn hätte: »Das soll uns nicht hindern; ich werde schon ein Mittel finden, daß wir zu dem heiligen Leichnam gelangen.« Marchese sagte: »Wie denn?« Martellino antwortete: »Ich werde es dir sagen. Ich stelle mich verkrüppelt, und ihr zwei werdet mich stützen, du von der einen Seite und Stecchi von der andern, als ob ich allein nicht gehn könnte, und die Leute sollen glauben, ihr führtet mich dorthin, damit mir der Heilige helfe; und wenn sie uns so sehn, so wird kein einziger sein, der uns nicht Platz machen und uns nicht durchlassen würde.« Dieser Vorschlag gefiel Marchese und Stecchi: unverzüglich verließen sie alle drei die Herberge, und an einer menschenleeren Stelle verrenkte sich Martellino die Hände, die Finger, die Arme und die Beine und überdies den Mund und die Augen und das ganze Gesicht dergestalt, daß es gräßlich anzusehn war und kein Mensch etwas anderes geglaubt hätte, als daß er wirklich am ganzen Leibe verwachsen und verkrüppelt sei. So nahmen ihn Marchese und Stecchi unter den Arm und schleppten ihn zur Kirche hin, indem sie als scheinbar gar mitleidige Menschen jeden, der ihnen im Wege stand, demütig und um Gottes willen baten, ihnen Platz zu machen, und das verweigerte ihnen niemand: und sie kamen in ganz kurzer Zeit, da sie aller Augen auf sich zogen und überall geschrien wurde: »Platz! Platz!« dorthin, wo der Leichnam des heiligen Heinrich lag; und alsbald wurde Martellino von einigen Edelleuten, die um den Leichnam standen, gepackt und auf den Leichnam gelegt, damit er durch ihn das Geschenk der Gesundheit erlange. Alles Volk war gespannt, was mit Martellino geschehn werde, und der begann nach einer kleinen Weile als ein trefflicher Meister in derlei Dingen zuerst einen Finger zu strecken und dann die Hand und dann den Arm und so alle Glieder nacheinander. Als das das Volk sah, erhob es ein so großes Lobgeschrei für den heiligen Heinrich, daß man keinen Donner gehört hätte. Zufällig war ein Florentiner in der Nähe, der Martellino sehr gut kannte: zuerst freilich, als er so entstellt hergeführt worden war, hatte er ihn nicht erkannt; als er ihn aber wieder gerade sah, erkannte er ihn auf der Stelle und begann zu lachen und zu sagen: »Ei der verfluchte Kerl, hätte nicht jeder, der ihn hat kommen sehn, glauben müssen, er sei wirklich ein Krüppel?« Diese Worte hörten einige Trevisaner und fragten ihn sogleich: »Wie, war er denn kein Krüppel?« Und der Florentiner antwortete ihnen: »Gott behüte; sein Leben lang war er so gerade wie irgendeiner von uns, aber er versteht sich, wie ihr habt sehen können, besser als jeder andere auf diese Possen, sich zu verstellen, wie er nur will.« Als die das hörten, brauchte es nichts weiter: sie drängten sich mit Gewalt vor und begannen zu schreien: »Greift diesen Verräter, diesen Lästerer Gottes und der Heiligen; er war gar kein Krüppel und ist nur, um unsern Heiligen und uns zu höhnen, als Krüppel hergekommen.« Und mit diesen Worten faßten sie ihn, zogen ihn von dort, wo er war, herunter, packten ihn bei den Haaren und rissen ihm alle Kleider vom Leibe und begannen ihn mit den Fäusten zu schlagen und mit den Füßen zu treten, und keiner glaubte ein Mann zu sein, der sich nicht daran beteiligt hätte. Martellino schrie um Gottes willen um Gnade und wehrte sich, was er konnte; aber das war umsonst: es kamen immer noch mehr über ihn. Als das Stecchi und Marchese sahen, sagten sie sich, daß es schlimm um ihn stehe, und wagten aus Furcht für sich selber nicht, ihm beizustehn; vielmehr schrien sie ebenso wie die andern, er müsse totgeschlagen werden, hatten aber nichtsdestoweniger allewege ihre Gedanken darauf gerichtet, wie sie ihn den Händen des Volkes entreißen könnten. Und das Volk hätte ihn sicherlich umgebracht, wenn nicht Marchese auf einen rettenden Ausweg verfallen wäre: da nämlich die ganze Scharwache ausgerückt war, ging Marchese, so schnell er nur konnte, zu dem, der als Vertreter des Stadtvogts dort war, und sagte: »Helft mir um Gottes willen; dort ist ein Spitzbube, der mir meinen Beutel mit hundert Gulden gestohlen hat, ich bitte Euch, greift ihn, damit ich wieder zu meinem Eigentum komme.« Als sie das hörten, liefen sie dorthin, wo der arme Martellino ohne Kamm gestriegelt wurde, brachen mühselig durch den Haufen, rissen ihn ganz zerschlagen und zertreten aus den Händen seiner Widersacher und führten ihn aufs Stadthaus; ihnen folgte eine Menge Leute, die dafürhielten, sie seien von ihm verhöhnt worden, und nun, als sie erfuhren, daß er als Beutelschneider gegriffen worden war, der Meinung waren, sie könnten kein bessers Mittel finden, um ihm ein schlimmes Ende zu bereiten, als zu sagen, er habe auch jedem von ihnen den Beutel gestohlen. Als das der Richter des Stadtvogts, der ein rauher Mann war, hörte, ließ er ihn sofort abführen und begann ihn darüber zu verhören. Aber Martellino antwortete mit Späßen, als ob er seine Verhaftung für nichts achtete: deswegen erbost, ließ ihn der Richter an den Strick binden und ihn etliche Male ordentlich aufziehn, um ihn zu dem Geständnisse dessen, was sie sagten, zu bringen und ihn dann henken zu lassen. Als er aber wieder auf dem Boden war und ihn der Richter fragte, ob das wahr sei, was sie wider ihn sagten, antwortete er, da ihm das Leugnen nichts hätte nützen können: »Ich bin bereit, Herr, Euch die Wahrheit zu gestehn, aber laßt jeden, der mich anklagt, sagen, wann und wo ich ihm seinen Beutel gestohlen habe, und dann werde ich Euch sagen, was ich getan habe und was nicht.« Der Richter sagte: »Ich bin es zufrieden« und er ließ etliche rufen, und da sagte der eine, er habe ihm den Beutel vor acht Tagen gestohlen, der andere vor sechs, ein dritter vor vier, und einige sagten, es sei heute geschehn. Als das Martellino hörte, sagte er: »Herr, sie lügen alle in ihren Hals hinein; und daß ich die Wahrheit sage, das kann ich damit bewähren, daß ich erst vor ein paar Stunden zum ersten Male in diese Stadt gekommen bin. Und sofort nach meiner Ankunft bin ich zu meinem Unglück diesen heiligen Leichnam ansehn gegangen und bin dort so gestriegelt worden, wie Ihr sehn könnt; und daß das wahr ist, was ich sage, das kann Euch der Meldebeamte bezeugen und sein Buch und auch mein Wirt. Wenn Ihr daher so befindet, wie ich sage, so verzichtet darauf, mich nach dem Betreiben dieser schlechten Leute zu foltern und zu töten.« So standen die Dinge, als Marchese und Stecchi, die erfahren hatten, daß der Richter gegen ihn hart vorgegangen war und ihn schon hatte an den Strick binden lassen, zueinander sagten: »Das haben wir schlecht gemacht: wir haben ihn aus der Pfanne genommen und ihn ins Feuer geworfen.« Daher rannten sie in der ganzen Stadt herum, bis sie ihren Wirt fanden, und dem erzählten sie den ganzen Hergang. Lachend führte er sie zu einem gewissen Sandro Agolanti, der in Treviso wohnte und bei dem Herrn der Stadt in hoher Gunst stand; dem erzählte er alles der Reihe nach und bat ihn mit den zweien, er möge sich Martellinos annehmen. Nachdem Sandro tüchtig gelacht hatte, ging er zu dem Herrn und erlangte es, daß um Martellino geschickt wurde, und so geschah es. Die, die um ihn gingen, fanden ihn, wie er noch im Hemde vor dem Richter stand, ganz verstört und in großer Angst, weil der Richter nichts zu seiner Entschuldigung hören wollte, sondern, vielleicht aus Haß gegen die Florentiner, völlig entschlossen war, ihn henken zu lassen; er wollte ihn auch auf keine Weise dem Herrn ausliefern, bis er endlich gegen seinen Willen dazu gezwungen wurde. Als nun Martellino vor dem Herrn stand und ihm alles der Reihe nach erzählt hatte, bat er ihn statt der höchsten Gnade um die Erlaubnis, ziehen zu dürfen; denn solange er nicht in Florenz sei, werde er immer den Strick um den Hals zu fühlen glauben. Der Herr lachte herzlich über sein Abenteuer; und nachdem er jedem von ihnen ein Kleid hatte geben lassen, kehrten sie alle drei, unverhofft einer so großen Gefahr entronnen, heil und gesund in ihre Heimat zurück.

Zweite Geschichte

Rinaldo d'Asti, der ausgeplündert worden ist, kommt nach Castel Guiglielmo und wird von einer verwitweten Dame beherbergt; nachdem ihm sein Verlust wiedererstattet worden ist, kehrt er heil und gesund nach Hause zurück.

Über Neifiles Erzählung von dem Abenteuer Martellinos lachten die Damen außerordentlich viel und von den jungen Männern am meisten Filostrato; und diesem, der neben Neifile saß, befahl die Königin, ihr im Erzählen zu folgen. Und er begann unverzüglich: Mich drängt es, meine schönen Damen, eine Geschichte zu erzählen, in der sich Frömmigkeit und Ungemach und Liebe miteinander mischen; und es wird vielleicht nicht so unnützlich sein, sie angehört zu haben, sonderlich für die, die in den unsichern Landen der Liebe reisen, wo der, der nicht das Vaterunser des heiligen Julian gesprochen hat, zu often Malen schlecht herbergt, wenn er auch ein gutes Bett hat.

Zur Zeit des Markgrafen Azzo von Ferrara war also ein Kaufmann, Rinaldo d'Asti mit Namen, in Geschäften nach Bologna gekommen; und als er alles zu Ende gebracht hatte und heimkehrte, geschah es, daß er, nachdem er Ferrara verlassen hatte, auf dem Ritte nach Verona auf einige Leute stieß, die Kaufleute schienen, aber Straßenräuber und ruchlose Bösewichte waren, und denen schloß er sich unter unvorsichtigen Reden an. Da sie sahen, daß er Kaufmann war, und meinten, er müsse Geld bei sich tragen, beschlossen sie, ihn bei der ersten passenden Gelegenheit auszuplündern; damit er nun keinen Verdacht schöpfe, benahmen sie sich wie schlichte und wohlgesittete Menschen, redeten mit ihm nur von ehrbaren und anständigen Dingen und betrugen sich gegen ihn so gefällig und freundlich, wie sie nur wußten und konnten: deswegen schätzte er sich bei dem Umstande, daß er allein mit einem berittenen Diener war, sehr glücklich, sie gefunden zu haben. Indem sie so unterm Reiten, wie es ja im Gespräche geschieht, von einem zum andern übergingen, kamen sie auch auf die Gebete zu reden, die die Menschen an Gott richten, und einer von den Straßenräubern, die ihrer drei waren, sagte zu Rinaldo: »Und Ihr, edler Herr, welches Gebet pflegt Ihr auf der Reise zu sprechen?« Und Rinaldo antwortete ihm: »Um die Wahrheit zu sagen, bin ich in diesen Dingen ziemlich einfältig und ungeschickt und habe wenig Gebete zur Hand, weil ich altväterisch lebe und zwei Groschen vierundzwanzig Heller gelten lasse; nichtsdestoweniger habe ich es auf der Reise seit jeher in der Gewohnheit, am Morgen, wann ich die Herberge verlasse, ein Vaterunser und ein Ave-Maria für die Seelen der Eltern des heiligen Julian zu beten, und dann bitte ich Gott und diesen Heiligen, mir in der folgenden Nacht eine gute Herberge zu geben. Und gar oft bin ich schon meine Tage auf der Reise in großen Gefahren gewesen, bin ihnen aber allen glücklich entronnen und habe dann in der Nacht an einem guten Orte eine gute Herberge gefunden: und darum bin ich fest überzeugt, daß mir diese Gnade St. Julian, zu dessen Ehre ich die Gebete spreche, bei Gott ausgewirkt hat, und wenn ich sie einmal des Morgens nicht gesprochen hätte, so könnte ich nicht glauben, an diesem Tage eine gute Reise zu tun oder in der Nacht gut anzukommen.« Und der, der ihn gefragt hatte, sagte zu ihm: »Und heute früh, habt Ihr sie da gebetet?« Und Rinaldo antwortete: »Ja freilich.« Und der andere, der schon wußte, was vorgehn sollte, sagte bei sich: ›Du wirst es auch nötig haben; denn wenn es uns nicht fehlschlägt, so wirst du meiner Meinung nach übel genug herbergen‹; und zu ihm sagte er: »Auch ich bin schon viel gereist, aber obwohl ich sie von vielen habe sehr loben hören, habe ich sie noch nie gebetet, und doch ist es mir noch nie geschehn, daß ich anders als gut geherbergt hätte; vielleicht werdet Ihr es heute abend sehn können, wer besser herbergen wird, Ihr, der Ihr sie gebetet habt, oder ich, der ich sie nicht gebetet habe. Freilich bete ich an ihrer Statt das Dirupisti oder das Intemerata oder das De profundis, die, wie mir meine Großmutter zu sagen pflegte, von sonderlicher Kraft sind.« Indem sie so unter mancherlei Gesprächen ihre Straße zogen und die Räuber eine günstige Zeit und Gelegenheit für ihr böses Vorhaben abwarteten, kamen sie, es war schon spät, hinter Castel Guiglielmo zu einer Furt; da die drei sahen, daß die Stunde spät und der Ort einsam und abgelegen war, überfielen sie Rinaldo und plünderten ihn aus, und als sie ihn im Hemde stehn ließen, sagten sie zu ihm: »Geh und sieh zu, ob dir dein heiliger Julian heute nacht eine gute Herberge geben wird; uns wird sie der unserige schon geben.« Und sie setzten über den Fluß und ritten davon. Als Rinaldos Diener seinen Herrn hatte überfallen sehn, hatte er als feiger Geselle nichts getan, um ihm zu helfen, sondern das Pferd, auf dem er saß, herumgerissen und war davongesprengt; er hielt auch nicht eher an, als bis er in Castel Guiglielmo war, wo er, weil es schon spät war, in eine Herberge ging, ohne sich um sonst etwas zu kümmern. Rinaldo, der im Hemde und barfuß dastand und bei dem dicken Schnee, der allwege fiel, und bei der großen Kälte nicht wußte, was tun, begann, da er sah, daß die Nacht hereingebrochen war, zitternd und zähneklappernd Umschau zu halten, ob er nicht einen Zufluchtsort sehe, wo er, um nicht vor Kälte zu sterben, die Nacht über bleiben könne; da er aber keinen sah, weil kurz vorher in der Gegend der Krieg gewesen und alles niedergebrannt war, machte er sich, von dem Froste angetrieben, trabend auf den Weg nach Castel Guiglielmo, freilich ohne zu wissen, ob sich sein Diener dorthin oder anderswohin geflüchtet habe, aber in der Hoffnung, Gott werde ihm, wenn er nur hineinkommen könne, irgendwie Hilfe schicken. Aber die Finsternis der Nacht überfiel ihn schon etwa eine Meile vor dem Burgflecken, so daß er, als er endlich hinkam, nicht mehr hineinkonnte, weil die Tore geschlossen und die Brücken aufgezogen waren. Darum sah er sich bekümmert und trostlos mit Tränen in den Augen nach einem Orte um, wo er wenigstens nicht dem Schnee ausgesetzt wäre: und von ungefähr sah er über der Mauer des Burgfleckens ein Haus, das ein wenig nach außen vorsprang, und so beschloß er, unter diesem Vorsprunge bis zum Tage zu bleiben; und als er hingekommen war und unter dem Vorsprunge eine leider verschlossene Tür gefunden hatte, setzte er sich traurig und bekümmert an ihrer Schwelle auf etwas Stroh, das er in der Nähe zusammengelesen hatte, in dem er sich dauernd über St. Julian beklagte, der ihm sein Vertrauen so schlecht gelohnt habe. Aber St. Julian hatte ihn in seiner Hut und bereitete ihm ohne viel Säumnis eine gute Herberge. In diesem Burgflecken war eine verwitwete Dame, schön an Leibe, wie nur je eine, die der Markgraf Azzo wie sein Leben liebte und auf ihren Wunsch dort untergebracht hatte; und diese Dame wohnte in dem Hause, unter dessen Vorsprunge Rinaldo Zuflucht gesucht hatte. Zufällig war der Markgraf am Tage vorher hingekommen, um die Nacht bei ihr zuzubringen, und hatte in ihrem Hause in aller Stille ein Bad und ein vortreffliches Abendessen herrichten lassen; als aber schon alles bereit war und die Dame auf nichts sonst wartete als auf den Besuch des Markgrafen, geschah es, daß ein Knecht ans Tor kam und dem Markgrafen eine Nachricht brachte, derentwegen er alsbald reiten mußte, so daß er sich, nachdem er der Dame hatte sagen lassen, sie solle ihn nicht erwarten, unverzüglich auf den Weg machte. Mißmutig darüber entschloß sich die Dame, die nicht wußte, was tun, in das für den Markgrafen bereitete Bad zu steigen und dann zu essen und zu Bette zu gehn; und so stieg sie ins Bad. Die Badestube war aber nahe der Tür, an die sich der arme Rinaldo von außen geschmiegt hatte; darum hörte die Dame, dieweil sie im Bade war, das Wimmern und Zittern Rinaldos, der klapperte, als ob er ein Storch geworden wäre. Deshalb rief sie ihre Magd und sagte zu ihr: »Geh hinauf und sieh nach, wer außerhalb der Mauer auf der Türschwelle ist und was er dort macht.« Die Magd ging und sah, von der schneehellen Nacht begünstigt, Rinaldo im Hemde und barfuß und, wie gesagt, heftig zitternd dasitzen; darum fragte sie ihn, wer er sei. Und Rinaldo sagte ihr, obwohl er vor Zittern kaum ein Wort richtig herausbringen konnte, in möglichster Kürze, wer er sei und wieso und warum er hier sei; und dann begann er sie inständigst zu bitten, sie solle ihn, wenn es nur irgendwie angehe, nicht in der Nacht vor Kälte sterben lassen. Mitleidig geworden, kehrte die Magd zu der Dame zurück und sagte ihr alles. Die Dame, die gleicherweise Mitleid fühlte, erinnerte sich, daß sie den Schlüssel zu dieser Tür hatte, die manchmal dazu diente, den Markgrafen heimlich einzulassen, und sagte: »Geh und öffne ihm leise; das Essen ist da, und niemand ist hier, der es verzehren würde, und Platz, um ihm Herberge zu geben, ist auch da.« Nachdem die Magd ihre Herrin dieser Menschlichkeit halber höchlich gelobt hatte, ging sie Rinaldo öffnen und ließ ihn ein; als nun die Dame sah, daß er schier erstarrt war, sagte sie zu ihm: »Rasch, Freund, steige in das Bad da, es ist noch warm.« Ohne darauf zu warten, daß die Einladung wiederholt würde, tat er das willig; und durch die Wärme des Bades völlig wiederhergestellt, glaubte er vom Tode zum Leben zurückgekehrt zu sein. Die Dame ließ ihm Kleider ihres vor kurzem verstorbenen Mannes bringen, und als er sie angezogen hatte, schien es, als wären sie ihm auf den Leib gemacht gewesen; und während er nun wartete, was ihm die Dame befehlen werde, begann er Gott und dem heiligen Julian zu danken, daß sie ihn vor einer so schlimmen Nacht, wie er erwartet hatte, bewahrt und in eine so treffliche Herberge, wie sie ihm schien, geführt hätten. Nachdem die Dame ein Weilchen geruht hatte, ging sie in ein Gemach, wo sie ein großes Feuer hatte machen lassen, und fragte, was es mit dem Manne sei. Und die Magd antwortete ihr: »Madonna, er hat sich angekleidet und ist ein hübscher Mann und scheint aus gutem Hause und wohlanständig zu sein.« – »Geh also«, sagte die Dame, »und ruf ihn und sag ihm, daß er hierher ans Feuer kommen soll, und er wird zu essen bekommen; gegessen hat er sicherlich nicht.« Als Rinaldo ins Gemach trat, grüßte er die Dame, weil sie ihn, als er sie sah, gar vornehm deuchte, mit großer Ehrerbietung und dankte ihr, so gut er nur konnte, für die ihm erwiesene Wohltat. Als ihn die Dame gesehn und gehört hatte, pflichtete sie dem Urteile ihrer Magd bei; darum empfing sie ihn heiter, hieß ihn, sich ohne Förmlichkeit an ihre Seite zum Feuer zu setzen, und fragte ihn, was für ein Abenteuer ihn hergeführt habe. Und Rinaldo erzählte ihr alles der Reihe nach. Nun hatte die Dame, als Rinaldos Diener im Burgflecken angekommen war, etwas von diesen Dingen gehört, so daß sie ihm nun völligen Glauben schenkte; und sie sagte ihm, was sie von seinem Diener wußte und daß er ihn am Morgen werde leicht wiederfinden können. Als dann der Tisch bestellt war, setzte sich Rinaldo auf ihren Wunsch mit ihr zum Essen. Er war groß an Gestalt und schön und anmutig vom Antlitz und im Benehmen liebenswürdig und gefällig und ein Mann in den mittleren Jahren; und da die Dame zu mehrern Malen hatte ihr Auge auf ihm ruhen lassen und seines Lobes voll war, hatte sie ihm in der begehrlichen Lust, die der erwartete nächtliche Besuch des Markgrafen in ihr erregt hatte, gar bald ihren Sinn zugewandt. Und als sie sich nach dem Essen mit ihm vom Tische erhoben hatte, beriet sie sich mit ihrer Magd, ob es wohlgetan sein werde, wenn sie, da sie der Markgraf zum besten gehalten habe, das Gute nütze, das ihr das Glück geschickt habe. Da die Magd merkte, wonach das Verlangen der Dame stand, redete sie ihr nach Kräften zu, diesem Verlangen nachzugeben; darum ging die Dame zum Feuer zurück, wo sie Rinaldo allein gelassen hatte, begann damit ihn verliebt anzublicken und sagte zu ihm: »Ach, Rinaldo, warum seid Ihr so nachdenklich? Glaubt Ihr denn, daß das Pferd und die paar Kleider, die Ihr verloren habt, nicht zu ersetzen seien? Tröstet Euch doch, seid guten Mutes, Ihr seid hier zu Hause; und weiter will ich Euch noch sagen, daß es mir, wenn ich Euch in den Kleidern sehe, die Ihr am Leibe habt und die meinem verstorbenen Manne gehört haben, geradeso ist, als wäret Ihr er selber, so daß mich heute abend wohl hundertmal die Lust angekommen ist, Euch zu umarmen und zu küssen, und hätte ich nicht gefürchtet, Euch mißliebig zu werden, so hätte ich es wahrhaftig getan.« Als Rinaldo diese Worte hörte und die funkelnden Augen der Dame sah, ging er, der ja kein Dummkopf war, mit offenen Armen auf sie zu und sagte: »Da ich mir sagen muß, Madonna, daß ich Euch, die Ihr mich aus meiner elenden Lage gerettet habt, für alle Zeit mein Leben zu verdanken habe, wäre es eine große Niedrigkeit von mir, wenn ich nicht alles zu tun trachtete, was Euch lieb ist: und darum willfahrt Euerer Lust, mich zu umarmen und zu küssen; ich werde Euch mehr als gern umarmen und küssen.« Weiter brauchte es kein Wort. Die Dame, die am ganzen Leibe vor Liebesverlangen glühte, warf sich ihm augenblicklich in die Arme; und nachdem sie ihn in verlangender Umschlingung wohl tausendmal geküßt hatte und ebensooft von ihm geküßt worden war, standen sie auf und gingen in die Kammer und legten sich unverzüglich zu Bette und stillten ihr Verlangen, bevor der Tag kam, völlig und zu often Malen. Als aber das Morgenrot zu schimmern begann, standen sie, wie es die Dame wünschte, auf, und sie gab ihm, damit niemand etwas davon mutmaßen könne, ein paar Lumpen als Kleidung, füllte ihm den Beutel mit

Geld und ließ ihn mit der Bitte, das Geschehne geheimzuhalten, bei dem Türchen hinaus, wo er hereingekommen war, nicht ohne ihm angegeben zu haben, wie er es halten müsse, um in den Flecken zu kommen und seinen Diener wiederzufinden. Als dann bei hellem Tage die Tore geöffnet waren, ging er, als ob er von weiter her käme, in den Burgflecken und suchte seinen Diener auf; und eben wollte er, nachdem er den Mantelsack ausgepackt und sich umgekleidet hatte, auf das Pferd des Dieners steigen, als es wie durch ein Wunder Gottes geschah, daß die drei Straßenräuber, die ihn am Abende vorher ausgeplündert hatten, in den Burgflecken eingebracht wurden, weil sie bald darauf wegen einer anderen von ihnen begangenen Missetat gegriffen worden waren. Da sie alles freiwillig gestanden, erhielt er sein Pferd, seine Kleider und sein Geld zurück, und er büßte nichts sonst ein als ein Paar Kniebänder, von denen die Räuber nicht wußten, was sie damit gemacht hatten. Rinaldo stieg also, Gott und dem heiligen Julian dankend, zu Pferde und kehrte heil und gesund nach Hause zurück; und die drei Straßenräuber balgten sich am anderen Tage mit dem Winde.

Dritte Geschichte

Drei junge Leute, die ihr Hab und Gut verschwenden, geraten in Armut. Ein Neffe von ihnen, der, an allem verzagend, zu ihnen heimkehrt, hat als Gefährten einen Abt, der, wie sich herausstellt, die Tochter des Königs von England ist; sie heiratet ihn und erstattet seinen Oheimen das Verlorene zurück, so daß sie wieder wohlhabend werden.

Mit Verwunderung hatten die Damen die Schicksale Rinaldos angehört; sie priesen seine Frömmigkeit und dankten Gott und St. Julian, daß sie ihm in seiner größten Not Hilfe gebracht hatten. Deswegen hielten sie aber die Dame, obwohl sie darüber nur verstohlen sprachen, keineswegs für eine Törin, daß sie das Gute, das ihr von Gott ins Haus gesandt worden war, hinzunehmen verstanden hatte. Und während unter leisem Lachen von der guten Nacht, die sie gehabt hatte, gesprochen wurde, dachte Pampinea, die, weil sie neben Filostrato saß, mutmaßte, daß nun die Reihe, wie es auch der Fall war, an sie kommen werde, still für sich nach, was sie erzählen solle; und nach dem Befehle der Königin fing sie nicht minder herzhaft als heiter folgendermaßen zu sprechen an: Je mehr, meine trefflichen Damen, über die Fügungen Fortunas gesprochen wird, desto mehr bleibt dem, der alles recht betrachten will, zu sagen übrig; und darüber wird sich keiner wundern, wenn er verständig bedenkt, daß alle Dinge, die wir törichterweise unser nennen, in den Händen Fortunas sind und demgemäß von ihr nach ihrem verborgenen Ratschlusse in ununterbrochenem Wechsel von dem einen auf den andern übertragen werden, ohne daß wir darin ein Gesetz erkennten. Obwohl sich das allenthalben und täglich augenscheinlich zeigt und obwohl es auch schon in einigen Geschichten gezeigt worden ist, will ich doch, da es unserer Königin gefällt, daß darüber gesprochen werde, vielleicht nicht ohne Nutzen für die Zuhörer den erzählten Geschichten eine hinzufügen, die euch, wie ich hoffe, gefallen wird.

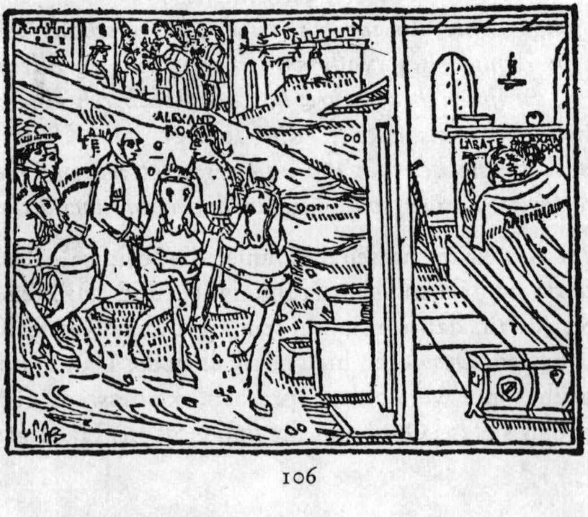

In unserer Stadt war einmal ein Ritter, Messer Tedaldo mit Namen, der, wie einige wollen, aus dem Geschlechte der Lamberti war; andere behaupten, er sei aus dem der Agolanti gewesen, schließen das aber wohl nur aus dem später von seinen Söhnen betriebenen Gewerbe, das dasselbe war, das die Agolanti immer betrieben haben und betreiben. Indem ich es aber dahingestellt sein lasse, zu welchem von den beiden Häusern er gehört hat, sage ich, daß er zu seiner Zeit einer der reichsten Ritter war und drei Söhne hatte, Lamberto, Tedaldo und Agolante mit Namen; obwohl der älteste noch nicht das achtzehnte Jahr erreicht hatte, waren sie doch schon alle drei hübsche und anmutige Jünglinge, als der reiche Messer Tedaldo starb und ihnen als seinen rechtmäßigen Erben sein ganzes bewegliches und unbewegliches Gut hinterließ. Da sie sich also reich an Barschaften und an Besitzungen sahen, begannen sie, von nichts sonst geleitet als von ihrem eigenen Gefallen, ohne Maß und Zurückhaltung zu verschwenden, indem sie ein großes Gesinde und viel schöne Pferde und Hunde und Beizvögel hielten, mit Gastgelagen und Ritterspielen große Pracht entfalteten und nicht nur das taten, was Edelleuten zukommt, sondern auch alles, was ihnen in ihrem jugendlichen Leichtsinne einfiel. In diesem Leben waren sie noch nicht lange fortgefahren, als der ihnen vom Vater hinterlassene Schatz abnahm; und da ihre Einkünfte allein für den begonnenen Aufwand nicht reichten, begannen sie ihre Besitzungen zu verkaufen und zu verpfänden, und indem sie heute die eine und morgen die andere verkauften, bemerkten sie es kaum eher wie es mit ihnen stand, als bis sie beinahe am Ende waren, und die Armut öffnete ihnen die Augen, die ihnen der Reichtum verschlossen gehalten hatte. Darum rief Lamberto eines Tages die andern zwei und sagte ihnen, was für ein Ansehn ihr Vater genossen hatte und welches sie dagegen und wie groß ihr Reichtum gewesen sei und in was für eine Armut sie ihre ungezügelte Verschwendung gestürzt habe, und dann redete er ihnen, so gut er nur konnte, zu, gemeinschaftlich mit ihm das wenige, was ihnen geblieben sei, noch bevor ihr Elend mehr bekannt werde, zu verkaufen und in die Fremde zu gehn: und so taten sie. Und nachdem sie, ohne von jemand Urlaub geheischt oder ihren Abschied irgendwie gefeiert zu haben, Florenz verlassen hatten, rasteten sie nicht eher, als bis sie in England waren; dort mieteten sie in London ein Häuschen und begannen ihr Geld, von dem sie sonst wenig ausgaben, auf Wucher zu leihen, und dabei war ihnen das Glück so hold, daß sie in ein paar Jahren ein großes Vermögen gewannen. Damit kehrten sie, einer nach dem andern, nach Florenz heim und kauften einen großen Teil ihrer Besitzungen zurück und viele neue dazu und verheirateten sich; und weil sie in England weiter auf Zinsen liehen, schickten sie dorthin einen jungen Neffen von ihnen, Alessandro mit Namen, der ihre Geschäfte wahrnehmen sollte, während sie alle drei in Florenz, ohne sich dessen zu erinnern, zu was für einem Ende sie ihre unmäßigen Ausgaben schon einmal gebracht hatten und, obwohl sie jetzt ein jeder Weib und Kind hatten, verschwenderischer als je ausgaben, so daß sie schließlich bei allen Kaufleuten und für jede beliebige Summe Kredit hatten. Diese Ausgaben half ihnen einige Jahre lang das Geld bestreiten, das ihnen Alessandro schickte, der sich darauf verlegt hatte, den Baronen auf ihre Schlösser und Güter zu borgen, was einen ansehnlichen Gewinn abwarf. Während aber die drei Brüder reichlich ausgaben und, wenn es ihnen an Geld mangelte, Schulden machten, weil sie sich auf die Eingänge aus England verließen, geschah es, daß in England, von aller Welt unvermutet, ein Krieg zwischen dem Könige und einem Sohne von ihm ausbrach, wodurch sich die ganze Insel in zwei Parteien teilte und es der eine mit dem Vater und der andere mit dem Sohne hielt; bei diesen Unruhen wurden Alessandro all die Schlösser der Barone genommen, und auch die andern Gelder liefen nicht mehr ein. Weil aber Alessandro von Tag zu Tag auf einen Friedensschluß zwischen Sohn und Vater hoffte, wo ihm dann alles, Zinsen und Kapital, hätte wiedererstattet werden müssen, verließ er die Insel nicht, und die drei Brüder in Florenz schränkten ihre Ausgaben nicht im mindesten ein und entliehen alle Tage größere Beträge. Da jedoch die gehegte Hoffnung in mehreren Jahren ohne Erfüllung blieb, verloren die drei Brüder nicht nur den Kredit, sondern wurden auch alsbald auf das Betreiben derer, die bezahlt werden wollten, gefangengesetzt; und weil ihre Besitzungen nicht zur Bezahlung langten, blieben sie wegen des Restes im Gefängnis, und ihre Frauen gingen mit den kleinen Kindern in großer Dürftigkeit, die eine aufs Land, die andere dorthin und die dritte dahin, ohne fürder etwas anderes als das elendeste Leben erwarten zu können. Als Alessandro nach mehreren Jahren des Wartens in England sah, daß der Friede noch immer nicht kam, faßte er, da er ein längeres Bleiben für nicht minder lebensgefährlich als unnütz hielt, den Entschluß, nach Italien heimzukehren, und machte sich ganz allein auf den Weg. Der Zufall wollte es, daß er in Brügge zu derselben Zeit, wo er dort ausritt, einen Abt in weißer Ordenstracht ausreiten sah, den viele Mönche geleiteten, während ihm eine zahlreiche Dienerschaft mit einem großen Trosse vorauszog; und hinter dem Abte kamen zwei Ritter aus altem Geschlecht, Verwandte des Königs. Da Alessandro mit den zweien bekannt war, gesellte er sich zu ihnen und wurde von ihnen gern aufgenommen. Dieweil also Alessandro mit ihnen weiterzog, fragte er sie höflich, wer die Mönche seien, die vor ihnen mit so viel Dienerschaft ritten, und was ihr Reiseziel sei. Und der eine Ritter antwortete ihm: »Der, der voranreitet, ist ein junger Vetter von uns, der neulich zum Abte einer der größten Abteien in England gewählt worden ist; und weil er jünger ist, als es die Gesetze bei einer solchen Würde gestatten, ziehen wir mit ihm nach Rom, um es vom Heiligen Vater zu erlangen, daß er ihm seiner allzu großen Jugend wegen Dispens verleihe und ihn dann in seiner Würde bestätige. Aber davon soll mit niemand gesprochen werden.« Indem nun der neue Abt bald vor und bald hinter seiner Dienerschaft einherritt, wie wir das alltäglich bei Herren, die reisen, geschehn sehn, sah er einmal Alessandro von der Nähe, der sehr jung, schön von Wuchs und Gesicht und in seinen Sitten und seinem Betragen so liebenswürdig war wie nur je einer; und gleich auf den ersten Anblick gefiel er dem Abte auf eine so wundersame Weise wie noch nie jemand, und der Abt rief ihn zu sich und begann mit ihm freundlich zu sprechen und ihn zu fragen, wer er sei, woher er komme und wohin er ziehe. Alessandro entdeckte ihm freimütig seine ganze Lage und tat seiner Frage Genüge und erbot sich ihm, wenn auch seine Kräfte gering seien, zu jedem Dienste. Da ihn der Abt hübsch und wohlgesetzt reden hörte und sein gefälliges Wesen mehr im einzelnen beobachtete und bei sich erwog, daß er ungeachtet des niedrigen Geschäftes, das er getrieben hatte, doch ein Edelmann war, wurde sein Wohlgefallen an ihm immer wärmer; und gerührt von seinem Unglücke, tröstete er ihn gar freundschaftlich und sagte ihm, er solle guten Mutes sein, weil ihn Gott, wenn er ein wackerer Mann sei, wieder an die Stelle, von wo ihn das Geschick herabgestürzt habe, und vielleicht an eine noch höhere erheben werde, und er bat ihn, es möge ihm, der ja nach Toskana reise, gefallen, in seiner Gesellschaft zu sein, weil sie dasselbe Ziel hätten. Alessandro dankte ihm für den tröstlichen Zuspruch und sagte, er sei zu allen seinen Befehlen bereit. Nun geschah es nach einigen Tagen, daß der Abt, dem der Anblick Alessandros unbekannte Regungen in der Brust geweckt hatte, mit seiner Gesellschaft in ein Dorf kam, das mit Herbergen nicht allzu reichlich versehn war. Und da der Abt dort herbergen wollte, ließ ihn Alessandro bei einem Wirte absteigen, mit dem er ziemlich gut bekannt war, und ordnete an, daß ihm der am wenigsten ungeeignete Raum als Schlafgemach hergerichtet werde; und da er eine Art von Seneschall des Abtes geworden war, so brachte er als einer, der trefflich Bescheid wußte, die ganze Begleitung, so gut wie er nur konnte, hier und dort im Dorfe unter. Als dann der Abt gegessen hatte und ein großer Teil der Nacht verstrichen war und alle schlafen gegangen waren, fragte Alessandro den Wirt, wo er schlafen könne. Und der Wirt antwortete ihm: »Das weiß ich wahrhaftig nicht, du siehst, daß alles besetzt ist, und kannst sehn, daß ich und die meinigen auf den Bänken schlafen müssen. Immerhin sind in der Kammer des Abtes etliche Kornsäcke; dort kann ich dich hinführen und ein paar Betten darauflegen, und wenn's dir recht ist, kannst du dich dort, so gut es eben geht, niederlegen.« Und Alessandro sagte zu ihm: »Wie dürfte ich denn in die Kammer des Abtes gehn, wo du doch weißt, daß sie klein ist und daß ihrer Enge halber keiner von seinen Mönchen hat drinnen schlafen können; hätte ich daran gedacht, als die Vorhänge gespannt worden sind, so hätte ich seine Mönche auf den Kornsäcken schlafen lassen, und ich hätte mich dorthin gelegt, wo jetzt sie schlafen.« Und der Wirt sagte zu ihm: »Es ist aber jetzt einmal so, und wenn du nur willst, so wirst du's dort so hübsch haben wie sonst nirgends: der Abt schläft, und die Vorhänge sind zugezogen; ich werde dir leise ein Unterbett hinbringen, und du schläfst dort.« Da Alessandro sah, daß das ohne irgendwelche Ungelegenheiten für den Abt möglich war, willigte er ein und machte sich dort, so leise wie er nur konnte, sein Lager zurecht. Der Abt, der nicht geschlafen, sondern voll Glut an sein junges Verlangen gedacht hatte, hatte das Gespräch zwischen dem Wirte und Alessandro gehört und wußte ebenso, wo sich Alessandro niedergelegt hatte; darüber ganz glücklich, begann er sich zu sagen: ›Gott hat mir die Gelegenheit geschickt, meine Sehnsucht zu stillen; wenn ich sie nicht ergreife, wird sie mir kaum jemals in ähnlicher Weise wiederkehren.‹ Und völlig entschlossen, sie zu ergreifen, rief er, als ihm alles im Hause still zu sein schien, Alessandro mit verhaltener Stimme an und sagte ihm, er solle sich an seine Seite legen; und nach vielen Weigerungen entkleidete sich der und legte sich neben ihn. Der Abt legte ihm die Hand auf die Brust und begann ihn nicht anders zu betasten, als wie es lüsterne Mädchen ihren Buhlen zu tun pflegen; baß erstaunt darüber, besorgte Alessandro, den Abt treibe vielleicht eine schändliche Liebe, ihn also zu betasten. Kaum merkte aber der Abt diese Besorgnis, entweder weil er sie vorausgesehn hatte oder aus irgendeiner Bewegung Alessandros, als er sich lächelnd sein Hemd vom Leib riß, die Hand Alessandros nahm und sie auf seine Brust legte und zu ihm sagte: »Laß ab von deinem törichten Wahn, Alessandro, und suche hier, damit du erkennst, was ich verberge.« Und Alessandros Hand, die auf der Brust des Abtes lag, fand zwei runde und harte glatte Brüstlein, nicht anders, als ob sie aus Elfenbein gewesen wären; und da er sie gefunden und daraus erkannt hatte, daß er neben einem Weibe lag, schlang er alsbald, ohne eine andere Einladung abzuwarten, den Arm um sie und wollte sie eben küssen, als sie sagte: »Bevor du mir näher kommst, höre, was ich dir sagen will. Wie du erkennen kannst, bin ich ein Weib und kein Mann; als Jungfrau bin ich von daheim weggegangen und habe zum Papste ziehen wollen, damit er mich vermähle. War es nun dein Glück oder mein Unglück, ich bin, als ich dich vor einigen Tagen gesehn habe, so in Liebe zu dir entbrannt, daß vielleicht noch nie eine Frau war, die einen Mann also geliebt hätte; und darum habe ich beschlossen, lieber dich als irgendeinen andern zum Gatten haben zu wollen: willst du mich nicht zur Gattin, so entferne dich augenblicklich und suche dein Lager wieder auf.« Obwohl Alessandro sie nicht kannte, schloß er doch aus dem Geleite, das sie hatte, sie müsse eine edle und reiche Dame sein, und daß sie schön war, sah er; darum antwortete er, ohne sich allzu lang zu besinnen, wenn es ihr lieb sei, so sei es sein sehnlichster Wunsch. Nun setzte sie sich im Bette auf, gab ihm einen Ring in die Hand und hieß ihn, sich ihr vor einem Bilde unseres Heilands zu vermählen; und als er das getan hatte, umarmten sie einander und getrösteten sich zu ihrer beider größten Lust, solange die Nacht noch dauerte. Bei Tagesanbruch erhob sich Alessandro und verließ, nachdem sie über ihr Verhalten Abrede getroffen hatten, die Kammer dort, wo er hereingekommen war, so daß es niemand erfuhr, wo er die Nacht geschlafen hatte, und machte sich, über die Maßen glücklich, mit dem Abte und dessen Geleite wieder auf den Weg, und so kamen sie nach vielen Tagesreisen nach Rom. Nachdem sie dort einige Tage geruht hatten, begab sich der Abt lediglich mit den zwei Rittern und Alessandro zum Papste und begann nach der schuldigen Ehrfurchtserweisung also zu sprechen: »Heiliger Vater, wie Ihr besser als jeder andere wissen werdet, soll jeder, der gut und ehrbar leben will, nach Kräften jede Gelegenheit fliehen, die ihn verleiten könnte, anders zu tun; um das treulich zu halten, bin ich, die ich ehrbar zu leben begehre, in der Tracht, in der Ihr mich seht, heimlich mit einem großen Teile seiner Schätze meinem Vater, dem Könige von England, entflohen, der mich, ein junges Weib, wie Ihr seht, dem Könige von Schottland, einem steinalten Herrn, hat vermählen wollen, und habe mich hierher aufgemacht, damit mich Eure Heiligkeit vermähle. Und es war nicht so sehr das Alter des Königs von Schottland, das mich zur Flucht getrieben hat, als die Furcht, ich könnte, wenn ich ihm vermählt wäre, ob der Gebrechlichkeit meiner Jugend etwas tun, was den göttlichen Gesetzen sowohl als auch der Ehre von meines Vaters königlichem Blute zuwider wäre. Und als ich mit diesem Entschlusse hierherzog, hat mir Gott, der allein und am besten weiß, was jedem nottut, in seiner Barmherzigkeit, wie ich glaube, den vor die Augen geführt, der nach seinem Willen mein Gatte sein soll; und das ist dieser Jüngling gewesen« – und dabei wies sie auf Alessandro –, »den Ihr hier neben mir seht, dessen Sitten und Trefflichkeit jeder großen Dame würdig sind, wenn auch vielleicht der Adel seines Blutes nicht so hell strahlt wie der königliche. Ihn habe ich also genommen, und ihn will ich; und ich werde nie einen andern nehmen, was auch meinen Vater und wen immer davon bedünken will. So wäre eigentlich der Hauptgrund, warum ich aufgebrochen bin, erledigt gewesen; trotzdem habe ich aber gewünscht, meinen Weg zu vollenden, einmal um die heiligen, ehrwürdigen Örter, deren diese Stadt voll ist, und Eure Heiligkeit zu besuchen, und dann um das Ehebündnis zwischen Alessandro und mir, das nur vor Gott geschlossen worden ist, vor Euch und dadurch auch vor anderen Menschen kundzutun. So bitte ich Euch denn inständigst, daß das, was Gott und mir gefallen hat, auch Euch genehm sei und daß Ihr uns Euern Segen gebet, auf daß wir mit diesem als einem sicheren Unterpfande der Zustimmung des Herrgotts, dessen Stellvertreter Ihr seid, zu Gottes und Euerer Ehre miteinander leben und einst sterben können.« Alessandro erstaunte, als er hörte, seine Gattin sei die Tochter des Königs von England, und war voll heimlicher wundersamer Freude darüber; mehr aber noch erstaunten die zwei Ritter, und die waren darüber so entrüstet, daß sie, wenn sie anderswo als vor dem Papste gewesen wären, Alessandro und vielleicht auch der Dame schlimm mitgespielt hätten. Auch der Papst war baß erstaunt sowohl über die Tracht der Dame als auch über ihre Wahl; weil er aber sah, daß das Geschehne nicht rückgängig zu machen war, entschloß er sich, ihrer Bitte zu willfahren. Nachdem er daher die Ritter, deren Entrüstung ihm nicht entgangen war, begütigt und mit der Dame und Alessandro versöhnt hatte, ordnete er an, was zu geschehn habe. Und als an dem von ihm bestimmten Tage alle Kardinäle und viele andere wackere Männer, die er eingeladen hatte, zu einem von ihm veranstalteten Feste gekommen waren, erschienen auf sein Geheiß die in königliche Pracht gekleidete Dame, die so schön und lieblich aussah, daß verdientermaßen alle ihres Preises voll waren, und Alessandro, der, ebenso glänzend gekleidet, in seinem Äußern und seinem Betragen keineswegs einem jungen Menschen, der auf Wucher geborgt hatte, sondern eher einem Prinzen glich und von den zwei Rittern hoch geehrt wurde; und nun ließ der Papst ihre Vermählung von neuem und mit Gepränge feiern und entließ sie nach einer schönen und prunkvollen Hochzeit mit seinem Segen. Alessandros und ebenso der Dame Wunsch war es, auf der Rückreise von Rom nach Florenz zu kommen, wohin schon das Gerücht die Nachricht gebracht hatte; und dort, wo sie von den Bürgern mit den größten Ehren empfangen wurden, ließ die Dame die drei Brüder, nachdem sie jedermann hatte bezahlen lassen, aus dem Gefängnis befreien und setzte sie und ihre Frauen wieder in ihre Besitzungen ein. Um dessentwillen bei allen wohlbeliebt, reisten Alessandro und seine Dame, indem sie Agolante mitnahmen, von Florenz ab; und als sie nach Paris kamen, wurden sie vom Könige ehrenvoll empfangen. Von dort aus begaben sich die zwei Ritter nach England und wirkten so viel auf den König ein, daß er seiner Tochter wieder seine Gnade zuwandte und sie samt seinem Eidam mit Freude empfing; und seinen Eidam machte er bald darauf in feierlicher Weise zum Ritter und gab ihm die Grafschaft Cornwall. Der war auch ein so trefflicher Mann und verstand es, so viel zu tun, daß er den Sohn mit dem Vater aussöhnte, was für die Insel ein großer Segen war und ihm die Liebe und den Dank des ganzen Volkes erwarb; und Agolante trieb alles wieder ein, was er und seine Brüder zu fordern hatten, und kehrte mit übermäßigen Reichtümern nach Florenz zurück, nachdem ihn Graf Alessandro zum Ritter gemacht hatte. Der Graf führte dann mit seiner Gattin ein rühmliches Leben; und wie einige sagen wollen, hat er teils durch seine Klugheit und Trefflichkeit, teils mit Hilfe seines Schwähers Schottland erobert und ist dort zum Könige gekrönt worden.

Vierte Geschichte

Landolfo Ruffolo, der, weil er verarmt ist, Freibeuter geworden ist, wird von Genuesern gefangen und leidet Schiffbruch, rettet sich aber auf einer Kiste voll kostbarer Juwelen; in Korfu nimmt sich seiner ein Weib an, und er kehrt als reicher Mann heim.

Als Lauretta, die neben Pampinea saß, bemerkte, daß deren Geschichte an ihrem rühmlichen Ende angelangt war, begann sie, ohne erst auf einen Befehl zu warten, folgendermaßen zu sprechen: Keine größere Fügung des Schicksals kann man sich, meine holdseligen Damen, meiner Meinung nach denken, als daß jemand aus dem tiefsten Elend zu königlicher Würde erhoben wird, wie es in der Geschichte Pampineas ihrem Alessandro ergangen ist. Weil sich daher fortan jeder, der zu dem uns gestellten Vorwurfe erzählen wird, innerhalb dieser Grenzen wird halten müssen, so werde auch ich mich nicht schämen, euch eine Geschichte zu erzählen, die, obwohl sie größeres Leid in sich birgt, doch keinen so glänzenden Ausgang hat. Freilich weiß ich, daß sie mit Rücksicht auf die eben erzählte mit geringerer Aufmerksamkeit wird angehört werden; da ich aber nicht anders kann, werde ich wohl entschuldigt sein.

Das Gestade von Reggio bis Gaeta gilt für die schönste Gegend Italiens; dort zieht sich, nahe bei Salerno, ein das Meer überragendes Uferland hin, von den Einheimischen die Küste von Amalfi genannt, voll kleiner Städte, Gärten und Springbrunnen und bewohnt von reichen Leuten, die in dem Eifer, womit sie dem Handel nachgehn, kaum ihresgleichen haben. Unter diesen Städten ist eine, Ravello mit Namen, die zwar auch heute reiche Bürger

hat, aber vorzeiten einen hatte, der außerordentlich reich war und Landolfo Ruffolo hieß; da ihm aber seine Reichtümer nicht genügten und er sie zu verdoppeln begehrte, kam es so weit mit ihm, daß er bald mit ihnen zugleich sein Leben eingebüßt hätte. Nachdem er nämlich nach Kaufmannsbrauch einen Überschlag gemacht hatte, kaufte er ein großes Schiff, belud es, auf seine Kosten, mit mancherlei Waren und fuhr damit nach Zypern. Dort fand er, daß noch viele andere Schiffe mit Waren gleicher Güte, wie er gebracht hatte, gekommen waren; deshalb mußte er seine Ladung nicht nur unterm Preis abgeben, sondern sogar, wenn er sie überhaupt losschlagen wollte, geradezu verschleudern, und so war er denn fast zugrunde gerichtet. In dem großen Kummer, den er darüber trug, und weil er sich nicht zu helfen wußte, als er sah, daß er aus einem gar reichen Manne fast zum Bettler geworden war, gedachte er entweder zu sterben oder seinen Verlust durch Räuberei einzubringen, damit er nicht dorthin, von wo er als reicher Mann abgereist war, als Bettler zurückkehre. Und nachdem er einen Käufer für sein großes Schiff gefunden hatte, kaufte er von diesem Gelde und von dem andern, das er aus seinen

Waren gelöst hatte, ein leichtes Freibeuterschiff, rüstete und versorgte es aufs beste mit allem, was dieses Handwerk erfordert, und verlegte sich nun darauf, sich jedwedes Eigentum und sonderlich türkisches anzueignen. Und bei diesem Handwerk war ihm das Glück viel günstiger als bei den Kaufmannsgeschäften. Es war kaum ein Jahr um, so hatte er so viele türkische Schiffe geplündert und genommen, daß er das, was er im Handel verloren hatte, nicht nur wieder erworben, sondern auch mehr als verdoppelt hatte. Da er also sah, daß er ein hübsches Vermögen hatte, überzeugte er sich, durch den Schmerz über den ersten Verlust klug geworden, um nicht in einen zweiten zu verfallen, das was er habe, müsse ihm, ohne daß er noch mehr verlangen dürfe, genug sein; so entschloß er sich denn, damit heimzufahren, ließ sich aber, weil er gegen den Handel mißtrauisch war, nicht mehr darauf ein, sein Geld irgendwie anzulegen, sondern machte sich mit demselben Schiffe, womit er es gewonnen hatte, mit flinken Rudern auf den Heimweg. Er war schon in den Archipel gekommen, als sich eines Abends ein Südostwind erhob, der nicht nur seiner Fahrtrichtung entgegengesetzt war, sondern auch die See höher gehn ließ, als sein kleines Schiff hätte aushalten können; darum suchte er in einer vor dem Winde geschützten Bucht einer kleinen Insel Zuflucht, um dort ein besseres Wetter abzuwarten. In dieser Bucht hatte er noch nicht lange gelegen, als dort zwei große genuesische Kauffahrer, die von Konstantinopel kamen, auf der Flucht vor derselben Gefahr, vor der er geflohen war, mit Mühe eintrafen. Als die Genueser das kleine Schiff erblickten, dem jeder Weg zu entkommen abgeschnitten war, und erfuhren, wer sein Eigentümer war, beschlossen sie, als von Natur aus geldgierige und raublustige Menschen, weil sie ihn durch das Gerücht als sehr reichen Mann kannten, das Schiff zu nehmen. Sie landeten einige ihrer Leute und ließen sie, wohlversehn mit Armbrüsten und Schutzwaffen, eine solche Stellung einnehmen, daß niemand hätte das

Schiff verlassen können, ohne erschossen zu werden; dann ließen sie ihre Fahrzeuge, denen übrigens auch die Strömung zu Hilfe kam, von Booten schleppen und gelangten so zu dem kleinen Schiffe Landolfos und bemächtigten sich des Schiffes samt allen Ruderknechten in kurzer Zeit mit leichter Mühe, ohne daß ihnen ein Mann entkommen wäre. Und nachdem sie Landolfo auf eins von ihren Schiffen gebracht und das seinige völlig ausgeplündert hatten, versenkten sie es, und ihm blieb nichts als ein dürftiges Wams. Am nächsten Tage drehte sich der Wind, und die Kauffahrer richteten ihre Segel westwärts und setzten ihre Reise den ganzen Tag glücklich fort: gegen Abend aber brach ein Sturm los, der die Wellen hoch gehn ließ und die beiden Kauffahrer voneinander trennte. Und durch das Ungestüm dieses Sturmes geschah es, daß das Schiff, wo der elende, arme Landolfo war, bei der Insel Kephallenia mit großer Wucht auf eine Sandbank geschleudert wurde und nicht anders als wie ein Glas, das an eine Wand geschleudert wird, zerschellte; im Nu war das Meer voll schwimmender Balken, Kisten und Bretter, und wer von den Leuten, die auf dem Schiffe gewesen waren, schwimmen konnte, suchte nun, wie es bei Schiffbrüchen zu geschehn pflegt, trotz der nächtlichen Finsternis und dem hohen Wogengange den Gegenstand zu fassen, der ihm von ungefähr zur Hand kam. So tat auch der arme Landolfo, der sich vor dem Tode jetzt, wo er ihn vor sich sah, sehr ängstigte, obwohl er ihn am Tage vorher zu often Malen gerufen hatte, weil er willens gewesen war, lieber zu sterben, als arm, wie er sich sah, nach Hause zurückzukehren; in der Hoffnung, daß ihm Gott doch vielleicht, wenn er sich nur vorläufig vor dem Ertrinken bewahre, irgendeine Hilfe zu seiner Rettung schicken werde, klammerte er sich, als er eines Brettes habhaft werden konnte, so wie die andern daran und hielt sich darauf rittlings sitzend, vom Meere und vom Winde bald dorthin, bald dahin getrieben, bis zum lichten Tage. Und als es Tag geworden war und er Umschau hielt, sah er außer den Wolken und dem Meere nichts sonst als eine Kiste, die sich ihm, auf den Wogen schwimmend, dann und wann näherte, worüber er denn sehr erschrak, weil er besorgte, sie könnte am Ende so hart an ihn stoßen, daß sie ihm gefährlich würde; so oft sie ihm daher nahe kam, stieß er sie mit seiner ganzen Kraft, wenn die auch gering war, mit der Hand von sich. Obgleich ihm das ein paarmal gelang, geschah es doch, daß die Kiste von einem Wirbelwinde, der sich in den Lüften erhoben hatte und ins Meer niederfuhr, erfaßt und so jählings gegen das Brett Landolfos geschleudert wurde, daß sich das Brett umdrehte und Landolfo mit Gewalt unter die Wellen tauchte, und als er, mehr durch seine Angst als durch seine Kraft gefördert, schwimmend wieder an die Oberfläche kam, sah er, daß das Brett weit weggetrieben war; da er darum fürchtete, er werde es nicht mehr erreichen können, schwamm er auf die Kiste zu, die ganz in seiner Nähe war, legte sich mit der Brust auf ihren Deckel und trachtete, sie mit seinen Armen nach Möglichkeit waagrecht zu erhalten. In dieser Lage und ohne etwas zu essen, weil er nichts hatte, aber bei häufigerm Trinken, als er gewünscht hätte, verbrachte Landolfo den ganzen Tag und die darauffolgende Nacht in völliger Unkenntnis, wo er sei, da er nichts sah als das Meer, das ihn bald dorthin, bald dahin warf. Schier zum Schwamme geworden und mit beiden Händen an die Kanten der Kiste geklammert, wie es die Ertrinkenden tun, wenn sie einen Gegenstand fassen, gelangte er endlich am nächsten Tage, entweder durch Gottes Willen oder durch die Kraft des Sturmes, an den Strand der Insel Korfu, und zwar an einer Stelle, wo gerade zufällig ein armes Weib ihr Küchengeschirr mit dem Sande und dem Salzwasser wusch und scheuerte. Da sie so etwas, wie da herantrieb, noch nie gesehn hatte, wich sie erschrokken und schreiend zurück. Reden konnte er nicht und sehn nur wenig, und so rief er ihr nichts zu; da ihn aber das Meer ans Land warf, erkannte sie doch, daß es eine Kiste war, und unterschied, als sie näher hinblickte und hinsah, zuerst die über die Kiste gespannten Arme, nahm dann auch das Gesicht wahr und erriet endlich die Wahrheit. Darum tat sie, von Mitleid bewegt, ein paar Schritte in das Meer, das inzwischen ruhig geworden war, packte ihn bei den Haaren und zog ihn samt der Kiste ans Land; nachdem sie dann seine Hände von der Kiste losgemacht hatte, legte sie die Kiste ihrem Töchterchen, das bei ihr war, auf den Kopf, während sie Landolfo nahm und wie ein kleines Kind ins Dorf trug. Sie setzte ihn in ein Bad und rieb und wusch ihn so lange mit warmem Wasser, bis ihm die entwichene Wärme und teilweise auch die verlorenen Kräfte zurückkehrten; und als es ihr an der Zeit schien, nahm sie ihn heraus und erquickte ihn mit ein wenig gutem Weine und mit Konfekt. Und dann pflegte sie ihn noch einige Tage, so gut sie nur konnte, so daß er wieder zu Kräften kam und sich bewußt wurde, wo er war. Nun hielt das gute Weib dafür, die Zeit sei gekommen, ihm seine Kiste, die ihn gerettet hatte, wiederzugeben und ihm zu sagen, er solle sein Glück fürbaß versuchen, und das tat sie auch. Obwohl er sich der Kiste nicht erinnerte, so nahm er sie doch, als sie ihm das gute Weib brachte, weil er der Meinung war, sie könne nicht so wenig wert sein, daß sie ihm nicht für etliche Tage Zehrung verschaffte; als er aber dann inne ward, daß sie sehr leicht war, ließ er schier alle Hoffnung fahren. Nichtsdestoweniger löste er eines Tages, als das gute Weib nicht zu Hause war, den Deckel ab, um zu sehn, was sie enthalte, und da fand er darin viele Edelsteine, gefaßte und lose. Als er die sah und, weil er sich auf Steine verstand, erkannte, daß sie einen großen Wert hatten, wurde er wieder froh und pries Gott, daß er ihn noch nicht ganz habe verlassen wollen. Da ihn aber das Schicksal in kurzer Zeit zweimal hart getroffen hatte, glaubte er aus Furcht vor dem dritten Male viel Vorsicht nötig zu haben, wenn er die Steine in seine Heimat bringen wolle: darum wickelte er sie, so gut er nur konnte, in einige Lumpen und sagte dem guten Weibe, die Kiste brauche er nicht mehr; wenn es ihr aber recht sei, solle sie ihm einen Sack geben und dafür die Kiste nehmen. Das tat sie willig; so hängte er sich denn, nachdem er ihr auf jede mögliche Art gedankt hatte, seinen Sack auf die Schulter, verabschiedete sich von ihr und schiffte sich auf einer Barke nach Brindisi ein. Von dort fuhr er der Küste entlang bis Trani, und dort traf er Landsleute von ihm, die Tuchhändler waren; diesen erzählte er alle seine Abenteuer, nur das mit der Kiste nicht, und darum bekleideten sie ihn um Gottes willen und ließen ihn, nachdem sie ihm überdies ein Pferd geliehen und eine Begleitung verschafft hatten, nach Ravello bringen, wohin er, wie er ihnen gesagt hatte, zurückkehren wollte. Dort, wo er sich für sicher hielt, öffnete er, Gott für sein Geleite dankend, seinen Sack und fand, als er alles mit größerer Sorgfalt als früher untersuchte, daß er so viele und so kostbare Steine hatte, daß er bei einem Verkaufe zu einem angemessenen Preise, ja selbst zu einem geringern, doppelt so reich war als damals, wo er abreiste. Und nachdem es ihm gelungen war, sie loszuschlagen, schickte er dem guten Weibe in Korfu, die ihn aus dem Meere gezogen hatte, eine hübsche Summe Geldes als Dank für den von ihr empfangenen Dienst, und ebenso denen in Trani, die ihn bekleidet hatten; den Rest behielt er für sich, ohne fürder Handel treiben zu wollen, und lebte damit bis an sein Ende im Wohlstande.

Fünfte Geschichte

Andreuccio von Perugia, der nach Neapel gekommen ist, um Pferde zu kaufen, gerät in einer Nacht dreimal in arge Gefahr, entrinnt aber immer und kehrt mit einem Rubin in seine Heimat zurück.

Die Steine, die Landolfo gefunden hat, begann Fiammetta, die die Reihe des Erzählens traf, haben mir eine Geschichte ins Gedächtnis gerufen, die von nicht viel weniger Gefahren handelt als die Laurettas, sich aber von der ihrigen darin unterscheidet, daß sich diese, wie ihr hören werdet, in dem Zeitraume einer einzigen Nacht, statt wie in der ihrigen vielleicht in mehrern Jahren, ereignet haben.

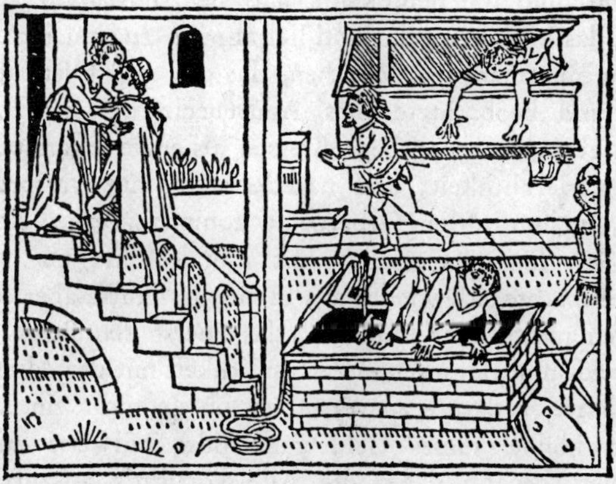

In Perugia war, wie ich mir habe sagen lassen, ein junger Pferdehändler, Andreuccio di Pietro mit Namen, der, als er erfuhr, daß in Neapel ein guter Pferdemarkt sei, fünfhundert Gulden in seinen Beutel tat und sich – er war noch nie in der Fremde gewesen – mit einigen Kaufleuten dorthin aufmachte; er kam an einem Samstage gegen Abend an und begab sich am nächsten Morgen, von seinem Wirte unterrichtet, auf den Markt. Obwohl er Pferde die Menge sah und ihm auch etliche gefielen, so daß er oftmals um eines feilschte, konnte er doch nie handelseinig werden; um aber zu zeigen, daß er wirklich des Kaufes halber da sei, zog er als ein unerfahrener und wenig vorsichtiger Mensch zu mehrern Malen vor den Leuten, die da kamen und gingen, seinen Beutel mit den Gulden heraus. Derweil er also handelte, geschah es, daß, als er eben wieder seinen Beutel gezeigt hatte, eine junge Sizilianerin, die zwar sehr schön, aber um geringen Lohn jedermann zu Willen war, an ihm vorbeiging, ohne daß er sie bemerkt hätte; als sie seinen Beutel sah, sagte sie sogleich bei sich: ›Wer wäre froher als ich, wenn dieses Geld mein wäre?‹, ging aber schon wieder weiter. Bei diesem Mädchen war eine Alte, auch eine Sizilianerin, und die ließ, kaum daß sie Andreuccio gesehn hatte, das Mädchen gehn und lief auf ihn zu, um ihn zärtlich zu umarmen; das Mädchen, das das sah, blieb abseits stehn und beobachtete alles. Andreuccio, der sich zu der Alten gewandt hatte, begrüßte sie, als er sie erkannte, mit großer Herzlichkeit; und nachdem sie ihm versprochen hatte, zu ihm in die Herberge zu kommen, verließ sie ihn, ohne ein langes Gespräch mit ihm geführt zu haben, und er machte sich wieder ans Handeln, kaufte aber diesen Morgen nichts. Das Mädchen, das zuerst den Beutel Andreuccios und dann seine Vertraulichkeit mit der Alten gesehn hatte, gedachte zu versuchen, ob sie nicht ein Mittel finden könne, dieses Geld ganz oder teilweise zu bekommen, begann daher die Alte vorsichtig auszufragen, wer er sei und woher und was er hier mache und wieso sie ihn kenne. Da die Alte lange Zeit bei seinem Vater in Sizilien und später in Perugia gewesen war, so sagte sie ihr alle Verhältnisse Andreuccios vielleicht ebenso genau, wie er es selber getan hätte; und ebenso erzählte sie ihr, wo er herberge und warum er gekommen sei. Weil demnach das Mädchen sowohl über seine Verwandten als auch über deren Namen völlig unterrichtet war, baute sie darauf ihren Plan, ihre Wünsche mit einer durchtriebenen Bosheit zu befriedigen: nachdem sie heimgekommen war, schickte sie die Alte in Besorgungen für den ganzen Tag weg, damit sie nicht mehr zu Andreuccio gehn könne; dann rief sie eine Magd von ihr, die sie zu derlei Diensten trefflich abgerichtet hatte, und schickte sie gegen Abend in die Herberge, wo sich Andreuccio aufhielt. Die fand ihn, als sie hingekommen war, zufällig ganz allein an der Tür und fragte ihn um ihn selber. Da er ihr sagte, er sei es selbst, zog sie ihn abseits und sagte zu ihm: »Messer, eine edle Dame dieser Stadt möchte gern, wenn es Euch recht wäre, mit Euch sprechen.« Andreuccio, sich betrachtend von oben bis unten, kam dabei, da er sich selber sagte, er sei ein gar wohlgewachsener Bursche, zu dem Schlusse, die Dame müsse in ihn verliebt sein, als ob es damals in ganz Neapel sonst keinen hübschen Jüngling gegeben hätte; und antwortete also augenblicklich, daß er bereit sei, und fragte sie, wo und wann die Dame mit ihm zu sprechen wünsche. Die Magd antwortete ihm: »Wenn es Euch gefällig wäre, zu kommen, so erwartet sie Euch in ihrem Hause.« Alsbald sagte Andreuccio, ohne etwas davon in der Herberge zu sagen: »So geh denn voraus, ich werde dir nachgehn.« Die Magd führte ihn also in das Haus ihrer Herrin, das in dem Viertel Malpertugio lag, und was für eine anständige Gegend das ist, sagt schon der Name, der auf deutsch etwa so viel heißt wie Schandloch. Er aber, der davon nichts wußte oder ahnte, trat in dem Glauben, an den anständigsten Ort und zu einer liebenswürdigen Dame zu kommen, sogleich hinter der Magd in das Haus; die Magd rief alsbald ihre Herrin und sagte: »Andreuccio ist hier!« so daß er sie, als er die Treppe hinaufstieg, schon auf ihn warten sah. Sie war noch sehr jung, groß von Wuchs und schön von Gesicht und gar vornehm gekleidet und geschmückt. Als Andreuccio nahe bei ihr war, kam sie ihm mit offenen Armen wohl drei Stufen herab entgegen, fiel ihm um den Hals und blieb so eine Weile, ohne ein Wort zu sprechen, wie von allzu großer Rührung übermannt; dann küßte sie ihn weinend auf die Stirn und sagte mit schluchzender Stimme: »Sei mir willkommen, mein lieber Andreuccio.« Voll Verwunderung über diese Zärtlichkeit antwortete er ganz verdutzt: »Madonna, ich bin glücklich, Euch kennenzulernen.« Nun faßte sie ihn bei der Hand und führte ihn hinauf in ihren Saal und von dort, ohne ein Wort mit ihm zu sprechen, in ihr Gemach, das von Rosen, Orangeblüten und andern Wohlgerüchen duftete. Dort sah er ein prächtiges verhängtes Bett und viele Kleider, die nach Landessitte auf den Stangen hingen, und viel schönen und kostbaren Hausrat; diese Dinge nahm er als Neuling für einen zuverlässigen Beweis, daß sie nichts Geringeres als eine vornehme Dame sein müsse. Und nachdem sie sich miteinander auf eine Truhe am Fußende des Bettes niedergesetzt hatten, begann sie also zu ihm zu sprechen: »Ich weiß ganz genau, Andreuccio, daß du dich über diesen zärtlichen Empfang und über meine Tränen sehr verwunderst: du kennst mich ja nicht und hast wahrscheinlich noch nie etwas von mir gehört; aber du sollst etwas hören, was dich vielleicht noch mehr wundern wird: ich bin nämlich deine Schwester. Und ich sage dir, daß ich nun, wo mir Gott eine so große Gnade erwiesen hat, daß ich vor meinem Tode habe einen meiner Brüder sehn dürfen – obwohl meine Sehnsucht dahin ginge, sie alle zu sehn –, zu jeglicher Stunde, wann immer es geschehn soll, gern sterben will; und wenn du etwa nie etwas von mir gehört hast, so will ich dir alles sagen. Dein und mein Vater Pietro hat, wie du, glaube ich, wissen wirst, lange in Palermo gelebt, und wer ihn dort gekannt hat, hat ihn wegen seiner Güte und Liebenswürdigkeit sehr geliebt und liebt ihn noch; unter denen aber, die ihn herzlich liebten, war die, die ihn am herzlichsten liebte, meine Mutter, die eine Edeldame war und damals Witwe gewesen ist, und sie liebte ihn dermaßen, daß sie sich über die Furcht vor dem Vater und den Brüdern und über ihre Ehre hinwegsetzte und sich mit ihm in ein inniges Verhältnis einließ, als dessen Frucht du nun mich vor dir siehst. Als dann Umstände eintraten, um derentwillen Pietro von Palermo scheiden und nach Perugia heimkehren mußte, verließ er mich, die ich damals ein kleines Kind war, samt meiner Mutter, und seither hat er sich nach dem, was ich vernommen habe, weder meiner noch ihrer erinnert; deswegen würde ich ihn, wenn er nicht mein Vater wäre, herb tadeln, nicht nur weil er mir als seiner Tochter, die ihm doch nicht von einer Magd oder einer schlechten Dirne geboren worden ist, Liebe schuldig gewesen wäre, als vielmehr mit Rücksicht darauf, wie undankbar er sich gegen meine Mutter gezeigt hat, die ihr Vermögen und sich selbst, von aufrichtiger Liebe bewogen, seinen Händen anvertraut hat, ohne überhaupt zu wissen, wer er sei. Aber was hülfe es? Das übel Getane und lange Vergangene ist viel leichter zu tadeln als zu verbessern: es war nun einmal so. Er ließ mich also als kleines Kind in Palermo zurück, und als ich dort so groß geworden war, wie ich bin, gab mich meine Mutter, die eine reiche Dame war, einem wackern Edelmanne aus Girgenti zur Gattin, der, meiner Mutter und mir zuliebe, seinen Aufenthalt in Palermo nahm. Weil er aber ein eifriger Welfe war, begann er ein Einverständnis mit unserm König Karl zu pflegen, und das war, weil König Friedrich, noch bevor es hätte einen Erfolg zeitigen können, dahinterkam, der Anlaß, daß wir in einem Augenblicke, wo ich die erste Dame der Insel zu werden hoffte, aus Sizilien fliehen mußten; wir rafften also das Wenige, was wir zusammenraffen konnten, zusammen – das Wenige sage ich im Hinblicke auf das Viele, was wir hatten –, ließen Güter und Paläste im Stich und flüchteten uns hieher, und hier fanden wir König Karl so dankbar gegen uns, daß er uns den Verlust, den wir um seinetwillen erlitten hatten, zum Teile ersetzt und uns Besitzungen und Häuser gegeben hat, und er gibt meinem Manne, deinem Schwager, fortwährend reiche Hilfsgelder, wie du dich wirst überzeugen können. Auf diese Art lebe ich denn hier, wo ich dich, mein süßer Bruder, dank dem Herrgott und nicht dir, zu Gesicht bekommen habe.« Und nach dieser Rede umarmte sie ihn von neuem und küßte ihn unter zärtlichen Tränen auf die Stirn. Als Andreuccio, der sich erinnerte, daß sein Vater wirklich in Palermo gewesen war, hörte, wie zusammenhängend und wohlgeordnet sie diese Fabel erzählte, ohne daß ihr bei irgendeiner Stelle ein Wort versagt oder die Zunge gestockt hätte, und die zärtlichen Tränen, die Umarmungen und die Küsse sah, hielt er, weil er aus eigener Erfahrung den Hang der jungen Leute zur Liebe kannte, alles, was sie ihm sagte, für mehr als wahr; und als sie schwieg, antwortete er ihr: »Daß ich erstaunt bin, Madonna, das darf Euch nicht befremden: denn entweder hat mein Vater, gleichgültig warum, nie von Euerer Mutter oder von Euch gesprochen, oder hat er schon gesprochen, so ist mir wenigstens nie etwas davon zu Ohren gekommen, so daß ich von Euch nicht mehr gewußt habe, als wenn Ihr gar nicht auf der Welt gewesen wäret; um so lieber ist es mir aber, hier eine Schwester gefunden zu haben, je mehr ich hier allein bin und je weniger ich so etwas hoffen konnte. Und fürwahr, ich kenne keinen Mann von noch so hohem Range, dem Ihr nicht teuer sein müßtet, geschweige denn mir, der ich ein geringer Kaufmann bin. Über eines aber bitte ich Euch, mich noch aufzuklären: wie habt Ihr erfahren, daß ich hier bin?« Und sie antwortete ihm: »Heute morgen hat es mich eine arme Frau wissen lassen, die sich oft bei mir aufhält, weil sie nach dem, was sie mir gesagt hat, lange Zeit bei unserm Vater sowohl in Palermo als auch in Perugia gewesen ist; und hätte ich es nicht für anständiger gehalten, daß du zu mir in mein Haus kämest, als ich zu dir in ein fremdes, so wäre ich schon längst zu dir gekommen.« Nach diesen Worten begann sie ihn im einzelnen um alle seine Verwandten namentlich zu befragen, und Andreuccio, der ihr über alle Auskunft gab, glaubte deswegen immer mehr, was er besser nicht hätte glauben sollen. Da ihre Unterhaltung lange gedauert hatte und die Hitze groß war, ließ sie griechischen Wein und Konfekt bringen und ließ Andreuccio einschenken; als er aber hierauf, weil es Zeit zum Abendessen war, weggehn wollte, litt sie das auf keine Weise, sondern sagte, indem sie ihn mit den Anzeichen der höchsten Betrübnis umarmte: »O ich Ärmste, nun sehe ich es deutlich, wie lieb du mich hast; wer sollte es denn für möglich halten: du bist bei deiner Schwester, die du vorher gar nicht gekannt hast, und in ihrem Hause, wo du eigentlich bei deiner Ankunft hättest absteigen sollen, und du willst weggehn, um in der Herberge zu essen! Du mußt auf jeden Fall mit mir essen; ist auch mein Mann nicht daheim, was mir sehr leid tut, so werde ich dich doch, wie es eben eine Frau trifft, ein wenig zu bewirten wissen.« Da ihr Andreuccio nichts sonst zu antworten wußte, sagte er: »Ich habe Euch so lieb, wie man eine Schwester haben soll; wenn ich aber nicht gehe, so wird man mich den ganzen Abend zum Essen erwarten, und ich werde eine Unhöflichkeit begehn.« Und nun sagte sie: »Na, Gott sei Dank, vielleicht habe ich denn doch noch jemand im Hause, um dort sagen zu lassen, daß man dich nicht erwarten solle; höflicher wäre es freilich und eigentlich deine Schuldigkeit, deinen Gesellen sagen zu lassen, sie sollten hierher essen kommen, und so könntest du auch, wenn du dann durchaus gehn wolltest, mit allen zusammen gehn.« Andreuccio antwortete, diesen Abend wolle er seine Gesellen nicht haben; da es aber einmal ihr Wunsch sei, so solle sie über ihn nach ihrem Belieben verfügen. Nun tat sie, als ob sie in seine Herberge schickte, daß er zum Abendessen nicht erwartet werden solle; dann setzte sie sich nach vielen Gesprächen mit ihm zu Tische, wo sie mit vielen Gerichten reichlich bedient wurden, und sie dehnte das Essen listig bis tief in die Nacht hinein aus. Und als Andreuccio, nachdem sie sich vom Tische erhoben hatten, weggehn wollte, sagte sie, das werde sie keineswegs leiden, weil Neapel nicht der Ort sei, in der Nacht herumzugehn, sonderlich nicht für einen Fremden; auch habe sie, als sie das Essen habe absagen lassen, das gleiche wegen der Herberge getan. Er glaubte es, und weil er, von einem Wahne betört, Gefallen daran fand, bei ihr zu sein, so blieb er. Nach dem Essen gab es noch viele und lange Gespräche, die nicht ohne Absicht geführt wurden; und als die Nacht zum Teile verstrichen war, ließ sie Andreuccio mit einem kleinen Knaben, der ihm, was er wünschen werde, zeigen sollte, in ihrem Gemache schlafen, während sie mit ihren Frauenzimmern in ein andres ging. Da die Hitze groß war, entkleidete sich Andreuccio, als er sich allein sah, bis aufs Wams und zog seine Hosen aus und legte sie zu Häupten ins Bett; da ihn nun das natürliche Bedürfnis ankam, seinen Leib der überflüssigen Last zu entledigen, fragte er den Knaben, wo er das tun könne, und der zeigte ihm in einer Ecke des Gemachs eine Tür und sagte: »Da geht hinein.« Andreuccio, der unbesorgt hineinging, setzte von ungefähr den Fuß auf ein Brett, das sich auf der entgegengesetzten Seite vom Balken gelöst hatte, und fiel samt dem Brette hinunter: und Gott war ihm so gnädig, daß er sich trotz der Höhe des Falles keinen Schaden tat; wohl aber besudelte er sich über und über mit dem Unrat, dessen der Ort voll war. Damit ihr aber das Gesagte und das Folgende besser verstehet, will ich euch beschreiben, wie der Ort beschaffen war: es waren in einem engen Gäßchen auf zwei Balken, die von dem einen Hause zum andern liefen, wie wir oft zwischen zwei Häusern sehn, einige Bretter gelegt und darauf war der Sitz angebracht; und eines von diesen Brettern war das, mit dem er hinunterfiel. Als sich nun Andreuccio unten in dem Gäßchen fand, begann er, mißmutig über den Fall, den Knaben zu rufen; der aber war, kaum daß er ihn hatte fallen hören, zu der Dame gelaufen, um es ihr zu sagen, und die lief alsbald in das Gemach, um nachzusehn, ob die Kleider da seien. Und als sie die Kleider und damit auch das Geld, das er in törichtem Mißtrauen immer bei sich trug, gefunden hatte und also in dem Besitze dessen war, weswegen sie als Palermitanerin Schwester eines Peruginers gespielt und ihre Schlingen ausgelegt hatte, scherte sie sich nicht weiter um ihn, sondern ging augenblicklich die Tür schließen, aus der er zu seinem Falle hinausgetreten war. Da ihm also der Knabe keine Antwort gab, begann Andreuccio lauter zu rufen; aber das war umsonst. Dadurch etwas argwöhnisch geworden, begann er nachgerade zu ahnen, daß er betrogen worden sei und erkletterte eine Mauer, die das Gäßchen von der Straße schied, stieg auf den Weg hinab und ging zu der Haustür, die er sehr gut kannte, und dort rief er lange und rüttelte und pochte heftig, aber vergebens. Da er nun sein Unglück klar einsah, begann er weinend: »O ich Ärmster, in wie kurzer Zeit habe ich fünfhundert Gulden und eine Schwester verloren!« Und nach viel andern Worten begann er von neuem an die Tür zu klopfen und zu schreien und tat das so lange, bis viele Nachbarn in der Runde erwachten und, weil sie den Lärm nicht ertragen konnten, aufstanden; und eine von den Dienerinnen der Dame trat, als ob sie ganz verschlafen gewesen wäre, ans Fenster und sagte höhnisch: »Wer pocht denn da unten?« »Ach«, sagte Andreuccio, »kennst du mich denn nicht? Ich bin doch Andreuccio, der Bruder Madonna Fiordalisos.« Und sie antwortete ihm: »Wenn du zuviel getrunken hast, Freund, so geh, schlaf dich aus und komme morgen wieder: ich weiß nicht, wer Andreuccio ist, noch was dein Geschwätz heißen soll; geh in Gottes Namen und sei so gut und laß uns schlafen.« – »Was«, sagte Andreuccio, »du weißt nicht, was ich sage? Du weißt es ganz genau! Wenn aber die Verwandtschaften in Sizilien so sind, daß sie in kurzer Frist vergessen werden, so gib mir wenigstens die Kleider wieder, die ich oben gelassen habe, und ich will gerne gehn.« Aber lachend sagte sie zu ihm: »Mir scheint, Freund, du träumst«; und das sagen und sich umdrehn und das Fenster zuschlagen war eins. In Andreuccio, dem also der letzte Zweifel über seinen Schaden geschwunden war, wurde der Schmerz darüber so mächtig, daß sich sein großer Zorn zur Wut steigerte, und er nahm sich vor, sich das, was er mit Worten nicht zurückhaben konnte, auf gewaltsamem Wege zu verschaffen; darum ergriff er einen großen Stein und begann die Tür mit viel heftigern Schlägen als früher zu bearbeiten. Da deswegen viele von den Nachbarn, die früher erwacht und aufgestanden waren, glaubten, er sei irgendein Störenfried, der diese Reden erdichte, um das gute Frauenzimmer zu ärgern, traten sie an die Fenster und begannen, nicht anders als wie alle Hunde einer Straße auf einen fremden Hund losbellen, auf ihn einzureden: »Das ist eine große Ungezogenheit, den Weibern um diese Stunde vors Haus zu laufen und ihnen ein solches Geschwätz vorzureden. Geh mit Gott, Freund, und laß uns schlafen, und wenn du etwas mit ihr zu schaffen hast, so komme morgen wieder, aber heute nacht laß uns in Ruh!« Vielleicht durch diese Worte dreist gemacht, trat einer, der im Hause war, ein Zuhälter des guten Frauenzimmers, den Andreuccio weder gesehen noch gehört hatte, ans Fenster und rief mit einer groben, erschrecklichen und wilden Stimme: »Wer ist denn da unten?« Andreuccio, der dieser Stimme halber den Kopf hob, sah einen Menschen, der ihm, obwohl er nur wenig unterscheiden konnte, ein großer Rittersmann zu sein schien, mit einem dicken schwarzen Barte im Gesichte, und sich die Augen rieb und gähnte, als ob er eben aus dem Bette oder von einem tiefen Schlafe aufgestanden wäre; und er antwortete nicht ohne Furcht: »Ich bin ein Bruder der Dame, die hier wohnt.« Aber der andere wartete nicht so lange, bis Andreuccio mit seiner Antwort zu Ende war, sondern schrie viel grimmiger als früher: »Ich weiß nicht, was mich zurückhält, daß ich nicht hinunterkomme und dir so viel Prügel gebe, daß du kein Glied mehr rührst, du widerwärtiger, versoffener Esel, der du sein mußt, weil du uns heute nacht nicht schlafen läßt«; und damit drehte er sich um und schloß das Fenster. Einige Nachbarn, die den Mann besser kannten, sagten freundlich zu Andreuccio: »Um Gottes willen, Freund, mach daß du weiterkommst und laß dich hier nicht umbringen; es ist zu deinem Besten, wenn du gehst.« Über die Stimme und das Gesicht des Kerls war Andreuccio so erschrocken, daß er sich durch den Zuspruch dieser Leute, die ihm aus Mitleid so zu reden schienen, bewegen ließ und sich, betrübter als je ein Mensch und seines Geldes wegen verzweifelt, auf den Rückweg in seine Herberge machte und die Richtung einschlug, woher er am Tage vorher, ohne zu wissen, wohin er gehe, hinter der Magd hergekommen war. Und da er sich wegen des Gestankes, der von ihm ausging, selber widerwärtig war, bog er, in der Absicht, ans Meer zu gelangen und sich dort zu waschen, links in eine Straße ein, Ruga catalana genannt. Indem er so dem untern Teile der Stadt zuschritt, sah er sich von ungefähr zwei Männer, die eine Laterne trugen, entgegenkommen; da er besorgte, sie könnten Häscher sein oder Leute, die etwas Böses im Schilde führten, verbarg er sich still in einem verfallenen Hause, das er in seiner Nähe sah. Aber als ob sie just dorthin auf dem Wege gewesen wären, traten die zwei in eben dieses Haus, und dort lud der eine von ihnen ein Bündel eisernes Werkzeug von der Schulter ab und begann es mit dem andern zu betrachten und mancherlei darüber zu sprechen. Und unter dem Sprechen sagte der eine: »Was soll das bedeuten? Ich rieche den garstigsten Gestank, den ich je gerochen zu haben meine«; und da er nach diesen Worten die Laterne hob, sahen sie den armen Teufel von Andreuccio und sagten ganz betroffen: »Wer ist da?« Andreuccio schwieg; aber sie kamen mit dem Lichte näher zu ihm und fragten ihn, was er hier, also beschmutzt, mache. Nun erzählte ihnen Andreuccio haarklein alles, was ihm begegnet war. Die zwei errieten es, wo ihm das begegnet sein mochte, und sagten zueinander: »Das ist sicherlich bei Scarabone Buttafuoco geschehn.« Und zu ihm gewandt, sagte der eine: »Freund, wenn du auch dein Geld verloren hast, so kannst du doch Gott danken, daß du heruntergefallen bist und nicht wieder hast ins Haus kommen können; denn darüber kannst du ruhig sein: wärest du nicht gefallen, so wärest du, kaum daß du geschlafen hättest, umgebracht worden und hättest also Geld und Leben zugleich verloren. Aber was helfen dir jetzt die Tränen? Willst du einen Heller zurückhaben, so ist das geradeso leicht wie einen Stern vom Himmel zu holen; umgebracht aber kannst du werden, wenn er erfährt, daß du ein Wort davon sprichst.« Und nach diesen Worten berieten sie sich ein wenig und sagten dann zu ihm: »Schau, wir haben Mitleid mit dir; wenn du darum unser Mann sein willst bei dem, was wir tun wollen, so glauben wir sicher zu sein, daß auf deinen Teil viel mehr kommen wird, als du verloren hast.« In seiner Verzweiflung antwortete Andreuccio, er sei bereit. An diesem Tage war der Erzbischof von Neapel, Messer Filippo Minutolo, begraben worden, und er war in reichem Ornate begraben worden und mit einem Rubin am Finger, der mehr als fünfhundert Gulden wert war; diesen Leichnam wollten sie berauben und das taten sie Andreuccio als ihre Absicht kund. Andreuccio machte sich, mehr gewinnsüchtig als wohlberaten, mit ihnen auf den Weg; und als sie gegen den Dom zu gingen, sagte der eine, weil Andreuccio zu garstig stank: »Können wir denn keine Gelegenheit finden, daß sich der, wo immer es sein mag, ein bißchen wäscht, damit er nicht so entsetzlich stinkt?« Der andere sagte: »Freilich, wir sind ja da bei einem Brunnen, wo man gewöhnlich die Winde und einen großen Eimer vorfindet; gehn wir hin und waschen wir ihn rasch.« Als sie zu dem Brunnen gekommen waren, fanden sie wohl das Seil, aber der Eimer war weggenommen; darum beschlossen sie, Andreuccio an das

Seil zu binden und in den Brunnen hinabzulassen: er sollte sich unten waschen und nach dem Waschen das Seil schütteln, worauf sie ihn heraufziehen wollten. Und so taten sie. Als sie ihn aber in den Brunnen hinabgelassen hatten, geschah es, daß einige Leute von der Scharwache, die sowohl wegen der Hitze als auch weil sie einem nachgelaufen waren, Durst hatten, zu dem Brunnen kamen, um zu trinken. Kaum sahen die zwei, die beim Brunnen warteten, die Wache kommen, so nahmen sie Reißaus, ohne daß sie von denen, die trinken kamen, gesehn worden wären. Inzwischen hatte sich Andreuccio auf dem Grunde des Brunnens gewaschen und rüttelte das Seil. Die oben, die schon ihre Tartschen und Waffen und Panzerröcke abgelegt hatten, begannen das Seil, in dem Glauben, der Eimer voll Wasser sei daran, aufzuwinden. Als Andreuccio sah, daß er nahe dem Brunnenrande war, ließ er das Seil los und schwang sich mit den Händen auf die Mauer. Bei diesem Anblicke packte sie ein so jäher Schrecken, daß sie, ohne ein Wort zu sagen, das Seil ausließen und so rasch, wie sie nur konnten, davonliefen; darob verwunderte sich Andreuccio baß, und hätte er sich nicht so fest angehalten, so wäre er in den Brunnen gefallen, vielleicht nicht ohne einen schweren Leibschaden oder gar den Tod zu erleiden. Als er dann herausstieg und die Waffen fand, die, wie er wußte, nicht seinen Gesellen gehörten, begann er sich noch mehr zu verwundern. In seiner unbestimmten Angst und betrübt über sein Geschick, entschloß er sich, von dort wegzugehn, ohne etwas von den Sachen anzurühren, und ging weiter, ohne zu wissen wohin. Indem er so dahinging, begegnete er seinen zwei Gesellen, die zurückkamen, um ihn aus dem Brunnen zu ziehen; als sie ihn sahen, verwunderten sie sich baß und fragten ihn, wer ihn aus dem Brunnen gezogen habe. Andreuccio antwortete, das wisse er nicht, und sagte ihnen der Reihe nach, wie es zugegangen war und was er beim Brunnen gefunden hatte. Die zwei errieten den Zusammenhang und erzählten ihm lachend, warum sie geflohen waren und wer die waren, die ihn hinaufgezogen hatten; und ohne weiter viel Worte zu machen, gingen sie, da es schon Mitternacht war, zum Dome. Sie kamen mit leichter Mühe hinein und langten bei dem Grabmal an, das aus Marmor und sehr groß war; mit ihrem Eisenwerkzeug hoben sie den Deckel, der gar schwer war, so hoch, daß ein Mann hineinkriechen konnte, und stützten ihn ab. Und als das getan war, begann der eine und sagte: »Wer wird denn hineinsteigen?« Und der andere sagte: »Ich nicht.« – »Ich auch nicht«, sagte der erste; »aber Andreuccio wird hineinsteigen.« – »Das werde ich nicht tun«, sagte Andreuccio; aber da kehrten sich beide gegen ihn und sagten: »Du willst nicht hineinsteigen? Gottestreu, wenn du nicht hineinsteigst, so schlagen wir dich mit einem von den Brecheisen da so auf den Kopf, daß du tot liegen bleibst.« Aus Angst stieg Andreuccio hinein, und unterm Hineinsteigen dachte er bei sich: ›Die lassen mich hineinsteigen, um mich zu betrügen; wenn ich ihnen alles gegeben haben werde, so werden sie, während ich zu tun habe, um herauszukommen, ihre Wege gehn, und mir wird das Nachsehn bleiben.‹ Und darum beschloß er, sich vor allem seinen Teil zu nehmen: und da er sich des kostbaren Ringes erinnerte, wovon er sie hatte reden hören, zog er ihn, kaum daß er unten war, dem Erzbischof vom Finger und steckte ihn sich selber an; nachdem er ihnen dann den Krummstab und die Mitra und die Handschuhe gegeben hatte, kleidete er ihn bis aufs Hemd aus und gab ihnen alles, indem er sagte, es sei nichts mehr da. Die zwei behaupteten, der Ring müsse da sein, und sagten ihm, er solle allenthalben suchen; er aber hielt sie eine Weile in Erwartung, indem er antwortete, er finde ihn nicht, und sich stellte, als suchte er ihn. Nun waren sie nicht minder arglistig als er, und so sagten sie so lange, er solle nur recht gut suchen, bis sie die Zeit ersahen und die Stütze, die den Deckel des Grabmals hielt, wegzogen;

dann entwichen sie und ließen ihn also im Grabmal eingeschlossen. Wie Andreuccio zumute war, als er das inne ward, das kann sich jedermann vorstellen. Zu mehreren Malen versuchte er, ob er den Deckel mit dem Haupte und den Schultern heben könne, aber alle Anstrengung war umsonst, und so fiel er endlich, von hartem Schmerze überwältigt, ohnmächtig auf den Leichnam des Erzbischofs; und wer die zwei damals gesehn hätte, würde nur schwer herausgefunden haben, in welchem weniger Leben sei, ob im Erzbischof oder in ihm. Als er dann wieder zu sich kam, fing er bitterlich zu weinen an, weil er nicht zweifelte, daß ihm der Tod auf eine von den zwei Arten gewiß sei: entweder daß er in dem Grabmal, wenn es niemand mehr öffnen komme, vor Hunger und Gestank mitten unter den Würmern des Leichnams werde sterben müssen, oder daß er, wenn jemand komme und er drinnen gefunden werde, als Dieb werde gehangen werden. Derlei traurigen Gedanken hing er noch immer voll tiefen Kummers nach, als er in der Kirche Schritte und das Gespräch von Leuten hörte, die, wie er vermutete, darangingen, das zu tun, was er mit seinen Gesellen getan hatte; darob wuchs seine Furcht nur noch mehr. Als die aber das Grabmal geöffnet und gestützt hatten, gerieten sie in Streit, wer hineinsteigen sollte, und keiner wollte es tun; endlich sagte nach langem Zanke ein Geistlicher: »Wovor fürchtet ihr euch denn? Glaubt ihr denn, daß er euch beißen wird? Die Toten beißen niemand; ich werde selber hineinsteigen.« Und nach diesen Worten legte er sich mit der Brust auf den Rand des Grabmals, so daß der Kopf draußen blieb, und streckte die Beine hinein, um sich hinunterzulassen. Als das Andreuccio sah, sprang er auf und packte den Geistlichen bei einem Beine, als ob er ihn hätte herunterziehn wollen. Kaum merkte das der Geistliche, so stieß er einen gellenden Schrei aus und schwang sich auch schon aus dem Grabmal. Darüber erschraken alle andern so sehr, daß sie, ohne das Grabmal zu schließen, nicht anders ausrissen, als ob ihnen hunderttausend Teufel auf den Fersen gewesen wären. Andreuccio, der das alles sah, schwang sich alsbald, froher als er je gehofft hätte, heraus und verließ die Kirche auf demselben Wege, wie er gekommen war. Es wollte schon Tag werden, als er, der mit dem Ringe am Finger aufs Geratewohl fortging, ans Meeresufer kam, und von dort kam er wieder in seine Herberge, wo er erfuhr, daß seine Gesellschaft und der Wirt die ganze Nacht seinetwegen in Ängsten gewesen waren. Nachdem er ihnen alles, was ihm begegnet war, erzählt hatte, schlossen sich seine Gesellen der Meinung des Wirtes an, daß er unverzüglich Neapel verlassen müsse. Das tat Andreuccio augenblicklich und kehrte nach Perugia zurück, nachdem er also sein Geld, wovon er hatte Pferde kaufen wollen, in einem Ringe angelegt hatte.

Sechste Geschichte

Madonna Beritola, die ihre zwei Söhne verloren hat, wird mit zwei Rehen auf einer Insel gefunden und begibt sich in die Lunigiana; dort tritt einer ihrer Söhne in die Dienste ihres Herrn und liegt bei seiner Tochter und wird ins Gefängnis geworfen. Sizilien empört sich gegen König Karl, und der Sohn, der von seiner Mutter erkannt worden ist, heiratet die Tochter des Herrn; auch sein Bruder wird wiedergefunden, und sie werden wieder vornehme Leute.

Gleicherweise hatten die Damen und die jungen Männer über die von Fiammetta erzählten Abenteuer Andreuccios gelacht, als Emilia, da die Geschichte zu Ende war, auf Befehl der Königin also begann: Hart und trübselig sind die Wechselfälle des Schicksals; und jedesmal, wenn von ihnen gesprochen wird, erwacht unser Sinn, der bei seinen Liebkosungen leichtlich einschläft; darum meine ich, daß es weder die Glücklichen noch die Unglücklichen verdrießen darf, von diesen Dingen zu hören, weil sie die Glücklichen vorsichtig machen und die Unglücklichen trösten. Wenn auch daher schon viel Merkwürdiges darüber gesagt worden ist, gedenke ich euch doch noch eine ebenso wahre wie rührende Geschichte zu erzählen, in der, trotz ihrem frohen Ende, eine so große und so lang dauernde Bitternis war, daß ich kaum glauben kann, daß diese Bitternis durch die spätere Freude jemals völlig versüßt worden sei.

Ihr müßt also wissen, meine liebsten Damen, daß bei Manfred, der nach dem Tode Kaiser Friedrichs des Zweiten zum König von Sizilien gekrönt worden war, ein Edelmann aus Neapel, Arrighetto Capece mit Namen, in hohem Ansehn stand, der zur Gattin eine schöne edle Dame hatte, die auch aus Neapel war und Madonna Beritola Caracciola hieß. Als dieser Arrighetto, in dessen Händen die Regierung der Insel lag, hörte, daß König Karl der Erste Manfred bei Benevent besiegt und getötet hatte und daß sich ihm das ganze Königreich zuwandte, traf er, weil er der kurzen Treue der Sizilianer wenig traute und weil er nicht einem Feinde seines Herrn untertan sein wollte, Anstalten zur Flucht. Da aber davon die Sizilianer erfuhren, wurden er und viele andere Freunde und Diener König Manfreds als Gefangene an König Karl ausgeliefert, dem auch bald der Besitz der Insel eingeräumt wurde. Bei einer so großen Veränderung der Dinge ließ Madonna Beritola, die nichts über Arrighettos Schicksal wußte und wegen des Geschehnen in steter Besorgnis war, aus Furcht vor Schande ihr ganzes Eigentum in Stich, bestieg in Dürftigkeit und obwohl sie eben schwanger war, mit ihrem Söhnchen, das etwa acht Jahre alt war und Giusfredi hieß, ein Boot und floh nach Lipari und dort gebar sie einen andern Sohn, den sie Scacciato, das ist der Vertriebene, nannte; und nachdem sie eine Amme genommen hatte, bestieg sie mit allen ein kleines Schiff, um nach Neapel zu ihren Verwandten zurückzukehren. Aber es kam anders, als sie gedacht hatte; denn durch die Kraft des Sturmes wurde das Schiff, das nach Neapel hätte fahren sollen, an die Insel Ponza getrieben, und dort liefen sie, um ein besseres Wetter für die Weiterreise abzuwarten, in eine kleine Bucht ein. Wie die andern ging auch Madonna Beritola auf der Insel ans Land; und als sie einen einsamen, abgelegenen Ort gefunden hatte, gab sie sich dort ganz allein der Trauer um ihren Arrighetto hin. Indem sie das alltäglich so hielt, geschah es, daß, während sie in ihrem Schmerze versunken war, eine Freibeutergaleere, ohne von einem von den Seeleuten oder von sonst jemand bemerkt zu werden, herankam, alle ohne Widerstand gefangennahm und davonfuhr. Als Madonna Beritola, nachdem sie ihre tägliche Klage beendet hatte, an den Strand zurückkam, um, wie sie gewohnt war, nach ihren Kindern zu sehn, fand sie keine Seele mehr vor; zuerst verwundert, dann aber plötzlich die Wahrheit ahnend, blickte sie hinaus aufs Meer und sah, wie die Galeere, die noch nicht weit entfernt war, das kleine Schiff hinter sich herzog. Daraus erkannte sie denn deutlich, daß sie so wie den Gatten auch die Kinder verloren hatte; und da sie sich arm und allein und verlassen sah, ohne daß sie gewußt hätte, wo sie je eines von ihren

Lieben wiederfinden sollte, fiel sie, den Namen des Gatten und der Kinder rufend, besinnungslos auf dem Strande hin. Niemand war da, der ihr die entwichenen Kräfte mit kaltem Wasser oder einem andern Mittel zurückgerufen hätte, und ihre Lebensgeister durften in aller Gemächlichkeit schweifen, wohin es ihnen beliebte; nachdem aber die verlorenen Kräfte zugleich mit den Tränen und den Klagen in den elenden Leib zurückgekehrt waren, rief sie die Kinder lange Zeit und suchte sie allenthalben in den Höhlen. Als sie dann erkannte, daß all ihre Mühe eitel war, und als sie sah, daß die Nacht hereinbrach, begann sie sich, hoffend, ohne aber zu wissen was, um sich selber zu kümmern; sie verließ den Strand und kehrte in die Höhle zurück, wo sie sonst zu weinen und zu klagen pflegte. Die Nacht verstrich ihr unter großer Angst und unbeschreiblichem Schmerze, und als der neue Tag gekommen war, wurde in ihr endlich nach der dritten Morgenstunde, weil sie am Abend vorher nichts gegessen hatte, der Hunger so mächtig, daß sie daranging, einige Kräuter zu suchen; und nach diesem kärglichen Mahle gab sie sich weinend mancherlei Gedanken über ihr künftiges Leben hin. Noch immer damit beschäftigt, sah sie ein Reh kommen und in eine Höhle in der Nähe gehn und nach einer Weile wieder heraus und in den Busch gehn; darum stand sie auf und ging in die Höhle, die das Reh verlassen hatte, und dort sah sie nun zwei Rehkälbchen, die noch keinen Tag alt sein mochten. Etwas Hübscheres und Herzigers als diese zwei Tiere glaubte sie noch nie gesehn zu haben; und da ihr die Milch von ihrer letzten Niederkunft her noch nicht versiegt war, nahm sie sie zärtlich und legte sie an ihre Brust. Die Rehe verschmähten diesen Liebesdienst keineswegs, sondern sogen an ihr, wie sie es bei der Mutter getan hätten; und von Stund an machten sie zwischen ihr und ihrer Mutter keinen Unterschied. Der Edeldame aber schien es, daß sie an dem verlassenen Ort eine Gesellschaft gefunden habe, und bald wurde sie mit dem alten Reh nicht minder vertraut als mit den jungen; sie nährte sich von Kräutern und trank Wasser, weinte jedesmal, wenn sie sich des Gatten und der Kinder und ihres vergangenen Lebens erinnerte, und war entschlossen, auf dieser Insel zu leben und zu sterben. Nach vielen Monaten, die die edle Dame einem Wilde gleich dort zugebracht hatte, geschah es, daß ein pisanisches Schiff, ebenso eines Unwetters halber, an derselben Stelle landete, wo sie gelandet war, und dort mehrere Tage blieb. Auf diesem Schiff war ein Edelmann aus dem Markgrafengeschlechte der Malespini, Currado mit Namen, mit seiner rechtschaffenen, frommen Gemahlin; sie kamen von einer Pilgerfahrt, die sie an alle heiligen Örter des Königreichs Apulien geführt hatte, und waren auf dem Heimwege. Eines Tages machte sich Currado, um sich ein wenig aufzuheitern, mit seiner Gemahlin und einigen Dienern und seinen Hunden auf, um ins Innere der Insel zu gehn; und nicht weit von dem Orte, wo Madonna Beritola war, begannen die Hunde Currados die zwei Rehe zu verfolgen, die, nun schon groß geworden, geäst hatten, und die Rehe flohen, von den Hunden gehetzt, nirgends anders hin als in die Höhle, wo Madonna Beritola war. Die sprang sofort auf, nahm einen Stock und jagte die Hunde zurück. Nun kamen Currado und seine Gemahlin, die den Hunden gefolgt waren, dazu, und als sie die Frau sahen, die braun und mager und zottig geworden war, waren sie sehr verwundert; und die Frau war es noch mehr. Nachdem nun Currado auf ihre Bitten seine Hunde zurückgerufen hatte, brachten sie sie durch viele Bitten dahin, ihnen zu sagen, wer sie sei und was sie hier mache; und so entdeckte sie ihnen rückhaltlos ihren Stand und ihr Schicksal und sagte ihnen auch, was für einen harten Vorsatz sie gefaßt hatte. Als das Currado hörte, der Arrighetto Capece sehr gut gekannt hatte, weinte er vor Mitleid und trachtete, sie mit vielen Bitten ihrem harten Vorsatze abwendig zu machen, indem er ihr anbot, sie zu ihren Leuten zu bringen oder in sein Haus aufzunehmen, wo sie, ebenso geehrt wie eine Schwester, so lange verweilen könne, bis ihr Gott ein freudigeres Los bereiten werde. Da die Dame diesem Anerbieten nicht nachgab, ließ Currado seine Gemahlin bei ihr und sagte dieser, sie solle zu essen bringen lassen, die Arme, die nur mehr Lumpen auf sich hatte, in eines ihrer Gewänder kleiden und alles aufbieten, daß sie sich wegführen lasse. Die Edeldame, die also bei Madonna Beritola blieb, ließ, nachdem sie mit ihr viel über ihr unseliges Geschick geweint hatte, Kleider und Speisen kommen und brachte es mit der größten Mühe von der Welt dazu, daß sie sich neu kleidete und aß; und schließlich gelang es ihr nach vielen Bitten, Madonna Beritola, die bestimmt erklärte, nie an einen Ort gehn zu wollen, wo sie bekannt sei, zu bewegen, mit ihr in die Lunigiana zu reisen, wohin auch die zwei Rehkälber mitgenommen werden sollten samt dem alten Reh, das inzwischen zurückgekommen war und sie, nicht ohne große Verwunderung der Edeldame, mit den größten Freudenbezeigungen umschmeichelt hatte. Und als das Wetter günstig geworden war, bestieg Madonna Beritola mit Currado und seiner Gemahlin das Schiff, und sie nahm auch das Reh und die zwei Jungen mit, um derentwillen sie, da nicht alle ihren Namen wußten, Cavriuola, das ist Reh, genannt wurde. Bei gutem Winde kamen sie zur Magramündung, stiegen dort ans Land und begaben sich auf die Burgen Currados. Dort verweilte nun Madonna Beritola bei Currados Gemahlin in Witwentracht wie eine von deren Kammerfrauen, ehrbar und demütig und gehorsam, ohne der Liebe zu ihren Rehen zu vergessen, die sie füttern ließ. Die Freibeuter, die bei Ponza das Schiff, auf dem Madonna Beritola gekommen war, genommen hatten, waren mit allen außer ihr, die sie nicht gesehn und daher dort gelassen hatten, nach Genua gefahren; als dort die Beute unter die Herren der Galeere verteilt wurde, kamen die

Amme Madonna Beritolas und die beiden Kinder zufällig auf das Los eines gewissen Guasparrino d'Oria, und er schickte alle drei in sein Haus, um sie dort wie Sklaven zum häuslichen Dienste zu verwenden. Über die Maßen betrübt, sowohl über den Verlust ihrer Herrin als auch über das traurige Geschick, zu dem sie sich und die zwei Kinder verurteilt sah, weinte die Amme lange Zeit. Da sie aber sah, daß die Tränen nichts nützten und daß sie allesamt Sklaven waren, faßte sie, obwohl sie nur ein armes Weib war, einen klugen und vorsichtigen Entschluß: als sie sich nämlich auf jede mögliche Art getröstet hatte und dann bedachte, an was für ein Ende es mit ihnen gekommen war, überlegte sie bei sich, daß es den beiden Kindern möglicherweise schaden könnte, wenn es bekannt würde, wer sie seien; da sie überdies hoffte, das Schicksal könne sich, wann immer es sei, ändern und die Kinder könnten, wenn sie am Leben blieben, in ihren vorigen Stand zurückkehren, so entschied sie sich dafür, niemand zu entdecken, wer sie seien, bevor sie nicht die günstige Zeit ersehe, und so sagte sie allen, die sie darum fragten, sie seien ihre Kinder. Und den größern Knaben nannte sie nicht Giusfredi, sondern Giannotto von Procida, während sie keinen Anlaß fand, auch den Namen des jüngeren zu ändern. Und mit der größten Beflissenheit machte sie es Giusfredi begreiflich, warum sie seinen Namen gewechselt hatte und zu was für einer Gefahr es ihm gereichen könnte, wenn er erkannt würde, und schärfte ihm das nicht einmal, sondern zu often Malen und gar häufig ein; und der Knabe, der aufgeweckt war, hielt sich treulich an die Unterweisungen der verständigen Amme. So blieben die beiden Knaben, schlecht gekleidet und noch schlechter beschuht und zu jedem niedrigen Dienste verwandt, mehrere Jahre lang mit ihrer Amme geduldig im Hause Messer Guasparrinos. Da aber Giannotto, als er sechzehn Jahre alt war, einen höheren Sinn hatte, als einem Sklaven zugekommen wäre, verließ er, des schnöden Sklavenlebens überdrüssig, den Dienst Messer Guasparrinos, schiffte sich auf einer Galeere ein, die an einer Fahrt nach Alexandrien teilnahm, und zog nun in verschiedene Länder, ohne aber vorwärts zu kommen. Es waren etwa drei oder vier Jahre vergangen, seitdem er Messer Guasparrino verlassen hatte, und er war ein schöner, hochgewachsener junger Mann geworden, als er endlich, nachdem er vorher noch erfahren hatte, daß sein Vater, den er für tot gehalten hatte, noch am Leben war und von König Karl in schmählicher Gefangenschaft gehalten wurde, fast an seinem Glücke verzweifelnd in die Lunigiana kam; und der Zufall wollte es, daß er in die Dienste Currado Malespinas trat, und bald hatte er sich durch seine Geschicklichkeit dessen Zufriedenheit erworben. Obwohl er nun seine Mutter, die bei Currados Gemahlin war, ein paarmal sah, so erkannte er sie doch ebensowenig wie sie ihn; so sehr hatte das Alter beide seit der Zeit, wo sie sich das letzte Mal gesehn hatten, verändert. Derweil also Giannotto in Currados Diensten stand, geschah es, daß eine Tochter Currados, Spina mit Namen, als Witwe eines gewissen Niccolò da Grignano ins väterliche Haus heimkehrte; die, die sehr schön und liebenswürdig und kaum älter als sechzehn Jahre war, warf ein Auge auf Giannotto und er auf sie, und sie verliebten sich glühend ineinander. Diese Liebe blieb nicht lange ohne Erfüllung; und sie währte monatelang, ohne daß jemand etwas davon gemerkt hätte. Da sie auf diese Weise allzu sorglos wurden, begannen sie sich mit geringerer Vorsicht zu benehmen, als ein solcher Handel erheischt hätte: und als sich die junge Dame eines Tages mit Giannotto in einem schönen und dicht belaubten Busche erging, ließen sie die ganze Gesellschaft hinter sich und schritten voraus; und als sie den andern ein hübsches Stück Weges vorauszusein glaubten, ließen sie sich an einem lieblichen Plätzchen voller Kräuter und Blumen, das von Bäumen umschlossen war, nieder und begannen einander die Wonnen der Liebe zu gewähren. Und obwohl sie schon eine geraume Weile beisammen waren, ließ ihnen die große Lust die Zeit so schnell vergehen, daß sie zuerst von Spinas Mutter und dann von Currado überrascht wurden. Currado, der, als er das sah, über die Maßen erbost war, erteilte drei Dienern, ohne ein Wort zu sagen warum, den Befehl, sie zu ergreifen und gebunden auf eine seiner Burgen zu führen; und vor Zorn und Gram außer sich, beabsichtigte er, sie eines schmählichen Todes sterben zu lassen. Obwohl auch die Mutter Spinas sehr unwillig war und bei dem Vergehn der Tochter jede grausame Strafe für angemessen erachtete, konnte sie doch nicht das zugeben, was Currado, wie sie aus etlichen Worten von ihm entnommen hatte, mit den Schuldigen zu tun gesonnen war, beschleunigte darum ihre Schritte, um den erzürnten Gatten einzuholen, und begann ihn zu bitten, er möge sich nicht in der Hitze zu sehr übereilen, daß er als alter Mann zum Mörder seiner Tochter werde und seine Hand mit dem Blute eines Dieners besudle, sondern er möge seinem Zorne auf eine andere Weise Genüge zu tun suchen, indem er sie zum Beispiel gefangensetzen lassen könne, auf daß sie im Kerker schmachteten und den begangenen Fehler beweinten; mit diesen und viel anderen Worten redete die Dame so lange auf ihn ein, daß sie ihn endlich von dem Vorsatze, die beiden zu töten, abbrachte und er befahl, daß sie an verschiedenen Orten gefangengesetzt und wohl bewacht und bei wenig Speise und viel Ungemach so lange gehalten würden, bis er sich über sie eines anderen beraten werde. Und so geschah es. Was sie für ein Leben in der Gefangenschaft führten unter stetigen Tränen und bei längern Fasten, als ihnen bekömmlich gewesen wäre, das kann sich jedermann vorstellen. Ein Jahr lang hatten Giannotto und Spina, ohne daß sich Currado ihrer erinnert hätte, in also trauriger Weise zugebracht, als es geschah, daß König Peter von Aragonien, durch ein Einverständnis mit Gian von Procida, die Insel Sizilien aufwiegelte und dem König Karl wegnahm, weswegen Currado als Gibelline große Feste anstellte. Als das Giannotto von einem seiner Wächter erfuhr, stieß er einen tiefen Seufzer aus und sagte: »Ach, ich Ärmster! Vierzehn Jahre sind vergangen, seitdem ich armselig durch die Welt wandere und auf nichts sonst warte, als daß das einmal geschieht, und jetzt, wo es geschieht, findet es mich, auf daß ich nimmer etwas Gutes zu hoffen habe, in einem Gefängnis, das ich wohl nie anders als tot verlassen werde.« – »Wieso denn?« sagte der Schließer; »was geht es denn dich an, was die großen Könige tun? Was geht dich Sizilien an?« Und Giannotto sagte zu ihm: »Mir ist, als wollte mir das Herz zerspringen, wenn ich mich erinnere, was dort mein Vater zu schaffen hatte; obwohl ich zur Zeit meiner Flucht ein kleines Kind gewesen bin, erinnere ich mich doch, daß er dort zu Lebzeiten König Manfreds der Herr gewesen ist.« Der Schließer fuhr fort: »Und wer war dein Vater?« »Meinen Vater«, sagte Giannotto, »kann ich nun getrost nennen, weil ich mich schon in der Gefahr sehe, um derentwillen ich mich gefürchtet habe, ihn zu entdecken. Er hieß – und lebt er noch, so heißt er – Arrighetto Capece, und mein Name ist nicht Giannotto, sondern Giusfredi; und ich zweifle keineswegs, daß ich, wenn ich nur hier heraus wäre und nach Sizilien käme, einen hohen Rang einnehmen würde.« Der Biedermann ließ sich auf nichts weiter ein und erzählte bei der ersten Gelegenheit alles Currado. Als das Currado gehört hatte, ging er, obwohl er sich vor dem Schließer gestellt hatte, als kümmerte er sich nicht darum, zu Madonna Beritola und fragte sie freundlich, ob sie von Arrighetto einen Sohn gehabt habe, der Giusfredi geheißen habe. Weinend antwortete ihm die Dame, daß der ältere von den zweien, die sie gehabt habe, wenn er noch am Leben wäre, so heißen würde und etwa zweiundzwanzig Jahre alt wäre. Als das Currado hörte, bedeuchte ihn, Giannotto müsse Giusfredi sein, und ihm kam in den Sinn, daß er, wenn es so sei, zu derselben Zeit ein großes Werk der Barmherzigkeit tun und seine und seiner Tochter Schande aus der Welt schaffen könne, indem er sie ihm zur Gattin gebe; darum ließ er sich Giannotto heimlich kommen und befragte ihn um jede Einzelheit seines vergangenen Lebens. Und da er aus ganz offenkundigen Anzeichen fand, daß er wirklich Giusfredi, der Sohn Arrighetto Capeces war, sagte er zu ihm: »Giannotto, du weißt, wie groß und welcher Art die Beleidigung ist, die du mir in meiner Tochter angetan hast, während du, den ich gut und freundlich behandelte, als Diener immer meine und der Meinigen Ehre hättest im Auge behalten und fördern sollen; und es wären viele gewesen, die dich, wenn du ihnen das angetan hättest, was du mir angetan hast, hätten eines schmählichen Todes sterben lassen: meine Güte aber hat das nicht zugegeben. Weil es jedoch nunmehr so steht, daß du, wie du mir sagst, der Sohn eines Edelmanns und einer Edeldame bist, will ich, wenn du es auch selber willst, deinen Leiden ein Ende machen und dich aus der elenden Gefangenschaft, in der du dich befindest, lösen und zu gleicher Zeit deine Ehre und die meinige wiederherstellen. Spina, die du in einer verliebten, aber dir und ihr unangemessenen Neigung verführt hast, ist, wie du weißt, Witwe, und ihre Mitgift ist groß und sicher; wie ihre Sitten sind, weißt du, und ihre Eltern kennst du. Von deiner gegenwärtigen Lage schweige ich. Wenn du also willst, so bin ich einverstanden, daß die, die unehrbarerweise deine Geliebte war, nun ehrbarerweise deine Gattin wird und daß du wie mein Sohn mit ihr so lange bei mir bleibst, wie dir belieben wird.« Die Gefangenschaft hatte zwar den Leib Giannottos entkräftet, aber keineswegs seinen angeborenen adeligen Sinn geschwächt und noch weniger die Liebe verringert, die er zu seiner Dame trug. Und obwohl er das, was ihm Currado anbot, glühend ersehnte und obwohl er sich in dessen Gewalt sah, so legte er sich doch in dem, was ihm seine Seelengröße zu sagen eingab, nicht die mindeste Zurückhaltung auf und antwortete: »Weder Ehrgeiz noch Geldgier noch irgendein anderer Grund hat mich jemals vermocht, deinem Leben, Currado, oder dem, was dein ist, verräterisch nachzustellen. Ich habe deine Tochter geliebt und liebe sie und werde sie immer lieben, weil ich erachte, daß sie meiner Liebe würdig ist; und wenn mein Verhalten zu ihr nach der Meinung der großen Menge nicht ganz ehrbar war, so habe ich einen Fehler begangen, der stets der Jugend anhaftet und der nur abgeschafft werden könnte, wenn zuerst die Jugend abgeschafft würde, und der, wenn sich die Alten erinnern wollten, daß auch sie einmal jung waren, und wenn sie an die Vergehn der andern den Maßstab der eigenen und an die eigenen den Maßstab der andern anlegten, nicht so groß wäre, wie ihn du und viele andere hinstellen; und dann habe ich ihn als Freund und nicht als Feind begangen. Das, was du dich zu tun erbietest, habe ich immer ersehnt, und hätte ich geglaubt, daß es mir gewährt werden sollte, so hätte ich es schon längst geheischt; und nun wird es mir um so teuerer sein, je geringer meine Hoffnung darauf war. Hast du aber nicht das im Sinne, was deine Worte ankündigen, so weide mich nicht an einer eitlen Hoffnung, sondern lasse mich ins Gefängnis zurückbringen und mich dort nach Belieben peinigen; denn solange ich Spina lieben werde, so lange werde ich ihr zuliebe auch dich lieben, was immer du mir auch antust, und dich in Ehren halten.« Diese Worte machten auf Currado einen tiefen Eindruck und überzeugten ihn von der Hochherzigkeit Giusfredis und der Glut seiner Liebe, so daß er ihn um so lieber gewann; und darum stand er auf, um ihn zu umarmen und zu küssen, und befahl ohne weitern Verzug, daß Spina in aller Stille geholt werde. Sie war im Gefängnis mager und bleich und schwach geworden und war nun, ebenso wie Giannotto, ein anderer Mensch als früher; und sie schlossen mit gleich freudiger Zustimmung ihre Vermählung in Currados Gegenwart nach unserm Brauche. Nachdem er sie dann mehrere Tage lang, ohne daß jemand etwas von dem, was geschehen war, gemerkt hätte, mit allem, was ihnen nötig und lieb war, hatte versehn lassen und als es ihm an der Zeit schien, auch ihre Mütter froh zu machen, rief er seine Gemahlin und Cavriuola: »Was würdet Ihr sagen, Madonna, wenn ich Euch Euern ältern Sohn wiedergäbe, und zwar als Gatten einer meiner Töchter?« Und Cavriuola antwortete ihm: »Ich könnte dazu nichts andres sagen, als daß ich Euch, wenn Ihr mich überhaupt noch mehr verbinden könntet, als Ihr schon getan habt, um so dankbarer wäre, je mehr mir das, was Ihr mir wiedergäbet, lieber wäre als mein eigenes Leben; und gäbet Ihr es mir so wieder, wie Ihr sagt, so würdet Ihr meine geschwundene Hoffnung einigermaßen zurückrufen.« Und damit schwieg sie weinend. Nun sagte Currado zu seiner Gemahlin: »Und was würde dich bedünken, Frau, wenn ich dich mit einem solchen Eidam beschenkte?« Und die Dame antwortete ihm: »Nicht nur einer aus ihrem Geschlechte, das ja adelig ist, sondern auch ein niedriger Mann wäre mir lieb, wenn er Euch lieb wäre.« Nun sagte Currado: »Ich hoffe Euch diese Freude binnen wenigen Tagen zu machen.« Als er sah, daß die zwei jungen Leute ihr voriges Aussehn wiedergewonnen hatten, kleidete er sie köstlich und dann fragte er Giusfredi: »Würde deine Freude nicht noch vollkommener werden, wenn du deine Mutter hier sähest?« Und Giusfredi antwortete ihm: »Ich kann es gar nicht glauben, daß sie der Schmerz über ihr unseliges Geschick so lange am Leben gelassen habe; wenn es aber doch so wäre, so wäre ich überaus glücklich darüber, weil ich sonderlich auch durch ihren Rat glauben würde, meinen Rang in Sizilien zum großen Teile wiederzuerlangen.« Nun ließ Currado beide Damen kommen. Sie bezeigten der jungen Frau eine wundersame Freude, nicht wenig erstaunt, welche Eingebung Currado zu einem so gütigen Entschlusse, Giannotto mit ihr zu vermählen, bewogen haben könne. Aber

Madonna Beritola begann, eingedenk der Worte Currados, Giannotto zu betrachten, und schon weckte eine geheimnisvolle Kraft in ihr die Erinnerung an die kindlichen Gesichtszüge ihres Knaben, so daß sie sich ihm, ohne erst auf eine Erklärung zu warten, mit offenen Armen an seine Brust warf; und die überquellende Rührung der mütterlichen Freude ließ sie kein Wort herausbringen, sondern erstickte jede Lebenskraft in ihr, und sie fiel wie tot in die Arme ihres Sohnes. Und hatte sie der auch, wie er sich nun verwundert erinnerte, zu often Malen in ebendieser Burg gesehn, ohne sie je erkannt zu haben, so regte sich doch jetzt augenblicklich die Stimme des Blutes in ihm; sich seiner frühern Achtlosigkeit wegen selber scheltend, nahm er sie in die Arme und küßte sie mit zärtlichen Tränen. Nachdem dann Madonna Beritola, um die sich Currados Gemahlin und Spina liebevoll mit kaltem Wasser und andern Mitteln bemühten, die entwichenen Kräfte wiedergewonnen hatte, umarmte sie ihren Sohn von neuem mit vielen Tränen und viel kosenden Worten; und voll mütterlicher Liebe küßte sie ihn tausendmal und öfter, und er überließ sich ehrfürchtig ihrer Zärtlichkeit. Nachdem sich diese frohen Liebkosungen nicht ohne große Teilnahme und Freude der Umstehenden dreimal und viermal wiederholt hatten, erzählten sie einander all ihre Schicksale; und da Currado seinen Freunden zu deren Freude die neue Verschwägerung zu wissen gemacht hatte und eine schöne, glänzende Hochzeit veranstaltete, sagte Giusfredi zu ihm: »Ihr habt mich vieler Dinge froh gemacht, Currado, und habt meine Mutter eine lange Zeit bei Euch in Ehren gehalten; damit Ihr nun nichts ungetan lasset, was Euch für uns zu tun möglich ist, bitte ich Euch, daß Ihr meine Mutter und meine Hochzeit und mich durch die Gegenwart meines Bruders froh machet, den Messer Guasparrino d'Oria zugleich mit mir, wie ich Euch gesagt habe, auf der See geraubt hat und als Sklaven in seinem Hause hält, und daß Ihr dann jemand nach Sizilien schicket, auf daß er sich genau unterrichte über die Verhältnisse und die Lage im Lande und Kunde einziehe, ob mein Vater Arrighetto tot ist oder lebt, und wenn er lebt, in was für einer Lage: und hat er sich über alles genau unterrichtet, so möge er zu uns zurückkehren.« Die Bitte Giusfredis gefiel Currado, und er schickte unverzüglich verständige Leute nach Genua und nach Sizilien. Der, der nach Genua geschickt worden war, suchte Messer Guasparrino auf, erzählte ihm alles der Reihe nach, was Currado für Giusfredi und dessen Mutter getan hatte, und richtete Currados Bitte aus, ihm Scacciato und die Amme zu schikken. Messer Guasparrino verwunderte sich baß, als er das hörte, und sagte: »Gewiß würde ich um Currado alles mögliche tun, was ihm nur beliebte, und so werde ich ihm auch den jungen Menschen, den du verlangst, und seine Mutter, die ich so wie ihn seit vierzehn Jahren im Hause habe, gern schicken; aber sage ihm in meinem Namen, er solle sich in acht nehmen, daß er den Geschichten Giannottos, der sich jetzt Giusfredi nennen läßt, nicht zu viel geglaubt habe oder glaube, weil das ein viel arglistigerer Bursche ist, als sich Currado beifallen ließe.« Und nach diesen Worten und nachdem er befohlen hatte, den wackern Mann zu bewirten, ließ er sich heimlich die Amme rufen und forschte sie bedachtsam über die Sache aus. Als die von dem Aufstande in Sizilien hörte und erfuhr, daß Arrighetto noch am Leben sei, ließ sie die Furcht fahren, die sie bisher gehabt hatte, erzählte ihm, wie sich alles zugetragen hatte, und legte ihm die Gründe dar, die sie zu ihrer Handlungsweise bewogen hatten. Messer Guasparrino, der sah, daß die Reden der Amme mit denen von Currados Abgesandtem trefflich übereinstimmten, begann den Worten Glauben zu schenken; und als er die Sache als ein gar schlauer Mann auf die eine und die andere Weise geprüft hatte und alle Augenblicke neue Dinge fand, die ihn in dem Glauben an die Wahrheit bestärkten, schämte er sich der niedrigen Art, wie er den Jüngling behandelt hatte, so sehr, daß er ihm zur Entschädigung dafür und weil er wußte, wer Arrighetto gewesen war und war, sein elfjähriges schönes Töchterlein mit einer großen Heimsteuer zur Gattin gab. Nachdem er das mit einem großen Feste gefeiert hatte, bestieg er mit dem Jünglinge und der Tochter und dem Gesandten Currados und der Amme eine wohlgerüstete Galeere, um nach Lerici zu fahren; von dort, wo er von Currado empfangen wurde, begab er sich mit seiner ganzen Gesellschaft auf eine nahegelegene Burg Currados, die für das große Fest ausersehn war. Wie glückselig die Mutter war, als sie ihren Sohn wiedersah, wie glücklich die zwei Brüder übereinander waren, wie sie alle drei die treue Amme herzten, was für eine herzliche Freude sie alle Messer Guasparrino und seiner Tochter bezeigten und Messer Guasparrino ihnen, und wie groß der Jubel aller miteinander mit Currado und mit seiner Gemahlin und seinen Kindern und Freunden war, das läßt sich nicht mit Worten ausdrücken; ich überlasse es euch, meine Damen, euch selber ein Bild davon zu machen. Und damit die Freude vollständig werde, wollte es Gott, der, wenn er anfängt, mit vollen Händen spendet, daß die frohe Nachricht eintraf, Arrighetto sei am Leben und in hoher Stellung. Noch saßen nämlich die Eingeladenen, Männer und Frauen, beim ersten Gerichte, als mitten in dem hellen Jubel der eintraf, der nach Sizilien gereist war, und der erzählte von Arrighetto unter anderm, daß das Volk, als der Aufruhr gegen König Karl in der Stadt losgebrochen sei, wütend zu dem Gefängnis, wo ihn König Karl noch immer gefangengehalten habe, gelaufen sei und die Wächter getötet, ihn befreit und ihn als Hauptfeind des Königs an ihre Spitze gestellt und unter seiner Führung die Franzosen verjagt und erschlagen habe. Darob sei er bei König Peter hoch in die Gunst gekommen, und dieser habe ihn in alle seine Güter und Würden wiedereingesetzt, so daß ihm nun an Ansehn und Wohlstand nichts mangle; und der Abgesandte fügte hinzu, Arrighetto habe ihn mit allen Ehren empfangen und eine unbeschreibliche Freude über seine Gemahlin und seinen Sohn gezeigt, von denen ihm seit seiner Einkerkerung nichts mehr zu Ohren gekommen sei, und Arrighetto habe auch um sie ein Schiff mit einigen Edelleuten geschickt, die sogleich kommen würden. Der Gesandte war mit jubelnden Freudenausbrüchen empfangen und angehört worden; und alsbald ging Currado mit einigen seiner Freunde den Edelleuten entgegen, die um Madonna Beritola und Giusfredi kamen, empfing sie freudig und führte sie zu seinem Gastmahle, das noch nicht bis zur Hälfte gediehen war. Die Freude, sie zu sehn, war bei den Damen und bei Giusfredi, aber auch bei allen andern so groß, daß eine ähnliche noch nie erhört worden ist; bevor sich die Edelleute aber zum Essen setzten, entboten sie Currado und seiner Gemahlin Arrighettos Gruß und dankten ihnen in seinem Namen, so gut sie nur wußten und konnten, für die Ehre, die sie seiner Gemahlin und seinem Sohn erwiesen hätten, und baten sie, über Arrighetto samt allem, was er vermöge, nach ihrem Belieben zu verfügen. Dann wandten sie sich zu Messer Guasparrino, von dessen guter Handlung sie nichts geahnt hatten, und sagten ihm, sie seien überzeugt, daß ihm Arrighetto, wenn er erfahren werde, was er für Scacciato getan habe, einen ebensolchen und noch größern Dank abstatten werde. Dann nahmen sie freudig teil an dem Fest der beiden jungen Paare und aßen mit ihnen. Und nicht nur einen, sondern viele Tage lang dauerten die Lustbarkeiten, die Currado für seinen Eidam und seine Verwandten und seine Freunde anstellte. Als sie aber dann zu Ende waren, schien es Madonna Beritola und Giusfredi an der Zeit, zu scheiden, und sie bestiegen das Schiff unter vielen Tränen Currados und seiner Gattin und Messer Guasparrinos und fuhren weg, indem sie Spina mitnahmen. Bei günstigem Winde kamen sie rasch nach Sizilien, und in Palermo wurden sie alle, die Söhne und die Frauen, von Arrighetto mit solcher Glückseligkeit empfangen, daß sie unmöglich zu schildern wäre; dort, heißt es, haben sie alle viele Jahre lang glücklich und, in Dankbarkeit für die empfangenen Wohltaten, als Freunde des Herrgotts gelebt.

Siebente Geschichte

Der Sultan von Babylon schickt seine Tochter dem Könige von Algarbien als Gemahlin, und sie gerät durch mannigfache Abenteuer in einem Zeitraume von vier Jahren an verschiedenen Orten neun Männern in die Hände; schließlich wird sie ihrem Vater als Jungfrau zurückgebracht und zieht, so wie früher, zum Könige von Algarbien als seine Gattin.

Die Geschichte Emilias hätte vielleicht nicht viel länger dauern dürfen, so wären die jungen Damen von dem Mitleide, das sie mit den Schicksalen Madonna Beritolas hatten, bis zu Tränen gerührt worden. Als sie aber beendigt war, gefiel es der Königin, daß Panfilo folge und die seinige erzähle; und darum begann er, der gar gehorsam war: Es ist ein schwierig Ding für uns, meine anmutigen Damen, zu erkennen, was uns nützlich ist; denn oft hat man es schon sehn können, daß viele, die in der Meinung, sie würden, wenn sie nur reich seien, ruhig und sicher leben können, nicht nur Gott in Gebeten darum angefleht, sondern auch, ohne irgend eine Mühe oder Gefahr zu scheuen, ruhelos nach Reichtum getrachtet haben, dann, sobald sie an ihrem Ziele gewesen sind, einen Elenden gefunden haben, der ihnen aus Gier nach ihrem Erbe das Leben genommen hat, das sie, auch als sie noch nicht reich gewesen sind, so sehr geliebt haben. Andere, die sich aus niedrigem Stande durch tausend gefährliche Kämpfe und über die Leichen ihrer Brüder und Freunde zu der Höhe des Thrones aufgeschwungen haben, weil sie das für das höchste Glück hielten, haben, von der steten Unruhe und Angst, der sie sich dort verfallen sahen, zu geschweigen, bei ihrem jähen Tode erkennen müssen, daß man an königlicher Tafel aus goldenen Schalen Gift trinkt. Viele waren auch, die körperliche Kraft und Schönheit, und manche, die äußerlichen Schmuck mit brennender Begierde ersehnten und denen die Einsicht, das Ersehnte sei schlecht, nicht früher gekommen ist, als bis sie eingesehn haben, daß es ihnen den Tod bringen werde oder ihr Leben unselig mache. Um aber nicht im einzelnen von jeder menschlichen Sehnsucht zu sprechen, behaupte ich, daß es keine gibt, die der Sterbliche mit der Gewißheit, sie sei vor allen Schlägen des Schicksals gefeit, erwählen könnte; wenn wir daher recht zu Werke gehen wollten, sollten wir uns entschließen, das zu nehmen und zu besitzen, was uns Der schenkt, der alles weiß, was uns nottut, und es uns geben kann. Weil nun ihr, meine holdseligen Damen, im Gegensatze zu den Männern, die durch die Sehnsucht nach mancherlei Dingen fehlen, nur durch die Sehnsucht nach einem fehlt, nämlich schön zu sein, darin aber so, daß ihr, ohne euch an der Schönheit, die euch die Natur verliehen hat, genügen zu lassen, überdies trachtet, sie mit wundersamer Kunst zu erhöhen, will ich euch erzählen, wieviel Unglück die Schönheit über eine junge Sarazenin gebracht hat, der es um dieser Schönheit willen in vier Jahren neunmal beschieden war, eine neue Hochzeit zu halten.

Es ist geraume Zeit verstrichen, daß in Babylon ein Sultan war, Beminedab mit Namen, dem in seinen Tagen gar vieles nach seinem Wunsche ging. Unter seinen Kindern war eine Tochter, Alatiel geheißen, die nach dem, was jeder, der sie gesehn hatte, sagte, das schönste Weib war, das damals auf der Welt ersehn wurde. Da ihm nun der König von Algarbien auf außergewöhnliche Weise geholfen hatte, den Arabern, die ihn in großer Menge überfallen hatten, eine schwere Niederlage beizubringen, hatte er sie ihm, der das als besondere Gunst geheischt hatte, zur Gattin gegeben und ließ sie mit einem ehrenvollen Geleite von Männern und Frauen und mit vielem vornehmen und kostbaren Geräte ein wohlgerüstetes und wohlausgestattetes Schiff besteigen; und als er sie ihm schickte, befahl er sie Gott. Die Schiffer spannten, als das Wetter günstig war, die Segel den Winden aus und verließen den Hafen von Alexandrien und fuhren mehrere Tage lang glücklich dahin. Schon waren sie bei Sardinien vorbei und schon glaubten sie, dem Ende ihrer Reise nahe zu sein, als sich eines Tages plötzlich stürmische Winde erhoben, die, da jeder von ihnen über die Maßen ungestüm war, dem Schiffe, auf dem die Dame war, so zusetzten, daß sich die Seeleute zu mehrern Malen verloren gaben. Da sie aber als tüchtige Männer alle Kunst und Kraft aufboten, hielten sie in dem Kampfe mit dem tobenden Meere zwei Tage aus; der Sturm ließ aber, auch als schon die dritte Nacht seit seinem Beginne einfiel, nicht nach, sondern wurde immer stärker, und sie wußten nicht, wo sie seien, konnten das auch wegen des durch die Wolken und die nächtliche Finsternis verdunkelten Himmels weder nach den Regeln der Schiffahrtskunst noch durch die Anschauung bestimmen, als sie – sie waren nicht weit von Majorka – merkten, daß das Schiff aus den Fugen ging. Da sie aus diesem Grunde kein andres Mittel zu ihrer Rettung sahen, setzten sie, deren jeder mehr an sich als an die andern dachte, ein Boot aus, und die Schiffsherren sprangen hinein, entschlossen, sich lieber dem Boote anzuvertrauen, als auf dem lecken Schiffe zu bleiben; hinter ihnen sprangen, einer nach dem andern, alle Männer hinein, so viele ihrer auf dem Schiffe waren, obwohl die, welche schon drinnen waren, mit dem Messer in der Hand den andern wehrten. Und indem sie so den Tod zu fliehen glaubten, liefen sie ihm geradewegs entgegen; weil nämlich das Boot bei der Widrigkeit des Wetters nicht so viele Leute tragen konnte, sank es, und alle miteinander gingen zugrunde. Das Schiff hingegen, auf dem niemand geblieben war als die Dame und ihre Frauen, die allesamt, durch die hochgehende See und vor Angst betäubt, schier leblos dalagen, wurde durch das Ungestüm des Sturmes im schnellsten Laufe an den Strand der Insel Majorka getrieben; und die Wucht, womit es dorthin geschleudert wurde, war so groß, daß es etwa einen Steinwurf vom Ufer in den Sand rannte und dort, vom Meere umtobt, die Nacht über liegen blieb, ohne daß es der Sturm hätte von der Stelle bringen können. Als es heller Tag war und sich der Sturm etwas gelegt hatte, hob die Dame, die schier halbtot war, das Haupt und begann, so schwach sie auch war, bald den einen, bald den andern von ihrer Dienerschaft zu rufen; aber ihr Rufen blieb eitel, weil die Gerufenen zu fern waren. Da sie also von niemand eine Antwort bekam und niemand kommen sah, verwunderte sie sich sehr und begann sich heftig zu ängstigen; und als sie dann, so gut es ihr möglich war, aufstand, sah sie die Damen, die ihre Gesellschaft waren, und alle andern Frauen am Boden liegen. Nach vielem Rufen untersuchte sie eine nach der andern, fand aber, weil die meisten entweder an der Seekrankheit oder vor Angst gestorben waren, nur wenige, die ein Lebenszeichen gaben, so daß ihre Angst noch mehr wuchs; nichtsdestoweniger gab sie sich, weil sie, die sich ganz allein sah und nicht erkannte oder wußte, wo sie sei, durch die Not gezwungen war, sich um Hilfe umzusehn, mit denen, die noch am Leben waren, so viel Mühe, daß sie sie dazu brachte, aufzustehn. Als sie dann aber inneward, daß die nicht wußten, wo die Männer seien, und als sie sah, daß das Schiff ans Land getrieben und voll Wasser war, begann sie mit ihnen bitterlich zu weinen. Und schon war die dritte Stunde des Nachmittags da, ohne daß sie auf dem Strande oder sonstwo jemand gesehn hätten, von dessen Mitleid sie hätten Hilfe verlangen können. Aber um die dritte Stunde kam dort ein Edelmann, Pericone da Visalgo mit Namen, der von ungefähr von einem seiner Güter zurückkehrte, mit mehrern Knechten zu Pferde vorbei; als er das Schiff sah, erriet er sogleich, was geschehn war, und befahl einem seiner Knechte, daß er ungesäumt hinaufzusteigen trachte, um ihm dann zu erzählen, wie es sich damit verhalte. Obwohl es ihm viele Schwierigkeiten machte, erstieg der Knecht das Schiff und fand die edle Dame mit der kleinen Gesellschaft, die sie hatte, ängstlich unter dem Schnabel des Schiffsbugs kauern. Als sie ihn sahen, baten sie ihn weinend zu mehrern Malen um Mitleid; da sie aber merkten, daß sie nicht verstanden wurden, wie auch sie ihn nicht verstanden, so suchten sie ihm ihr Mißgeschick durch Zeichen kundzutun. Der Knecht betrachtete alles, so gut er nur konnte, und erzählte Pericone, was er auf dem Schiffe gesehn hatte; der ließ alsbald die Frauen herunterschaffen und begab sich mit ihnen auf seine Burg, um sie durch Speise und Ruhe zu erquicken. Aus dem reichen Geräte, dessen kostbarste Gegenstände er, soweit es möglich gewesen war, ihrer habhaft zu werden, gleicherweise hatte auf seine Burg bringen lassen, ersah er, daß die Dame, die er gefunden hatte, eine vornehme Edeldame sein müsse, und er erkannte sie leicht aus der Ehrerbietung, die ihr allein alle andern bewiesen. Und obwohl sie von dem auf dem Meere erlittenen Ungemach bleich und arg mitgenommen war, entgingen ihm doch die Reize ihrer Gestalt nicht; darum war er sofort mit sich einig, sie, wenn sie keinen Gatten habe, zur Frau zu verlangen oder, wenn er sie nicht zur Frau haben könne, zur Geliebten haben zu wollen. Als nun Pericone, der ein Mann von kühnem Gesichte und kräftigem Wuchse war, die Dame einige Tage lang hatte trefflich pflegen lassen und nun, weil sie sich auf diese Weise gänzlich erholt hatte, sah, daß ihre Schönheit über jede Vorstellung erhaben war, bekümmerte es ihn über die Maßen, daß er sie ebensowenig verstehn konnte wie sie ihn und daß es ihm also unmöglich war, zu erfahren, wer sie sei; nichtsdestoweniger ließ er es, von ihrer Schönheit brünstig entflammt, an keiner Anstrengung fehlen, sie durch schmeichelnde und verliebte Gebärden dazu zu bringen, daß sie ihm ohne Widerstand zu Willen sei. Aber das war umsonst, weil sie jede Vertraulichkeit zurückwies; und um so höher loderte Pericones Flamme. Da das die Dame sah, die in den paar Tagen ihres Verweilens an den Sitten der Leute erkannt hatte, daß sie unter Christen war und an einem Orte, wo es ihr nichts genützt hätte, sich, wenn ihr das überhaupt möglich gewesen wäre, zu erkennen zu geben, kam sie zu der Ansicht, daß sie sich mit der Zeit entweder der Gewalt oder der Liebe Pericones werde fügen müssen, und entschloß sich deshalb, der Bitternis ihres Schicksals mit fester Stirn entgegenzutreten; und sie befahl ihren Frauen, deren ihr nicht mehr als drei geblieben waren, keinem Menschen zu entdecken, wer sie seien, es wäre denn, daß sie darin eine offenbare Hilfe zu ihrer Befreiung erkennten, und redete ihnen überdies eindringlich zu, ihre Keuschheit zu bewahren, indem sie ihnen versicherte, sie selber habe sich entschlossen, sich niemand als ihrem Gatten hinzugeben. Die Frauen lobten ihren Vorsatz und sagten, sie würden ihren Befehl nach Kräften befolgen. Pericone, der von Tag zu Tag mehr entbrannte und um so mehr, je näher ihm der Gegenstand seines Verlangens war und je mehr sich ihm der versagte, sann, weil er sah, daß er mit dem schmeichelnden Werben nichts ausrichtete, auf List und Trug, indem er sich die Gewalt fürs Ende aufsparte. Und da er dann und wann bemerkt hatte, daß die Dame Geschmack an dem Weine fand, den sie, weil es ihr ihr Gesetz verbot, nicht zu trinken gewohnt war, meinte er, sie durch Wein, den Diener der Venus, erobern zu können. Er gab sich also den Anschein, als wäre ihm das gleichgültig, wogegen sich die Dame ungebärdig zeigte, und gab, wie wenn es ein Fest zu feiern gegolten hätte, eine prächtige Abendmahlzeit, und die Dame kam hin; und bei diesem Mahle, das durch vielerlei Veranstaltungen heiter verlief, befahl er dem, der sie bediente, ihr mancherlei Wein gemischt einzuschenken. Der tat das treulich, und sie, die sich dessen nicht versah, nahm, durch die Lieblichkeit des Trunkes verleitet, mehr zu sich, als ihrer Ehrbarkeit bekömmlich gewesen wäre, so daß sie des ganzen vergangenen Ungemachs vergaß und lustig wurde; und als sie einige Mädchen nach der Weise von Majorka tanzen sah, tanzte sie nach der alexandrinischen. Als das Pericone sah, glaubte er sich dem Ziele seiner Wünsche nahe; und indem er Speisen und Getränke in größerm Überflusse auftischen ließ, dehnte er das Mahl bis weit in die Nacht hinein aus. Endlich entfernten sich die Gäste, und er ging mit der Dame allein in die Kammer; der Hitze des Weines war die kühle Ehrbarkeit gewichen, und so entkleidete sie sich vor Pericone ohne eine Spur von Scham, als ob er eine von ihren Frauen gewesen wäre, und ging zu Bette. Pericone säumte nicht, ihr zu folgen; nachdem er alle Lichter ausgelöscht hatte, legte er sich augenblicklich von der andern Seite her neben sie und begann sich ihrer, die nichts dawider sagte, im Liebesspiele zu getrösten. Und da sie vorher nicht gewußt hatte, mit was für einem Horne die Männer stoßen, tat es ihr nun, wo sie es verspürt hatte, leid, daß sie den Liebkosungen Pericones nicht nachgegeben hatte; und fortan kam es zu often Malen vor, daß sie sich, ohne auf eine Einladung zu warten, selber zu so süßen Nächten einlud, zwar nicht mit Worten, womit sie sich nicht hätte verständlich machen können, aber durch die Tat. Diese große Lust, die Pericone und sie genossen, sollte aber, weil das Geschick nicht damit zufrieden war, sie aus der Gemahlin eines Königs zum Liebchen eines Burgherrn gemacht zu haben, von einer grausameren Liebe abgelöst werden. Pericone hatte einen Bruder, Marato mit Namen, der schön und frisch war wie eine Rose. Dieser, dem sie gleich beim ersten Anblick wohl gefallen hatte, glaubte aus ihrem Gehaben zu entnehmen, daß sie ihn gut leiden könne; weil er der Meinung war, daß ihm das, was er von ihr ersehnte, durch nichts verwehrt werde als durch die regelrechte Bewachung, in der sie Pericone hielt, verfiel er auf einen gräßlichen Gedanken, und dem Gedanken folgte ohne Verzug die verbrecherische Ausführung. Zufällig lag damals in dem Hafen der Stadt ein Schiff, das, mit Waren beladen und nach Chiarenza in der Romania bestimmt, schon die Segel aufgezogen hatte, um bei günstigem Winde in die See zu stechen; mit den Herren dieses Schiffes, zwei jungen Genuesern, ließ sich Marato in Verhandlungen ein und machte ab, daß sie ihn in der nächsten Nacht mit der Dame aufnehmen sollten. Nachdem das besorgt war, begab er sich, völlig mit sich im reinen, was er tun wollte, bei Anbruch der Nacht mit einigen Gesellen, auf die er sich verlassen konnte und die er zu dem, was er zu tun beabsichtigte, aufgefordert hatte, heimlich zum Hause Pericones, der sich von ihm nichts Schlimmem versah, und versteckte sich gemäß der mit seinen Gesellen getroffenen Abrede im Hause. Als dann die Nacht zum Teile verstrichen war, öffnete er seinen Gesellen und ging mit ihnen dorthin, wo Pericone mit der Dame schlief. Nachdem sie die Kammer geöffnet hatten, töteten sie Pericone im Schlafe und bemächtigten sich der Dame, der sie, weil sie erwacht war und weinte, mit dem Tode drohten, wenn sie Lärm mache; und indem sie einen großen Teil des kostbarsten Eigentums Pericones mitnahmen, eilten sie, ohne daß ihre Anwesenheit bemerkt worden wäre, ans Ufer, und dort bestieg Marato mit der Dame ohne Säumnis das Schiff, während seine Gesellen umkehrten. Da sich gerade ein günstiger frischer Wind erhob, spannten die Schiffer die Segel und fuhren davon. Die Dame grämte sich heftig sowohl über ihr erstes Unglück als auch über das zweite; aber Marato begann sie mit dem heiligen Wirdinderhandhart, den uns Gott gegeben hat, auf eine solche Weise zu trösten, daß sie, rasch mit ihm vertraut geworden, Pericone vergaß. Und sie war schon wieder guter Dinge, als ihr das Schicksal, wie wenn es mit dem vergangenen Unheil nicht zufrieden gewesen wäre, ein neues bereitete; denn da sie, wie wir schon zu mehrern Malen gesagt haben, wunderschön war und sich gar einnehmend betrug, verliebten sich die zwei jungen Schiffsherrn so heftig in sie, daß sie, um alles andere unbekümmert, nur danach trachteten, ihr zu dienen und ihr zu gefallen. Wenn sie auch dabei wohl auf der Hut waren, Marato den Grund merken zu lassen, wurde doch einer der Liebe des andern gewahr und da besprachen sie sich insgeheim und kamen überein, den Gegenstand ihrer Liebe gemeinsam zu erringen, als ob sich das mit der Liebe ebenso machen ließe wie mit Kaufmannswaren oder Gewinn. Und weil sie sahen, daß sie Marato sorglich bewachte, so daß sie in ihrem Plane gehindert waren, gingen sie eines Tages, als das Schiff mit vollen Segeln dahinflog, einträchtig auf Marato zu, der, ohne sich etwas von ihnen zu versehn, auf dem Hinterteile des Schiffes stand und ins Meer blickte, packten ihn von rückwärts und warfen ihn ins Meer; und sie waren schon über eine Meile von ihm entfernt, bevor es jemand merkte, daß Marato ins Meer gefallen war. Als das die Dame erfuhr und keinen Weg sah, ihn wiederzubekommen, begann sie von neuem auf dem Schiffe in Tränen auszubrechen. Die zwei Verliebten kamen auf der Stelle zu ihr, um sie zu trösten, und trachteten, sie, die nicht so sehr den verlorenen Gatten als ihr Unglück beweinte, mit süßen Worten und großen Versprechungen, wenn sie auch nichts davon verstand, zu beruhigen. Und nachdem sie sie durch langes und wiederholtes Zureden einigermaßen getröstet zu haben glaubten, wollten sie miteinander ausmachen, wer als erster bei ihr liegen solle. Und da ein jeder der erste sein wollte und sie sich auf keine Weise einigen konnten, gerieten sie in einen heftigen Wortwechsel, und der brachte sie so in Hitze, daß sie zu den Dolchen griffen und wütend aufeinander losgingen und sich gegenseitig, ohne daß sie die, die auf dem Schiffe waren, hätten trennen können, mehrere Stöße versetzten, wovon der eine auf der Stelle tot zusammenbrach, während der andere, der am Leben blieb, aus vielen Wunden blutete. Darob war die Dame ganz niedergeschlagen, weil sie sich nun allein und ohne Hilfe oder Rat von irgend jemand sah und weil sie Angst hatte, daß sich der Zorn der Verwandten und Freunde der beiden Schiffsherrn gegen sie kehren werde: aber die Bitten des Verwundeten und die bald darauf erfolgte Ankunft in Chiarenza entledigten sie der Furcht vor dem Tode. In Chiarenza ging sie mit dem Verwundeten ans Land und verweilte mit ihm in einer Herberge; alsbald durchlief das Gerücht ihrer Schönheit die Stadt und kam so auch dem Fürsten von Morea, der sich damals dort aufhielt, zu Ohren, so daß er sie zu sehen wünschte. Und als er sie sah, fand er sie viel schöner, als das Gerücht besagt hatte, und verliebte sich augenblicklich so in sie, daß er an nichts andres mehr denken konnte; und da er hörte, auf was für eine Weise sie hergekommen war, hielt er es nicht für unmöglich, in ihren Besitz zu gelangen. Er suchte noch nach Mitteln dazu, als ihm schon die Verwandten des Verwundeten, die das erfahren hatten, anstandslos die Dame schickten; das war ihm überaus lieb, aber ebenso lieb auch der Dame, weil sie so einer großen Gefahr entgangen zu sein glaubte. Obwohl nun der Fürst nicht erfahren konnte, wer sie sei, schloß er doch aus den königlichen Sitten, die sie außer ihrer Schönheit zierten, daß sie eine adelige Dame sein müsse, und darob verdoppelte sich seine Liebe zu ihr; er ließ es auch nicht an Achtung gegen sie fehlen und hielt sie nicht wie ein Liebchen, sondern wie eine rechtmäßige Gattin. Da sich daher die Dame mit Rücksicht auf das vergangene Ungemach gar wohlfühlte, so daß sie sich bald völlig getröstet hatte und wieder ganz heiter wurde, erblühte ihre Schönheit so, daß die ganze Romania keinen andern Gesprächsstoff zu haben schien. Auf diese Weise geschah es, daß den Herzog von Athen, einen schönen, lebhaften Jüngling, der ein Freund und Verwandter des Fürsten war, das Verlangen ankam, sie zu sehn; und indem er so tat, als beabsichtige er einen seiner gewöhnlichen Besuche, kam er mit einer schönen, ehrenvollen Begleitung nach Chiarenza, und dort wurde er ehrenvoll und mit Freuden empfangen. Als sie nun nach einigen Tagen auf die Schönheit der Dame zu sprechen kamen, fragte der Herzog den Fürsten, ob sie gar so wundersam sei, wie man erzähle. Und der Fürst antwortete ihm: »Noch viel wundersamer; aber davon sollen dich meinetwegen nicht meine Worte, sondern deine Augen überzeugen.« Da ihn der Herzog deshalb drängte, gingen sie miteinander zu der Dame, und die, die von ihrem Besuche schon vorher gewußt hatte, empfing sie mit Anstand und heiterm Gesichte; die beiden ließen sie zwar zwischen ihnen Platz nehmen, mußten aber auf das Vergnügen eines Gespräches mit ihr verzichten, weil sie von ihrer Sprache wenig oder nichts verstand. Darum betrachtete sie jeder wie ein Wunderwesen, sonderlich aber der Herzog, der sich kaum einreden konnte, daß sie ein sterbliches Geschöpf sei; und während er seinen Wünschen durch ihren Anblick Genüge zu tun glaubte, tranken seine Augen bei ihrer Betrachtung unversehens das Gift der Liebe, so daß er sich selber elendiglich verstrickte und sich glühend in sie verliebte. Und als er dann zugleich mit dem Fürsten von ihr weggegangen war und Muße hatte, allein mit sich nachzudenken, erachtete er den Fürsten für den glücklichsten

Mann der Welt, weil er ein so schönes Wesen zu seiner Lust besitze; und nach vielen mannigfachen Gedanken überwog endlich die brünstige Liebe die Ehrbarkeit, und er entschloß sich, dieses Glück dem Fürsten zu rauben und sich selber zu gewinnen. Und da ihn seine Ungeduld zur Eile trieb, ließ er Vernunft und Rechtlichkeit völlig beiseite und richtete seine ganzen Gedanken auf tückischen Trug. Und gemäß dem schändlichen Plane, den er bald gefaßt hatte, ließ er eines Tages im Einverständnis mit dem Leibkammerdiener des Fürsten, der Ciuriaci hieß, heimlich alle seine Pferde und sein Gepäck zur Abreise bereithalten; und in der Nacht darauf wurde er mit einem Gesellen, der ebenso wie er bewaffnet war, von dem besagten Ciuriaci leise in das Gemach des Fürsten geführt. Die Dame schlief; den Fürsten hingegen sah er der großen Hitze halber nackt bei einem Fenster, das aufs Meer hinausging, stehn, um sich an dem Lüftchen, das von dorther kam, zu erquicken. Seinen Gesellen hatte er schon früher unterrichtet, was er zu tun haben werde, und so schlich er durch das Gemach zum Fenster, stieß dem Fürsten den Dolch mit solcher Wucht in die Seite, daß die Spitze auf der andern Seite herauskam, packte ihn augenblicklich und stürzte ihn zum Fenster hinab. Der Palast stand am Meere und war sehr hoch, und unter dem Fenster, wo der Fürst gestanden hatte, waren einige Häuser, die durch die Fluten des Meeres eingefallen waren, weshalb sie nur selten oder nie jemand betrat; so kam es, daß es, wie der Herzog vorausgesehn hatte, niemand bemerkte oder hätte bemerken können, wie dort der Leichnam des Fürsten hinabfiel. Als der Gesell des Herzogs sah, daß das geschehn war, warf er dem Leibdiener unter dem Scheine einer Liebkosung einen Strick, den er dazu mitgebracht hatte, um den Hals und zog ihn so fest zu, daß Ciuriaci keinen Lärm machen konnte; der Herzog trat hin und sie erdrosselten ihn und stürzten ihn dort hinab, wo sie den Fürsten hinabgestürzt hatten. Und nach dieser Tat nahm der Herzog, der genau wußte, daß sie weder von der Dame noch von sonst jemand gehört worden waren, ein Licht und ging damit zum Bette und deckte vorsichtig die Dame, die fest schlief, völlig auf; und da er nun alles sah, konnte er seines Preises kein Ende finden, und hatte sie ihm bekleidet gefallen, so gefiel sie ihm nackt über alle Maßen. Darob in heißer Begierde entbrannt, legte er sich, ohne daß ihn seine eben begangene Tat abgeschreckt hätte, mit den noch blutigen Händen an ihre Seite und umarmte sie, die ihn, schlaftrunken, für den Fürsten hielt. Nachdem er eine Zeitlang mit der größten Wonne bei ihr geweilt hatte, stand er auf und ließ einige seiner Begleiter kommen, die mußten die Dame so, daß sie keinen Lärm machen konnte, packen, durch die geheime Tür, durch die er hereingekommen war, hinaustragen und auf ein Pferd heben, und nun machte er sich so leise wie nur möglich mit allen seinen Leuten auf den Weg und kehrte nach Athen zurück. Weil er aber eine Gemahlin hatte, brachte er die Dame, die trauriger war als je eine, nicht nach Athen, sondern auf ein prächtiges Lustschloß, das nicht weit von der Stadt am Meere lag, und dort hielt er sie verborgen und ließ sie auf anständige Art mit allem versehn, was sie brauchte. An dem Tage nach der Tat hatten die Höflinge des Fürsten bis zur dritten Stunde des Nachmittags gewartet, daß der Fürst aufstehe; weil sie aber gar kein Geräusch hörten, öffneten sie endlich die Türen des Gemachs, die nicht versperrt waren. Als sie es leer fanden, vermuteten sie, er habe sich heimlich irgendwohin begeben, um zu seiner Lust ein paar Tage mit der Dame zu verbringen, und machten sich weiter keine Sorgen. Am andern Tage geschah es jedoch, daß ein Narr, der in das verfallene Gemäuer gegangen war, wo die Leichen des Fürsten und seines Dieners lagen, Ciuriaci an dem Stricke herauszog und hinter sich herschleppte; der Leichnam wurde nicht ohne großes Erstaunen von vielen erkannt, und die schmeichelten dem Narren so lange, bis er sie dorthin führte, wo er ihn hervorgezogen hatte, und nun fanden sie zum größten Schmerze der ganzen Stadt auch den Leichnam des Fürsten. Als sie den mit Gepränge bestattet hatten und nun nach den Tätern dieses schändlichen Mordes forschten, brachte sie der Umstand, daß der Herzog von Athen nicht mehr da war, sondern sich heimlich davongemacht hatte, zu der Meinung, er müsse, wie es auch zutraf, die Tat begangen und die Dame entführt haben. Darum setzten sie unverzüglich einen Bruder des toten Fürsten zum Fürsten ein und stachelten ihn, was sie nur konnten, an, Rache zu nehmen; da sich der bald aus vielen Anzeichen überzeugte, daß ihre Vermutung richtig war, rief er seine Freunde und Verwandten und Diener in verschiedenen Gegenden zu den Waffen, sammelte in kurzer Zeit ein ansehnliches, großes und tapferes Heer und überzog den Herzog von Athen mit Krieg. Als der Herzog davon erfuhr, bot er alles zur Gegenwehr auf, und viele Herren kamen ihm zu Hilfe; so schickte auch der Kaiser von Konstantinopel seinen Sohn Konstantin und seinen Neffen Manuel mit einer ansehnlichen, zahlreichen Streitmacht. Die beiden Prinzen wurden vom Herzoge geziemend empfangen, freudiger aber noch von der Herzogin, die Konstantins Schwester war. Dieweil sich die Dinge von Tag zu Tag mehr zum Kriege anließen, nahm die Herzogin die Gelegenheit wahr und ließ die beiden in ihr Gemach kommen und erzählte ihnen unter vielen Tränen mit vielen Worten die ganze Geschichte und den Anlaß des Krieges und wies ihnen den Schimpf, den ihr der Herzog mit dem Frauenzimmer antue, das er sich, seiner Meinung nach insgeheim, halte; und indem sie sich heftig über ihn beklagte, bat sie sie, zu seiner Ehre und zu ihrem Troste Abhilfe zu schaffen wie es ihnen nur möglich sei. Weil die jungen Männer wußten, wie sich die Sache zugetragen hatte, fragten sie nicht viel, sondern trösteten die Herzogin so gut, wie sie konnten, und erfüllten sie mit froher Hoffnung; sie unterrichtete sie noch über den Aufenthaltsort der Dame, und dann gingen sie weg. Da sie aber die Dame schon zu often Malen ihrer wundersamen Schönheit wegen hatten preisen hören, hatten sie Lust, sie zu sehn, und baten den Herzog, sie ihnen zu zeigen. Der versprach es ihnen, uneingedenk dessen, was dem Fürsten widerfahren war, weil er sie ihm gezeigt hatte; und nachdem er in den schönen Garten, der bei dem Lustschlosse war, wo die Dame weilte, ein köstliches Mahl bestellt hatte, führte er sie am nächsten Morgen mit einer kleinen Gesellschaft hin, damit sie mit ihr speisten. Konstantin, der neben ihr saß, begann sie voll Staunens zu betrachten und gestand sich, daß er noch nie ein so schönes Wesen gesehn habe und daß nicht nur der Herzog zu entschuldigen sei, sondern daß auch jeder andere entschuldigt werden müßte, der wegen des Besitzes eines so schönen Weibes einen Verrat oder eine andere Schlechtigkeit beginge; und indem er sie ein ums andere Mal ansah und sie stets höher pries, erging es ihm nicht anders, als es dem Herzog ergangen war. Und als er, ganz verliebt, wegging, verbannte er alle Gedanken an den Krieg und dachte nur noch daran, wie er sie dem Herzog nehmen könnte; immerhin verbarg er seine Liebe sorglich vor jedermann. Dieweil er in diesem Feuer glühte, kam die Zeit heran, gegen den Fürsten, der sich schon dem Reiche des Herzogs näherte, ins Feld zu ziehen; darum verließen der Herzog und, dem erteilten Befehle gemäß, Konstantin und alle andern Athen und besetzten die Grenze, um dem Fürsten ein weiteres Vordringen zu verwehren. Als sie dort weilten, kam es Konstantin, der Herz und Gedanken immer bei der Dame hatte, in den Sinn, daß es ihm jetzt, wo der Herzog nicht in ihrer Nähe sei, gar leicht gelingen könnte, seine Wünsche zu stillen; er schützte als Grund seiner Rückkehr eine arge Unpäßlichkeit vor, nahm Urlaub vom Herzog, gab den Befehl über sein Kriegsvolk an Manuel ab und reiste nach Athen zu seiner Schwester. Einige Tage später brachte er seine Schwester im Gespräch auf den Schimpf, den sie vom

Herzog durch sein Verhältnis zu der Dame zu leiden meinte, und sagte ihr, wenn sie es wünsche, werde er ihr darin trefflich helfen, indem er sie in ihrem Aufenthaltsorte ausheben und aus dem Lande schaffen werde. In der Meinung, Konstantin wolle das aus Liebe zu ihr und nicht zu der Dame tun, sagte die Herzogin, daß es ihr gar lieb wäre, freilich nur dann, wenn es so geschähe, daß der Herzog nie erführe, daß sie damit einverstanden gewesen sei; und das versprach ihr Konstantin ausdrücklich, und so stimmte die Herzogin zu, daß er tue, wie es ihm am besten dünke. Konstantin ließ in der Stille eine leichte Barke ausrüsten, bemannte sie mit etlichen von seinen Leuten, die er über alles, was sie zu tun hätten, unterrichtete, und schickte sie in die Nähe des Gartens, wo die Dame weilte; dann ging er mit andern zu dem Palaste, wo sie war. Dort wurde er von denen, die die Dame zu bedienen hatten, und dann auch von ihr selber freudig empfangen, und sie ging auf seinen Wunsch mit ihm in den Garten, von ihren Dienern und seinen Gesellen begleitet. Nun führte er sie, unter dem Vorwande, er habe im Namen des Herzogs mit ihr zu sprechen, allein gegen eine Tür, die aufs Meer hinausging und schon von seinen Gesellen geöffnet war; und nachdem er die Barke mit dem verabredeten Zeichen herbeigerufen hatte, ließ er die Dame alsbald ergreifen und in die Barke tragen. Und zu ihrer Dienerschaft gewandt, sagte er: »Niemand rühre sich oder gebe einen Laut von sich, wenn er nicht des Todes sein will; denn ich tue das nicht, um dem Herzog sein Mädchen zu nehmen, sondern um die Schmach zu tilgen, die er meiner Schwester antut.« Niemand getraute sich darauf zu antworten; so bestieg denn Konstantin mit den Seinigen die Barke, setzte sich neben die weinende Dame und befahl, die Ruder ins Wasser zu senken und abzufahren. Nicht rudernd, sondern fliegend kamen sie bei Anbruch des nächsten Tages nach Ägina. Dort gingen sie ans Land und ruhten, und Konstantin stillte seine Lust in den Armen der Dame, die ihre unselige Schönheit beweinte; dann bestiegen sie die Barke wieder und kamen binnen wenigen Tagen nach Chios, und dort blieben sie, weil Konstantin, der die Vorwürfe seines Vaters fürchtete und die geraubte Dame zu verlieren besorgte, den Ort für sicher hielt. Ein paar Tage lang weinte die Dame über ihr Mißgeschick; da sie aber Konstantin tröstete, begann sie, so wie sie die andern Male getan hatte, mit Vergnügen zu nehmen, was ihr das Schicksal bescherte. Während diese Dinge also verliefen, kam der damalige Türkenkönig Osbek, der mit dem Kaiser in beständigem Kriege lag, von ungefähr nach Smyrna; und da er dort hörte, daß in Chios Konstantin mit einer Dame, die er geraubt habe, ohne alle Vorsicht ein üppiges Leben führe, setzte er eines Nachts mit einigen bewaffneten Fahrzeugen dorthin über und drang mit seinen Leuten in die Stadt ein. Viele wurden in den Betten gefangen, bevor sie noch gemerkt hatten, daß sie vom Feinde überfallen waren, andere, die erwacht und zu den Waffen gelaufen waren, wurden erschlagen; und nachdem sie die Stadt niedergebrannt und die Beute und die Gefangenen auf die Schiffe gebracht hatten, kehrten sie nach Smyrna zurück. Als dort Osbek, der ein junger Mann war, die Beute durchsah, fand er die schöne Dame; und da er erfuhr, daß es die war, die mit Konstantin im Bette schlafend gefangen worden war, freute er sich außerordentlich, als er sie sah. Und ohne irgendwie zu verziehen, machte er sie zu seiner Gemahlin und feierte die Hochzeit; und nun genoß er mehrere Monate lang die Wonne ihrer Umarmungen. Bevor sich noch diese Dinge ereignet hatten, hatte der Kaiser mit dem Könige Basano von Kappadozien Unterhandlungen gepflogen, wonach dieser Osbek von der einen Seite überfallen sollte, während er ihn von der andern angreifen wollte; aber diese Unterhandlungen waren wegen einiger Dinge, die Basano forderte, die aber der Kaiser, weil sie ihm nicht recht paßten, nicht hatte tun wollen, noch nicht bis zum Abschlusse gediehn. Als aber nun der Kaiser erfuhr, was seinem Sohne geschehn war, tat er, über die Maßen betrübt, alles, was der König von Kappadozien verlangte, und lag ihm nach Kräften an, gegen Osbek loszuschlagen; zugleich schickte er sich an, Osbek von der andern Seite zu bestreiten. Kaum hatte das Osbek erfahren, so sammelte er sein Heer und zog, um nicht von den beiden mächtigen Herrschern in die Mitte genommen zu werden, wider den König von Kappadozien ins Feld; seine schöne Dame ließ er in Smyrna in der Hut eines treuen Dieners und Freundes. Bald darauf kam es zwischen ihm und dem Könige von Kappadozien zu einem Treffen, und er wurde getötet und sein Heer geschlagen und zersprengt; darum begann der siegreiche Basano ungehindert auf Smyrna zu ziehen, und wohin er kam, unterwarf sich ihm alles Volk als dem Sieger. Der Diener Osbeks, Antiochus mit Namen, in dessen Hut die schöne Dame geblieben war, hatte sich, obwohl er ein bejahrter Mann war, beim Anblick ihrer Schönheit, ohne seinem Freunde und Herrn die Treue zu wahren, in sie verliebt; und da er ihre Sprache verstand – was ihr, die schon mehrere Jahre, weil sie weder jemand verstanden hatte, noch von jemand verstanden worden war, wie eine Taubstumme gelebt hatte, sehr lieb war –, begann er seine Zurückhaltung, von der Liebe angetrieben, in wenig Tagen so weit aufzugeben, daß sie beide ihren Verkehr ohne Rücksicht auf ihren Herrn, der in Waffen und im Kriege war, nicht nur freundschaftlich, sondern verliebt werden ließen und unter der Bettdecke aneinander ein wundersames Vergnügen gewannen. Als sie aber hörten, Osbek sei geschlagen und getötet worden und Basano komme, um sich aller Dinge zu bemächtigen, faßten sie miteinander den Entschluß, Basano nicht zu erwarten; sie nahmen also einen großen Teil der Schätze Osbeks, die dort waren, und begaben sich heimlich miteinander nach Rhodus. Dort waren sie noch nicht lange, als Antiochus auf den Tod krank wurde; da nun gerade ein Kaufmann aus Zypern, den er herzlich liebte und der ein vertrauter Freund von ihm war, bei ihm weilte, gedachte er ihm, als er sah, daß es mit ihm zu Ende ging, sein Vermögen und seine geliebte Dame zu hinterlassen. Und schon dem Tode nahe, rief er beide und sagte zu ihnen: »Ich sehe, daß es für mich keine Rettung mehr gibt; darüber bin ich gar betrübt, weil mir das Leben nie so viel Freude gemacht hat wie jetzt. Immerhin sterbe ich ruhig, weil ich – sterben muß ich ja doch einmal – in den Armen der beiden sterbe, die ich mehr liebe als sonst jemand auf der Welt, in den deinen nämlich, teuerster Freund, und in denen dieser Frau, die ich, seitdem ich sie kenne, mehr als mich selber geliebt habe. Freilich ist es mir schwer, daß sie hier, wenn ich sterbe, als eine Fremde und hilflos und ratlos zurückbleiben soll, aber das wäre mir noch schwerer, wenn ich nicht dich hier wüßte, der du, wie ich glaube, mir zuliebe ebenso für sie sorgen wirst, wie du es für mich selber tätest; darum bitte ich dich, was ich nur kann, laß dir, wenn es geschieht, daß ich sterbe, mein Vermögen und diese Frau empfohlen sein und handle mit beiden so, wie du glaubst, daß es meiner Seele zum Troste sein wird. Und dich, teuerste Frau, bitte ich, vergiß mich nicht nach meinem Tode, auf daß ich mich im Jenseits rühmen kann, daß ich hier von der schönsten Frau, die die Natur je gebildet hat, geliebt werde. Wenn ihr mir in diesen beiden Stücken zuverlässige Hoffnung geben werdet, so werde ich getrost von hinnen gehn.« Der Kaufmann und die Dame weinten gleicherweise, als sie diese Worte hörten; und nachdem er ausgeredet hatte, trösteten sie ihn und versprachen ihm auf ihr Wort, daß sie, wenn er sterben sollte, alles tun würden, worum er sie gebeten habe. Es dauerte nicht lange, so verschied er, und sie ließen ihn ehrenvoll begraben. Einige Tage darauf hatte der zyprische Kaufmann alle seine Geschäfte in Rhodus abgewickelt und wollte auf einem kleinen katalanischen Schiffe, das eben dort war, abreisen; da fragte er die schöne Dame, was sie tun wolle, weil er nach Zypern heimkehren müsse. Die Dame antwortete, wenn es ihm recht sei, werde sie gern mit ihm ziehen, weil sie hoffe, daß er sie Antiochus zuliebe als Schwester behandeln und betrachten werde. Der Kaufmann antwortete, er sei alles zufrieden, was ihr recht sei; und um sie vor jedem Unglimpf, der ihr vor ihrer Ankunft in Zypern zustoßen könnte, zu schützen, sagte er, sie sei seine Gattin. Nachdem sie zu Schiffe gestiegen waren, erhielten sie ein Kämmerchen im hintern Raum und dort schliefen sie, damit nicht ihr Benehmen ihre Worte Lügen strafe, miteinander in einem ganz kleinen Bette. Auf diese Weise geschah etwas, was bei ihrer Abreise von Rhodus weder das eine noch das andere im Sinne gehabt hatte, nämlich daß sie, verlockt von der Finsternis und der Gelegenheit und der Bettwärme, deren Kräfte nicht gering sind, der Freundschaft und der Liebe für den toten Antiochus vergaßen und, wie von gleich großer Lust hingerissen und eins das andere erregend, Hochzeit hielten, noch bevor sie Baffa, die Heimat des Zypriers, erreicht hatten; und nachdem sie dort angelangt waren, blieb die Dame bei dem Kaufmanne. Nun geschah es von ungefähr, daß dort ein Edelmann, Antigonus mit Namen, in Geschäften eintraf; so hoch auch sein Alter war, so war doch sein Sinn noch höher, sein Vermögen aber nur gering, weil ihm das Glück in vielen Unternehmungen, deren er sich im Auftrage des Königs von Zypern unterzogen hatte, zuwider gewesen war. Der ging eines Tages, als der zyprische Kaufmann just mit Waren nach Armenien gereist war, bei dem Hause, wo die schöne Dame wohnte, vorüber und bekam sie von ungefähr an einem Fenster zu Gesichte; ihrer Schönheit halber begann er seinen Blick auf sie zu heften, und schon kam ihn auch die Erinnerung an, er müsse sie schon einmal gesehn haben, ohne daß er sich aber in irgendeiner Weise hätte erinnern können wo. Die schöne Dame, die sich jetzt, nachdem sie lange der Spielball des Schicksals gewesen war, dem Ziele näherte, wo ihre Leiden ein Ende haben sollten, erinnerte sich, als sie Antigonus sah, daß sie ihn in Alexandrien im Dienste ihres Vaters als einen keineswegs geringen Mann gesehn hatte; da darob jäh in ihr die Hoffnung erwachte, durch seinen Rat noch in den königlichen Stand zurückkehren zu können, benutzte sie die Gelegenheit, daß ihr Kaufmann abwesend war, und ließ Antigonus, so rasch es ihr möglich war, rufen. Er kam, und sie fragte ihn schüchtern, ob er, wie sie glaube, Antigonus von Famagusta sei. Antigonus antwortete mit Ja und sagte weiter: »Ich glaube Euch zu kennen, Madonna, kann mich aber nicht entsinnen woher; darum bitte ich Euch, daß Ihr mir, wenn es Euch nicht unangenehm ist, ins Gedächtnis rufet, wer Ihr seid.« Als die Dame hörte, daß er es wirklich war, fiel sie ihm heftig weinend um den Hals und fragte den höchlich Verwunderten nach einer Weile, ob er sie nicht in Alexandrien gesehn habe. Kaum hatte Antigonus diese Frage gehört, so erkannte er auch schon in ihr Alatiel, die Tochter des Sultans, von der man glaubte, daß sie im Meer umgekommen sei, und wollte ihr die schuldige Ehrerbietung erweisen; sie aber litt es nicht und bat ihn, sich ein bißchen zu ihr zu setzen. Antigonus tat es und fragte sie ehrerbietig, wie und wann und woher sie hierher gekommen sei, wo doch ganz Ägypten überzeugt gewesen, sie sei schon vor mehrern Jahren im Meere ertrunken. Die Dame sagte zu ihm: »Ich wünschte, es wäre so, statt daß ich ein solches Leben hätte führen müssen, wie ich es habe führen müssen, und ich glaube, mein Vater würde dasselbe wünschen, wenn er es je erführe«; und nach diesen Worten begann sie von neuem bitterlich zu weinen. Darum sagte Antigonus zu ihr: »Verzagt nicht zu früh, Madonna: erzählt mir, wenn es Euch beliebt, Euere Schicksale und wie Euer Leben gewesen ist; vielleicht ist die Sache nicht so arg, daß wir ihr nicht mit Gottes Hilfe eine günstige Wendung geben könnten.« – »Als ich dich sah, Antigonus«, sagte die schöne Dame, »war es mir so, als hätte ich meinen Vater gesehn, und die zärtliche Liebe, die ich ihm schulde, hat mich veranlaßt, mich dir zu entdecken, obwohl ich mich hätte verborgen halten können, und wenig Leute wären gewesen, bei deren Anblick ich eine solche Freude gehabt hätte, wie die, dich vor jedem andern erblickt und erkannt zu haben; und darum will ich dir wie einem Vater alles entdecken, was ich bei meinem unseligen Geschicke immer verheimlicht habe. Siehst du dann, wenn du es gehört hast, irgendein Mittel, mich in meinen frühern Stand zurückzuversetzen, so bitte ich dich, es anzuwenden, siehst du keins, so bitte ich dich, nie jemand zu sagen, daß du mich gesehn oder von mir etwas gehört hast.« Nach diesen Worten erzählte sie ihm, immer unter Tränen, alles, was ihr seit dem Schiffbruche bei Majorka bis zu diesem Augenblick zugestoßen war. Darüber begann Antigonus vor Rührung zu weinen; und nach einigem Nachdenken sagte er: »Da es bei Eurem Mißgeschick verborgen geblieben ist, wer Ihr seid, Madonna, so übernehme ich es, Euch Eurem Vater wiederzugeben, dem Ihr teuerer sein sollt als je, und Euch auch zur Gemahlin des Königs von Algarbien zu machen.« Und da sie ihn fragte, wieso, setzte er ihr alles ordnungsgemäß auseinander; und damit sich nicht aus einem Verzuge Zwischenfälle einstellen könnten, kehrte er alsbald nach Famagusta zurück und begab sich zum Könige, und zu dem sagte er: »Herr, wenn es Euch beliebte, so könntet Ihr zu gleicher Zeit Euch eine große Ehre und mir, der ich um Euch arm bin, einen großen Vorteil bereiten, ohne daß es Euch viel kostete.« Der König fragte wieso. Nun sagte ihm Antigonus: »In Baffa ist die schöne junge Tochter des Sultans angekommen, von der lange das Gerücht gegangen ist, sie sei ertrunken; um ihre Ehre zu bewahren, hat sie lange gar großes Ungemach gelitten, und jetzt ist sie in dürftigen Umständen und begehrt zu ihrem Vater heimzukehren. Wenn es Euch recht wäre, sie ihm unter meiner Hut zu schicken, so wäre das für Euch eine große Ehre und für mich ein großer Nutzen; und ich glaube nicht, daß der Sultan einen solchen Dienst je vergäße.« Von königlichem Edelsinne geleitet, antwortete der König sogleich, daß es ihm recht sei; und er ließ sie ehrenvoll abholen und nach Famagusta geleiten, und dort wurde sie von ihm und der Königin mit großartigen Ehren und festlichem Gepränge empfangen. Als sie dann von dem Königspaare über ihre Erlebnisse befragt wurde, antwortete sie nach der Unterweisung, die sie von Antigonus erhalten hatte, und erzählte alles auf diese Art. Und einige Tage später schickte sie der König auf ihre Bitte mit einem schönen, ehrenvollen Geleite von Männern und Frauen unter Führung von Antigonus dem Sultan zurück; ob sie von diesem mit Jubel empfangen worden ist, darum frage niemand, und Antigonus und seiner Gesellschaft geschah wie ihr. Nachdem dann die Dame einige Tage der Ruhe gepflegt hatte, wollte der Sultan wissen, wieso sie am Leben geblieben sei und wo sie so lange verweilt habe, ohne ihn jemals etwas wissen zu lassen, wie es ihr ergehe. Nun begann die Dame, die die Unterweisungen von Antigonus wohl im Gedächtnis behalten hatte, zu ihrem Vater also zu sprechen: »Es war etwa am zwanzigsten Tage nach meiner Abreise, Vater, als eines Nachts unser Schiff, durch einen wilden Sturm leck geworden, an einen Strand im Westen getrieben wurde, nahe bei einem Orte, der Aiguesmortes heißt; und was aus den Männern, die auf dem Schiffe waren, geworden ist, weiß ich nicht, sondern ich erinnere mich nur, daß bei Tagesanbruch die Einheimischen, die das geborstene Schiff gesehen hatten, aus der ganzen Gegend gelaufen kamen, um es auszuplündern, und daß ich, die ich wie vom Tode wieder zum Leben erwacht war, mit zweien meiner Frauen ans Ufer gebracht wurde, worauf uns alsbald etliche Jünglinge packten und uns, der eine die, der andere die andere, nach verschiedenen Richtungen davonschleppten. Was aus meinen Frauen geworden ist, habe ich nie erfahren; mich packten trotz meinem Widerstreben zwei Jünglinge und schleiften mich, obwohl ich immerfort weinte, bei den Flechten dahin. Eben wollten sie mich über eine Straße in einen großen Wald schleifen, als vier Männer zu Pferde daherkamen; kaum hatten sie die gesehn, so ließen sie auch schon ab von mir und nahmen Reißaus. Die vier, die mich ihrem Aussehn nach gar würdige Männer zu sein deuchten, sprengten, als sie das sahen, zu mir hin und fragten mich viel, und ich sagte viel, aber sie verstanden mich ebensowenig wie ich sie. Nachdem sie lange Rat gehalten hatten, setzten sie mich auf eins von ihren Pferden und brachten mich in ein Kloster von Frauen, die nach ihrem Gesetze in einem Orden leben; was die vier dort gesagt haben, weiß ich nicht, aber ich wurde von allen gütig aufgenommen und immer ehrenvoll behandelt und habe dann mit ihnen zusammen eine lange Zeit dem heiligen Hartschalk im tiefen Tale gedient, der der Liebling der Frauen dieses Landes ist. Als ich eine Weile bei ihnen gewesen war und mir schon ihre Sprache ein wenig angeeignet hatte, fragten sie mich, wer ich sei und woher: da ich wußte, wo ich war, und fürchtete, sie könnten mir, wenn ich die Wahrheit sagte, als einer Feindin ihres Glaubens die Tür weisen, antwortete ich, ich sei die Tochter eines angesehnen Edelmanns in Zypern, und als er mich zu meinem Gatten nach Kreta geschickt habe, seien wir hierher verschlagen worden und hätten Schiffbruch gelitten. Und ich habe in vielen Stücken aus Furcht vor schlimmerm Schaden ihre Gebräuche eingehalten. Als mich dann ihre Oberin, die sie Äbtissin nennen, fragte, ob ich nach Zypern heimkehren wolle, antwortete ich, daß das mein sehnlichster Wunsch sei; weil sie aber um meine Ehre besorgt war, wollte sie mich niemand, der nach Zypern reiste, anvertrauen, bis endlich, es sind etwa zwei Monate her, etliche vornehme französische Edelleute mit ihren Frauen, deren eine eine Muhme der Äbtissin war, ins Kloster kamen. Als die Äbtissin vernahm, daß sie auf dem Wege nach Jerusalem waren, um das Grab zu besuchen, worein der, den sie für Gott halten, nach seiner Ermordung durch die Juden gelegt worden ist, befahl sie mich ihnen und bat sie, mich in Zypern meinem Vater zu übergeben. Wie mich diese Edelleute geehrt haben und wie freundlich ich von ihnen und ihren Damen aufgenommen worden bin, das zu erzählen wäre eine lange Geschichte. Wir bestiegen also ein Schiff und kamen nach mehrern Tagen in Baffa an; schon sah ich mich am Ende meiner Reise, ohne, weil ich niemand kannte, zu wissen, was ich den Edelleuten hätte sagen sollen, die mich, wie ihnen die würdige Dame aufgetragen hatte, meinem Vater übergeben wollten, als mir Gott, der vielleicht Mitleid mit mir empfand, just in dem Augenblicke, wo wir in Baffa ans Land stiegen, am Ufer Antigonus zu Gesichte brachte, und den rief ich auf der Stelle an und sagte ihm, um nicht von den Edelleuten und ihren Damen verstanden zu werden, in unserer Sprache, er solle mich als seine Tochter empfangen. Er verstand mich alsbald: und nachdem er mich jubelnd begrüßt hatte, erwies er den Edelleuten und ihren Damen alle Ehren, soweit es seine ärmlichen Umstände zuließen; hierauf führte er mich zum Könige von Zypern und der hat mich mit solchen Ehren empfangen und Euch zugeschickt, daß ich sie nimmer erzählen könnte. Wenn noch etwas zu sagen übrig ist, so möge es Antigonus erzählen, der dies mein Schicksal zu often Malen von mir gehört hat.« Nun wandte sich Antigonus zum Sultan und sagte: »Herr, sie hat alles so gesagt, wie sie es mir mehrere Male gesagt hat und wie es mir die Edelleute und Damen, mit denen sie gekommen ist, gesagt haben. Nur eines hat sie zu sagen unterlassen, und das, glaube ich, nur deswegen, weil es ihr nicht gut ansteht, es selbst zu sagen; und das ist das, was diese Edelleute und Damen, mit denen sie gekommen ist, von dem ehrbaren Leben, das sie bei den Nonnen geführt hat, und von ihrer Tugend und ihren preislichen Sitten gesagt haben, und wie die Damen und Männer geweint und geklagt haben, als sie, nachdem sie sie mir zurückgegeben haben, von ihr geschieden sind. Wollte ich alles, was sie mir gesagt haben, ausführlich wiederholen, so würde, vom heutigen Tage gar nicht zu reden, aber auch die kommende Nacht nicht ausreichen; nur so viel will ich noch sagen, daß Ihr Euch nach dem, was die Worte dieser Leute kundgetan haben und was ich außerdem habe sehn können, rühmen dürft, unter allen Herren, die heute eine Krone tragen, nicht nur die schönste, sondern auch die ehrbarste und trefflichste Tochter zu haben.« Über diese Dinge wundersam erfreut, bat der Sultan Gott zu mehrern Malen, ihm die Gnade zu gewähren, daß er sich gegen jeden, welcher seiner Tochter Ehre erwiesen habe, und sonderlich gegen den König von Zypern, der sie ihm ehrenvoll zurückgeschickt hatte, auf würdige Weise erkenntlich zeigen könne; und einige Tage später gab er Antigonus, dem er köstliche Geschenke hatte reichen lassen, Urlaub, nach Zypern heimzukehren, und stattete dem Könige durch Briefe und besondere Gesandte den verbindlichsten Dank ab für das, was er seiner Tochter getan hatte. Da er nach all diesem wollte, daß das Begonnene durchgeführt werde, nämlich daß sie die Gemahlin des Königs von Algarbien werde, machte er dem die ganze Geschichte zu wissen und schrieb ihm überdies, er solle, wenn ihm an ihrem Besitze etwas liege, um sie schicken. Darüber war der König von Algarbien ganz glücklich; er schickte in ehrenvoller Weise um sie und empfing sie mit herzlicher Freude. Und sie, die mit acht Männern vielleicht zehntausendmal geschlafen hatte, legte sich als Jungfrau zu ihm und machte ihn glauben, sie sei es; und dann lebte sie lange als Königin in Freuden mit ihm. Und darum sagt man: ein geküßter Mund büßt nichts ein, sondern erneut sich wie der Mond.

Achte Geschichte

Der Graf von Antwerpen geht einer falschen Anklage wegen ins Elend und läßt seine zwei Kinder an verschiedenen Orten in England; als er später unerkannt wiederkehrt, findet er sie in glücklichen Umständen. Er zieht als Stallknecht mit dem Heere des Königs von Frankreich; da er als unschuldig erkannt wird, erhält er seine frühere Stellung wieder.

Viel war von den Damen bei den verschiedenen Abenteuern der schönen Dame geseufzt worden: aber wer weiß den Grund dieser Seufzer? Vielleicht war eine oder die andere unter ihnen, die nicht minder aus Verlangen nach also häufigen Hochzeiten, als aus Mitleid mit der Dame geseufzt hat. Aber sei dem, wie es wolle, als über die letzten Worte Panfilos genugsam gelacht worden war und die Königin aus ihnen erkannt hatte, daß seine Geschichte zu Ende war, kehrte sie sich zu Elisa und trug ihr auf, mit einer der ihrigen in der Reihe fortzufahren. Die tat es freudig und begann: Es ist ein weites Feld, wo wir uns heute ergehn, und jeder könnte gar leichthin nicht um einen, sondern um zehn Ringe rennen, so zahlreich sind die seltsamen und harten Lose, die das Geschick den Menschen bereitet; aus dieser ungeheuern Menge hebe ich also eines heraus und sage:

Daß zu der Zeit, wo das Kaisertum von den Franken an die Deutschen übergegangen war, zwischen den beiden Völkern eine gewaltige Fehde und ein ununterbrochener grimmiger Krieg entstanden waren. Dieser Umstände halber rüsteten der König von Frankreich und sein Sohn, sowohl zur Verteidigung des eigenen Landes als auch um das andere anzugreifen, mit aller Anstrengung ihres Reiches und dann auch mit der Hilfe, die ihre Freunde und Verwandten stellen konnten, ein großes Heer aus, mit dem sie gegen die Feinde ins Feld ziehen wollten; und bevor sie auszogen, übertrugen

sie die oberste Gewalt in dem Königreiche, das sie nicht ohne Führung lassen wollten, als einem Reichsverweser an ihrer Statt dem Grafen Gualtieri von Antwerpen, den sie als einen edlen und klugen Mann und ihren ergebenen Freund und Diener kannten und der ihnen, obwohl er in der Kriegskunst wohlerfahren war, doch mehr für ein gemächliches Amt als für die Beschwerden des Feldes zu taugen schien. Nachdem sie ihre Straße gezogen waren, begann sich Gualtieri mit Sinn und Verstand dem ihm anvertrauten Amte zu widmen, indem er in allen Stücken mit der Königin und ihrer Schwiegertochter Rat pflegte; und obgleich sie seiner Hut und Gewalt befohlen waren, ehrte er sie stets untertänig als seine Herrinnen. Gualtieri war schön von Leibe, etwa vierzig Jahre alt und so höflich und wohlgesittet, wie nur immer ein Edelmann sein kann, und überdies war er der anmutigste und liebenswürdigste Ritter, den man damals kannte, und hielt wie kein anderer auf Schmuck der Kleidung; seine Frau war schon gestorben und hatte ihm nur zwei kleine Kinder, ein Söhnchen und ein Töchterchen, hinterlassen. Indem er nun, während der König von Frankreich und dessen Sohn im Kriege waren, oft den Hof der besagten Damen besuchte, um die Angelegenheiten des Reiches mit ihnen zu besprechen, geschah es, daß die Gemahlin des Sohnes des Königs ein Auge auf ihn warf und sich, weil sie seine Gestalt und seine Sitten entzückt betrachtete, insgeheim glühend in ihn verliebte; und da sie sich jung und frisch wußte und ihn ohne Gattin sah, dachte sie, es werde ihr leicht sein, an das Ziel ihrer Wünsche zu gelangen, und beschloß, ihre Scham, die ihrer Meinung nach das einzige Hindernis war, gänzlich zu verbannen und sich ihm zu entdecken. Und als sie eines Tages allein war und ihr die Zeit günstig schien, schickte sie um ihn, als ob sie mit ihm hätte über andere Dinge sprechen wollen. Der Graf, dessen Gedanken nicht im mindesten mit den ihrigen übereinstimmten, ging ohne Verzug zu ihr und setzte sich auf ihren Wunsch mit ihr auf ein Ruhebett in einem Gemache, wo sie allein waren; zweimal hatte er sie schon um den Grund gefragt, warum sie ihn habe kommen lassen, aber keine Antwort erhalten, bis sie endlich von der Liebe überwältigt, purpurrot vor Scham und schier weinend und am ganzen Leibe zitternd, mit gebrochenen Worten also zu reden begann: »Mein süßer, teuerster Freund und Herr, Ihr seid ein zu kluger Mann, um nicht zu wissen, wie groß die Gebrechlichkeit der Männer und der Frauen ist und daß sie aus mancherlei Gründen bei der einen größer ist als bei der andern, weshalb ja auch ein gerechter Richter verschieden gearteten Leuten für dasselbe Vergehn nicht dieselbe Strafe zuerkennen darf. Wer wird denn bestreiten wollen, daß es bei einem armen Manne oder bei einem armen Weibe, die ihres Lebens Notdurft im Schweiße ihres Angesichts erwerben müssen, härter zu tadeln ist, wenn sie den Verlockungen der Liebe gehorchen, als bei einer Frau, die reich und müßig ist und der nichts abgeht, was ihre Sehnsucht heischt? Sicherlich niemand. Aus diesem Grunde meine ich, daß diese Umstände der Frau, bei der sie zutreffen, sehr zur Entschuldigung dienen müssen, wenn sie sich von ungefähr zur Liebe hinreißen läßt; und was noch zur völligen Entschuldigung fehlt, das tut die Wahl des Geliebten, wenn sie auf einen klugen und wackeren Mann gefallen ist. Weil nun nach meinem Dafürhalten beides in mir vorhanden ist und weil dazu noch viele andere Gründe kommen, die mich zur Liebe verleiten, zum Beispiel meine Jugend und die Abwesenheit meines Gatten, so muß das alles zu meinen Gunsten zusammenwirken, um meine inbrünstige Liebe vor Euren Augen zu rechtfertigen; und hat das bei Euch den Erfolg, den es bei klugen Männern haben muß, so bitte ich Euch, mir in meinem Anliegen Rat und Hilfe zu leihen. Ich kann es nämlich nicht leugnen, daß ich mich, wegen der Abwesenheit meines Gatten unfähig, dem Stachel des Fleisches und der Macht der Liebe zu widerstehn, die von einer solchen Kraft sind, daß sie die stärksten Männer, geschweige denn die zarten Frauen, zu often Malen überwunden haben und alltäglich überwinden, daß ich mich also in der müßigen Gemächlichkeit, in der Ihr mich seht, habe hinreißen lassen, den Wonnen der Liebe nachzugeben und verliebt zu werden; und obwohl ich einsehe, daß meine Neigung, wenn sie bekannt würde, nicht ehrbar wäre, finde ich doch, wenn sie verborgen ist und bleibt, nichts Unehrbares darin: Amor ist mir ja so gnädig gewesen, daß er mir die Einsicht, die bei der Wahl eines Geliebten vonnöten ist, nicht nur nicht genommen, sondern in reichlichem Maße verliehen hat, indem er mir Euch als den Mann gezeigt hat, der es verdient, von einer Dame, wie ich bin, geliebt zu werden. Wenn ich nicht in einer Täuschung befangen bin, so seid Ihr der schönste, der anmutigste, der liebenswürdigste und klügste Ritter, der im Königreiche der Franken erfunden werden kann; und so wie ich sagen kann, daß ich ohne Gatten bin, so seid Ihr ohne Gattin. Darum bitte ich Euch bei der heißen Liebe, die ich zu Euch trage, versagt mir die Eurige nicht und erbarmt Euch meiner Jugend, die sich wahrlich um Euch verzehrt, wie

Eis am Feuer.« Und nach diesen Worten wurde sie von einem Tränenstrome unterbrochen, so daß sie trotz ihrer Absicht, ihn noch mehr mit Bitten zu bestürmen, nicht weiterreden konnte, sondern weinend und ihrer Gefühle schier nicht mehr mächtig mit dem Gesichte an die Brust des Grafen sank. Der Graf, der ein gar getreuer Ritter war, begann ihr diese törichte Liebe mit scharfem Tadel zu verweisen und stieß sie, die ihm um den Hals fallen wollte, zurück; und er bestätigte es ihr mit seinem Eide, er werde sich lieber vierteilen lassen, als sich zu einem solchen Anschlage wider die Ehre seines Herrn herzugeben oder ihn von einem andern zu dulden. Kaum hatte das die Dame gehört, so war auch schon ihre Liebe vergessen, und sie sagte, in wilder Wut entbrannt: »So soll ich denn auf diese Weise meines Verlangens halber von Euch verhöhnt werden, nichtswürdiger Ritter? Da sei Gott vor, daß ich nicht ein Mittel fände, Euch sterben zu lassen, wie Ihr mich sterben lassen wollt, oder Eure Hinrichtung zu erzwingen!« Und nach diesen Worten fuhr sie sich auch schon mit den Händen in die Haare, um sie sich zu zerraufen und auszureißen, zerriß sich die Kleider auf der Brust und begann aus Leibeskräften zu schreien: »Zu Hilfe, zu Hilfe! der Graf von Antwerpen will mir Gewalt antun!« Als das der Graf sah, sprang er auf, so rasch er nur konnte, weniger weil es ihm sein Gewissen geraten hätte, als aus Furcht vor dem höfischen Neide, von dem er besorgte, daß er der Bosheit der Dame mehr Glauben verschaffen werde als seiner Unschuld; er lief aus dem Gemache und aus dem Palaste und floh in sein Haus. Dort stieg er, ohne erst lange zu überlegen mit seinen Kindern zu Pferde und brach schleunigst nach Calais auf. Auf den Lärm der Dame waren viele hingelaufen; als die sie in diesem Zustande sahen und die Ursache ihres Schreiens hörten, schenkten sie deswegen nicht nur ihren Worten vollen Glauben, sondern setzten auch noch hinzu, daß sich der Graf nur deshalb so lange liebenswürdig und zierlich betragen habe, um zu diesem Ziele zu gelangen. Voller Wut liefen sie zu dem Hause des Grafen, um ihn zu verhaften; da sie ihn aber nicht antrafen, plünderten sie das Haus völlig aus und zerstörten es bis auf den Grund. Die Nachricht kam entstellt, wie sie erzählt wurde, zu dem Könige und seinem Sohne ins Feld; arg erbost verurteilten die ihn und seine Nachkommen zu ewiger Verbannung und setzten eine hohe Belohnung für den aus, der ihn ihnen lebend oder tot bringen werde. Der Graf, der sehr bekümmert war, weil er sich als Unschuldiger durch seine Flucht zum Schuldigen gemacht hatte, kam mit seinen Kindern, ohne daß er sich zu erkennen gegeben hätte oder erkannt worden wäre, nach Calais, setzte alsbald nach England über und begab sich in ärmlicher Kleidung nach London: bevor er aber die Stadt betrat, unterwies er die zwei Kinder mit vielen Worten und sonderlich in zwei Dingen: einmal, daß sie die Armut, worein sie das Schicksal zugleich mit ihm ohne Schuld gestürzt habe, geduldig ertragen sollten, und dann, daß sie sich, wenn ihnen ihr Leben lieb sei, in acht nehmen sollten, irgend jemand zu entdecken, woher und wessen Kinder sie seien. Der Sohn, der Luigi hieß, war etwa neun Jahre alt, und die Tochter, deren Name Violante war, etwa sieben; für dieses zarte Alter faßten sie die Unterweisungen ihres Vaters sehr gut auf, wie sie es denn später durch die Tat bewiesen. Und um es ihnen leichter zu machen, glaubte er ihre Namen ändern zu müssen und tat es, und er nannte den Knaben Perotto und das Mädchen Gianetta; und nachdem sie in ihrer ärmlichen Kleidung nach London gekommen waren, verlegten sie sich darauf, Almosen heischen zu gehn, wie wir es jene französischen Bettler tun sehn. Und als sie in dieser Absicht eines Morgens von ungefähr an einer Kirche standen, geschah es, daß eine Dame, die die Gemahlin eines der Marschälle des Königs von England war, beim Austritte aus der Kirche den Grafen und seine zwei Kinder sah, die Almosen heischten; da fragte sie ihn, woher er sei und ob das seine Kinder seien. Er antwortete ihr, daß er aus der Pikardie sei und wegen eines Verbrechens seines ungeratenen ältern Sohnes mit diesen beiden, die auch seine Kinder seien, habe fliehen müssen. Die Dame, die ein mitleidiges Herz hatte, faßte das Mägdlein ins Auge und sagte, weil ihr die ob ihrer Schönheit und Artigkeit und Zutraulichkeit wohlgefiel: »Wenn du einverstanden bist, guter Mann, mir deine Tochter zu lassen, so werde ich sie gern nehmen, weil ihr Aussehn viel Gutes verspricht; und wenn sie sich gut aufführen wird, so werde ich sie zur schicklichen Zeit so verheiraten, daß es ihr wohlergehn wird.« Dieses Anerbieten gefiel dem Grafen sehr, so daß er augenblicklich ja sagte; er übergab sie ihr mit Tränen in den Augen und befahl sie ihrer Güte. Und da er seine Tochter also untergebracht hatte – bei wem, wußte er genau –, beschloß er, nicht länger in London zu bleiben; er durchstrich bettelnd die Insel und kam so, nicht ohne große Beschwerlichkeit, weil er nicht gewohnt war, zu Fuß zu gehn, mit Perotto nach Wallis. Dort war ein anderer Marschall des Königs, der ein ansehnliches Hauswesen und viel Dienerschaft hielt; und an dessen Hofe fand sich der Graf zuweilen mit seinem Sohne des Essens halber ein. Nun hatte der Marschall einen Sohn, und da der mit andern Knaben von Edelleuten jugendliche Spiele trieb, wie Laufen und Springen, begann sich Perrotto zu ihnen zu gesellen, und er zeigte sich in jeder Fertigkeit ebenso gewandt wie die andern oder noch gewandter. Der Marschall sah ihnen ein und das andere Mal zu; und weil er an der Art und dem Betragen des Knaben viel Gefallen fand, fragte er, wer er sei. Es wurde ihm gesagt, er sei der Sohn eines armen Mannes, der manchmal um Almosen komme. Nun ließ der Marschall den Knaben von seinem Vater verlangen, und der Graf, der Gott um nichts andres gebeten hatte, überließ ihn ihm willig, obwohl es ihm schwer war, sich von ihm zu trennen. Nachdem also der Graf den Sohn und die Tochter versorgt hatte, gedachte er sich nicht länger in England aufzuhalten, sondern versuchte, so gut es ging, nach Irland hinüberzukommen; und als er nach Stamford gelangt war, nahm er Dienste als Knecht bei dem Ritter eines Grafen auf dem Lande und verrichtete jeden Dienst, der einem Knechte oder einem Stallburschen obliegen kann. Dort blieb er, ohne jemals von irgend jemand erkannt zu werden, unter großem Ungemach und bei harter Mühe lange Zeit. In dieser Zeit wuchs Violante, die nun Gianetta hieß, bei der Edeldame in London an Jahren, Leib und Schönheit und erwarb sich die Gunst der Dame und ihres Gemahls ebenso wie die aller Leute, die im Hause waren oder sie sonst kannten, in einem solchen Maße, daß es wundersam war, es zu sehn, und niemand, der ihr sittsames Wesen beobachtet hatte, sagte etwas andres, als daß sie des größten Glückes und der höchsten Ehre wert sei. Aus diesem Grunde hatte auch die Edeldame, die über sie nie mehr hatte erfahren können, als was ihr von ihrem Vater, der sie ihr übergeben hatte, mitgeteilt worden war, den Vorsatz gefaßt, sie ihrem vermeintlichen Stande gemäß zu verheiraten. Aber Gott, der als gerechter Beurteiler der menschlichen Verdienste ihre adelige Geburt erwog und daß sie für anderer Fehler unschuldig büßte, beschloß anders: und es ist wohl glaublich, daß er das, was nun geschah, in seiner Güte zugelassen hat, um das edle Fräulein nicht einem niedrigen Manne in die Hände fallen zu lassen. Die Edeldame, bei der Gianetta weilte, hatte von ihrem Gemahle einen einzigen Sohn, den sie und sein Vater herzlich liebten, nicht nur weil er ihr Kind war, sondern auch weil er an Sitte und Trefflichkeit und Wohlgestalt nicht seinesgleichen hatte, so daß er ihre Liebe wegen seiner Tugenden und Vorzüge verdiente. Er war etwas sechs Jahre älter als Gianetta und fand sie so schön und anmutig, daß er sich glühend in sie verliebte und nichts sonst mehr sah als sie. Weil er aber der Meinung war, sie sei von geringer Abkunft, so getraute er sich nicht nur nicht, sie von seinen Eltern zur Gattin zu erbitten, sondern hielt auch seine Liebe aus Furcht vor dem Vorwurfe, daß er sich erniedrigt habe, so geheim, wie es ihm nur möglich war; und dies entflammte ihn mehr, als wenn er sie entdeckt hätte. So geschah es, daß er vor übermäßiger Leidenschaft schwer krank wurde. Obwohl die vielen Ärzte, die zu seiner Heilung gerufen worden waren, sein Wasser zu mehrern Malen untersucht hatten, vermochten sie doch die Krankheit nicht zu erkennen und zweifelten allesamt an seiner Genesung. Darüber waren seine Eltern so betrübt und niedergeschlagen, wie man nur sein kann, und fragten ihn öfter mit beweglichen Bitten um die Ursache seines Leidens; er aber antwortete entweder nur mit Seufzern oder sagte, er fühle, daß er sich gänzlich verzehre. Als nun eines Tages ein gar junger, aber in der Wissenschaft gründlich bewanderter Arzt bei ihm saß und seinen Arm dort hielt, wo sie nach dem Pulse fühlen, geschah es, daß Gianetta, die ihn seiner Mutter zuliebe sorglich pflegte, aus irgendeinem Anlasse in das Gemach trat, wo er lag. Kaum sah er sie, so fühlte er, ohne daß er ein Wort geredet oder sich irgendwie bewegt hätte, die Liebesflamme in seinem Herzen höher lodern, so daß sein Puls schneller zu schlagen begann als sonst; der Arzt bemerkte es sogleich, verhielt sich aber trotz seinem Erstaunen still, um zu sehn, wie lange dieses Schlagen dauern werde. Gianetta verließ das Gemach, und der Puls ging wieder ruhig; das nahm der Arzt für einen Anhaltspunkt, wo die Ursache der Krankheit zu suchen sei. Ohne den Arm des Kranken loszulassen, befahl er nach einer Weile unter dem Vorwande, er wolle sie um etwas fragen, Gianetta zu rufen, und sie kam augenblicklich; kaum war sie in das Gemach getreten, so begann auch schon der Puls des jungen Mannes zu klopfen, und als sie sich entfernte, ließ er nach. Nunmehr glaubte der Arzt seiner Sache völlig sicher zu sein; er erhob sich und nahm die Eltern des jungen Mannes beiseite und sagte zu ihnen: »Die Genesung Eures Sohnes hängt nicht von der Hilfe der Ärzte ab, sondern liegt in den Händen Gianettas, die er, wie ich aus gewissen Zeichen klar erkannt habe, glühend liebt, obwohl sie nach dem, was ich sehe, nichts davon ahnt. Nun wißt Ihr, was Ihr zu tun habt, wenn Euch sein Leben lieb ist.« Der Edelmann und seine Gemahlin waren, als sie das hörten, wohl zufrieden, weil sich also doch ein Mittel zu seiner Rettung gefunden hatte, wenn sie auch von der Aussicht, ihm Gianetta zur Gattin geben zu müssen, sehr bedrückt waren. Sie begaben sich also, nachdem der Arzt weggegangen war, zu dem Kranken, und die Dame sagte zu ihm: »Nie hätte ich es geglaubt, mein Sohn, daß du mir irgendeinen Wunsch von dir verhehlen werdest, und sonderlich nicht, wenn du siehst, daß du dadurch, daß er unerfüllt bleibt, zugrunde gehst; du hättest doch sicher sein können und kannst sicher sein, daß es, wenn es dich zufriedenzustellen gilt, nichts gibt, was ich, auch wenn es nicht ganz ehrbar wäre, nicht ebenso täte, wie ich es um meiner selbst willen täte. Da du mir aber trotzdem nichts gesagt hast, so war der Herrgott mitleidiger mit dir als du selber und hat mir, auf daß du nicht an dieser Krankheit sterbest, ihre Ursache gewiesen, und die ist nichts andres als eine übermäßige Liebe, die du zu einem Mädchen trägst. Und das offen zu sagen, hättest du dich nicht zu schämen brauchen, weil das dein Alter verlangt und weil ich nicht viel von dir hielte, wenn du dich nicht verliebt hättest. Fürchte dich also nicht vor mir, mein Sohn, sondern entdecke mir ruhig alle deine Wünsche; und die Schwermut tu ab von dir geradeso wie die Bedenken, die du hast und die an deiner Krankheit schuld sind, und fasse Mut und sei überzeugt, daß du mir zu deiner Befriedigung nichts auftragen kannst, was ich nicht, da ich dich mehr liebe als mein Leben, nach meinen Kräften täte. Verbanne die Scham und die Angst und sage mir, ob ich deine Liebe irgendwie fördern kann; und findest du dann nicht, daß ich alles aufbiete, um dich an dein Ziel zu bringen, so schilt mich die grausamste Mutter, die je einen Sohn geboren hat.« Zuerst schämte sich der junge Mann, als er die Worte seiner Mutter hörte; da er aber dann bedachte, daß es niemand besser als sie vermöge, sein Verlangen zu stillen, ließ er seine Scham fahren und sagte zu ihr: »Nichts andres, Frau Mutter, hat mich bestimmt, meine Liebe geheimzuhalten, als daß ich bei den meisten Leuten bemerkt habe, daß sie sich, wann sie bejahrt sind, nicht mehr erinnern wollen, daß sie einmal jung gewesen sind. Da ich Euch aber hierin so verständig sehe, so will ich nicht nur nicht leugnen, daß das, dessen Ihr, wie Ihr sagt, innegeworden seid, wahr ist, sondern werde Euch auch die nennen, die ich liebe, unter der Bedingung jedoch, daß Ihr mir Euer Versprechen nach Kräften erfüllt, weil Ihr mich nur so gesund machen könnt.« Und die Dame, die allzusehr auf etwas vertraute, was ihr so, wie sie dachte, nicht gelingen sollte, antwortete fröhlich, er solle ihr dreist alle seine Wünsche eröffnen; sie werde sich ohne jeglichen Verzug alle Mühe geben, ihm Befriedigung zu verschaffen. »Frau Mutter«, sagte nun der junge Mann, »die große Schönheit und das preisliche Betragen unserer Gianetta und die Unmöglichkeit, sie auf meine Liebe aufmerksam zu machen, geschweige denn, ihr Mitleid zu gewinnen, und meine Blödigkeit, die mich abgehalten hat, diese Liebe jemand zu entdecken, haben mich so weit gebracht, wie Ihr seht; und wenn das, was Ihr mir versprochen habt, auf die eine oder die andere Weise unerfüllt bleibt, so könnt Ihr sicher sein, daß ich nicht mehr lange leben werde.« Die Dame, der in diesem Augenblicke tröstlicher Zuspruch mehr am Platze schien als Vorwürfe, sagte lächelnd: »Deswegen also, mein Sohn, hast du dich krank werden lassen? Tröste dich, und wann du gesund sein wirst, so laß mich machen.« Froher Hoffnung voll, wies der junge Mann in ganz kurzer Zeit Zeichen entschiedener Besserung auf, und die Dame, die darüber ganz glücklich war, entschloß sich zu versuchen, wie sie ihr Versprechen einhalten könne. Nachdem sie sich daher eines Tages Gianetta hatte rufen lassen, fragte sie sie, freundlich scherzend, ob sie einen Liebsten habe. Gianetta, die übers ganze Gesicht rot geworden war, antwortete: »Einem armen Mädchen, gnädige Frau, das wie ich keine Heimat hat und wie ich als Dienerin bei Fremden lebt, steht es nicht wohl an, an Liebe zu denken.« Und die Dame sagte zu ihr: »Wenn Ihr denn keinen habt, so will ich Euch einen geben, der Lust in Euer Leben bringen und Euch erst Eurer Schönheit recht froh machen soll; ein so schönes Mädchen wie Ihr darf ja gar nicht ohne Liebsten sein.« Und Gianetta sagte: »Ihr habt mich, gnädige Frau, der Armut meines Vaters entrissen und mich wie Eure Tochter aufgezogen, und deshalb wäre es meine Pflicht, alles zu tun, was Ihr wünscht; in diesem Stücke kann ich Euch aber nicht willfahren, und ich glaube daran wohlzutun. Wenn es Euch belieben wird, mir einen Gatten zu geben, so werde ich ihn lieben, aber keinen andern; denn da mir von dem Erbe meiner Vorfahren nichts geblieben ist als die Ehrbarkeit, so will ich die hüten und bewahren, solange mein Leben währen wird.« Diese Rede deuchte die Dame das gerade Gegenteil von dem zu besagen, worauf sie, um ihrem Sohne ihr Versprechen zu halten, hinaus wollte, obwohl sie als verständige Dame dem Mädchen innerlich vollen Beifall gab, und sie sagte: »Wie denn aber, Gianetta, wenn unser gnädiger Herr König, der ein junger Ritter ist, von deiner Liebe, weil du so ausbündig schön bist, eine Gunst wollte, würdest du sie ihm verweigern?« Und Gianetta antwortete auf der Stelle: »Gewalt könnte mir der König antun, aber mit meiner Zustimmung würde er von mir nichts sonst erlangen, als was ehrbar ist.« Da die Dame sah, wie ihr Sinn war, verlor sie keine Worte und gedachte sie auf die Probe zu stellen: und sie sagte ihrem Sohne, sie werde sie ihm, wann er genesen sei, allein in die Kammer bringen, und dann solle er trachten, sie seinen Wünschen gefügig zu machen; denn ihr scheine es unehrbar, daß sie sich nach Art einer Kupplerin für ihn verwenden und ihr Mädchen bitten sollte. Damit war der junge Mann keineswegs zufrieden, und augenblicklich trat in seinem Befinden eine arge Verschlimmerung ein; als das die Dame sah, eröffnete sie Gianetta ihren Wunsch. Da sie die aber standhafter fand als je, erzählte sie ihrem Gemahle, was sie getan hatte, und sie beschlossen, obwohl es ihnen schwer fiel, mit gleichmäßigem Einverständnis, sie ihm zur Gattin zu geben, weil es ihnen lieber war, ihn unter seinem Stande verheiratet und am Leben, als ohne Frau tot zu sehn; und nach vielem Hin und Wider taten sie auch so. Gianetta war es wohl zufrieden und dankte frommen Herzens dem Herrgott, daß er ihrer nicht vergessen hatte; bei alledem aber sagte sie niemals etwas andres, als daß sie die Tochter eines Pikarden sei. Der junge Mann genas und machte, seliger als je ein Mensch, Hochzeit und begann die Freuden zu genießen, die ihm ihre Liebe bot. Perotto, der in Wallis bei dem Marschall des Königs von England verblieben war, hatte sich, ebenso heranwachsend, die Gunst seines Herrn erworben und war ein so schöner Jüngling geworden, wie nur irgendeiner auf der Insel, so daß er weder im Turnier noch im Tjost noch in einer andern Waffentüchtigkeit im ganzen Lande seinesgleichen hatte; darum war er, den sie Perotto den Pikarden nannten, weit und breit bekannt und wohlberufen. Und wie Gott seiner Schwester nicht vergessen hatte, so tat er auch dar, daß er sich ebenso seiner erinnerte. Denn über die Gegend kam eine todbringende Seuche, und die raffte schier die Hälfte der Bevölkerung dahin, abgesehn davon, daß ein großer Teil der übrigen aus Furcht in andere Gegenden floh, so daß das Land gänzlich zur Einöde geworden zu sein schien. An dieser Seuche starben auch sein Herr und dessen Gemahlin und ihr Sohn und viele Brüder und Vettern und Verwandte des Herrn, und niemand blieb übrig als eine schon mannbare Tochter des Marschalls und einige Diener, unter diesen auch Perotto. Als dann das Sterben etwas nachgelassen hatte, nahm das Fräulein auf den freudigen Rat einiger weniger Leute, die das Leben behalten hatten, Perotto wegen seiner trefflichen Eigenschaften zum Gatten und machte ihn zum Herrn alles dessen, was ihr durch Erbschaft zugefallen war. Und es verstrich keine lange Zeit, so setzte der König von England, als er von dem Tode des Marschalls hörte, Perotto den Pikarden, dessen Tüchtigkeit ihm bekannt war, an die Stelle des Verstorbenen und machte ihn zu seinem Marschall. Und das sind in Kürze die Schicksale der beiden unschuldigen Kinder, die der Graf von Antwerpen in niedriger Lage verlassen hatte. Es waren schon achtzehn Jahre verflossen, seitdem der Graf von Antwerpen aus Paris geflohen war, als ihm, der noch in Irland weilte, wo er bei einem elenden Leben viel erduldet hatte, der Wunsch kam, nun als alter Mann, wenn möglich, zu erkunden, was aus seinen Kindern geworden sei. Da er nicht nur sah, daß sich seine Gestalt gänzlich verändert hatte, sondern auch fühlte, daß er durch die lange schwere Arbeit viel kräftiger geworden war als in seiner in Muße verbrachten Jugend, so verließ er den, bei dem er lange gewesen war, begab sich in seiner dürftigen, schlechten Kleidung nach England und ging dorthin, wo er Perotto gelassen hatte, und den fand er als Marschall und großen Herrn und sah, daß er ein gesunder und kräftiger und schöner Mann war; obwohl er darüber hocherfreut war, wollte er sich ihm doch nicht früher zu erkennen geben, als bis er erfahren habe, wie es Gianetta ergehe. Darum machte er sich auf den Weg und rastete nicht, bevor er in London angekommen war; und als er sich dort vorsichtig um die Dame, bei der er seine Tochter gelassen hatte, und um ihr Wohlergehn erkundigte, sagte man ihm, daß Gianetta die Gattin ihres Sohnes sei. Darüber war er sehr froh und hielt nun, wo er seine Kinder am Leben und in guten Umständen gefunden hatte, all sein vergangenes Ungemach für gering; und weil er Sehnsucht hatte, seine

Tochter zu sehn, begann er sich als Bettler in der Nähe ihres Hauses herumzutreiben. So bekam ihn eines Tages Giachetto Lamiens – so hieß der Gemahl Gianettas – zu Gesicht; aus Mitleid mit dem armen alten Manne befahl er einem seiner Diener, ihn ins Haus zu führen und ihm um Gottes willen zu essen zu geben, und das tat der Diener willig. Nun hatte Gianetta von Giachetto schon mehrere Kinder, deren ältestes nicht über acht Jahre zählte, und sie waren die hübschesten und artigsten Kinder von der Welt. Kaum sahen sie den Grafen essen, so waren sie auch schon alle in großer Freude um ihn, als ob sie, von einer geheimen Kraft getrieben, geahnt hätten, daß er ihr Großvater war. Und er, der wußte, daß sie seine Enkel waren, begann sie zu liebkosen und zu herzen; darum wollten die Kinder nicht weg von ihm, obwohl sie der, der sie beaufsichtigte, rief. Da das Gianetta in einem Gemache nebenan hörte, kam sie hin und drohte ihnen mit Schlägen, wenn sie nicht täten, was ihr Hofmeister wolle. Die Kinder begannen zu weinen und sagten, sie wollten bei dem wackern Manne bleiben, der sie viel lieber habe als ihr Hofmeister; und darüber lachten die Dame und der Graf. Der Graf war aufgestanden, keineswegs aber wie ein Vater, der seine Tochter begrüßt, sondern wie ein armer Mann, der einer Dame seine Ehrfurcht bezeigt, und hatte bei ihrem Anblicke eine wundersame Wonne im Herzen empfunden. Sie aber erkannte ihn weder damals noch später, weil er sich gegen früher gänzlich verändert hatte; denn er war ein Greis und bärtig und grauhaarig und war mager geworden und gebräunt, so daß er einem fremden Menschen ähnlicher war als dem Grafen. Und da die Dame sah, daß sich die Kinder nicht von ihm trennen wollten, sondern weinten, wenn sie entfernt werden sollten, sagte sie dem Hofmeister, er solle sie eine Weile gewähren lassen. Die Kinder waren noch bei dem wackern Manne, als Giachettos Vater heimkam und die Sache von ihrem Hofmeister erfuhr; da sagte er, weil er Gianetta nicht leiden mochte: »Laß sie gehn in des Unglücks Namen, das ihnen Gott gebe; sie bezeugen ja nur ihre Abkunft. Von der Mutter her stammen sie von einem Bettler ab, und darum ist es kein Wunder, wenn sie gern bei Bettlern sind.« Diese Worte hörte der Graf, und sie kränkten ihn sehr; trotzdem ertrug er diese Unbill achselzuckend ebenso, wie er viele andere ertragen hatte. Giachetto, der erfahren hatte, wie glücklich die Kinder bei dem wackern Manne, nämlich bei dem Grafen, waren, liebte sie so sehr, daß er, obwohl ihm das sehr mißfiel, doch, um sie nicht weinen zu sehn, befahl, daß der wackere Mann, wenn er zu irgendeiner Dienstleistung dableiben wolle, aufgenommen werde. Der antwortete, er bleibe gern, verstehe aber nichts sonst, als Pferde zu warten, womit er sich sein Lebtag beschäftigt habe. Es wurde ihm also ein Pferd zugewiesen, und seine freie Zeit widmete er dem Vergnügen der Kinder. So also, wie erzählt worden ist, leitete das Schicksal den Grafen von Antwerpen und seine Kinder, als es geschah, daß der König von Frankreich, nachdem er zu often Malen mit den Deutschen Waffenstillstand geschlossen hatte, starb, und an seiner Statt wurde sein Sohn gekrönt, dessen Gemahlin schuld an der Verbannung des Grafen gewesen war. Als dann der letzte Waffenstillstand mit den Deutschen abgelaufen war, fing der König den Krieg mit frischem Ungestüm an, und der König von England schickte ihm als neuer Vetter ein zahlreiches Hilfsvolk, das unter den Befehlen seines Marschalls Perotto und des Sohnes seines andern Marschalls, Giachetto Lamiens, stand. Und mit Giachetto Lamien zog auch der wackere Mann, nämlich der Graf, hin und weilte nun lange als Stallknecht beim Heere, ohne von jemand erkannt zu werden; dort verrichtete er als tüchtiger Mann in Rat und Tat viel mehr Gutes, als seine Pflicht gewesen wäre. In dieser Zeit des Krieges wurde die Königin von Frankreich schwer krank; und da sie selber erkannte, daß es mit ihr zu Ende ging, beichtete sie in frommer Zerknirschung über ihre Sünden dem Erzbischofe von Rouen, der allgemein als gar heilig und gutherzig galt; und neben ihren andern Sünden erzählte sie ihm auch, was für ein großes Unrecht sie dem Grafen von Antwerpen zugefügt hatte. Und sie begnügte sich nicht damit, es ihm zu sagen, sondern erzählte den Hergang auch vor viel andern würdigen Männern und bat sie, beim Könige dahin zu wirken, daß der Graf oder, wenn er nicht mehr am Leben sei, seine Kinder in ihren frühern Stand versetzt würden; und bald darauf schied sie aus diesem Leben und wurde ehrenvoll begraben. Als diese Beichte dem Könige mitgeteilt worden war, ließ er nach einigen schmerzlichen Seufzern über die Unbill, die er dem würdigen Manne angetan hatte, im ganzen Heere und überdies weit und breit im Lande ausrufen, daß er den, der ihm eine genaue Kunde bringe von dem Grafen oder von einem seiner Kinder, für jedes einzeln großartig belohnen werde; denn die von der Königin abgelegte Beichte habe den Grafen dessen entschuldigt, weswegen er ins Elend gegangen sei, und er gedenke ihm seine alte Stellung wiederzugeben und ihn noch mehr zu erhöhen. Der gräfliche Stallknecht, der davon hörte, begab sich, weil er wußte, daß es sich wirklich so verhielt, augenblicklich zu Giachetto und bat ihn, mit ihm zu Perotto zu gehn, weil er ihnen das zeigen wolle, was der König suche. Als sie nun alle drei beisammen waren, sagte der Graf zu Perotto, der schon daran dachte, sich zu entdecken: »Perotto, Giachetto, der hier ist, hat deine Schwester zur Gattin, hat aber noch keine Heimsteuer erhalten; und damit nicht deine Schwester der Heimsteuer ermangle, will ich, daß er und kein anderer diese große Belohnung erhält, die der König um dich versprochen hat, und er soll es kundtun, daß du der Sohn des Grafen von Antwerpen bist, und ebenso soll er auch die Belohnung für Violante, deine Schwester und seine Gattin, haben und die für mich, der ich der Graf von Antwerpen und euer Vater bin.« Kaum hatte ihm Perotto, als er das hörte, fest ins Gesicht gesehn, so erkannte er ihn auch schon und warf sich ihm weinend zu Füßen und umarmte ihn und sagte: »Seid vieltausendmal willkommen, Vater!« Über Giachetto kam, als er zuerst hörte, was der Graf sagte, und dann sah, wie Perotto tat, eine so große Verwunderung zugleich mit einer so großen Freude, daß er kaum wußte, was er tun sollte; schließlich aber schenkte er den Worten Glauben und sank unter Tränen und Scham wegen der unbilligen Reden, die er gegen den Grafen als Stallknecht gebraucht hatte, zu seinen Füßen nieder und bat ihn für alle vergangene Schmach demütig um Verzeihung, und der Graf, der ihn aufhob, gewährte sie ihm gütig. Und nachdem sie einander alle drei ihre mannigfachen Schicksale erzählt und viel geweint und sich viel gefreut hatten, wollten Perotto und Giachetto den Grafen anders kleiden; er aber litt das keineswegs, sondern sein Wille war, daß ihn Giachetto, bis sich der die Sicherheit verschafft habe, daß er die versprochene Belohnung erhalten werde, dem Könige, um den mehr zu beschämen, so wie er sei und im Stallknechtskleide vorführe. So trat denn Giachetto, dem der Graf und Perotto folgten, vor den König und machte sich anheischig, ihm den Grafen und dessen Kinder vorzuführen, wenn er ihn so, wie ausgerufen worden sei, belohnen werde. Auf der Stelle ließ der König die für alle ausgesetzte Belohnung bringen, die den Augen Giachettos wundersam schien, und hieß ihn sie wegtragen, wenn er ihm in Wahrheit den Grafen und dessen Kinder, wie er es versprochen habe, zeigen könne. Nun wandte sich Giachetto um, ließ den Grafen, seinen Stallknecht, und Perotto vortreten und sagte: »Gnädiger Herr, hier sind Vater und Sohn; die Tochter, meine Gattin, die nicht hier ist, sollt Ihr mit Gottes Hilfe bald sehn.« Als das der König hörte, sah er den Grafen an; und obwohl sich der gegen früher sehr verändert hatte, erkannte er ihn nach einigem Ansehn. Und schier mit Tränen in den Augen hob er den Grafen, der vor ihm kniete, auf und küßte und umarmte ihn, und auch Perotto empfing er freundlich, und er befahl, daß der Graf augenblicklich mit Kleidern, Gesinde, Pferden und Gerät so versehn werde, wie es sein Adel erheische; und das wurde unverzüglich getan. Überdies erwies der König auch Giachetto viel Ehre und wollte von ihm erfahren, wie sich alles zugetragen hatte. Und als Giachetto die hohe Belohnung dafür, daß er dem Könige den Grafen und dessen Kinder entdeckt hatte, in Empfang nahm, sagte der Graf zu ihm: »Nimm das, was dir die Großmut unsers gnädigen Herrn, des Königs, gibt, und vergiß nicht, deinem Vater zu sagen, daß deine Kinder, seine und meine Enkel, von der Mutter her nicht von einem Bettler abstammen.« Giachetto nahm die Geschenke und ließ seine Gattin und seine Mutter nach Paris kommen, und auch Perottos Gattin kam hin; und es war eine helle Freude zwischen ihnen und dem Grafen, den der König in alle seine Güter wieder eingesetzt und größer gemacht hatte, als er jemals gewesen war. Dann kehrten alle, von dem Grafen beurlaubt, in ihre Heimat zurück, und er lebte in Paris in höhern Ehren als je bis zu seinem Tode.

Neunte Geschichte

Bernabò von Genua verliert, von Ambrogiuolo betrogen, sein Vermögen und befiehlt, daß seine unschuldige Frau umgebracht werde. Sie entgeht dem Tode und dient dem Sultan in Männerkleidung; schließlich entdeckt sie den Betrüger und bringt Bernabò nach Alexandrien, von wo sie und ihr Gatte, nachdem der Betrüger bestraft worden ist und sie wieder Frauenkleidung angelegt hat, als reiche Leute nach Genua zurückkehren.

Als Elisa mit ihrer rührenden Geschichte ihre Schuldigkeit erfüllt hatte, nahm Filomena, die Königin, die schön und groß von Gestalt war und deren Gesicht noch lieblicher und heiterer war als das jeder andern Dame, ihre Gedanken zusammen und sagte: Der Vertrag mit Dioneo will gehalten werden, und darum werde ich, weil außer ihm und mir niemand mehr zu erzählen hat, zuerst meine Geschichte vorbringen, und er soll, wie er sich erbeten hat, der letzte sein, der erzählen wird; und nach diesen Worten begann sie also: Bei dem gemeinen Manne ist das Sprichwort im Schwange: »Wer andern eine Grube gräbt, fällt selbst hinein«; und daß das wahr ist, ließe sich mit keinen Vernunftgründen beweisen, wenn es nicht durch wirkliche Ereignisse bewiesen würde. Indem ich nun die gestellte Aufgabe verfolge, möchte ich euch, meine liebwerten Damen, zur gleichen Zeit auch dartun, daß das wirklich wahr ist, was man sagt; und es wird euch nicht unlieb sein dürfen, diese Geschichte gehört zu haben, weil ihr dann wissen werdet, wie sehr man vor Betrügern auf der Hut sein soll.

In Paris waren einmal in einer Herberge etliche italienische Großkaufleute, die, der eine in diesen, der andere in jenen Geschäften, wie sie eben ihr Beruf mit sich bringt, hingekommen waren, und die begannen eines Abends, als sie wie sonst fröhlich gegessen hatten, von mancherlei Dingen zu sprechen; und indem ein Gespräch das andere ergab, kamen sie auch auf ihre Frauen zu reden, die sie daheim gelassen hatten, und einer sagte scherzend: »Ich weiß nicht, was die meinige tut, aber das weiß ich wohl, daß ich, wenn mir hier ein junges Dirnchen, das mir gefällt, unter die Hände kommt, die Liebe, die ich zu meiner Frau trage, beiseite lasse und bei der andern jedes Vergnügen mitnehme, das ich haben kann.« Ein anderer antwortete: »Und ich mache es ebenso; denn wenn ich glaube, daß sich meine Frau ihre Unterhaltung sucht, so tut sie's, und glaube ich's nicht, so tut sie's auch. Drum lieber Gleiches für Gleiches: wie der Esel in den Wald schreit, so hallt es wieder heraus.« Ein dritter kam bei seiner Rede schier zu demselben Spruche, und kurz, alle schienen darin übereinzustimmen, daß ihre Frauen daheim sicherlich die Zeit zu nutzen wüßten. Nur einer, Bernabò Lomellino mit Namen und aus Genua, sagte das Gegenteil und versicherte, er habe durch eine besondere Gnade Gottes eine Dame zur Gattin, die alle Tugenden, die eine Dame haben solle, und zum großen Teile auch die, die einem Ritter oder Junker anständen, in sich vereine, so daß sie vielleicht in Italien nicht ihresgleichen habe. Denn sie sei schön von Leibe und noch sehr jung und flink und lebhaft, und von allem, was eine Dame verstehn solle, wie Handarbeiten aus Seide zu verfertigen oder ähnliche Dinge, sei nichts, was sie nicht besser träfe als jede andere. Überdies, sagte er, gäbe es keinen Knappen, oder sagen wir, Diener, der bei dem Tische eines Herrn besser und sorglicher aufzuwarten verstände als sie, die gar artig, klug und bescheiden sei. Dann pries er sie höchlich, daß sie sehr gut zu reiten und das Federspiel zu halten verstände, und zu lesen, zu schreiben und eine Rechnung zu machen wisse, als wenn sie ein Kaufmann wäre; und von diesem kam er nach vielem andern Lobe auf das, wovon gesprochen wurde, und behauptete mit einem Eide, daß keine reinere oder keuschere erfunden werden könnte, so daß er wahrlich glaube, sie würde sich, auch wenn er zehn Jahre lang oder für immer vom Hause wegbliebe, nimmer mit einem Manne auf dergleichen Streiche einlassen. Unter den

Kaufleuten, die dieses Gespräch führten, war ein junger Mann, Ambrogiuolo von Piacenza mit Namen, und der begann bei diesem letzten Lobe, das Bernabò seiner Dame spendete, aus vollem Halse zu lachen und fragte ihn spöttisch, ob ihm dieses Vorrecht vor allen anderen Männern vom Kaiser gewährt worden sei. Ein wenig verletzt sagte Bernabò, nicht der Kaiser, aber der Herrgott, der etwas mehr vermöge als der Kaiser, habe ihm diese Gnade gewährt. Nun sagte Ambrogiuolo: »Ich zweifle keineswegs, Bernabò, daß du glaubst, die Wahrheit zu sagen; aber wie es mir scheint, hast du die Natur der Dinge wenig betrachtet, weil ich dich, wenn du sie betrachtet hättest, nicht für so einfältig hielte, daß du nicht darin so manches wahrgenommen hättest, was dich veranlassen müßte, über diesen Gegenstand mit mehr Zurückhaltung zu sprechen. Und damit du nicht glaubst, daß wir, die wir von unsern Frauen frei heraus gesprochen haben, glaubten, andere oder anders beschaffene Frauen zu haben als du, sondern einsiehst, daß wir, von einer natürlichen Erkenntnis geleitet, so geredet haben, will ich diesen Gegenstand ein wenig mit dir erörtern. Ich habe stets gehört, der Mann sei das edelste unter den sterblichen Wesen, die Gott geschaffen hat, und nach ihm komme das Weib; der Mann ist denn auch, wie man allgemein annimmt und wie es die Tatsachen beweisen, vollkommener, und weil er eine größere Vollkommenheit hat, so muß er auch ohne Fehl mehr Festigkeit und Beständigkeit haben: wirklich sind ja die Weiber wankelmütig, und warum sie es sind, das könnte durch viele Gründe dargelegt werden, die ich aber jetzt beiseite lassen will. Wenn nun der Mann von einer größern Festigkeit ist und es doch nicht über sich bringt, ich will nicht sagen, einer, die ihn bittet, nicht zu willfahren, aber nach einer, die ihm gefällt, nicht zu verlangen und über dieses Verlangen hinaus nicht alles, was er nur kann, zu tun, um sie sich zu gewinnen, und wenn es ihm so nicht einmal im Monate, sondern tausendmal des Tages ergeht, was erwartest du dann, daß eine Frau, die von Natur aus wankelmütig ist, bei den Bitten, den Schmeicheleien und den Geschenken und bei den tausend andern Mitteln tun kann, die ein kluger Mann, der sie liebt, anwenden wird? Glaubst du, daß sie fest bleiben kann? Wahrhaftig, auch wenn du das behauptest, so glaube ich nicht, daß du es glaubst; und dabei sagst du selber, daß deine Frau ein Weib ist und aus Fleisch und Bein wie die andern. Wenn dem so ist, so müssen die Wünsche, die sie hegt, und ihre Kräfte, diesen natürlichen Begierden zu widerstehn, dieselben sein wie bei den andern; daher ist die Möglichkeit da, daß sie, wie keusch sie auch sei, doch das tut, was die andern tun, und etwas Mögliches darf man nicht so hartnäckig, wie du es tust, leugnen, um das Gegenteil zu behaupten.« Und Bernabò antwortete ihm und sagte: »Ich bin ein Kaufmann und kein Philosoph und werde dir als Kaufmann antworten. Und ich sage, daß ich wohl weiß, daß das, was du sagst, von den Törinnen gelten kann, die keine Scham im Leibe haben; aber die Klugen sind für ihre Ehre so besorgt, daß sie stärker werden als die Männer, die darin gar zu leichtfertig sind. Und zu diesen Frauen gehört die meinige.« Ambrogiuolo sagte: »Wahrlich, wüchse ihnen jedesmal, wann sie sich auf solche Stückchen einlassen, ein Horn an der Stirn, das Zeugnis ablegte, was sie getan haben, dann würde ich glauben, daß sich nur wenige darauf einließen; aber nicht nur, daß ihnen kein Horn wächst, man merkt ihnen auch, wenn sie klug sind, nicht die geringste Spur an, und Schande und Entehrung gibt es nur bei Dingen, die offenkundig sind: wenn sie es darum heimlich tun können, so tun sie es, und lassen sie es, so sind sie eben zu dumm dazu. Und sei überzeugt, daß nur die keusch ist, die nie von einem Manne gebeten worden ist oder, wenn sie selber gebeten hat, nicht erhört worden ist. Und obwohl ich aus natürlichen und triftigen Gründen weiß, daß dem so sein muß, würde ich davon nicht mit solcher Bestimmtheit sprechen, wenn ich nicht zu often Malen und bei vielen Frauen die Probe gemacht hätte. Und ich sage dir: wäre ich nur bei deiner gar so heiligen Frau, ich getraute es mich wohl, sie in kurzer Zeit zu dem zu bringen, wozu ich schon genug andere gebracht habe.« Geärgert antwortete Bernabò: »Der Streit mit Worten könnte sich gar zu lange hinziehen: du würdest reden, und ich würde reden, und am Ende käme doch nichts heraus. Weil du aber sagst, daß alle so leicht zu haben sind, und daß du so gewandt bist, so bin ich, um dich von der Keuschheit meiner Frau zu überzeugen, bereit, mir den Kopf abschlagen zu lassen, wenn du sie verleiten kannst, daß sie dir in dieser Beziehung irgendwie zu Willen ist; und kannst du das nicht, so sollst du nicht mehr als tausend Gulden verlieren.« Ambrogiuolo, der sich schon in die Hitze geredet hatte, antwortete: »Ich wüßte nicht, Bernabò, was ich, wenn ich gewänne, mit deinem Blute anfangen sollte; wenn du aber Lust hast, die Probe von dem, was ich gesprochen habe, zu sehn, so setze gegen meine tausend Gulden fünftausend von den deinigen, an denen dir ja weniger liegen muß als an deinem Kopfe. Und obwohl du keine Frist angibst, so will ich mich verpflichten, nach Genua zu ziehen und deine Frau binnen drei Monaten von dem Tage an, wo ich abreisen werde, zu meinem Willen gebracht zu haben, und zum Beweise will ich etliche ihrer Lieblingsdinge mitbringen und so viele und solche Zeichen angeben, daß du selber zugestehn sollst, daß es wahr ist; alles jedoch unter der Bedingung, daß du mir mit deinem Eide versprichst, in dieser Frist weder nach Genua zu kommen, noch ihr über die Angelegenheit etwas zu schreiben.« Bernabò sagte, er sei es gern zufrieden, und obwohl sich die andern Kaufleute alle Mühe gaben, die Sache zu hintertreiben, weil sie einsahen, was daraus für ein Unglück erfolgen könne, so waren doch die zwei so in die Hitze geraten, daß sie sich gegen den Willen der andern mit ihren eigenhändigen Unterschriften einander verpflichteten. Bernabò blieb, nachdem der Vertrag geschlossen war, in Paris, und Ambrogiuolo begab sich, so schnell er nur konnte, nach Genua. Und als er dort ein paar Tage verweilt und sich mit vieler Vorsicht erkundigt hatte, wo die Dame wohne und wie ihr Betragen sei, bekam er dasselbe zu hören, was ihm Bernabò gesagt hatte, und noch mehr; darob deuchte ihn denn, er habe sich in ein törichtes Unternehmen eingelassen. Immerhin machte er sich an ein armes Weib heran, das häufig in das Haus kam und bei der Dame gern gesehn war, und dieses Weib bestach er mit Geld und ließ sich von ihr, da sie zu nichts sonst zu haben war, in einer zu diesem Zwecke kunstreich verfertigten Kiste nicht nur in das Haus, sondern sogar in das Gemach der edeln Dame bringen; seinem Auftrage gemäß bat dort das gute Weib die Dame unter dem Vorwande, sie wolle verreisen, ihr die Kiste einige Tage aufzubewahren. Als die Nacht gekommen war, öffnete Ambrogiuolo um die Stunde, wo er dachte, die Dame sei schon eingeschlafen, den künstlichen Verschluß der Kiste, die im Gemache verblieben war, und trat leise in das Gemach, wo ein Licht brannte. Nun begann er die Gelegenheit des Gemaches und die Malereien und was sonst bemerkenswert war, zu betrachten und sich alles ins Gedächtnis zu prägen. Als er sich dann dem Bette genähert hatte und sah, daß sowohl die Dame als auch ihr Töchterchen, das sie bei sich hatte, fest schlief, deckte er sie sachte völlig auf; da sah er denn, daß sie nackt ebenso schön war wie bekleidet. Aber er ersah kein andres Zeichen an ihr, das er später hätte angeben können, als ein Mal unter der linken Brust, das einige goldblonde Härchen umgaben; und als er das gesehn hatte, deckte er sie leise wieder zu, obwohl ihm bei dem Anblicke ihrer Schönheit die Lust gekommen war, sein Leben aufs Spiel zu setzen und sich zu ihr zu legen. Weil er aber gehört hatte, sie sei in solchen Dingen gar hart und rauh, wagte er es nicht; und nachdem er einen großen Teil der Nacht ungestört im Gemache verbracht und aus einer Truhe eine Börse und ein

Oberkleid von ihr genommen hatte, tat er diese Gegenstände samt etlichen Ringen und Gürteln in seine Kiste, stieg wieder hinein und schloß sie so, wie sie vorher gewesen war. Und so tat er zwei Nächte, ohne daß die Dame etwas bemerkt hätte. Am dritten Tage kam das gute Weib verabredetermaßen um ihre Kiste und brachte sie dorthin, woher sie sie genommen hatte; Ambrogiuolo stieg heraus, befriedigte das Weib mit dem, was er ihr versprochen hatte, und kehrte mit den Sachen, die er genommen hatte, so rasch er nur konnte nach Paris zurück. Dort, wo er noch vor der bestimmten Frist eintraf, rief er die Kaufleute zusammen, die bei dem Streite und bei der Wette zugegen gewesen waren, und sagte in Bernabòs Gegenwart, er habe die Wette gewonnen und das vollführt, dessen er sich gerühmt habe; und zum Beweise beschrieb er zuerst die Gestalt des Gemaches und die Malereien und zeigte dann die Sachen, die er mitgebracht hatte, indem er behauptete, er habe sie von ihr erhalten. Bernabò gestand zu, daß das Gemach so sei, wie er sage, und außerdem, daß er die Sachen kenne und daß sie Eigentum seiner Frau gewesen seien, sagte jedoch, Ambrogiuolo könne die Beschaffenheit des Gemaches von einem Diener erfahren und auf dieselbe Weise auch die Sachen erhalten haben; wenn darum Ambrogiuolo nichts andres sage, so scheine ihm das nicht genug, um sich besiegt zu geben. Darauf sagte Ambrogiuolo: »Eigentlich müßte es genug sein; weil du aber willst, daß ich noch mehr sage, so will ich es tun. Ich sage dir also, daß Madonna Ginevra, deine Gattin, unter der linken Brust ein ziemlich großes Mal hat, das etwa von sechs goldblonden Härchen umgeben ist.« Als das Bernabò hörte, war es ihm, als ob ihm ein Messer durchs Herz gefahren wäre, so groß war sein Schmerz; und die Blässe, die jäh sein ganzes Gesicht überzog, wäre, auch wenn er kein Wort gesagt hätte, ein offenkundiges Zeichen gewesen, es sei so, wie Ambrogiuolo gesagt hatte. Und nach einer Weile sagte er: »Meine Herren, das, was Ambrogiuolo sagt, ist wahr; und weil er daher gewonnen hat, so mag er sich seine Zahlung holen, wann es ihm beliebt«; und so wurde Ambrogiuolo am nächsten Tage auf den Heller bezahlt. Und Bernabò verließ Paris und machte sich, das Herz voll Tücke gegen seine Frau, auf den Weg nach Genua. Und als er in die Nähe der Stadt kam, wollte er nicht hineingehn, sondern blieb gute zwanzig Meilen vor der Stadt auf einem seiner Landgüter. Und er schickte einen Diener, dem er völlig vertraute, mit zwei Pferden nach Genua und gab ihm einen Brief mit, worin er seiner Frau schrieb, er sei zurückgekehrt und sie solle mit dem Diener zu ihm kommen. Der Diener wurde von der Dame, als er in Genua eingetroffen war und den Brief übergeben und die Botschaft ausgerichtet hatte, mit großer Freude empfangen, und am nächsten Morgen stieg sie mit ihm zu Pferde und schlug den Weg zu dem Landgute ein; und indem sie ihren Weg unter mancherlei Gesprächen verfolgten, kamen sie in eine gar tiefe und einsame Schlucht, die von Bäumen und hohen Felsen eingeschlossen war. Die schien dem Diener der richtige Ort, um den Befehl seines Herrn gefahrlos zu vollziehen; darum zog er den Dolch, packte die Dame am Arme und sagte: »Madonna, befehlt Euere Seele dem Herrgott; denn hier müßt Ihr Euer Leben lassen.« Als die Dame diese Worte hörte und den Dolch sah, sagte sie entsetzt: »Gnade, um Gottes willen! sage mir doch, bevor du mich umbringst, womit ich dich gekränkt habe, daß du mich umbringen willst.« – »Madonna«, sagte der Diener, »mich habt Ihr nicht im mindesten gekränkt; womit Ihr aber Euern Gatten gekränkt habt, davon weiß ich nicht mehr, als daß er mir befohlen hat, Euch auf diesem Wege ohne Barmherzigkeit umzubringen. Und wenn ich's nicht täte, so ließe er mich, wie er mir gedroht hat, henken. Ihr wißt sehr wohl, wie verpflichtet ich ihm bin und ob ich nein sagen kann, wenn er mir etwas aufträgt; weiß Gott, wie Ihr mich dauert, aber ich kann nicht anders.« Und die

Dame sagte weinend zu ihm: »Ach Gnade, um Gottes willen! werde doch nicht, um einem andern zu dienen, zum Mörder an mir, die ich dich nie gekränkt habe! Gott, dem nichts verborgen ist, weiß, ob ich je etwas getan habe, um dessentwillen ich von meinem Gatten einen solchen Lohn verdient hätte. Aber lassen wir das: du kannst, wenn du willst, zu gleicher Zeit Gott und deinem Herrn und mir etwas zuliebe tun, daß du mir nämlich dein Wams und einen Mantel gibst und dafür meine Kleider nimmst und damit zu meinem und deinem Herrn gehst und ihm sagst, du habest mich umgebracht; und ich verspreche dir bei meinem Leben, das du mir also geschenkt haben wirst, ich will von hier so weit weggehn, daß weder zu ihm noch zu dir, ja nicht einmal in diese Gegend je eine Kunde von mir dringen wird.« Der Diener, der sie gar ungern getötet hätte, ließ sich leicht zum Mitleide bewegen; er nahm ihre Gewänder, aber nicht auch das Geld, das sie bei sich hatte, und gab ihr sein Wams und einen Mantel und ließ sie, nachdem er sie noch gebeten hatte, sich aus dieser Gegend zu entfernen, zu Fuß in der Schlucht zurück; und er ritt zu seinem Herrn und sagte ihm, er habe nicht nur seinen Befehl vollzogen, sondern auch ihren Leichnam etlichen Wölfen überlassen, die dazugekommen seien. Bernabò kehrte nach einiger Zeit nach Genua heim; und als man dort von seiner Tat erfuhr, wurde er heftig getadelt. Die Dame, die allein und trostlos zurückgeblieben war, hatte sich bei Anbruch der Nacht, nachdem sie sich so gut es ging unkenntlich gemacht hatte, in ein Dörfchen in der Nähe begeben; als sie sich dort von einem alten Weibe alles Nötige verschafft hatte, hatte sie das Wams abgeschnitten und für ihre Gestalt zurechtgemacht und aus ihrem Hemde ein paar Hosen genäht und sich die Haare geschoren und sich gänzlich in einen Matrosen verwandelt, und dann war sie bis ans Meer gegangen; dort traf sie von ungefähr einen katalanischen Edelmann, Señor Encarach mit Namen, der sein Schiff, das in geringer Entfernung war, in Alba verlassen hatte, um sich an einer Quelle zu erfrischen. Mit dem fing sie ein Gespräch an, verdingte sich ihm unter dem Namen Sicurano von Finale als Diener und bestieg das Schiff. Dort versorgte sie der Edelmann mit besserer Kleidung, und sie begann ihn so gut und trefflich zu bedienen, daß sie seine besondere Gunst gewann. Nicht lange darauf geschah es, daß der Katalanier mit einer Ladung Waren nach Alexandrien fuhr, und für den Sultan nahm er einige Wanderfalken mit; nach seiner Ankunft machte er sie ihm denn auch zum Geschenk. Nun fand der Sultan, als er ihn einige Male zum Speisen eingeladen hatte, an Sicurano, der stets seinen Herrn, um ihn zu bedienen, begleitete, ein solches Wohlgefallen, daß er sich ihn von dem Katalanier ausbat; und der überließ ihn ihm, obwohl es ihm schwer ankam. Und es dauerte nicht lange, so hatte sich Sicurano durch seine gute Aufführung die Gunst und die Liebe des Sultans in nicht geringerm Maße erworben, als früher die des Katalaniers. Da kam die Zeit heran, wo sich, wie alljährlich, in Akka, das unter der Herrschaft des Sultans stand, eine große Zahl von Kaufleuten, christlichen und sarazenischen, ähnlich wie zu einer Messe zusammenfinden sollten; und damit die Kaufleute und ihre Waren in Sicherheit seien, hatte der Sultan von jeher die Gewohnheit gehabt, außer seinen sonstigen Beamten auch einen seiner Großen mit einer eigenen Wache hinzuschicken. Als es nun an der Zeit war, beschloß er, in dieser Eigenschaft Sicurano zu schicken, der die Sprache schon sehr gut verstand; und so tat er auch. Als demnach Sicurano als Herr der Stadt und als Hauptmann der Wache, die für die Sicherheit der Kaufleute und der Waren zu sorgen hatte, nach Akka gekommen war und dort die Obliegenheiten seines Amtes gut und treulich verrichtete und überall nachsah, traf er viele Kaufleute aus Sizilien und Pisa und Genua und Venedig und dem übrigen Italien, und mit denen unterhielt er sich gern in der Erinnerung an seine Heimat, da geschah es, daß er, als er einmal einen Laden venezianischer Kaufleute betreten hatte, unter andern Kleinoden eine Börse und einen Gürtel sah, die er augenblicklich nicht ohne große Verwunderung als sein Eigentum wiedererkannte; ohne sich jedoch etwas anmerken zu lassen, fragte er höflich, wem sie gehörten und ob sie zu verkaufen seien. Nun war in diesem Laden Ambrogiuolo von Piacenza, der mit einem großen Kaufmannsgut auf einem venezianischen Schiffe nach Akka gekommen war, und als der hörte, daß der Hauptmann der Wache fragte, wem sie gehörten, trat er vor und sagte lächelnd: »Herr, die Sachen gehören mir, aber ich verkaufe sie nicht; wenn sie Euch jedoch gefallen, so macht es mir ein Vergnügen, wenn Ihr sie als Geschenk annehmt.« Da ihn Sicurano lächeln sah, argwöhnte er, der Kaufmann habe ihn an irgendeinem Zuge erkannt; trotzdem veränderte er keine Miene und sagte: »Du lachst vielleicht, weil du siehst, daß ein Kriegsmann um solche Weibersachen fragt?« Ambrogiuolo sagte: »Herr, ich lache nicht darüber, sondern über die Art, wie ich sie gewonnen habe.« Und Sicurano sagte: »So sag es mir denn, so wahr dir Gott alles Gute beschere, wie du sie gewonnen hast, wenn es nicht unziemlich ist.« – »Herr«, sagte Ambrogiuolo, »diese Sachen und noch andere hat mir eine edle Dame in Genua, Madonna Ginevra mit Namen und Gattin Bernabò Lomellinos, in einer Nacht, die ich mit ihr verbracht habe, geschenkt, und sie hat mich gebeten, sie ihr zuliebe zu behalten. Gelacht habe ich aber, weil mir die Torheit Bernabòs eingefallen ist, der so närrisch war, daß er fünftausend Gulden gegen tausend gewettet hat, ich würde seine Frau nicht dazu bringen, daß sie mir zu Willen sei; und ich habe die Wette gewonnen, und der, der viel eher sich selber für seine Dummheit als seine Frau für etwas, was alle Weiber tun, hätte bestrafen sollen, ist von Paris nach Genua heimgekehrt und hat sie, wie ich später vernommen habe, umbringen lassen.« Als das Sicurano hörte, verstand er augenblicklich, was die

Ursache von Bernabòs Zorn gegen sie gewesen war, und erkannte klar, daß dieser Mann die Ursache ihres großen Unglücks war; und sie nahm sich vor, ihn dafür nicht straflos zu lassen. Sicurano stellte sich daher, als hätte ihm diese Geschichte sehr gefallen, und bot all seine Schlauheit auf, um mit Ambrogiuolo auf einen freundschaftlichen Fuß zu kommen; das gelang ihm auch so gut, daß ihn Ambrogiuolo, als die Messe zu Ende war, auf sein Zureden mit all seinem Eigentum nach Alexandrien begleitete. Dort ließ ihm Sicurano einen Laden einrichten und gab ihm viel Geld von dem seinigen auf die Hand, so daß Ambrogiuolo, der darin seinen großen Nutzen sah, gern dort blieb. Sicurano, dessen ganzes Trachten dahin ging, Bernabò von seiner Unschuld zu überzeugen, ruhte nicht eher, als bis er ihn mit Hilfe einiger genuesischer Kaufleute, die in Alexandrien waren, unter einem geschickten Vorwande dazu gebracht hatte, hinzukommen; und da Bernabò in gar dürftigen Umständen war, verschaffte er ihm in der Stille bei einem seiner Freunde Unterkunft, bis es ihm an der Zeit scheinen werde, das, was er beabsichtigte, ins Werk zu setzen. Sicurano hatte es aber schon zu veranstalten gewußt, daß Ambrogiuolo die Geschichte dem Sultan erzählte, und der Sultan hatte Vergnügen daran gefunden; als er nun Bernabò zur Stelle wußte, dachte er die Sache nicht länger aufschieben zu dürfen und lag dem Sultan an, sich Ambrogiuolo und Bernabò kommen zu lassen und Ambrogiuolo in Bernabòs Gegenwart, wenn es auf gütliche Weise nicht gehe, mit Strenge zu einem Geständnis zu bringen, wie das, dessen er sich von Bernabòs Frau rühme, in Wirklichkeit gewesen sei. Der Sultan ließ denn auch die beiden kommen und befahl Ambrogiuolo in Gegenwart vieler Leute mit einem ungnädigen Gesichte, die Wahrheit zu sagen, wie er die fünftausend Gulden von Bernabò gewonnen habe; und auch Sicurano war anwesend, auf den Ambrogiuolo am meisten baute, aber der drohte ihm mit einem viel zornigern Gesichte die größten Martern an, wenn er nicht die Wahrheit sage. Bei Ambrogiuolo, der von dem Benehmen des einen wie des andern erschreckt war, brauchte es nicht vielen Zwanges, daß er, weil er auf keine andere Strafe gefaßt war, als die fünftausend Gulden zurückgeben zu müssen, den ganzen Sachverhalt in Gegenwart Bernabòs und vieler anderer ausführlich erzählte. Und kaum hatte er ausgesprochen, so kehrte sich Sicurano, der als Bevollmächtigter des Sultans auftrat, zu Bernabò und sagte: »Und du, was hast du dieser Lüge halber mit deiner Frau getan?« Und Bernabò antwortete: »Außer mir vor Zorn über den Verlust meines Geldes und vor Scham über die Schmach, die sie mir meiner Meinung nach angetan hat, habe ich sie durch meinen Diener umbringen lassen; und wie er mir gemeldet hat, ist sie auf der Stelle von einem Rudel Wölfe zerrissen worden.« Der Sultan hatte diese Aussagen, die in seiner Gegenwart gemacht worden waren, gehört und verstanden, freilich ohne zu wissen, wo Sicurano, der das Ganze veranstaltet und die Fragen gestellt hatte, hinaus wolle; nun aber sagte Sicurano zu ihm: »Herr, Ihr könnt klärlich ersehn, wieviel Grund die Dame hat, auf ihren Liebhaber und auf ihren Gatten stolz zu sein: der Liebhaber, der ihren guten Ruf lügnerisch verletzte, raubte ihr die Ehre und stürzte gleichzeitig ihren Gatten ins Elend, und dieser, da er der Falschheit des Fremden mehr Glauben beimaß als ihrer Wahrhaftigkeit, die er durch lange Erfahrung hätte kennen müssen, ließ sie umbringen und von den Wölfen fressen; und dazu ist die Liebe und Leidenschaft, die ihr Buhle und Gatte entgegenbringen, so groß, daß sie alle beide seit langem mit ihr verkehren, ohne sie zu erkennen. Auf daß Ihr aber völlig erkennet, was jeder von den beiden verdient hat, so ist es, wenn Ihr mir die besondere Gunst gewähren wollt, den Betrüger zu bestrafen und dem Betrogenen zu verzeihen, meine Absicht, die Frau vor Euch und vor ihnen erscheinen zu lassen.« Der Sultan, der sich vorgenommen hatte, in dieser Sache Sicurano gänzlich zu willfahren, sagte, es sei ihm recht und er solle die Frau kommen lassen. Bernabò, der fest überzeugt war, sie sei tot, war baß erstaunt; und Ambrogiuolo, der schon sein Unheil ahnte und etwas Schlimmers besorgte, als das Geld bezahlen zu müssen, wartete mit ungeduldiger Verwunderung auf ihre Ankunft, obwohl er nicht wußte, was er davon erhoffen oder fürchten sollte. Als nun der Sultan Sicuranos Bitte gewährt hatte, warf sie sich weinend vor ihm auf die Knie und sagte, indem sie die männliche Stimme in demselben Augenblick aufgab, wo sie nicht mehr als Mann gelten wollte: »Herr, ich bin die arme, unselige Ginevra, die seit sechs Jahren in männlicher Tracht durch die Welt irrt, die von diesem Verräter von Ambrogiuolo fälschlich und boshaft beschuldigt worden ist und die der grausame, ungerechte Gatte einem Diener übergeben hat, um sie von ihm umbringen und von den Wölfen fressen zu lassen.« Und indem sie sich die Kleider aufriß und ihre Brust zeigte, bewies sie dem Sultan und jedem andern, daß sie ein Weib war; und dann kehrte sie sich zu Ambrogiuolo und fragte ihn mit schimpflicher Rede, wann er, wie er sich rühme, mit ihr geschlafen habe. Dieser, der sie erkannt hatte und vor Scham schier stumm geworden war, sagte kein Wort. Über den Sultan, der sie immer für einen Mann gehalten hatte, kam, als er das sah und hörte, eine solche Verwunderung, daß er kaum glauben konnte, das, was er sah und hörte, sei kein Traum, sondern Wirklichkeit. Als sich aber seine Verwunderung legte und er die Wahrheit erkannte, pries er mit überschwenglichem Lobe das Leben und die Standhaftigkeit und das Betragen und die Tugend Ginevras, die bis dahin Sicurano geheißen hatte. Und nachdem sie auf seinen Befehl mit vornehmen Frauengewändern versehn worden war und einige Damen zu ihrer Gesellschaft erhalten hatte, schenkte er, der von ihr gestellten Bitte gemäß, Bernabò das verwirkte Leben. Der hatte sich ihr, als er sie erkannt hatte, weinend zu Füßen geworfen und sie um Verzeihung gebeten, und die gewährte sie ihm gütig, so wenig er sie auch verdient hatte, und hob ihn auf und umarmte ihn zärtlich als ihren Gatten. Dann befahl der Sultan, daß Ambrogiuolo unverzüglich an einem hohen Orte der Stadt an einen Pfahl gebunden und mit Honig bestrichen werde und dort so lange bleiben solle, bis seine Knochen von selber auseinanderfielen; und das wurde getan. Und hierauf befahl er, daß alles, was Ambrogiuolos Eigentum gewesen sei, der Dame gegeben werde; und das war nicht so gering, daß es nicht mehr als zehntausend Dublonen wert gewesen wäre. Und er veranstaltete, um Bernabò als Gatten Madonna Ginevras und Madonna Ginevra als die tugendhafteste Frau zu ehren, ein glänzendes Fest und schenkte ihr an Kleinoden und an goldenem und silbernem Geschirr und an Geld so viel, daß es wieder mehr als zehntausend Dublonen ausmachte. Und als das Fest zu Ende war, ließ er ihnen ein Schiff ausrüsten und gab ihnen Urlaub, nach Genua heimzukehren, wann es ihnen belieben werde; und sie kamen als reiche und frohe Leute in die Heimat und wurden mit außerordentlichen Ehren empfangen, sonderlich Madonna Ginevra, die jedermann für tot gehalten hatte. Und ihr ganzes Leben lang genoß Madonna Ginevra als Vorbild hoher Tugend allgemeine Verehrung. Ambrogiuolo war noch an demselben Tage, wo er an den Pfahl gebunden und mit Honig bestrichen worden war, von den Fliegen und den Wespen und den Bremsen, die in diesem Lande sehr zahlreich sind, nicht nur unter den größten Qualen getötet, sondern auch bis auf die Knochen aufgezehrt worden; und diese weißen Knochen, die an den Sehnen hingen, gaben noch lange Zeit hernach, da man nicht daran rührte, jedem, der sie sah, ein Zeugnis seiner Ruchlosigkeit. So hat also das Sprichwort recht gehabt, das da sagt: wer andern eine Grube gräbt, fällt selbst hinein.

Zehnte Geschichte

Paganino von Monaco raubt die Gattin Messer Ricciardos di Chinzica; als der erfährt, wo sie ist, begibt er sich dorthin, befreundet sich mit Paganino und verlangt sie von ihm zurück. Paganino verspricht sie ihm, wenn sie wolle; sie will aber nicht mit ihm heimkehren und wird nach Messer Ricciardos Tode die Gattin Paganinos.

Die ganze ehrenwerte Gesellschaft pries die Geschichte, die ihre Königin erzählt hatte, als überaus schön, und besonders tat dies Dioneo, der der einzige war, der an diesem Tage noch zu erzählen hatte. Und als er mit seinen Lobeserhebungen zu Ende war, sagte er: Ein Umstand in der Erzählung der Königin hat mich, meine schönen Damen, veranlaßt, von der Geschichte, die ich im Sinne gehabt habe, abzusehn und euch eine andere zu erzählen: und dieser Umstand ist die Dummheit Bernabòs, bei der es nichts ausmacht, daß sie ihm gut ausgegangen ist; so wie er redet sich nämlich mancher Mann ein, daß seine Frau, während er sich auf seiner Reise durch alle möglichen Länder bald mit der einen, bald mit der andern vergnügt, daheim die Hände in den Schoß lege, geradeso als ob wir, die wir ja unter den Frauen zur Welt kommen und aufwachsen, nicht wüßten, wonach ihr Sinn steht. Mit der Geschichte, die ich euch erzählen werde, will ich euch nun zu gleicher Zeit zeigen, wie groß die Albernheit solcher Männer ist und um wieviel größer die etlicher anderer ist, die in der Meinung, sie vermöchten mehr als die Natur, glauben, mit eitelm Gefasel etwas, was ihnen unmöglich ist, möglich machen zu können und sich abmühen, einen andern zu dem zu machen, was sie selber sind, wenn dies auch dem ganzen Wesen dessen, an dem sie sich versuchen, widerstrebt ist.

Es war also einmal in Pisa ein Richter, Messer Ricciardo di Chinzica mit Namen, der mehr mit geistigen Kräften als

mit körperlichen begabt war; der war vielleicht der Meinung, er werde eine Frau mit derselben Arbeit zufriedenstellen, wie er sie in seiner Gelehrtenstube verrichtete, und so trachtete er, der sehr reich war, mit allem Eifer, eine schöne und junge Dame zur Frau zu bekommen, obwohl er, wenn er sich ebenso gut zu beraten gewußt hätte wie andere, gerade diesen beiden Eigenschaften hätte ausweichen sollen. Und sein Wunsch ging in Erfüllung; denn Messer Lotto Gualandi gab ihm eine seiner Töchter, Bartolommea mit Namen, eines der schönsten und lebhaftesten Mädchen in Pisa, wo es ja überhaupt nur wenige gibt, die nicht den Eidechsen gleichen. Nachdem sie der Richter mit großen Festlichkeiten heimgeführt und eine schöne, prunkvolle Hochzeit gefeiert hatte, unterfing er sich in der ersten Nacht, um die Ehe zu vollziehen, ein einziges Mal, sie zu berühren; und es hätte nicht viel gefehlt, so wäre es auch das eine Mal eine Niete gewesen, und am Morgen mußte er sich, mager und dürr und kraftlos wie er war, mit rotem Weine und stärkenden Latwergen und andern Mittelchen wieder zum Leben bringen. Da der Herr Richter nunmehr seine Kräfte besser einschätzte, als er zuvor getan hatte, begann er seine Frau einen Kalender zu lehren, der Kindern, die ungern in die Schule gehn, wohl getaugt hätte und vielleicht in Ravenna gemacht worden war. Denn nach seinen Erklärungen gab es nicht einen Tag, auf den nicht, von einem gar nicht zu reden, sondern mehrere Feste gefallen wären, die, wie er ihr mit mancherlei Gründen erklärte, dadurch gefeiert werden mußten, daß sich Mann und Frau einer derartigen Vereinigung enthielten; dazu kamen noch die Quatember und die Vigilien der Apostel und tausend anderer Heiliger und die Freitage und die Samstage und der Tag des Herrn und die vierzigtägige Fastenzeit und etliche Mondviertel und viele andere Ausnahmen, weil er vielleicht meinte, mit der Frau im Bette gelte es ebenso Ferien zu halten, wie er sie dann und wann in seinem Richteramte hielt. Und diese Weise hielt er lange ein, nicht ohne großes Mißvergnügen der Dame, auf die es kaum einmal im Monat traf; dabei hütete er sie aber wohl, auf daß sie nicht ein anderer die Werktage kennen lehre, so wie er sie die Feiertage gelehrt hatte. Nun geschah es zur Zeit der großen Hitze, daß Messer Ricciardo Lust bekam, auf ein sehr hübsches Landgut in der Nähe des Monte Nero zu gehn und dort, um frische Luft zu schöpfen, etliche Tage zu verweilen; und dorthin nahm er seine schöne Gattin mit. Um ihr nun in der Zeit, die sie sich dort aufhielten, einige Unterhaltung zu bieten, veranstaltete er einen Fischfang, und er fuhr mit den Fischern in einem Kahne hin und sie mit andern Damen in einem andern; und das Vergnügen lockte sie so, daß sie, ohne es gewahr zu werden, etliche Meilen weit ins Meer hinausfuhren. Und während sie voll Aufmerksamkeit zusahen, kam plötzlich eine Galeere Paganinos da Mare daher, der damals ein berühmter Seeräuber war; und als der die Kähne sah, hielt er auf sie zu, und die konnten nicht so schnell fliehen, daß nicht Paganino den erreicht hätte, in dem die Damen waren. Als er nun die schöne Dame sah, nahm er sie, ohne nach sonst etwas zu verlangen, vor den Augen Messer Ricciardos, der schon gelandet war, auf seine Galeere und fuhr davon. Ob der Herr Richter, der auf jedes Lüftchen eifersüchtig war, bei diesem Anblicke betrübt gewesen ist, das braucht keiner Frage. Es war nutzlos, daß er über die Schändlichkeit der Seeräuber sowohl in Pisa als auch an andern Orten Klage führte, und er wußte auch nicht, von wem und wohin ihm seine Gattin entführt worden war. Paganino aber war ganz zufrieden, als er sah, daß sie so schön war; und weil er keine Frau hatte, gedachte er sie immer bei sich zu behalten und begann ihr, die heftig weinte, mit süßen Worten Trost zuzusprechen. Als dann die Nacht gekommen war, setzte er, dem der Kalender aus dem Gürtel gefallen war und der alle Feste und Feiertage vergessen hatte, seine Tröstungen mit Werken fort, weil es ihn deuchte, die Worte bei Tag hätten nichts gefruchtet; und er tröstete sie auf eine solche Weise, daß sie, bevor sie noch nach Monaco kamen, den Richter samt seinen Gesetzen vergessen und sich freudig in Paganinos Lebensweise geschickt hatte. Und als er sie nach Monaco gebracht hatte, hielt er sie außer den Tröstungen, die er ihr bei Tag und Nacht spendete, auch sonst so ehrlich, wie wenn sie seine Gattin gewesen wäre. Einige Zeit darauf kam dem Herrn Richter zu Ohren, wo seine Frau weilte; und weil er vor Sehnsucht nach ihr glühte, so faßte er in der Meinung, daß kein anderer die Sache richtig anzupacken verstände, den Entschluß, sie selber zu holen. Und er stieg zu Schiffe und fuhr nach Monaco und dort sah er sie und sie ihn; aber sie sagte das am Abende ihrem Paganino und teilte ihm ihre Absicht mit. Kaum hatte Messer Ricciardo am nächsten Morgen Paganino gesehn, so machte er sich auch schon an ihn heran und floß in kurzer Zeit von Beteuerungen einer innigen Freundschaft über, während sich Paganino stellte, als kennte er ihn nicht, und wartete, wo er hinaus wolle; als es dann Messer Ricciardo an der Zeit schien, entdeckte er ihm, so gut und so höflich wie er nur konnte, den Grund seines Kommens, und bat ihn, so viel zu nehmen, wie ihm beliebe, und ihm dafür die Dame zurückzugeben. Paganino antwortete mit freundlichem Gesicht: »Seid willkommen, Messer; und um Euch kurz zu antworten, sage ich Euch folgendes: es ist wahr, daß ich eine junge Frau im Hause habe; ob sie aber Eure oder eines andern Gattin ist, weiß ich nicht, da ich Euch überhaupt nicht kenne und sie auch nicht länger als seit der kurzen Zeit, die sie bei mir ist. Wenn Ihr, wie Ihr sagt, ihr Gatte seid, so werde ich Euch, weil Ihr mir ein liebenswürdiger Mann scheint, zu ihr führen, und ich bin überzeugt, daß sie Euch erkennen wird: sagt sie, daß es so ist, wie Ihr sagt, und will sie mit Euch gehn, so werde ich mich, Euerer Liebenswürdigkeit halber, mit dem begnügen, was Ihr selber mir als Lösegeld für sie geben wollt; trifft das aber nicht zu, so wäre es garstig von Euch, wenn Ihr sie mir nähmet: ich bin ja ein junger Mann und kann mir so gut wie ein anderer eine Frau halten und sonderlich sie, die die liebenswürdigste ist, die ich je gesehn habe.« Darauf sagte Messer Ricciardo: »Sie ist wirklich meine Frau, und wenn du mich zu ihr führst, so wirst du es sehn; augenblicklich wird sie mir um den Hals fallen. Und darum verlange ich nichts andres, als was du selber bestimmt hast.« – »So wollen wir denn gehn«, sagte Paganino. Als sie daher zu Paganino gegangen waren, ließ Paganino die Dame in den Saal, wo sie waren, rufen, und sie trat alsbald, hübsch gekleidet und geschmückt, aus einem Gemache und ging zu Messer Ricciardo und Paganino; aber sie begrüßte Messer Ricciardo nicht anders, als wie sie jeden Fremden begrüßt hätte, der zu Paganino gekommen wäre. Der Richter, der erwartet hatte, sie werde ihn mit hellem Jubel empfangen, verwunderte sich baß, als er das sah, und sagte bei sich selbst: ›Vielleicht haben mich der lange Schmerz, den ich seit ihrem Verluste ertragen habe, und der Gram um sie so verändert, daß sie mich nicht erkennt.‹ Darum sagte er: »Der Fischfang, Frau, zu dem ich dich geführt habe, ist mir teuer zu stehn gekommen; denn nie noch habe ich einen solchen Schmerz ausgestanden wie den, den ich seit dem Tage, wo ich deiner verlustig geworden bin, gefühlt habe. Und du scheinst mich nicht zu erkennen, so fremd sprichst du zu mir. Siehst du nicht, daß ich dein Messer Ricciardo bin, der hierhergekommen ist, um diesem Edelmanne, in dessen Hause wir sind, alles, was er verlangt, zu zahlen, damit ich dich wiederhabe und mitnehmen kann? Und er gibt dich mir, dank seiner Güte, um eine Summe zurück, die ich selber bestimmen darf.« Die Dame kehrte sich zu ihm und sagte mit einem fast unmerklichen Lächeln: »Sprecht Ihr zu mir, Messer? Gebt acht, daß Ihr mich nicht mit einer andern verwechselt; denn ich wenigstens erinnere mich nicht, Euch jemals gesehn zu haben.« Messer Ricciardo sagte: »Gib acht, was du sprichst, und betrachte mich gut; wenn du dich recht erinnern willst, so wirst du wohl sehn, daß ich dein Ricciardo di Chinzica bin.« Die Dame sagte: »Verzeiht, Herr, Euch lange zu betrachten, ist für mich vielleicht nicht so schicklich, wie Ihr Euch einbildet; nichtsdestoweniger habe ich Euch lange genug betrachtet, um zu wissen, daß ich Euch noch nie sonst gesehn habe.« Messer Ricciardo bildete sich ein, sie benehme sich so aus Furcht vor Paganino, in dessen Gegenwart sie nicht gestehn wolle, daß sie ihn erkenne; darum bat er nach einer Weile Paganino um die Gunst, mit ihr unter vier Augen reden zu dürfen. Paganino sagte, ihm sei es recht, unter der Bedingung jedoch, daß er sie nicht gegen ihren Willen küssen dürfe; und er befahl der Dame, mit ihm in ihr Gemach zu gehn und anzuhören, was er ihr sagen wolle, und nach ihrem Belieben zu antworten. Als nun die Dame und Messer Ricciardo allein waren, begann Messer Ricciardo, kaum daß sie sich gesetzt hatten: »Ach, du Herz meines Leibes, du meine süße Seele, du meine Zuversicht, kennst du noch immer deinen Ricciardo nicht, der dich lieber hat als sich selber? Wie kann das sein? Habe ich mich denn gar so verändert? Ach, mein Augapfel, sieh mich doch nur ein wenig an!« Die Dame begann zu lachen und sagte, ohne ihn weitersprechen zu lassen: »Ihr wißt recht gut, daß ich nicht so vergeßlich bin, Euch nicht als Messer Ricciardo di Chinzica, meinen Gatten, zu kennen; aber Ihr kennt mich schlecht, wie Ihr, solange ich bei Euch war, bewiesen habt. Wenn Ihr nämlich der kluge Mann, für den Ihr gelten wollt, wäret oder gewesen wäret, hättet Ihr so viel Erkenntnis haben müssen, um zu sehn, daß ich jung und frisch und kräftig bin, und um demnach zu erkennen, was jungen Frauen außer der Kleidung und Speise not tut, wenn sie es auch aus Scham nicht sagen: und wie Ihr Euch dazu verhalten habt, das wißt Ihr. Und wenn Euch das Studium der Gesetze lieber war als die Gattin, so hättet Ihr keine nehmen sollen; mir seid ihr freilich nie recht wie ein Richter vorgekommen, sondern eher wie ein Feiertagsausrufer; so gut habt Ihr die Festtage und die Fasten und die Vigilien gewußt. Das eine sage ich Euch: wenn Ihr die Arbeiter, die Eure Ländereien bestellen, so viel Feiertage hättet halten lassen, wie Ihr den, der mein kleines Äckerchen hätte bestellen sollen, habt halten lassen, so hättet Ihr nie ein Körnchen Korn geerntet. Nun hat sich Gott meiner Jugend erbarmt und mich den Mann treffen lassen, mit dem ich in diesem Gemache wohne, wo man nicht weiß, was Festtage sind – mit den Festtagen meine ich die, die Ihr, mehr Gott ergeben als dem Frauendienste, in so großer Zahl gefeiert habt –, über dessen Schwelle weder ein Samstag noch ein Feiertag noch eine Vigilie noch die Quatember und auch nicht die Fasten, die so lang sind, kommen, wo hingegen Tag und Nacht gearbeitet und die Wolle geschlagen wird; und ich könnte Euch sagen, daß es, seitdem es heute nacht zur Mette geläutet hat, nicht bei einem Male geblieben ist. Und darum will ich bei ihm bleiben und mit ihm arbeiten, solange ich jung bin, und die Feiertage und

Ablässe und die Fasten will ich mir aufheben, bis ich alt bin; und Ihr mögt von mir aus in Gottes Namen so bald wie möglich gehn und ohne mich Feste feiern, sooft es Euch beliebt.« Bei dieser Rede fühlte Messer Ricciardo einen unbeschreiblichen Schmerz; und als er sah, daß sie schwieg, sagte er: »Ach, meine süße Seele, was sind das für Worte, die du da sprichst? Hast du denn keine Rücksicht auf die Ehre deiner Eltern und die deinige? Willst du denn in einer Todsünde verharren und lieber hier die Metze dieses Mannes sein als in Pisa meine Gattin? Er wird dich, wenn er deiner überdrüssig sein wird, mit Schande und Spott davonjagen; ich werde dich immer liebhaben, und du wirst, was auch mit mir werden mag, immer die Herrin meines Hauses sein. Kannst du denn um dieser ungezügelten und unehrbaren Lust willen deine Ehre lassen und zugleich auch mich, der ich dich mehr liebe als mein Leben? Ach, meine Zuversicht, sprich nicht mehr so und komme mit mir; von nun an werde ich mir, da ich jetzt dein Verlangen kenne, alle Mühe geben. Und darum ändere deinen Entschluß, mein süßes Herz, und komme mit mir; seitdem du mir genommen worden bist, habe ich keine gute Stunde mehr gehabt.« Und die Dame antwortete ihm: »Um meine Ehre braucht sich jetzt, wo es zu spät ist, kein Mensch außer mir mehr zu kümmern; hätten es nur meine Eltern damals getan, als sie mich Euch gegeben haben. So wenig sie sich damals um meine Ehre gekümmert haben, so wenig gedenke ich es jetzt mit der ihrigen zu tun. Und lebe ich jetzt in einer Todsünde, so habe ich mich deswegen noch lange nicht tot gesündigt; macht Euch darüber nicht mehr Sorgen als ich. Und ich sage Euch: hier darf ich mich für Paganinos Gattin halten, und in Pisa habe ich mich für Euere Metze halten müssen; während es in Pisa nur nach Mondvierteln und geometrischen Erwägungen möglich war, unsere Planeten zusammenzubringen, hält mich hier Paganino die ganze Nacht im Arme und drückt mich und beißt mich, und wie er mich hernimmt, das soll Euch der Herrgott erzählen. Ihr sagt, Ihr wolltet Euch alle Mühe geben: ja womit denn? Es dreimal zu versuchen und ihn mit Schlägen in die Höhe zu bringen? Ich kann mir's ja denken, was für ein tüchtiger Ritter aus Euch geworden ist, seitdem ich Euch das letzte Mal gesehn habe. Geht und gebt Euch alle Mühe, Euer Leben zu fristen; auf der Welt scheint Ihr mir sowieso nur zur Miete zu sein, so ausgemergelt und jämmerlich seht Ihr mir aus. Und weiter sage ich Euch noch, daß ich, wenn er mich ließe – obwohl er meiner Meinung nach gar nicht daran denkt, sondern froh ist, wenn nur ich bleibe –, deswegen noch immer nicht zu Euch zurückkäme, aus dem man samt allem Drücken kein Näpfchen Saft herausbrächte; zu meinem größten Leidwesen und Schaden bin ich einmal bei Euch gewesen, und darum würde ich mein Glück anderswo versuchen. Ich sage es Euch also noch einmal: hier gibt es keine Feiertage und keine Vigilien, und darum bleibe ich hier; nun geht aber endlich in Gottes Namen Eures Weges oder ich fange zu schreien an, daß Ihr mir Gewalt antun wollt.« Messer Ricciardo sah ein, daß alles umsonst war, und wurde sich endlich klar, was für eine Narrheit es gewesen war, daß er als abgelebter Schwächling ein junges Weib genommen hatte, und verließ das Gemach mit einem Herzen voll Trauer und Betrübnis; zwar redete er Paganino noch mit vielen Worten zu, aber das nützte ihm keinen Pfifferling, so daß er schließlich von der Dame ließ und, ohne etwas ausgerichtet zu haben, nach Pisa heimkehrte. Dort wurde er vor Schmerz blödsinnig, so daß er, wenn er auf der Straße ging, jedem, der ihn grüßte oder ihn um etwas fragte, nichts sonst antwortete als: »Das schlechte Ding will keinen Feiertag«; und es dauerte gar nicht lange, so starb er. Als das Paganino erfuhr, machte er die Dame, deren Liebe zu ihm er kannte, zu seiner rechtmäßigen Gattin; und ohne sich um Feiertage oder Vigilien oder Fasten zu kümmern, arbeiteten sie, solange die Beine sie trugen, und verbrachten ihre Tage in Freuden. Darum glaube ich, meine lieben Damen, daß Messer Bernabò bei dem Streite mit Ambrogiuolo den Esel beim Schwanz aufgezäumt hat.

Diese Geschichte hatte der ganzen Gesellschaft so viel zu lachen gegeben, daß niemand war, dem nicht die Kinnbakken weh getan hätten, und alle Damen sagten in völliger Einmütigkeit, daß Dioneo die Wahrheit gesagt habe und daß Bernabò ein Esel gewesen sei. Als aber die Geschichte zu Ende war und sich schließlich das Gelächter gelegt hatte, nahm die Königin, die sah, daß die Stunde schon spät war und daß alle erzählt hatten und daß das Ende ihrer Herrschaft da war, pflichtgemäß den Kranz ab und setzte ihn auf das Haupt Neifiles und sagte mit heiterm Gesichte: »Nun, meine liebe Gesellin, sei du die Herrscherin über dies Völkchen«; und damit setzte sie sich wieder. Neifile errötete ein wenig über die Ehre, die ihr zuteil geworden war, so daß ihr Gesicht einer Rose glich, die im Mai bei Tagesanbruch aufblüht, und sie senkte die muntern Augen, die funkelten wie der Morgenstern. Als aber der rauschende Beifall, der von der Verehrung Zeugnis gab, die die Königin bei allen genoß, verstummt war und sie ihre Befangenheit überwunden hatte, nahm sie einen erhabenern Sitz ein als sonst und sagte: »Da ich denn nun eure Königin bin, will ich euch, ohne mich von der Weise meiner Vorgängerinnen, die ihr durch euern Gehorsam gebilligt habt, zu entfernen, in wenigen Worten kundtun, was ich im Sinne habe, und wenn das euer Ratschlag für gut findet, so wollen wir es ausführen. Wie ihr wißt, ist morgen Freitag und übermorgen Samstag, beides Tage, die wegen der Speisen, die man da genießt, den meisten Leuten ein wenig widerwärtig sind, und dazu kommt noch, daß der Freitag wegen der Leiden Dessen, der für unser Leben gestorben ist, der Erbauung dienen soll; darum würde ich es für recht und ziemlich erachten, wenn wir uns am Freitag zur größeren Ehre Gottes lieber mit Gebeten als mit Geschichten beschäftigen.

Am Samstage haben es wieder die Frauen im Brauche, sich den Kopf zu waschen und ihn von allem Staube und Schmutze zu säubern, der sich bei ihren Verrichtungen in der ganzen Woche angesammelt hat, und gar viele pflegen auch aus Verehrung für die Heilige Jungfrau, die Mutter Gottes, zu fasten und schon, um den darauffolgenden Sonntag zu heiligen, alle Arbeit ruhen zu lassen; weil wir also an diesem Tage die von uns angenommene Lebensweise nicht völlig beibehalten könnten, bin ich der Meinung, es wäre wohlgetan, auch mit den Geschichten auszusetzen. Da wir aber schon vier Tage hier gewesen sein werden, so glaube ich, daß wir, wenn wir es vermeiden wollen, daß uns fremde Leute überraschten, gut daran täten, unsern Aufenthaltsort zu wechseln und anderswohin zu gehn; und wohin wir gehn wollen, das habe ich auch schon erwogen und vorgesehn. Wenn wir dort am Sonntage nach dem Mittagsschlafe versammelt sein werden, so werdet ihr viel Zeit zum Nachdenken gehabt haben, und aus diesem Grunde und dann auch, weil es bei dem weiten Spielraume, der unsern heutigen Geschichten gewährt war, sehr hübsch sein wird, den Erzählern das Feld etwas einzuschränken und von den verschiedenen Fügungen des Schicksals eine einzige Art herauszugreifen, so habe ich mir gedacht, daß wir von denen sprechen wollen, die durch Geschicklichkeit etwas Heißersehntes erlangt oder das Verlorene wiedergewonnen haben. Dioneos Vorrecht unbeschadet, denke jeder daran, über diesen Gegenstand etwas zu erzählen, was der Gesellschaft nützen oder sie wenigstens unterhalten kann.« Alle spendeten der Rede und Absicht der Königin ihren Beifall und beschlossen, daß es so gehalten werden solle. Hierauf ließ die Königin ihren Seneschall rufen und gab ihm genau an, wo er am Abende die Tische decken solle und was er in der ganzen Zeit ihrer Herrschaft zu tun haben werde; und nun erhob sie sich mit ihrer ganzen Gesellschaft und gab jedem die Erlaubnis, das zu tun, was ihm behage. Die Damen und die Herren machten sich auf den Weg in ein Gärtchen, um sich eine Weile zu erlustigen, und dort nahmen sie auch, als die Speisestunde gekommen war, froh und vergnügt ihr Abendessen ein; und nachdem sie sich von den Tischen erhoben hatten, führte Emilia auf der Königin Wunsch den Reigen und Pampinea sang dazu folgendes Lied, worein die andern Damen einstimmten:

Wenn ich nun schweige, welches Weib wird singen,
Da alle meine Wünsche Glück beschwingen!

Drum komme, Traum der Liebe, meines Wohlseins Spender,
Du meiner Hoffnungen erfröhlichtes Gelingen,
Wir wollen nun ein wenig singen.
Und miteinander: nicht über die Bänder
Um Liebende, die abgefallen, noch erfreuen.
Doch klar zu unsrer Flamme dringen,
Ein fröhliches Erglühen, Spielen, nimmer scheuen!
Berausche mich: mein Gott, du innerstes Erklingen.

In deine Flamme, Traum der Liebe, kaum geraten,
Erspiegelte mein Auge, durch dein holdes Walten,
Mir einen Jüngling in die Sinne,
Wie keiner je an Schönheit, Mut und kühnen Taten
Ihm glich: noch übertief an freundlichem Verhalten;
Nun bin ich voll von Minne:
Ihm brennend zugetan. In allen Seelenfalten
Beglückt. Für dich, mein Gott und Herr, gestimmt zum Singen.

Und was mich nun so fröhlich macht und leicht erheitert,
Ist, daß ich ihm gefalle, wie er mir gefällt.
O Liebe, herrlich wird dein Schenken!
Mein großes Wünschen ist auf Erden nicht gescheitert:

Und Friede bleibe mir für eine andre Welt.
Für mein getreues An-ihn-Denken!
Das ihm so einzig gilt. Mein Gott, der uns erhält,
In deinem Reich gib meinem Hoffen noch Gelingen.

Hierauf wurden noch mehrere andere gesungen und mehrere Tänze aufgeführt und verschiedene Instrumente gespielt. Als aber die Königin dafür hielt, es sei Zeit, zur Ruhe zu gehn, wurden alle mit Fackeln in ihre Gemächer geleitet; und indem sie sich die beiden folgenden Tage mit den Dingen beschäftigten, die die Königin besprochen hatte, erwarteten sie den Sonntag voll Verlangen.

Es endet der zweite Tag des Dekamerons

Es beginnt der

dritte Tag des Dekamerons

wo unter der Herrschaft Neifiles
von denen gesprochen wird,
die durch Geschicklichkeit
etwas Heißersehntes erlangt
oder das Verlorene wiedergewonnen haben

Schon begann am Sonntag das Morgenrot vor der nahenden Sonne zu erblassen, als die Königin aufstand und ihre ganze Gesellschaft aufstehen hieß. Früher noch hatte der Seneschall mancherlei Gerät an den Ort, wohin sie gehen sollten, geschickt samt einigen Leuten, die dort das Nötige vorbereiten sollten; als er nun sah, daß die Königin schon aufgebrochen war, ließ er alles übrige zusammenpacken und zog mit der Dienerschaft, die bei den Damen und Herren verblieben war, und mit dem Trosse wie aus einem abgebrochenen Lager weiter. Die Königin und mit und hinter ihr ihre Damen und die drei jungen Männer schlugen, geleitet von dem Gesange von schier zwanzig Nachtigallen und andern Vöglein, in westlicher Richtung einen Pfad ein, der zwar wenig begangen war, dafür aber mitten durch Blumen lief, die im grünen Grase ihre Kelche der aufsteigenden Sonne öffneten; und plaudernd, scherzend und lachend war die Gesellschaft kaum zweitausend Schritte gegangen, als sie die Königin, noch lange vor der Mitte der zweiten Morgenstunde, zu einem schönen, prächtigen Palaste geführt hatte, der, ein wenig über die Ebene erhaben, auf einem kleinen Hügel lag. Alsbald traten sie ein, und als sie überall herumgegangen waren, durch die großen Säle sowohl als auch durch die saubern und wohlgezierten Gemächer, die alles, was zu einem Gemache gehört, in Hülle und Fülle enthielten, kargten sie nicht mit ihrem Lobe und kamen zu dem Schlusse, der Besitzer müsse ein gar vornehmer Mann sein. Und als sie dann hinabgestiegen waren und den weiten, freundlichen Hof, das eiskalte Wasser, das dort in reichlicher Menge hervorsprudelte, und die Keller voll des besten Weines gesehn hatten, steigerten sie ihre Lobeserhebungen. Nun setzten sie sich, nach Ruhe verlangend, auf einen Altan, der den ganzen Hof beherrschte und allenthalben mit den Blumen, die die Jahreszeit bot, und mit Laub geschmückt war; da kam auch schon der treffliche Seneschall und empfing und erquickte sie mit köstlichem Konfekt und trefflichem Weine. Hierauf ließen sie sich einen von Mauern umgebenen Garten öffnen, der sich an den Palast anschloß, und traten ein; und sie fanden ihn gleich beim Eintritte in seiner Gesamtheit von so wunderbarer Schönheit, daß sie mit größter Aufmerksamkeit an die Betrachtung der Einzelheiten gingen. Ringsherum und nach allen Richtungen im Innern liefen pfeilgerade, breite Wege, überlaubt von Weinreben, die für dieses Jahr eine reiche Traubenernte versprachen; und da sie damals in der Blüte standen, strömten sie zusammen mit den andern Gewächsen, die im Garten dufteten, einen solchen Wohlgeruch aus, daß sich die Gesellschaft mitten unter alle Spezerei des Morgenlandes versetzt wähnte. Und diese Gänge waren, so wie oben durch das Rebendach, an den Seiten überall mit Hecken von weißen und roten Rosen und Jasmin gleichsam geschlossen, so daß man sich unter dem lieblichen, würzigen Schatten nicht nur am Morgen, sondern auch wann die Sonne am höchsten stand, nach Belieben ergehn konnte, ohne von den Strahlen getroffen zu werden. Wie viele und was für Pflanzen dort wuchsen und wie sie verteilt waren, das zu schildern wäre zu weitläufig: aber von allen nennenswerten, die unser Himmelsstrich gedeihen läßt, war nicht eine, die dort nicht im Überflusse vorhanden gewesen wäre. Mitten in dem Garten – und das war nicht sein geringster Vorzug – war eine Wiese von zartem Grase, deren beinahe ins Schwarze übergehendes Grün vielleicht von tausenderlei bunten Blumen unterbrochen war; und sie war ringsum von grünen, strotzenden Orangen- und Zitronenbäumen umschlossen, die mit ihren Früchten, alten sowohl als auch unreifen, und ihren dabei noch immer blühenden Zweigen zugleich das Auge durch den Schatten und den Geruchssinn durch den Duft letzten. Und mitten in dieser Wiese war ein Brunnen aus weißem Marmor, ein Meisterwerk der Bildhauerkunst. Darin sprang, ich weiß nicht ob durch natürliche Kraft oder durch eine künstliche Anlage, aus einer Figur, die auf einer in der Mitte errichteten Säule stand, ein so mächtiger Wasserstrahl zum Himmel empor, daß eine geringere Menge eine Mühle im Gange erhalten hätte, und fiel dann, nicht ohne ein liebliches Geplätscher, in den klaren Brunnen zurück. Das Wasser, das der Brunnen nicht fassen konnte, lief auf verborgenem Wege bis zum Rande der Wiese, trat dort ans Licht und umfloß sie in schönen, künstlich angelegten Gräben; ähnliche Gräben führten es in jeden Teil des Gartens, bis es sich endlich an einem Punkte sammelte und den schönen Garten verließ, um als klares Bächlein in die Ebene niederzufließen, nachdem es noch vorher zu nicht geringem Nutzen des Besitzers mit großer Wucht zwei Mühlen getrieben hatte. Der Anblick dieses Gartens, der so schön angelegt war, der Pflanzen und des Springbrunnens mit dem daraus abfließenden Bächlein machte jeglicher Dame und den drei jungen Männern so viel Vergnügen, daß sie sich einmütig gestanden, sie wüßten sich nicht vorzustellen, daß ein irdisches Paradies, wenn das möglich wäre, anders aussehen könnte als dieser Garten, und sie seien außerstande, eine Schönheit zu erdenken, die ihm hinzugefügt werden könnte. Indem sie so in aller Zufriedenheit lustwandelten, aus mannigfaltigen Zweigen schöne Kränze windend und den Vöglein lauschend, die wohl in zwanzigerlei Weisen um die Wette zu singen schienen, entdeckten sie noch eine reizende Schönheit, die sie, von den andern gefesselt, bisher nicht wahrgenommen hatten: sie sahen nämlich, daß der Garten wohl an hundert Arten hübscher Tiere enthielt, und einer konnte den andern aufmerksam machen, daß hier Kaninchen hervorkamen, dort Hasen liefen, an einem andern Plätzchen Rehe lagerten und wieder anderswo junge Hirsche ästen und daß sich außer diesen noch viele andere Gattungen unschädlicher Tiere, alle fast zahm, in froher Lust tummelten; und das erhöhte ihr Vergnügen in erklecklichem Maße. Nachdem sie aber, bald dies, bald jenes betrachtend, lange genug umhergegangen waren, ließen sie die Tische bei dem schönen Brunnen decken und gingen, wie es der Wunsch der Königin war, essen, nicht ohne vorher sechs Liedchen gesungen und ein wenig getanzt zu haben; sie wurden in trefflicher, schöner und geruhiger Weise bedient und die guten und köstlichen Gerichte steigerten ihre Heiterkeit, so daß sie sich, nachdem sie sich erhoben hatten, von neuem der Musik und dem Gesange und dem Tanze ergaben, bis es der Königin wegen der Hitze, die sich einstellte, Zeit schien, daß, wer wolle, schlafen gehe. Einige taten dies auch, andere, die die Schönheit des Ortes eingenommen hatte, wollten nicht gehn, sondern blieben, um sich, während die andern schliefen, mit Romanlesen oder mit Spielen, sowohl Schach als auch Brett, zu beschäftigen. Nachdem sie aber, als die dritte Stunde nach Mittag verstrichen war, aufgestanden waren und sich das Gesicht mit kaltem Wasser erfrischt hatten, kamen sie, wie es der Wunsch der Königin war, auf der Wiese bei dem Springbrunnen zusammen und setzten sich in der gewohnten Weise und warteten auf den Befehl, zu dem von der Königin bestimmten Gegenstande zu erzählen. Und der erste, dem die Königin diese Pflicht auferlegte, war Filostrato, und der begann folgendermaßen:

Erste Geschichte

Masetto von Lamporecchio stellt sich stumm und wird Gärtner in einem Nonnenkloster, und die Nonnen trachten alle um die Wette, bei ihm zu liegen.

Es gibt, meine schönsten Damen, genug Männer und Frauen, die so töricht sind, daß sie ernstlich glauben, ein junges Mädchen, dem man den weißen Schleier um den Kopf gelegt und die schwarze Kutte angezogen hat, sei nicht anders mehr ein Weib und fühle die weiblichen Lüste nicht anders mehr, als ob sie sich dadurch, daß sie ins Kloster gegangen sei, in einen Stein verwandelt hätte; und hören diese Leute etwas, was ihrem Glauben zuwider ist, so erbosen sie sich so, wie wenn ein verruchtes, fluchwürdiges Verbrechen wider die Natur begangen worden wäre, ohne an sich selber zu denken, die auch die unumschränkte Freiheit, alles zu tun, was sie wollen, nicht ersättigen kann, und ohne die große Gewalt, die Muße und Einsamkeit haben, in Betrachtung zu ziehen. Und wieder gibt es genug andere, die ebenso ernstlich glauben, daß Hacke und Spaten, grobe Speisen und schwere Mühsal den Leuten, die auf dem Felde arbeiten, die begehrlichen Lüste nähmen und ihnen Verstand und Einsicht vergröberten. Wie sehr sich aber alle die, die so etwas glauben, täuschen, das will ich euch, da mir der Auftrag der Königin geworden ist, mit einer kleinen Geschichte beweisen, ohne mich jedoch von dem Gegenstande, den sie bestimmt hat, zu entfernen.

Hier in unserer Gegend war und ist noch ein Nonnenkloster, wohlberufen durch seine Frömmigkeit – nennen werde ich es nicht, um nicht seinen Ruf irgendwie zu schmälern –, dessen hübschen Garten vor gar nicht langer Zeit, als dort nicht mehr als acht Nonnen und ihre Äbtissin, lauter junge Frauen, waren, ein biederer Mann bestellte; da der aber mit seinem Lohne nicht zufrieden war, so rechnete er mit ihrem

Verwalter ab und kehrte nach Lamporecchio zurück, wo er daheim war. Unter denen, die ihn freundlich bewillkommten, war ein kräftiger, stämmiger Bauernbursche, der für einen vom Lande wohlgebaut war, Masetto mit Namen, und der fragte ihn, wo er so lange gewesen sei. Der Biedermann, der Nuto hieß, sagte es ihm, und Masetto fragte ihn, worin sein Dienst im Kloster bestanden habe. Und Nuto antwortete ihm: »Ich arbeitete in ihrem hübschen, großen Garten, ging dann und wann um Holz in den Busch, schöpfte Wasser und verrichtete noch andere solcher kleinen Dienste; aber die Nonnen gaben mir so wenig Lohn, daß ich kaum die Schuhe bezahlen konnte. Dazu sind sie allesamt jung, und ich glaube, sie haben den Teufel im Leibe, weil man ihnen nichts recht machen kann; wenn ich zuzeiten im Garten arbeitete, sagte die eine: ›Setz das daher‹, und die andere: ›Setz das dorthin‹, und die dritte nahm mir die Hacke aus der Hand und sagte: ›Das ist nicht gut so‹, und auf diese Art ärgerten sie mich dann so lange, bis ich die Arbeit stehn ließ und aus dem Garten ging. So habe ich denn, wegen des einen sowohl als auch wegen des andern, nicht länger bleiben wollen und bin hierher gekommen. Ihr Verwalter hat mich ja wohl bei meinem Weggehn gebeten, wenn mir einer unterkomme, der dazu tauge, ihn ihm zu schicken, und ich habe es ihm auch versprochen; aber da kann er lange warten, daß ich ihm einen besorge oder schicke!« Als Masetto die Erzählung Nutos hörte, überkam ihn eine so große Lust, bei den Nonnen zu sein, daß er fast vergehn wollte; denn aus Nutos Erzählung glaubte er schließen zu dürfen, daß ihm das, wonach ihn gelüstete, glücken könnte. Weil er aber fürchtete, er verderbe es sich, wenn er Nuto etwas davon sage, sagte er zu ihm: »Das war wohlgetan von dir, daß du hergekommen bist! Wie sollte denn ein Mann mit Frauenzimmern auskommen? Leichter käme man noch mit Teufeln aus; von sieben Malen wissen sie ja sechsmal nicht, was sie selber wollen.« Nachdem jedoch ihr Gespräch zu Ende war, begann er nachzudenken, wie er's anfangen sollte, um bei ihnen sein zu können; zwar wußte er, daß er alle Dienstleistungen, die Nuto genannt hatte, trefflich verstand, so daß ihm nicht bange war, deshalb abgewiesen zu werden, aber er besorgte, daß er seiner großen Jugend und seines hübschen Aussehns halber nicht werde aufgenommen werden. Darum folgerte er nach vielem Hinundhersinnen also: das Kloster ist weit entfernt von hier, und niemand kennt mich dort; wenn ich mich stumm stelle, so werde ich sicherlich aufgenommen. Indem er bei dieser Folgerung stehn blieb, ging er mit einem Beile auf der Schulter, ohne jemand zu sagen, wohin er gehe, in ärmlicher Kleidung zum Kloster: dort angelangt, trat er ein, und von ungefähr traf er den Verwalter im Hofe; dem deutete er mit Gebärden, wie sie die Stummen machen, er möge ihm um Gottes willen zu essen geben, wofür er ihm, wenn es nötig sei, Holz spalten werde. Der Verwalter gab ihm bereitwillig zu essen und stellte ihn dann vor ein paar Blöcke, mit denen Nuto nicht hatte zurechtkommen können; Masetto aber, der ein baumstarker Mensch war, hatte sie im Nu klein gemacht. Nun nahm ihn der Verwalter mit in den Busch, wo er zu tun hatte, und ließ ihn dort Holz schlagen;

dann stellte er den Esel vor ihn und gab ihm durch Zeichen zu verstehn, er solle das Holz nach Hause bringen. Das verrichtete der Stumme sehr gut, und so behielt ihn der Verwalter zu einigen Arbeiten, die zu tun waren, mehrere Tage bei sich. Auf diese Art geschah es, daß ihn eines Tages die Äbtissin sah und den Verwalter fragte, wer er sei. Und der sagte zu ihr: »Madonna, das ist ein armer Taubstummer, der dieser Tage um ein Almosen gekommen ist; ich habe es ihm gegeben und habe ihn dann viele Sachen verrichten lassen, die nötig gewesen sind. Wenn er sich darauf verstünde, im Garten zu arbeiten, und hierbleiben wollte, so glaube ich, daß wir an ihm einen trefflichen Knecht hätten, den wir ja brauchten; denn er ist stark und man könnte mit ihm anfangen, was man wollte, und brauchte außerdem nicht zu fürchten, daß er mit Euern Fräulein schäkerte.« Und die Äbtissin sagte zu ihm: »Gottstreu, du hast recht: sieh zu, ob er die Gartenarbeit versteht und trachte ihn dazubehalten; gib ihm etwa ein Paar Schuhe und einen alten Mantel, tu ihm recht schön und geh ihm um den Bart und gib ihm gut zu essen.« Der Verwalter sagte, er werde es tun. Masetto, der nicht weit davon war, hörte das alles, obwohl er sich stellte, als hätte er nur darauf acht, den Hof zu kehren, und sagte sich voller Freude: ›Wenn ihr mich nur dazu anstellt, so will ich euch den Garten so bearbeiten, wie er noch nie bearbeitet worden ist.‹ Als nun der Verwalter gesehn hatte, daß er trefflich zu arbeiten verstand, fragte er ihn durch Zeichen, ob er bleiben wolle, und Masetto antwortete durch Zeichen, er wolle tun, was man wollen werde, so daß ihn der Verwalter aufnahm und ihm die Gartenarbeit übertrug und ihm seine Obliegenheiten zeigte; hierauf ging er den andern Klostergeschäften nach und kümmerte sich nicht mehr um ihn. Da also Masetto einen Tag um den andern im Garten arbeitete, begannen ihn die Nonnen zu necken und zum besten zu haben, wie es die Leute oft den Stummen tun, und sagten ihm in dem Glauben, er verstehe sie nicht, die unflätigsten

Worte, die es nur gibt; und die Äbtissin, die vielleicht glaubte, ihm mangle etwas andres geradeso wie die Sprache, scherte sich darum wenig oder gar nicht. Eines Tages aber geschah es, daß sich ihm, der sich nach harter Arbeit ein wenig hingelegt hatte, zwei Klosterfräulein, die im Garten umhergingen, näherten und ihn zu betrachten anfingen, während er sich schlafend stellte. Darum sagte die eine, die etwas keck war, zu der andern: »Wenn ich wüßte, daß ich dir vertrauen kann, so würde ich dir etwas sagen, was mir oft schon in den Sinn gekommen ist und was vielleicht auch dir frommen könnte.« Die andere antwortete: »Sag es nur dreist; ich werde es wahrhaftig keiner Seele jemals sagen.« Nun begann die Kecke: »Ich weiß nicht, ob du schon darüber nachgedacht hast, wie streng wir hier gehalten werden und daß sich kein Mann sonst da herein getraut, außer unserm Verwalter, der ein Greis ist, und diesem Stummen; und zu mehrern Malen habe ich die Frauen, die zu uns gekommen sind, sagen hören, daß alle Wonnen der Welt ein Plunder sind gegen die, die das Weib in dem Umgange mit dem Manne genießt. Darum habe ich es mir schon öfter vorgenommen, es mit diesem Stummen, da ich doch keinen andern haben kann, zu versuchen, ob dem so ist. Und dazu taugt er am allerbesten, weil er es, auch wenn er wollte, nicht wiedersagen könnte; du siehst, er ist ein dummer Bengel, der länger gewachsen ist als sein Verstand: und nun möchte ich gerne hören, was dich darüber bedünkt.« – »O weh«, sagte die andere, »was sagst du da? Weißt du nicht, daß wir unsere Jungfräulichkeit dem Herrgott gelobt haben?« – »Ach was«, sagte die erste, »wieviel wird ihm nicht alle Tage gelobt, ohne daß ihm etwas gehalten würde; haben wir sie ihm gelobt, so wird sich schon eine oder die andere finden, von der er sie erhält.« Und ihre Gesellin sagte zu ihr: »Und wenn wir schwanger würden, was sollte dann werden?« Aber die erste sagte: »Du denkst ans Unglück, bevor es da ist: geschieht es wirklich, dann heißt es denken;

und da werden sich hundert Mittel finden, daß niemand etwas davon erfährt, wenn wir's nicht selber sagen.« Die andere war nun schon lüsterner als die Anstifterin, zu versuchen, was für ein Tier der Mann sei, und so sagte sie: »Also gut; wie machen wir's denn?« Und sie bekam zur Antwort: »Du siehst, es geht gegen die dritte Nachmittagsstunde, und die Schwestern, glaube ich, schlafen alle außer uns; sehn wir nach, ob jemand im Garten ist, und ist niemand hier, was brauchen wir weiter zu tun, als ihn bei der Hand zu nehmen und in die Hütte da zu führen, wo man bei Regen untersteht? Die eine bleibt dann drinnen bei ihm, und die andere hält Wache; er ist so dumm, daß er sich in alles fügen wird, was wir wollen.« Masetto, der das ganze Gespräch gehört hatte und entschlossen war, zu gehorchen, wartete auf nichts sonst, als daß ihn eine von ihnen nehmen werde. Und als sie überall Umschau gehalten und sich überzeugt hatten, daß sie von keiner Seite gesehn werden konnten, trat die, die das Gespräch angefangen hatte, auf ihn zu und weckte ihn, und er sprang augenblicklich auf. Sie nahm ihn unter Liebkosungen bei der Hand und führte ihn, der einfältig lachte, in die Hütte; dort tat er denn, ohne sich lange einladen zu lassen, alles, was sie wollte. Nachdem sie ihren Willen gehabt hatte, machte sie als treue Gesellin der andern Platz, und Masetto, der weiter den Tölpel spielte, tat, was sie wünschten. Darum entschlossen sie sich, bevor sie weggingen, den Versuch, wie der Stumme reiten könne, zu wiederholen; und indem sie dann öfter darüber sprachen, gestanden sie einander, die Wonne sei wirklich so groß, ja noch größer gewesen, als sie gehört hätten, weshalb sie denn auch fortan zu günstiger Zeit die Gelegenheit wahrnahmen und den Stummen oft zu ihrer Lust besuchten. Eines Tages aber geschah es, daß ihnen dabei eine ihrer Gesellinnen vom Zellenfenster aus zusah und sie zwei andern zeigte. Zuerst sprachen sich die drei miteinander dahin aus, daß sie sie bei der Äbtissin verklagen müßten: dann aber änderten sie ihren Rat und einigten sich mit ihnen und wurden Teilhaberinnen an Masettos Gütchen. Und durch verschiedene Umstände wurden auch die übrigen drei Schwestern zu der Gesellschaft gebracht. Schließlich fand die Äbtissin, die von diesen Dingen noch nichts gemerkt hatte, eines Tages, als sie bei großer Hitze ganz allein im Garten umherging, den armen Masetto, dem die geringe Tagesarbeit wegen der allzu häufigen nächtlichen Ritte hart ankam, im Schatten eines Mandelbaumes langausgestreckt schlafen, und der Wind hatte ihm das Hemd zurückgeschlagen, so daß er völlig entblößt war. Bei diesem Anblicke wurde die Dame, die sich allein sah, von derselben Begierde befallen, die ihre Nonnen befallen hatte, und sie weckte Masetto und nahm ihn mit sich in ihr Gemach. Und dort behielt sie ihn zum größten Leidwesen der Nonnen, die sich darüber beklagten, daß er nicht zur Gartenarbeit komme, etliche Tage lang, um die Wonnen, derenthalben sie vorher jede verdammt hatte, zu kosten und wieder zu kosten, bis sie ihn endlich in seine Kammer entließ. Da sie ihn aber immer wieder in Anspruch nahm und mehr von ihm wollte, als auf ihren Teil gekommen wäre, sah Masetto, dem es unmöglich war, so viele zu befriedigen, endlich ein, daß ihm aus seinem Stummsein, wenn er dabei bliebe, ein allzu großer Schaden erwachsen könnte. Als er daher eines Nachts bei der Äbtissin war, löste er das Band seiner Zunge und begann also: »Ich habe mir sagen lassen, Madonna, daß ein Hahn gar wohl zehn Hennen genügt, daß es aber zehn Männer nur schlecht oder mühselig vermögen, ein Weib zu ersättigen; und ich soll ihrer neune bedienen! Das kann ich um nichts in der Welt länger mehr aushalten; ich bin ja auch durch das, was ich bisher geleistet habe, so weit heruntergekommen, daß ich nunmehr weder wenig noch viel leisten kann. Und darum laßt mich entweder in Gottes Namen ziehen oder trefft in dieser Sache ein Abkommen.« Da die Äbtissin den Menschen, den sie für stumm gehalten hatte, sprechen hörte, war sie ganz verdutzt und sagte: »Was ist das? Ich habe geglaubt, du seiest stumm.« – »Madonna«, sagte Masetto, »ich war es auch, aber nicht von Geburt, sondern von einer Krankheit, die mir die Sprache genommen hat; und erst heute nacht fühle ich, daß sie mir wiedergegeben ist, und dafür lobe ich Gott von ganzem Herzen.« Die Dame glaubte ihm und fragte ihn, was das heißen solle, daß er neun zu bedienen habe. Masetto erzählte ihr den ganzen Handel. Als das die Äbtissin hörte, ward sie inne, daß sie keine Nonne hatte, die nicht viel klüger gewesen wäre als sie; ohne darum Masetto ziehen zu lassen, entschloß sie sich als verständige Dame, mit ihren Nonnen ein Abkommen zu treffen, damit nicht das Kloster durch ihn in einen schlimmen Leumund komme. Und da in diesen Tagen ihr Verwalter gestorben war, einigten sie sich, nachdem sie einander alles, was unter ihnen vorgegangen war, entdeckt hatten, im Einverständnis mit Masetto dahin, den Leuten in der Umgebung weiszumachen, daß ihm nach langer Stummheit durch ihre Gebete und wegen der Verdienste des Heiligen, dem das Kloster geweiht war, die Sprache wiedergegeben worden sei, und machten ihn zu ihrem Verwalter; und seine Pflichten verteilten sie auf eine Weise, daß er sie ertragen konnte. Obwohl er auf diese Art manches Mönchlein erzeugte, ging doch die Sache so gut vonstatten, daß davon nicht früher etwas ruchbar wurde, als nach dem Tode der Äbtissin; um diese Zeit war er schon dem Alter nahe und verlangte danach, mit seinem Reichtum heimzukehren, und dieser Wunsch wurde ihm auch willig gewährt. So kam denn Masetto nach einer klug angewandten Jugend in seinem Alter als reicher Mann und Vater, ohne sich damit geplagt zu haben, die Kinder zu nähren und Geld für sie auszugeben, in die Heimat zurück, die er mit einem Beile auf der Schulter verlassen hatte, und er sagte jedem, der es hören wollte, so verfahre Christus mit denen, die ihm Hörner aufsetzten.

Zweite Geschichte

Ein Stallknecht liegt bei der Gemahlin König Agilulfs; Agilulf entdeckt es, bleibt jedoch ruhig. Er findet den Schuldigen und schneidet ihm die Haare ab; der aber tut den andern desgleichen und rettet sich also.

Als die Geschichte Filostratos, bei der die Damen manchmal errötet waren, manchmal aber auch gelacht hatten, zu Ende war, gefiel es der Königin, daß Pampinea mit dem Erzählen fortfahre. Die begann mit lächelndem Munde und sagte: Es gibt Leute, die unverständig genug sind, immer zeigen zu wollen, daß sie Kenntnis und Kunde von Dingen haben, die sie gerade nicht zu wissen brauchten; und wenn sie daher dann und wann die Vergehen anderer, die sonst unbekannt geblieben wären, tadeln, vermehren sie nur die eigene Schande, statt sie, wie sie glauben, zu vermindern. Und daß das wahr ist, gedenke ich euch, meine reizenden Damen, durch das Gegenteil zu beweisen, indem ich euch erzählen will, wie klug sich ein trefflicher König bei der Verschlagenheit eines Mannes, den ihr vielleicht für geringer halten werdet als Masetto, benommen hat.

Agilulf, König der Langobarden, schlug sein Hoflager, wie seine Vorgänger getan hatten, in Pavia auf, der lombardischen Stadt; zur Gattin hatte er Theudelinde, die Witwe Autharis, der gleicherweise König der Langobarden gewesen war, eine sehr schöne, kluge und gar ehrbare Dame, der aber durch einen Buhlen ein böses Abenteuer widerfahren ist. In der Zeit nämlich, wo im Langobardenreiche durch die Tapferkeit und die Klugkeit König Agilulfs Wohlstand und Ruhe herrschten, geschah es, daß sich ein Stallknecht der Königin, der trotz seiner niedrigen Abkunft einen höhern Sinn trug, als zu seinem niedrigen Dienste gepaßt hätte, und von Gestalt schön und groß wie der König war, maßlos in seine Herrin verliebte. Und weil ihm sein geringer Stand die Erkenntnis, daß seine Liebe aller Vernunft widerstritt, nicht genommen hatte, entdeckte er sie als kluger Mann keinem Menschen und wagte es nicht einmal, sie der Königin durch Blicke zu verraten. Und obwohl er ohne Hoffnung lebte, jemals ihre Huld zu gewinnen, so rühmte er sich doch vor sich selber, daß er seinen Sinn auf einen so erhabenen Gegenstand gerichtet hatte; und weil er ganz in den Liebesflammen glühte, trachtete er mehr als jeder von seinen Gesellen alles zu tun, was seiner Meinung nach der Königin gefallen konnte. Daraus ergab sich, daß die Königin, wenn sie reiten sollte, viel lieber das Pferd, das er wartete, ritt als irgend ein andres: und wenn das geschah, so rechnete er es sich zur höchsten Gnade an und wich nicht von ihrem Steigbügel, weil er sich schon selig fühlte, wenn er nur ihr Gewand berühren durfte. Wie wir es aber oft geschehn sehn, daß die Liebe um so mehr zunimmt, je mehr sich die Hoffnung vermindert, so geschah es auch diesem armen Stallknechte, so daß es ihm gar schwer wurde, die große Leidenschaft in der Heimlichkeit, die er beobachtete, zu ertragen, ohne von einer Hoffnung gefördert zu werden; und außerstande, sich von dieser Liebe loszureißen, beriet er sich zu often Malen mit sich selber, zu sterben. Und indem er nachdachte, wie er das tun sollte, entschloß er sich endlich, so sterben zu wollen, daß es dadurch offenbar werde, daß er um der Liebe willen sterbe, die er für die Königin gehegt habe und hege; und er nahm sich vor, es auf die Weise zu tun, daß er dabei sein Glück versuche, ob er sein Verlangen ganz oder zum Teile stillen könne. Er unternahm es aber keineswegs, der Königin etwas zu sagen oder ihr seine Liebe durch einen Brief zu wissen zu machen, weil er wußte, daß es eitel gewesen wäre, ihr etwas zu sagen oder zu schreiben; sondern er wollte den Versuch machen, ob er durch List bei ihr liegen könne. Und dabei konnte es sich um keine andere List handeln, als ein Mittel zu finden, daß er, als ob er der König wäre, der, wie er wußte, nicht immer bei ihr schlief, zu ihr gelangen und in ihr Gemach gehn könne. Um deshalb zu sehn, wie und in welcher Kleidung der König gehe, wann er zu ihr gehe, verbarg er sich mehrere Male des Nachts in einem großen Saale des königlichen Schlosses, der zwischen dem Gemache des Königs und dem der Königin war; und da sah er eines Nachts, daß der König sein Gemach in einen weiten Mantel gehüllt verließ und in der einen Hand eine brennende Kerze und in der andern eine Gerte hielt und zum Gemache der Königin ging und, ohne ein Wort zu sagen, ein- oder zweimal mit der Gerte an die Tür klopfte, und daß ihm unverzüglich geöffnet und die Kerze aus der Hand genommen wurde. Als er das gesehn und ihn auf ähnliche Weise hatte zurückkommen sehn, gedachte er es ebenso zu machen. Er verschaffte sich also einen ähnlichen Mantel, wie jener war, den er beim Könige gesehn hatte, und eine Kerze und ein Stäbchen; und nachdem er sich im Bade wohl gewaschen hatte, damit nicht etwa der Geruch des Mistes die Königin anwidere oder ihr die Täuschung verrate, verbarg er sich mit diesen Dingen so wie sonst in dem großen Saale. Und als er merkte, daß alles schlief, und es ihm an der Zeit schien, entweder sein Verlangen zu stillen oder dem ersehnten Tode hochgemut den Weg zu bahnen, schlug er mit Stein und Stahl, die er mitgebracht hatte, Feuer, zündete seine Kerze an, zog den Mantel, in den er sich gehüllt hatte, zusammen, ging zur Tür des Gemaches und klopfte zweimal mit der Gerte. Eine ganz verschlafene Kammerfrau öffnete ihm und nahm ihm das Licht aus der Hand und verbarg es; und so bestieg er, nachdem er die Vorhänge zurückgeschlagen und den Mantel abgelegt hatte, ohne ein Wort zu sagen, das Bett, wo die Königin schlief. Da er des Königs Gewohnheit kannte, daß er, wenn er verdrießlich war, nichts hören wollte, stellte er sich verdrießlich; und so redete weder er noch sie ein Wort, als er sie sehnsüchtig in die Arme schloß und zu mehrern Malen erkannte. Und obwohl ihm der Abschied schwer ankam, so erhob er sich doch aus Furcht, ein allzu langes Verweilen könnte der Grund werden, daß sich ihm die genossene Lust in Trübsal verkehre, und nahm seinen Mantel und das Licht, ging, ohne etwas zu sagen, weg und kehrte so rasch wie nur möglich in sein Bett zurück. Dort konnte er kaum angelangt sein, als der König, der aufgestanden war, ins Gemach der Königin kam, die darüber baß erstaunt war; und als er ins Bett gestiegen war und sie freudig begrüßt hatte, sagte sie, die sich bei seiner Freude ein Herz gefaßt hatte: »Aber Herr, was ist denn heute nacht los? Eben habt Ihr mich erst verlassen, und obwohl Ihr Euch an mir mehr ergötzt habt als sonst, kehrt Ihr so bald wieder zurück! Nehmt Euch in acht, was Ihr tut.« Als der König diese Worte hörte, war es ihm auch schon klar, daß die Königin durch eine Ähnlichkeit des Benehmens und der Gestalt getäuscht worden war; aber als kluger Mann entschloß er sich sofort, die Königin nichts merken zu lassen von dem, was sie ebensowenig wie sonst jemand gemerkt hatte. Gar mancher Dummkopf hätte das nicht getan, sondern gesagt: ›Ich war ja gar nicht hier; wer ist das, der hier war? Wie ist es denn zugegangen, und was war weiter?‹ Und das Ende davon wäre gewesen, daß er dadurch die

Dame zu Unrecht gekränkt und ihr überdies einen Anlaß gegeben hätte, auch ein andermal das zu begehren, was sie schon verkostet hatte; und mit dem, was ihm, wenn es verschwiegen blieb, nie zur Schande ausschlagen konnte, hätte er sich, wenn er geredet hätte, eine große Schmach zugezogen. Der König antwortete also, mehr innerlich verstört als im Gesichte oder in den Worten: »Scheine ich Euch nicht Manns genug, Frau, wiederzukommen, wenn ich auch erst da war?« Und die Dame antwortete ihm: »O ja, Herr, aber allwege bitte ich Euch, auf Eure Gesundheit achtzuhaben.« Nun sagte der König: »So will ich denn meinetwegen Euerm Rate folgen und für dieses Mal weggehn, ohne Euch weiter zu belästigen.« Und das Herz voll Zorn und Erbitterung wegen dessen, was ihm, wie er sah, geschehn war, nahm er seinen Mantel wieder und verließ das Gemach; und er beabsichtigte, in der Stille zu erkunden, wer der Täter sei, von dem er überzeugt war, er müsse vom Hause sein und habe das Haus, wer immer er sei, noch nicht verlassen können. Nachdem er daher ein Laternchen mit einem kleinen Lichte genommen hatte, begab er sich in einen langen Gang in seinem Schlosse, der über den Pferdeställen war und wo schier seine ganze Dienerschaft in verschiedenen Betten schlief; und weil er meinte, daß sich bei dem, der das, was die Dame gesagt hatte, getan habe, der Anstrengung halber weder Puls noch Herzschlag beruhigt haben könnte, legte er, an dem einen Ende des Ganges beginnend, nach und nach einem jeden die Hand auf die Brust, um zu fühlen, ob sein Herz poche. Alle andern schliefen fest, nur der, der bei der Königin gewesen war, schlief noch nicht; als er daher den König kommen sah, begann er sich, weil er erriet, was der König suchte, heftig zu fürchten, so daß sein Herzklopfen, das von der Anstrengung herrührte, durch die Angst noch ärger wurde, und er zweifelte nicht im mindesten, der König werde ihn, wenn er das merken werde, unverzüglich töten. Und obwohl ihm mancherlei, was er tun wollte, durch den Kopf ging, faßte er doch, als er den König unbewaffnet sah, den Entschluß, sich schlafend zu stellen und zu warten, was er tun werde. Der König hatte schon viele befühlt, ohne einen gefunden zu haben, den er für den Schuldigen gehalten hätte, bis er endlich zu ihm kam; und als er fühlte, daß sein Herz heftig klopfte, sagte er bei sich: ›Der ist's.‹ Da er aber nicht im Sinne hatte, das, was er tun wollte, jemand wissen zu lassen, tat er ihm nichts sonst, als daß er ihm mit einer Schere, die er mitgebracht hatte, die Haare, die damals lang getragen wurden, auf einer Seite zum Teile abschnitt, um ihn an diesem Zeichen am nächsten Morgen zu erkennen; und nachdem das getan war, ging er weg und kehrte in sein Gemach zurück. Der Stallknecht, dem nichts entgangen war, erriet als verschlagener Mensch klärlich, warum er ihn also gezeichnet hatte: darum erhob er sich, ohne sich lange zu besinnen, holte eine von den Scheren, die zufällig der Pferde wegen im Stalle waren, und ging leise zu allen, so viele ihrer in dem Gange schliefen, und schnitt ihnen allen in gleicher Weise die Haare über dem Ohre ab; und nachdem er das, ohne bemerkt worden zu sein, getan hatte, legte er sich wieder schlafen. Kaum war der König am Morgen aufgestanden, so befahl er, daß seine ganze Dienerschaft, noch bevor die Schloßtore geöffnet würden, vor ihm erscheine, und so geschah es. Als sie nun allesamt barhäuptig vor ihm standen, begann er Umschau zu halten, um den zu finden, den er geschoren hatte; da er aber sah, daß der größere Teil von ihnen die Haare auf dieselbe Weise abgeschnitten hatte, sagte er sich voll Verwunderung: ›Ist auch der, den ich suche, niedrigen Standes, so zeigt er doch eine hohe Klugheit.‹ Und weil er sah, daß er den, den er suchte, ohne Aufsehn nicht herausbekommen konnte, und weil es nicht seine Absicht war, sich um einer geringfügigen Rache willen eine große Schmach zuzuziehen, beschied er sich damit, ihn mit einem Worte zu ermahnen und ihm zu zeigen, daß er alles wisse; und so sagte er, zu allen gewandt: »Wer es getan hat, soll es nicht mehr tun; und nun geht mit Gott.« Ein anderer hätte sie an den Strick spannen, peinlich befragen und verhören lassen, und indem er das getan hätte, hätte er entdeckt, was jeder verdecken soll; und hätte er ihn wirklich entdeckt und sich an ihm völlig gerächt, so hätte er seine Schmach nicht verringert, sondern um vieles vermehrt und die Ehre seiner Gemahlin befleckt. Die, die diese Rede hörten, verwunderten sich darüber und fragten lange untereinander herum, was der König damit habe sagen wollen: aber es war sonst keiner, der die Rede verstanden hätte, als der eine, den sie anging. Als kluger Mann entdeckte er niemand etwas davon, solange der König lebte, und setzte auch nie mehr sein Leben in einem solchen Handel aufs Spiel.

Dritte Geschichte

Unter dem Scheine der Beichte und eines besonders lautern Gewissens bringt eine Dame, die in einen jungen Mann verliebt ist, einen sittenstrengen Mönch dazu, daß er ihr unwissentlich behilflich ist, ihre Lust völlig zu stillen.

Als Pampinea schwieg, priesen fast alle den Mut und die Vorsicht des Stallknechts nicht minder als die Klugheit des Königs, bis sich die Königin zu Filomena kehrte und ihr auftrug, fortzufahren; Filomena begann also mit Anmut folgendermaßen: Ich gedenke euch einen Streich zu erzählen, den eine schöne Dame einem sittenstrengen Mönche wahrhaftig gespielt hat und der jeden Laien um so mehr freuen muß, je mehr diese Mönche, die ja größtenteils ausgemachte Tröpfe sind und sich aberwitzig betragen, alles besser zu tun und zu wissen glauben als die andern, denen sie doch bei weitem nachstehen müßten, weil sie bei der Niedrigkeit ihrer Sinnesart nicht einmal imstande sind, sich ihren Unterhalt zu erwerben, sondern wie die Schweine überall unterkriechen, wo es für sie etwas zu essen gibt. Diese Geschichte erzähle ich euch, meine anmutigen Damen, nicht nur weil ich an der Reihe bin, sondern auch um euch zu zeigen, daß es, von den Männern gar nicht zu reden, aber auch unsereiner gelingen kann und gelungen ist, die Mönche, denen wir übermäßig leichtgläubigen Frauen allzuviel Vertrauen schenken, zum besten zu halten.

In unserer Stadt, wo mehr Trug als Lieb oder Treue ist, war, es sind noch nicht viele Jahre her, eine adlige Dame, die von Natur wie nur je eine mit Schönheit geziert und mit Zucht, Hochsinn und Witz begabt war; obwohl ich ihren Namen ebenso wie die der andern, die in diese Geschichte verwickelt sind, nennen könnte, will ich es nicht tun, weil noch einige von ihnen am Leben sind, die sich deshalb einen Pack Ärger aufladen würden, obwohl man mit Lachen darüber hinweggehen sollte. Diese Dame also, die sich ihrer vornehmen Abkunft bewußt war und sich an einen Wollenweber verheiratet sah, konnte es nicht verwinden, daß ihr Gatte ein Handwerker war, weil sie keinen Mann von niedrigem Stande, und wäre er noch so reich gewesen, einer adeligen Dame für wert erachtete; und da sie überdies sah, daß er samt all seinem Reichtum zu nichts sonst taugte, als die Farben in einem bunten Gewebe zu verteilen oder die Fäden aufzuspannen oder mit den Spinnerinnen über das Gespinst zu streiten, nahm sie sich vor, seine Umarmungen in keinerlei Weise mehr zu dulden, außer wenn sie es ihm gar nicht verweigern könne, sich aber dafür zu ihrer Entschädigung einen zu suchen, der ihr dessen würdiger scheine als der Weber: und so verliebte sie sich in einen gar wackeren Edelmann mittlern Alters, und das so, daß sie des Nachts vor Gram nicht schlafen konnte, wenn sie ihn am Tage nicht gesehen hatte. Der Edelmann aber kümmerte sich nicht darum, weil er nichts davon ahnte, und sie, die sehr vorsichtig war, getraute sich aus Furcht vor den möglichen Gefahren nicht, es ihn durch eine Botin oder einen Brief wissen zu lassen. Als sie aber bemerkt hatte, daß er viel mit einem Klosterbruder verkehrte, der seines frommen Lebenswandels halber trotz seiner Dummheit und Ungeschlachtheit allgemein in dem Rufe eines trefflichen Mönches stand, meinte sie, daß der den besten Vermittler zwischen ihr und ihrem Geliebten werde abgeben können, und nachdem sie überlegt hatte, wie sie es anzustellen habe, ging sie zu einer schicklichen Stunde in seine Kirche, ließ ihn rufen und sagte ihm, sie wolle ihm, wenn es ihm beliebe, beichten. Der Mönch, der beim ersten Anblick erkannte, daß sie eine vornehme Dame war, hörte sie bereitwillig an; und nach der Beichte sagte sie zu ihm: »Vater, ich muß mich an Euch in einer Sache, die Ihr hören sollt, um Rat und Hilfe wenden. Ich habe Euch gesagt, wer ich bin, und weiß, daß Ihr meine Verwandten ebenso kennt wie meinen Mann, der mich mehr als sein Leben liebt und von dem ich nichts verlangen kann, was er mir nicht als schwerreicher Mann, der er ist, auf der Stelle erfüllte, weshalb ich ihn denn mehr liebe als mich selber; und wenn ich etwas, was seiner Ehre oder seinem Gefallen zuwider wäre, nur dächte, geschweige denn beginge, so gäbe es keine Missetäterin, die den Scheiterhaufen mehr verdiente als ich. Nun werde ich aber von einem Menschen – wer er ist, weiß ich wirklich nicht, aber er scheint mir von Stande, ist groß von Gestalt und hübsch, trägt Kleider aus feinem braunem Tuche und verkehrt, wenn ich mich nicht täusche, viel mit Euch –, der mir vielleicht die Gesinnung, die ich habe, nicht zutraut, regelrecht belagert, so daß ich weder an die Tür oder ans Fenster treten noch das Haus verlassen kann, ohne daß ich ihn augenblicklich vor mir hätte, und ich wundere mich nur, daß er nicht schon da ist; und sein Benehmen ist mir sehr unangenehm, weil es ganz danach angetan ist, eine ehrbare Frau ohne ihre Schuld in üble Nachrede zu bringen. Ich habe mir schon vorgenommen gehabt, ihm das einmal durch meine Brüder sagen zu lassen, aber wieder bedacht, daß die Männer dann und wann Botschaften auf eine Weise ausrichten, daß die Antworten schlecht ausfallen, woraus dann ein Wortwechsel entsteht, der schließlich in Tätlichkeiten übergeht; um es daher zu vermeiden, daß sich ein Unheil oder Ärgernis ergebe, habe ich geschwiegen und mich entschlossen, es lieber Euch als jemand anderm zu sagen, einmal, weil Ihr sein Freund zu sein scheint, und dann auch, weil es sich für Euch sehr wohl schickt, wegen einer solchen Sache, nicht nur einem Freunde, aber selbst Fremden Vorstellungen zu machen. Darum bitte ich Euch um Gottes willen, verweist ihm sein Benehmen und bittet ihn, daß er es fortan ändere. Es gibt genug Frauen, die etwa zu solchen Dingen neigen und denen es ein Vergnügen machen wird, wenn er sein Augenmerk auf sie richtet und um sie buhlt, während es mir, deren Sinn in keinerlei Weise zu so etwas neigt, äußerst verdrießlich ist.« Und nachdem sie das gesagt hatte, senkte sie den Kopf, als ob sie hätte weinen wollen. Der fromme Bruder begriff sofort, wen sie meinte, und lobte sie höchlich um ihres guten Vorsatzes halber und versprach ihr, weil er alles, was sie sagte, für reine Wahrheit hielt, er werde es schon dahin bringen, daß ihr der Mensch keinen Verdruß mehr machen werde; und da er wußte, daß sie sehr reich war, pries er ihr, indem er ihr von seiner Dürftigkeit erzählte, die Almosen und die Werke der Barmherzigkeit. Und die Dame sagte zu ihm: »Ich bitte Euch um Gottes willen, tut so, wie Ihr gesagt habt; und leugnet er, so sagt ihm ins Gesicht, daß ich es selber gewesen bin, die es Euch gesagt und sich darüber beschwert hat.« Als sie dann ihre Beichte beendet und die Buße empfangen hatte, erinnerte sie sich der Ermunterung zu barmherzigen Werken, die ihr von dem Mönche zuteil geworden war, und füllte ihm unauffällig die Hand mit Geld und bat ihn, Messen zu lesen für die Seelen ihrer Verstorbenen; und dann erhob sie sich von seinen Füßen und ging heim. Der fromme Mönch erhielt bald darauf den gewohnten Besuch des Edelmanns; und nachdem sie miteinander eine Weile über dies und das gesprochen hatten, nahm er ihn beiseite und verwies ihm mit gütigen Worten die Nachstellungen und die Blicke, womit er die Dame nach ihrer Erzählung belästigt glaubte. Der Edelmann verwunderte sich, weil er sie noch nie angesehn hatte und nur selten bei ihrem Hause vorbeizukommen pflegte, und wollte seine Unschuld beteuern; aber der Mönch ließ ihn nicht reden, sondern sagte: »Stelle dich nicht verwundert und verliere keine Worte, um es zu leugnen, was du doch nicht kannst; ich habe es nicht etwa von den Nachbarn erfahren, sondern sie selber hat es mir unter bittern Klagen über dich gesagt. Und obwohl sich diese Tändeleien überhaupt nicht für dich schicken, so sage ich dir noch das: wenn ich je eine über derlei Albernheiten erbost gefunden habe, so ist sie es; darum bitte ich dich um deiner Ehre und ihrer Ruhe willen, bleib weg und laß sie in Frieden.« Der Edelmann, der klüger war als der Mönch, brauchte nicht allzulange, um die Schlauheit der Dame zu begreifen, und sagte mit einigen Zeichen der Beschämung, er werde sich weiter nicht damit abgeben; und als er den Mönch verlassen hatte, ging er zu dem Hause der Dame, die stets, um ihn, wenn er vorübergehe, zu sehn, an einem Fensterchen verweilte. Und da sie ihn kommen sah, zeigte sie ihm ein so freudiges und holdseliges Gesicht, daß er leicht begreifen konnte, er habe die Worte des Mönches richtig begriffen; und von diesem Tage an machte er's sich zur Gewohnheit, unter irgendeinem Vorwande zu seiner Freude und zum wonnigen Troste der Dame durch ihre Straße zu gehn. Da es aber die Dame bald bemerkt hatte, daß sie ihm ebenso gefiel wie er ihr, so verlangte sie danach, ihn noch mehr zu entflammen und ihm keinen Zweifel über die Liebe, die sie zu ihm trug, zu lassen; darum nahm sie Zeit und Gelegenheit wahr, begab sich wieder zu dem frommen Mönche und hob, nachdem sie sich zu seinen Füßen gesetzt hatte, zu weinen an. Als das der Mönch sah, fragte er sie gütig, was sie Neues bringe, und sie antwortete: »Das Neue, Vater, was ich bringe, kommt von niemand sonst als von Euerm gottvermaledeiten Freunde, über den ich mich vor ein paar Tagen bei Euch beschwert habe; ich muß jetzt schon glauben, daß er zu nichts anderm geboren ist, als mich zu reizen und zu Dingen zu verleiten, um derentwillen ich nimmer froh sein könnte und es nimmer wagen würde, Euch unter die Augen zu treten.« – »Wie?« sagte der Mönch, »hat er denn nicht aufgehört, dir Verdruß zu machen?« – »Wahrhaftig, nein«, sagte die Dame, »sondern seitdem ich mich bei Euch über ihn beklagt habe, geht er wie zum Trotze, vielleicht weil er es übelgenommen hat, daß ich mich über ihn beklagt habe, für jedes Mal, das er früher vorübergegangen ist, wohl siebenmal vorüber. Und wollte nur Gott, daß er sich damit begnügt hätte, vorüberzugehn und mich anzustarren, aber seine Verwegenheit und Unverschämtheit ist so weit gegangen, daß er mir gestern ein Frauenzimmer mit seinem aberwitzigen Gefasel ins Haus geschickt hat, die mir von ihm aus eine Börse und einen Gürtel gebracht hat, als ob es mir an Börsen und Gürteln mangelte; darüber bin ich so aufgebracht gewesen und bin es noch, daß ich glaube, ich hätte ihm, wenn ich mich nicht der Sünde gefürchtet und mich Euch zuliebe zurückgehalten hätte, den Teufel an den Hals gehetzt. Aber ich habe mich beherrscht und habe nichts tun oder sagen wollen, ohne Euch vorher davon unterrichtet zu haben. Und die Börse und den Gürtel hatte ich dem Frauenzimmer, die damit gekommen war, schon wiedergegeben, damit sie sie ihm zurückstelle, und ich hatte sie schon mit barschen Worten verabschiedet, als mir die Furcht kam, sie könnte sie sich behalten und ihm sagen, ich hätte sie angenommen, wie es ja dieser Weiber meiner Meinung nach öfter tun, so daß ich sie zurückrief und sie ihr voll Wut aus der Hand nahm; und ich habe sie mitgebracht, damit Ihr sie ihm zurückstellet und ihm saget, daß ich nichts von ihm brauche, weil ich, dank dem Herrgott und meinem Manne, so viel Börsen und Gürtel habe, daß ich ihn darin ersticken könnte. Und dann verzeiht mir auch väterlich, daß ich, wenn er davon nicht absteht, alles meinem Manne und meinen Brüdern sagen werde, mag daraus entstehn, was da will; mir ist es viel lieber, daß er, wenn er's nicht anders haben will, Unannehmlichkeiten hat, als daß ich seinetwegen in einen schlechten Leumund käme.« Und nachdem sie das gesagt hatte, zog sie, allwege heftig weinend, eine schöne, kostbare Börse und einen hübschen, wertvollen Gürtel unter ihrem Mantel hervor und warf sie dem Mönche in den Schoß; und der Mönch, der alles, was die Dame sagte, durchaus glaubte und über die Maßen erbost war, nahm sie und sagte: »Mich wundert es nicht, meine Tochter, wenn du dich darüber ärgerst, und ich kann dich auch deshalb nicht tadeln; ich lobe es vielmehr höchlich, daß du meinen Rat suchst. Ich habe ihn vor ein paar Tagen ausgescholten, aber er hat mir schlecht gehalten, was er mir versprochen hat; darum gedenke ich ihm sowohl wegen des alten als auch wegen dessen, was er neuerdings getan hat, den Kopf dermaßen zu waschen, daß er dir keinen Verdruß mehr machen soll. Und du wolle dich mit Gottes Segen nicht so weit vom Zorne hinreißen lassen, daß du jemand von den Deinigen etwas davon sagst; denn daraus könnte ein zu großes Unheil entstehen. Sei auch nicht bange, daß dir daraus eine üble Nachrede erfolgen werde; denn ich werde stets, vor Gott sowohl wie vor den Menschen, ein unwandelbarer Zeuge deiner Ehrbarkeit sein.« Die Dame tat, als ob sie sich etwas beruhigte, ließ dieses Gespräch und sagte, weil sie seine und seiner Brüder Habsucht kannte: »In dieser Nacht, Herr, sind mir mehrere meiner Verwandten erschienen, und mir scheint es, daß sie in arger Pein sind und nichts sonst verlangen als Almosen, und sonderlich meine Mutter, die mir so bekümmert und elend aussieht, daß es zum Erbarmen ist. Ich glaube, daß sie eine arge Pein leidet, weil sie sieht, wie mich dieser Feind Gottes versucht, und darum möchte ich, daß Ihr für ihre Seele und die der andern die vierzig Messen von St. Gregor leset und Euere Gebete verrichtet, damit sie Gott aus diesem peinigenden Feuer nehme.« Und nach diesen Worten drückte sie ihm einen Gulden in die Hand. Der Bruder nahm ihn froh und bestärkte sie mit trefflichen Worten und vielen Exempeln in ihrer Frömmigkeit und entließ sie, nachdem er ihr seinen Segen gespendet hatte. Und als sie weggegangen war, schickte er, ohne zu ahnen, daß er gefoppt wurde, um seinen Freund; als der gekommen war und ihn so erbost sah, erriet er sofort, er werde Neuigkeiten von der Dame hören, und wartete, was ihm der Mönch sagen werde. Dieser wiederholte, was er ihm das andere Mal gesagt hatte, und schalt ihn mit bösen, harten Worten wegen dessen, was er nach der Erzählung der Dame getan haben sollte. Der Edelmann, der noch nicht sah, wo der Mönch hinauswollte, leugnete zwar, die Börse und den Gürtel geschickt zu haben, aber nur lau, um ihn nicht, wenn er sie von der Dame erhalten habe, mißtrauisch zu machen. Aber der Mönch, der arg in die Hitze kam, sagte: »Wie kannst du das leugnen, du schlechter Mensch? Da sind die

Sachen, sie hat sie mir selber weinend gebracht; kennst du sie nicht?« Der Edelmann tat, als schämte er sich sehr, und sagte: »Ja denn, ich kenne sie und gestehe, daß ich unrecht getan habe; und weil ich jetzt sehe, wie sie denkt, schwöre ich Euch, daß Ihr von diesen Dingen nie mehr ein Wort hören werdet.« Nun gab es noch ein langes Gerede, bis schließlich Bruder Dummkopf Börse und Gürtel seinem Freunde gab, nicht ohne ihm viele gute Ermahnungen erteilt und ihn eindringlich gebeten zu haben, er solle künftighin von diesen Dingen abstehn; und nachdem der ihm das versprochen hatte, entließ er ihn. Der Edelmann, der sowohl über das schöne Geschenk als auch weil er nunmehr die Gewißheit zu haben glaubte, daß ihn die Dame liebte, ganz selig war, hatte, als er den Mönch verließ, nichts eiliger zu tun, als die Dame sehn zu lassen, daß er beide Gegenstände habe; darüber war die Dame sehr vergnügt und noch mehr darüber, daß ihr Plan einen günstigen Erfolg versprach. Und während sie, um den Handel zu einem Ende zu bringen, auf nichts sonst wartete, als daß ihr Mann verreise, geschah es, daß der nicht lange darauf aus irgendeinem Anlasse nach Genua reisen mußte. Und kaum war er am Morgen zu Pferde gestiegen und weggeritten, so ging sie auch schon zu dem frommen Bruder und sagte nach einem langen Geschluchze unter Tränen: »Ich sage Euch, Vater, ich kann es nicht mehr aushalten; weil ich Euch aber neulich versprochen habe, nichts zu tun, ohne es Euch vorher zu sagen, bin ich gekommen, um mich bei Euch zu rechtfertigen, und damit Ihr einsehet, daß ich Ursache habe, zu weinen und mich zu beklagen, will ich Euch sagen, was mir Euer Freund, oder besser dieser leibhaftige Teufel, heute morgen vor der Mettezeit getan hat. Ich weiß nicht, durch welchen unseligen Zufall er es erfahren hat, daß mein Mann gestern morgen nach Genua gereist ist, aber heute früh ist er um die Stunde, die ich Euch gesagt habe, in meinen Garten gekommen, ist an einem Baume bis zum Fenster meiner Kammer, die auf den Garten hinausgeht, geklettert, und er hat das Fenster schon offen gehabt und in die Kammer steigen wollen, als ich aufgewacht bin und zu schreien begonnen habe, und ich hätte auch geschrien, wenn er nicht noch von draußen aus um Gottes- und Euretwillen um Gnade gebeten und seinen Namen genannt hätte; so habe ich denn Euch zuliebe geschwiegen und bin nackt, wie ich erschaffen bin, hingelaufen und habe ihm das Fenster vor der Nase zugeschlagen. Und ich glaube, er ist zum Teufel gegangen, weil ich ihn nicht mehr gehört habe. Nun seht selber, ob das anständig ist und ob man sich's gefallen lassen darf; ich wenigstens gedenke es nicht mehr zu leiden, habe ich mir doch Euch zuliebe schon mehr als zuviel von ihm gefallen lassen.« Als das der Mönch hörte, wurde er so zornig wie nie zuvor und wußte nichts sonst zu sagen, als daß er sie zu mehrern Malen fragte, ob sie genau erkannt habe, daß es kein anderer gewesen sei. Und die Dame antwortete ihm: »Na, gottlob, ich kenne ihn doch wohl so gut, um ihn nicht zu verwechseln. Ich sage Euch, er war es, und sollte er's leugnen, so glaubt ihm nicht.« Nun sagte der Mönch: »Da ist nichts andres zu sagen, meine Tochter, als daß es eine allzu große Verwegenheit und eine allzu große Schlechtigkeit ist, und du hast recht getan, daß du ihn weggejagt hast. Ich möchte dich aber bitten, daß du, weil dich Gott vor Schande bewahrt hat, meinem Rate, den du schon zweimal befolgt hast, auch diesmal noch folgest und es, statt dich an einen von deinen Verwandten zu wenden, mir überlassest, zu versuchen, ob ich diesen abgeketteten Teufel, den ich für einen Heiligen gehalten hätte, bändigen kann: gelingt es mir, ihn von seinem viehischen Vorsatze abzubringen, dann ist es gut; gelingt es mir nicht, so gebe ich dir jetzt schon samt meinem Segen die Erlaubnis, so zu tun, wie es dich gut dünkt.« – »Wohlan denn«, sagte die Dame, »für dieses Mal will ich Euch nicht erzürnen und Euch nicht ungehorsam sein; macht aber, daß er sich hütet, mir fürder Verdruß zu bereiten, weil ich nicht gesonnen bin, in dieser Angelegenheit noch einmal zu Euch zu kommen«; und ohne weiter etwas zu sagen, ging sie weg, dem Anscheine nach arg erzürnt. Sie war kaum zur Kirche hinaus, als der Edelmann daherkam; der Mönch rief ihn sofort an und nahm in beiseite und überschüttete ihn mit garstigen Vorwürfen, indem er ihn einen Schuft und einen Wortbrüchigen und einen Verräter hieß. Der Edelmann, der, weil er schon zweimal erfahren hatte, was die Grobheiten des Mönchs bedeuteten, sehr gespannt war, trachtete ihn durch ungereimte Antworten zum Sprechen zu bringen und begann: »Woher kommt Euch dieser Zorn, Herr, habe ich vielleicht Christum ans Kreuz geschlagen?« Und der Mönch antwortete: »So ein unverschämter Mensch! da höre nun einer, was er sagt! Spricht er nicht geradeso, als ob es ein oder zwei Jahre her wäre und als ob er wegen der Länge der Zeit sein nichtswürdiges Bubenstück vergessen hätte? Ist es vielleicht in den paar Stunden deinem Gedächtnis entfallen, was du um die Mettenzeit angestellt hast? Wo warst du denn heute früh kurz vor Tagesanbruch?« Der Edelmann antwortete: »Was weiß ich, wo ich gewesen bin; aber der Bote ist gar rasch zu Euch gekommen.« – »Freilich«, sagte der Mönch, »der Bote ist schon zu mir gekommen; weil der Mann nicht da ist, hast du wohl geglaubt, die Dame werde dir augenblicklich um den Hals fallen. Sieht er nicht aus, als ob er kein Wässerlein trüben könnte, der tugendsame Herr, der ein Nachtwandler und ein Garteneinbrecher und ein Baumkletterer geworden ist! Glaubst du mit deiner Frechheit die Sittsamkeit dieser Dame zu Falle zu bringen, daß du in der Nacht auf den Bäumen zu ihren Fenstern hinaufsteigst? Es ist nichts auf der Welt, was ihr widerwärtiger wäre als du, und du gibst es nicht auf, es immer wieder zu versuchen. Reden wir nicht davon, daß sie dir's bei jeder Gelegenheit gezeigt hat, aber wahrhaftig, meine Ermahnungen hast du dir besonders gut zu Herzen genommen. Aber laß dir's gesagt sein: bis jetzt hat sie, nicht vielleicht aus Liebe zu dir, sondern auf meine Bitten hin, zu allem geschwiegen, was du getan hast; künftighin jedoch wird sie nicht mehr schweigen, und ich habe ihr die Erlaubnis erteilt, nach ihrem Gutdünken zu tun, wenn du noch einmal irgendwie ihr Mißfallen erregst. Was wirst du denn tun, wenn sie's ihren Brüdern sagt?« Da der Edelmann nunmehr alles, was er brauchte, erfahren hatte, beruhigte er den Mönch, so gut er nur wußte und konnte, mit vielen weitläufigen Versprechungen und ging weg; kaum war es aber in der nächsten Nacht Mettenzeit, so trat er in ihren Garten und kletterte auf den Baum und schwang sich durch das offene Fenster in das Gemach und warf sich in die Arme seiner Schönen. Und sie, die ihn mit heißer Sehnsucht erwartet hatte, empfing ihn freudig mit den Worten: »Großen Dank dem Herrn Mönch, daß er dir den Weg zu mir so gut gezeigt hat.« Und indem sie sich eins am andern entzückten, getrösteten sie sich miteinander zu ihrer größten Lust unter häufigen Späßen über die Einfalt des Bruders Dummkopf und mit Hohn und Spott für Rocken und Kämme und Wollkratzen. Dann verabredeten sie sich und trafen solche Maßnahmen, daß sie sich, ohne erst wieder zu dem Herrn Bruder gehn zu müssen, noch viele Nächte zu gleichen Wonnen zusammenfinden konnten, wie sie Gott in seiner heiligen Barmherzigkeit mir und allen christlichen Seelen, die danach verlangen, bald bescheren möge.

Vierte Geschichte

Don Felice lehrt Bruder Puccio eine Buße, die ihm die Seligkeit gewinnen soll; Bruder Puccio unterzieht sich dieser Buße, und unterdessen läßt es sich Don Felice mit seiner Frau gut geschehn.

Als Filomena ihre Geschichte beendet hatte und schwieg, pries Dioneo mit schönen Worten die Klugheit der Dame und auch das Gebet, das Filomena am Schlusse gesprochen hatte; dann blickte die Königin lächelnd Panfilo an und sagte: Nun, Panfilo, fahre zu unserer Lust mit einem hübschen Spaße fort. Panfilo antwortete unverzüglich, das tue er gern, und begann: Es gibt viele Leute, Madonna, die, während sie selber ins Paradies zu kommen trachten, andere hineinbringen, ohne daß sie es gewahr würden; so ist es auch, wie Ihr hören werdet, vor gar nicht langer Zeit einer Landsmännin von uns ergangen.

Wie ich mir habe sagen lassen, war in der Nähe von San Brancazio ein guter, reicher Mann, Puccio di Rinieri mit Namen, der seinen Sinn im Laufe der Zeit ganz auf die geistlichen Dinge gestellt hatte, so daß er schließlich in den dritten Orden des heiligen Franziskus eintrat; und indem er, der nun Bruder Puccio genannt wurde, diesem geistlichen Lebenswandel nachhing, besuchte er, weil sein Hauswesen nur aus seiner Frau und einer Magd bestand, so daß er kein Handwerk zu betreiben brauchte, fleißig die Kirche. Und weil er ein Dummkopf und grobschrötiger Mensch war, sagte er seine Vaterunser her, ging in die Predigten und hörte Messen und fehlte nie, wann die Laienbrüder Loblieder sangen, und fastete und geißelte sich, und man erzählte sich, daß er Geißelbruder sei. Seine Gattin, Monna Isabetta mit Namen, eine noch junge Frau von achtundzwanzig bis dreißig Jahren, die frisch und hübsch und rundlich, wie sie war, einem Franzapfel glich, war wegen der Frömmigkeit ihres Mannes und vielleicht auch wegen seines Alters gar oft länger auf schmale Kost gesetzt, als sie gewünscht hätte; und wenn sie schlafen oder etwa mit ihm Kurzweil treiben wollte, erzählte er ihr Christi Leben oder die Predigten des Bruders Anastasius oder Magdalenas Klage oder sonst derlei Dinge. In dieser Zeit kam von Paris ein Mönch heim, Don Felice genannt, ein Klostergeistlicher von San Brancazio, der schön von Leibe und gar jung war und einen scharfen Geist und ein tiefes Wissen hatte, und dem schloß sich Bruder Puccio eng an. Und weil ihm der Geistliche jeden Zweifel trefflich löste und sich überdies, als er innegeworden war, mit wem er's zu tun hatte, als sonderlich frommer Mann zeigte, begann ihn Bruder Puccio dann und wann in sein Haus mitzunehmen und ihn, wie es sich traf, zum Mittagmahle oder zum Abendessen einzuladen; und ihrem Manne zuliebe hatte ihm bald auch die Frau ihr Vertrauen geschenkt und ließ es nicht an Aufmerksamkeiten für ihn fehlen. Da also der Mönch seinen Verkehr in Bruder Puccios Hause fortsetzte und die Frau so frisch und rundlich sah, erriet er wohl, woran es ihr vor allem mangelte, und um Bruder Puccio die Mühe abzunehmen, beschloß er ihr darin, wenn es möglich sein werde, auszuhelfen. Und indem er ihr zuweilen listig einen Blick zuschoß, brachte er's dahin, daß er in ihrem Herzen dasselbe Verlangen entzündete, das in seinem brannte; und als er das gemerkt hatte, nahm er die Gelegenheit wahr und sagte ihr seine Wünsche. Obgleich er sie wohlgeneigt fand, ihn gewähren zu lassen, war es doch unmöglich, ein Mittel dazu zu finden, weil sie sich sonst nirgends auf der Welt mit ihm zusammenzusein getrauen wollte, als in ihrem Hause; und in ihrem Hause war es unmöglich, weil Bruder Puccio niemals verreiste; darüber war denn der Mönch sehr bekümmert. Nach vielem Sinnen verfiel er aber doch auf ein Mittel, mit der Frau in ihrem Hause ohne jeglichen Verdacht, sogar bei Anwesenheit Bruder Puccios, zusammensein zu können. Und als ihn Bruder Puccio eines Tages besuchen gekommen war, sprach er also zu ihm: »Ich habe schon oft bemerkt, Bruder Puccio, daß dein ganzes Trachten dahin geht, die ewige Seligkeit zu erlangen; mich dünkt aber, daß du da einen langen Weg gehst, wo es doch einen sehr kurzen gäbe. Freilich wollen es der Papst und die Kirchenfürsten, die ihn kennen und einschlagen, nicht, daß er den Leuten gezeigt werde; denn die Klerisei, die ja zum größten Teile von Almosen lebt, wäre auf der Stelle zugrunde gerichtet, weil ihr die Laien fortan weder Almosen noch sonst etwas zuwenden würden. Da du aber mein Freund bist und mir viel Ehre erzeigt hast, würde ich ihn dir weisen, wenn ich nur glauben könnte, daß du ihn keinem Menschen auf der Welt entdecktest und ihm folgen wolltest.« Voller Begierde begann Bruder Puccio damit, daß er den Mönch inständigst bat, ihm ihn zu zeigen, schwor ihm dann, daß er davon, außer mit seiner Einwilligung, niemals jemand etwas sagen werde, und schloß mit der Beteuerung, er werde ihn sicherlich einschlagen, wenn er nur so sei, daß er ihm folgen könne. »Weil du mir also das versprichst«, sagte der Mönch, »so will ich ihn dir mitteilen. Du mußt wissen, daß nach den heiligen Kirchenvätern jeder, der selig werden will, die folgende Buße tun muß; aber versteh mich nur recht: ich sage nicht, daß du nach der Buße nicht ein ebensolcher Sünder wärest, wie du jetzt bist, wohl aber wird es geschehn, daß die Sünden, die du bis zur Stunde der Buße begangen hast, alle bereinigt und dir der Buße halber vergeben sein werden; die hingegen, die du nachher begehn wirst, werden dir nicht zu deiner Verdammnis angerechnet, sondern mit dem Weihwasser abgewaschen werden, so wie es jetzt bei den läßlichen zutrifft. Vor allem soll also der Mensch, wenn er die Buße beginnt, seine Sünden gewissenhaft beichten; dann muß er fasten und strenge Enthaltsamkeit zu üben beginnen und das vierzig Tage lang fortsetzen, und in dieser Zeit darfst du, von andern Frauen gar nicht zu reden, aber auch deine eigene nicht anrühren. Weiter mußt du in deinem eigenen Hause einen Ort haben, wo du des Nachts den Himmel sehn kannst, und dorthin mußt du gegen Sonnenuntergang gehn, und dort muß ein breites Brett sein, das so aufgestellt ist, daß du dich, wenn du davorstehst, mit dem Rükken anlehnen und die Arme, die du, wenn du willst, durch Pflöckchen unterstützen magst, wie ein Gekreuzigter ausstrecken kannst, während die Füße auf dem Boden bleiben; und in dieser Weise mußt du, die Augen gen Himmel gerichtet, bis zur Mettenzeit stehn bleiben, ohne dich zu regen. Und wärest du ein gelehrter Mann, so müßtest du dabei gewisse Gebete sprechen, die ich dir geben würde; weil du es aber nicht bist, so wird es deine Aufgabe sein, dreihundert Vaterunser und dreihundert Ave-Maria zu Ehren der Dreifaltigkeit zu sprechen und, den Himmel unverwandt betrachtend, stets deine Gedanken darauf zu richten, daß der Herrgott der Schöpfer des Himmels und der Erde gewesen ist, und dich zu erinnern, was Christus in derselben Stellung wie du am Kreuze gelitten hat. Wann es dann zur Mette läutet, kannst du, wenn du willst, gehn und dich, ohne dich zu entkleiden, auf dein Bett werfen und schlafen, und am Morgen sollst du in die Kirche gehn und mindestens drei Messen hören und fünfzig Vaterunser und ebensoviele Ave-Maria beten; hierauf kannst du lautern Sinnes deine Geschäfte verrichten, wenn du welche zu verrichten hast, und dann zu Mittag essen. Zur Vesper mußt du aber wieder in der Kirche sein und gewisse Gebete sprechen, die ich dir in einer Abschrift geben werde und ohne die alles unnütz wäre; und nach Sonnenuntergang fängst du wieder von vorne an. Und tust du das, so wie ich es getan habe, so hoffe ich, daß du, noch bevor du ans Ende der Buße gekommen bist, von der ewigen Seligkeit wundersame Dinge verspüren sollst, wenn du nämlich alles mit andächtigem Herzen getan hast.« Nun sagte Bruder Puccio: »Das ist nicht allzu schwer, dauert nicht allzu lang und läßt sich ganz leicht machen; darum will ich in Gottes Namen am Sonntag damit anfangen«; und er verließ den Mönch und ging nach Hause und erzählte seiner Frau alles der Reihe nach, was ihm selbstverständlich erlaubt worden war. Die Frau verstand sehr wohl, was der Mönch mit dem regungslosen Stillstehn bis zur Mette sagen wollte; und weil ihr dieses Mittel gar gut zu sein schien, sagte sie, sie sei mit diesen und allen andern guten Werken, die er für sein Seelenheil verrichte, einverstanden und wolle, wenn sie schon sonst nichts tue, wenigstens mit ihm fasten, auf daß ihm Gott in seiner Buße gnädig sei. Da sie also völlig einig waren, begann Bruder Puccio, als der Sonntag gekommen war, seine Buße, und der hochwürdige Herr, der sich mit der Frau verabredet hatte, kam sie an den meisten Abenden zu einer Stunde, wo er nicht gesehn werden konnte, besuchen, aß und trank mit ihr von den guten Sachen, die er mitgebracht hatte, und legte sich mit ihr nieder; um die Mettenzeit stand er auf und machte sich davon, und Bruder Puccio ging zu Bette. Nun war der Ort, den Bruder Puccio für seine Buße gewählt hatte, neben der Kammer, wo seine Frau lag, und nichts war dazwischen als eine ganz dünne Mauer; als daher einmal der Mönch mit der Frau und sie mit ihm allzu eifrig schäkerte, war es Bruder Puccio, als ob die Dielen zitterten, so daß er, der eben das erste Hundert seiner Vaterunser hergesagt hatte, innehielt und, ohne sich zu rühren, die Frau anrief und fragte, was sie mache. Die Frau, die gar schalkhaft war und vielleicht just das Tier von St. Benedikt oder eigentlich von St. Giovanni Gualberti, der die grauen Mönche gestiftet hat, ritt, antwortete: »Meiner Treu, Mann, ich werfe mich herum, was ich nur kann.« Darauf sagte Bruder Puccio: »Wieso wirfst du dich herum?

Was soll denn dies Herumwerfen heißen?« Heiter lachend antwortete sie, die eine wackere Frau war und etwa einen Grund zu lachen hatte: »Wie, Ihr wißt nicht, was das heißen soll? Habe ich Euch doch tausendmal sagen hören: Wer abends hungrig schlafen geht, findet keine Ruh im Bett.« Bruder Puccio glaubte, das Fasten sei schuld daran, daß sie nicht schlafen könne und sich darum im Bette herumwerfe, und so sagte er treuherzig: »Ich habe dir ja gesagt, Frau, du sollst nicht fasten; weil du es aber nun einmal hast tun wollen, so denke nicht daran und sieh zu, daß du einschläfst; du gibst ja dem Bette einen Ruck nach dem andern, daß das ganze Haus zittert.« Nun sagte die Frau: »Kümmert Euch nicht darum; ich weiß recht gut, was ich tue; tut nur Ihr das Eurige, ich werde schon das meinige tun, so gut ich kann.« Bruder Puccio war ruhig und machte sich wieder an seine Vaterunser; und die Frau und der hochwürdige Herr ließen sich von dieser Nacht an in einem andern Teile des Hauses ein Bett machen, und dort unterhielten sie sich trefflich, solange Bruder Puccios Buße dauerte, und der Mönch entfernte sich immer erst, wenn die Frau in ihr altes Bett ging, wo sich bald darauf Bruder Puccio nach vollbrachter Buße einfand. Indem sie in dieser Weise alle drei fortfuhren, Bruder Puccio in seiner Buße und die andern zwei in ihrer Lust, sagte die Frau zu often Malen scherzend zum Mönche: »Du läßt Bruder Puccio Buße tun, und wir sinds, denen das Paradies zuteil geworden ist.« Und weil sie sich dabei gar wohl befand, gewöhnte sie sich so an die Kost, die ihr der Mönch reichte, daß sie, die von ihrem Manne lange schmal gehalten worden war, auch als dessen Buße zu Ende war, Mittel und Wege fand, sich mit ihm anderswo zu sättigen; und da sie vorsichtig zu Werke ging, war ihr Vergnügen von langer Dauer. So ist es denn, damit sich nicht die Schlußworte von denen des Eingangs unterscheiden, dazu gekommen, daß Bruder Puccio, der mit seiner Buße ins Paradies zu kommen gedachte, sowohl den

Mönch, der ihm den nächsten Weg dorthin gezeigt hatte, als auch seine Frau hinein brachte, die er gar sehr an dem darben ließ, womit sie der hochwürdige Herr als barmherziger Mann reichlich versorgte.

Fünfte Geschichte

Zima schenkt Messer Francesco Vergellesi ein Roß und erhält dafür die Erlaubnis, mit Messer Francescos Gattin sprechen zu dürfen; als sie schweigt, antwortet er sich selber in ihrem Namen, und der Ausgang entspricht seiner Antwort.

Panfilo hatte nicht ohne Gelächter der Damen die Geschichte von Bruder Puccio zu Ende gebracht, als die Königin mit dem Anstande einer Dame Elisa fortzufahren gebot. Und die begann in ihrer etwas spöttischen Weise, die übrigens nicht von einem bösartigen Gemüt, sondern von einer alten Gewohnheit herrührte, also zu sprechen: Viele, die viel verstehn, glauben, daß andere gar nichts verständen, und so werden sie zu often Malen, während sie andere zu foppen glauben, am Ende gewahr, daß sie selber gefoppt worden sind; darum halte ich es für eine große Torheit, wenn sich einer ohne Not unterfängt, die Geisteskräfte eines andern zu versuchen. Weil aber nicht jedermann meiner Meinung sein dürfte, will ich euch, ohne mich von dem bestimmten Vorwurfe zu entfernen, erzählen, was einem pistojesischen Ritter begegnet ist.

In Pistoja war im Geschlechte der Vergellesi ein Ritter, Messer Francesco mit Namen, ein überaus reicher, kluger und verschlagener, aber außerordentlich habsüchtiger Mann. Als sich der Stadtvogt nach Mailand begeben sollte, hatte er sich mit allem versehn, was er, um wohlanständig zu reisen, brauchte, und es fehlte ihm nur noch ein Roß, das für ihn schön genug gewesen wäre; da er nun keines fand, das ihm gefallen hätte, wußte er sich nicht recht Rat. Da-

mals war in Pistoja ein junger Mann, Ricciardo genannt, der von geringer Abkunft, aber sehr reich war und sich so schmuck und sorgfältig kleidete, daß er allgemein nur Zima oder zu deutsch Stutzer hieß; der hatte die Gemahlin Messer Francescos, die wunderschön und gar tugendhaft war, lange Zeit vergeblich geliebt und umworben. Nun hatte er eines der schönsten Rosse von Toskana, und das war ihm seiner Schönheit halber sehr wert; und da es allgemein bekannt war, daß er um die Gattin Messer Francescos buhlte, sagte dem einer, wenn er das Roß von ihm verlange, so werde er es um der Liebe willen, die Zima zu seiner Gemahlin trage, erhalten. Von Habsucht verleitet, ließ Messer Francesco Zima rufen und verlangte, er solle ihm sein Roß verkaufen; so tat er aber nur, damit es ihm Zima zum Geschenk anbiete. Zima war das, was er hörte, sehr lieb, und er antwortete dem Ritter: »Wenn Ihr mir alles gäbet, was Ihr auf der Welt besitzt, so wäre mir mein Roß für Euch nicht feil; wohl aber könnt Ihr es, wenn Euch das beliebt, als Geschenk haben unter der einen Bedingung, daß ich, bevor Ihr es nehmt, mit Eurer Gunst und in Eurer Gegenwart einige Worte mit Eurer Gemahlin sprechen darf, jedoch so weit von jedermann entfernt, daß mich niemand hört als sie.« Von Habsucht verleitet und in der Hoffnung, ihn zum besten zu halten, antwortete der Ritter, das sei ihm recht, und er könne mit ihr so viel sprechen wie ihm beliebe; und er ließ ihn im Saale seines Palastes, ging ins Gemach seiner Gemahlin, sagte ihr, wie leicht er das Roß gewinnen könne, und befahl ihr, zu kommen und Zima anzuhören, sich aber wohl in acht zu nehmen, daß sie ihm auf irgend etwas, was er sage, antworte, weder viel noch wenig. Die Dame mißbilligte den Handel sehr, sagte jedoch, da sie sich dem Belieben des Gatten fügen mußte, sie werde es tun; und sie folgte ihm in den Saal, um zu hören, was Zima sagen wolle. Nachdem der die Verabredung mit dem Ritter noch einmal festgemacht hatte, setzte er sich mit der Dame in einer Ecke des Saales, genügend entfernt von jedermann, nieder und begann also zu reden: »Mir scheint es eine ausgemachte Sache, meine treffliche Dame, daß Ihr so klug seid, daß Ihr schon seit langem habt bemerken können, wie sehr mich schon Euere Schönheit, die ohne Fehl die jeder andern Dame, die ich bis jetzt gesehn habe, überstrahlt, zur Liebe für Euch entflammt hat, ganz zu geschweigen von den preislichen Sitten und den einzigen Tugenden, die in Euch sind und die die Kraft hätten, das Herz jedweden hochgemuten Mannes einzunehmen; darum brauche ich Euch nicht erst mit Worten darzulegen, daß meine Liebe die größte und heißeste ist, die je ein Mann zu einer Dame getragen hat, und so wird sie unfehlbar bleiben, solange mein elendes Leben diese Glieder aufrechterhalten wird, und noch länger, weil ich Euch, wenn man dort so liebt wie hier, in alle Ewigkeit lieben werde. Und so könnt Ihr überzeugt sein, daß Ihr nichts habt, sei es Euch teuer oder gering, was Ihr so sehr Euer nennen und womit Ihr allewege so schalten könntet, wie es bei mir, ob ich etwas wert bin oder nicht, zutrifft und ebenso bei allem, was mir gehört. Und damit Ihr darüber einen völlig klaren Beweis habet, sage ich Euch, daß ich es als die größte Gunst erachten würde, wenn Ihr mir etwas, was Euch lieb und mir möglich wäre, beföhlet, als ob die ganze Welt meinen Befehlen untertan wäre. Bin ich deshalb so Euer eigen, wie Ihr hört, daß ich es bin, so werde ich es wohl wagen dürfen, meine Bitten Euch, meine hohe Herrin, vorzutragen, von der allein mir all meine Ruhe, all mein Glück und all mein Heil kommen kann. So bitte ich Euch denn, o mein teueres Kleinod, o einzige Zuversicht meiner Euch so innig ergebenen Seele, die sich im Liebesfeuer nur durch die Hoffnung auf Euch erhält, mir so viel Güte zu schenken und die Härte, die Ihr gegen mich, der ich der Eurige bin, stets bewiesen habt, so weit zu mildern, daß ich, durch Euer Mitleid erquickt, sagen kann, Euere Schönheit habe mir, so wie sie mich zur Liebe entflammt habe, auch das Leben wiedergegeben, das, wenn sich Euer stolzer Sinn nicht meiner Bitte neigt, ohne Fehl dahinschwinden wird, so daß ich sterben werde und man Euch wird meine Mörderin nennen können. Und abgesehen davon, daß Euch mein Tod nicht zur Ehre gereichen könnte, glaube ich auch, daß Ihr dann und wann Gewissensbisse fühlen würdet; es würde Euch leid tun, so gehandelt zu haben, und Ihr würdet wohl manchmal, besser beraten, sagen: ach, wie schlecht habe ich getan, daß ich mit meinem Zima keine Barmherzigkeit gehabt habe. Und weil diese Reue fruchtlos wäre, so müßte sie zum Anlasse größern Kummers werden. Damit nun das nicht eintrete, so verschmäht nicht, mir zu helfen, solange Ihr könnt, und erbarmt Euch meiner, bevor ich sterbe; denn bei Euch allein steht es, mich zum seligsten oder zum unglücklichsten Menschen, der da lebt, zu machen. Ich hoffe, Euere Huld wird groß genug sein, um nicht zu leiden, daß mein Lohn für eine solche und so große Liebe der Tod sei, sondern um mit einer freundlichen und gnädigen Antwort meine Lebensgeister zu erquicken, die voll Bangen in Euerm Anblicke zittern.« Damit schwieg Zima, und nach einigen tiefen Seufzern rollten ihm Tränen aus den Augen, und er begann zu warten, was ihm die Dame antworten werde. Die Dame, die sein langes Werben, seine Waffenspiele und seine Morgenständchen ebensowenig wie all die andern Dinge, die er ihr zuliebe angestellt hatte, zu rühren vermocht hatten, wurde durch die innigen Worte des feurigen Liebhabers gerührt und begann etwas zu fühlen, was sie noch nie gefühlt hatte, nämlich, was die Liebe sei. Und obwohl sie, um dem Befehle des Gatten nachzukommen, schwieg, konnten doch ihre leisen Seufzer nicht verhehlen, was sie Zima gern durch eine Antwort kundgetan hätte. Der verwunderte sich, als er nach einigem Warten sah, daß keine Antwort erfolgte; bald jedoch begann er die List zu merken, deren sich der Ritter bedient hatte. Da er ihr aber ins Gesicht schaute und sah, wie sich ihre funkelnden Blicke zuweilen auf ihn richteten, und da er überdies die Seufzer vernahm, die sie mit unterdrückter Kraft aus der Brust entließ, schöpfte er ein wenig Hoffnung und faßte, also gefördert, einen neuen Plan und begann sich im Namen der Dame, die alles hörte, selber folgendermaßen zu antworten: »Ohne Zweifel bin ich es, mein liebster Zima, schon vor langer Zeit innegeworden, daß deine Liebe zu mir groß und echt ist, und nun erkenne ich es aus deinen Worten noch besser und bin so froh darüber, wie ich es sein muß. Wenn du mich übrigens hart und grausam gefunden hast, so will ich nicht, daß du glaubest, ich sei im Herzen ebenso gewesen, wie ich mich im Gesichte gezeigt habe; ich habe dich vielmehr stets geliebt und wert gehalten wie sonst keinen, habe mich aber sowohl aus Furcht vor einem andern als auch um meine Ehre zu bewahren, so benehmen müssen. Jetzt aber kommt die Zeit, wo ich imstande sein werde, dir klärlich zu zeigen, ob ich dich liebe und dich für die Liebe, die du zu mir getragen hast und trägst, zu belohnen, und darum sei getrost und guter Hoffnung; denn Messer Francesco wird, wie du weißt, binnen wenigen Tagen als Stadtvogt nach Mailand reisen, wozu du ihm ja aus Liebe zu mir das schöne Roß geschenkt hast, und wann er fort sein wird, so verspreche ich dir sonder Fehl auf mein Wort und bei der Liebe, die ich zu dir trage, daß du ein paar Tage darauf bei mir sein wirst und daß wir unsere Liebe in froher und völliger Befriedigung stillen werden. Und damit ich dir darüber nicht noch eine Botschaft zu schicken brauche, so sage ich dir gleich jetzt: mach, daß du an dem Tage, wo du am Fenster meiner Kammer, die auf den Garten hinausgeht, zwei ausgebreitete Handtücher sehn wirst, am Abende, wenn es dunkel ist, wohl auf der Hut, daß dich niemand sieht, durch die Gartentür zu mir kommst; du wirst sehn, daß ich dich erwarte, und wir werden die ganze Nacht lang eins am andern unsere helle Freude haben, wie wir es ersehnen.« Als Zima im Namen der Dame so gesprochen hatte, begann er wieder für sich zu sprechen und antwortete also: »Meine heißgeliebte Dame, die übermäßige Freude über Euere gütige Antwort hat mich so überwältigt, daß ich kaum die Antwort herausbringen kann, um Euch meinen schuldigen Dank abzustatten; könnte ich aber auch so sprechen, wie ich es begehrte, so fände ich doch weder Zeit noch Ziel, um Euch so zu danken, wie ich wollte und wie es mir geziemte: und so bleibe es Euerm verständigen Ermessen überlassen, das zu erkennen, was ich trotz meinem Verlangen mit Worten nicht ausdrücken kann. Und ich sage Euch nur das eine, daß ich ohne Fehl trachten werde, das zu tun, was Ihr mir aufgetragen habt; und wenn ich dann vielleicht durch ein so großes Geschenk, wie Ihr mir gewährt habt, mehr Mut gewonnen habe, werde ich mich nach Kräften bemühn, Euch den größten Dank abzustatten, den ich nur vermag. Nun habe ich Euch für jetzt nichts mehr zu sagen; und darum, meine geliebte Dame, schenke Euch Gott das Beste, was Ihr an Freude und Glück ersehnt, und seid Gott befohlen.« Bei alledem sagte die Dame nicht ein einziges Wort; so stand denn Zima auf und ging auf den Ritter zu. Und als der sah, daß er aufgestanden war, schritt er ihm entgegen und sagte lachend: »Nun, was meinst du, habe ich dir mein Versprechen gehalten?« – »Nein, Messer«, antwortete Zima, »denn Ihr habt mir versprochen, mich mit Eurer Gemahlin sprechen zu lassen, und habt mich mit einem Marmorbilde sprechen lassen.« Diese Rede gefiel dem Ritter ungemein, und hatte er schon vorher eine gute Meinung von seiner Gemahlin gehabt, so faßte er nun noch eine bessere, und er sagte: »Jetzt ist aber doch das Roß mein, das dir gehört hat.« Und Zima antwortete ihm: »Ja, Messer; hätte ich aber geglaubt, daß ich aus der Gunst, die Ihr mir gewährt habt, einen solchen Nutzen ziehen würde, wie ich ihn gezogen habe, so hätte ich es Euch, ohne Euch erst um etwas zu bitten, zum Geschenke gemacht. Und wollte nur Gott, ich hätte es getan; denn jetzt habt Ihr das Roß gekauft, und ich habe es nicht verkauft.« Darüber lachte der Ritter; und weil er nun mit einem Rosse versehn war, so machte er sich in ein paar Tagen auf den Weg und reiste nach Mailand, um sein Amt anzutreten. Die Dame, die ohne Aufsicht zu Hause geblieben war, dachte oft und oft an die Worte Zimas und an die Liebe, die er zu ihr trug, und an das Roß, das er aus Liebe zu ihr verschenkt hatte; und da sie ihn gar häufig bei ihrem Hause vorbeigehn sah, sagte sie zu sich selber: ›Was tu ich? Warum verliere ich meine Jugend? Er ist nach Mailand gereist und kommt die nächsten sechs Monate nicht heim; und wann wird er mir die wieder erstatten? Wann ich alt sein werde? Und überdies, wann werde ich je wieder einen solchen Geliebten finden wie Zima? Ich bin allein und brauche mich vor niemand zu fürchten: ich wüßte nicht, warum ich mir's nicht gut geschehn lassen sollte, wann ich es kann; die Freiheit, die ich jetzt habe, werde ich nicht immer haben. Erfahren wird es niemand; und wird es wirklich bekannt, so ist es doch besser zu genießen und zu bereuen, als zu bereuen, daß man nicht genossen hat.‹ Und als sie so mit sich selber zu Rate gegangen war, hängte sie eines Tages, wie Zima gesagt hatte, zwei Handtücher ans Kammerfenster; Zima sah sie mit Freuden und ging, als es

Nacht geworden war, heimlich und allein zu der Tür ihres Gartens, und da er die offen fand, zu der Tür, die ins Haus führte, und dort fand er die Dame auf ihn warten. Als sie ihn kommen sah, ging sie ihm entgegen und empfing ihn mit jubelnder Lust; und unter hunderttausend Umarmungen und Küssen folgte er ihr die Stiege hinauf, und sie legten sich unverzüglich nieder und gelangten ans letzte Ziel der Liebe. Und das war nicht, wie es das erstemal gewesen war, auch das letzte; denn zu beider größter Wonne kam Zima, solange der Ritter abwesend war, und auch nach seiner Heimkunft zu often Malen wieder.

Sechste Geschichte

Ricciardo Minutolo liebt die Gattin Filippello Fighinolfis. Da er erfährt, daß sie auf ihren Mann eifersüchtig ist, macht er ihr weis, daß sich Filippello am nächsten Tage mit seiner Frau in einem Bade treffen werde, so daß sie hingeht; während sie nun glaubt, mit ihrem Manne beisammen gewesen zu sein, findet sie, daß sie bei Ricciardo gewesen ist.

Elisa hatte nichts mehr zu sagen, und die Königin befahl, nachdem sie Zimas Schlauheit gelobt hatte, daß Fiammetta mit einer Geschichte fortfahre; und die antwortete lachenden Mundes: Gern, Madonna, und begann also: Es ist ganz gut, wenn wir unsere Stadt, die, wie an allen andern Stücken, so auch an Geschichten zu allerlei Nutzanwendung reich ist, auf eine Weile verlassen und, wie Elisa getan hat, etwas von den Dingen, die sich sonst in der Welt zugetragen haben, erzählen; und darum will ich mich nach Neapel wenden und euch erzählen, wie eine von diesen Scheinheiligen, die sich so spröde gegen die Liebe zeigen, durch die List ihres Liebhabers dazu gebracht worden ist, früher die Früchte der Liebe zu kosten, bevor sie ihre Blüten gekannt hat: und diese Geschichte soll euch zugleich zur Witzigung vor Dingen, die sich ereignen können, und zur Unterhaltung über die, die sich ereignet haben, dienen.

In Neapel, der uralten Stadt, die vielleicht so annehmlich oder noch annehmlicher ist als irgendeine in Italien, war einmal ein junger Mann, ausgezeichnet durch den Adel des Blutes und glänzend durch großen Reichtum, Ricciardo Minutolo mit Namen. Obwohl er eine wunderschöne und liebreizende junge Frau zur Gattin hatte, verliebte er sich doch in eine andere, die nach der allgemeinen Ansicht alle neapolitanischen Damen an Schönheit weit übertraf und Catella hieß; sie war die Gattin eines jungen, gleicherweise adeligen Mannes, Filippello Fighinolfi genannt, den sie als ehrbare Frau über alles liebte und wert hielt. Da nun Ricciardo Minutolo diese Catella liebte und alles tat, was die Gunst und Liebe einer Dame gewinnen kann, trotzdem aber nicht imstande war, irgendwie ans Ziel seiner Wünsche zu kommen, verzweifelte er fast; und weil er es entweder nicht verstand oder nicht vermochte, sich von dieser Liebe loszumachen, so wußte er weder zu sterben noch Freude am Leben zu finden. So also war es noch immer um ihn bestellt, als es eines Tages geschah, daß ihm einige Damen seiner Verwandtschaft eindringlich zuredeten, er solle doch dieser Liebe entsagen, weil seine Bemühungen eitel bleiben müßten; denn Catella kenne kein andres Glück als ihren Filippello, auf den sie so eifersüchtig sei, daß sie von jedem Vöglein, das in der Luft fliege, argwöhne, es könnte ihr ihn wegnehmen. Kaum hörte Ricciardo von der Eifersucht Catellas, so faßte er auch schon einen Plan, der ihm zum Ziele seiner Wünsche verhelfen sollte: er begann sich nämlich zu stellen, als hätte er an der Liebe zu Catella verzweifelt und diese Liebe einer andern Dame zugewandt; und der zuliebe begann er Waffenspiele und Lanzenbrechen zu halten und auch sonst all das zu tun, was er um Catella zu tun gewohnt gewesen war. Und das tat er noch gar nicht lange, so war ganz Neapel und auch Catella der Meinung, er liebe nicht mehr Catella, sondern die andere Dame über alle Maßen; und er fuhr darin so lange fort, bis das allgemein so als eine ausgemachte Sache galt, daß, von andern nicht zu reden, auch Catella ihre Scheu, mit der sie ihm seiner Liebe halber begegnet hatte, ablegte und ihn, wann sie ging oder kam, in nachbarlicher Freundschaft so wie alle andern Leute grüßte. Nun geschah es in der heißen Jahreszeit, daß Ricciardo erfuhr, unter den vielen Gesellschaften von Damen und Rittern, die nach neapolitanischem Brauche an den Meeresstrand gegangen waren, um sich dort zu erlustigen und das Mittagsmahl und das Abendessen einzunehmen, sei auch Catellas Gesellschaft und sie selber, und deshalb ging er mit seinen Freunden hin; und nachdem er sich erst eine Weile hatte bitten lassen, als ob ihm nicht viel daran gelegen wäre, dazubleiben, schloß er sich den Damen Catellas an. Alsbald begannen ihn die, Catella so wie die andern, seiner neuen Liebe wegen zu necken, und er tat so, als ob er lichterloh entflammt wäre, so daß es um so weniger an Stoff zur Unterhaltung gebrach. Als sich aber mit der Zeit, wie es an diesem Orte zu geschehn pflegt, die eine Dame dahin, die andere dorthin entfernt hatte und nur Catella mit wenigen andern bei ihm verblieben war, ließ er vor ihr ein Wort von einer Liebschaft ihres Gatten Filippello fallen; darob brach jäh ihre Eifersucht aus, und alsbald glühte sie am ganzen

Leibe vor Verlangen, zu erfahren, was Ricciardo damit habe sagen wollen. Eine Weile hielt sie sich wohl zurück, dann aber war sie es nicht mehr imstande und bat Ricciardo bei der Liebe seiner am meisten geliebten Dame, er solle so gütig sein und sie über das, was er von Filippello gesagt habe, aufklären. Und er sagte zu ihr: »Ihr habt mich bei einer Frau beschworen, um derentwillen ich Euch nichts verweigern darf, was Ihr von mir verlangt: und darum bin ich bereit, es Euch zu sagen, jedoch nur, wenn Ihr mir versprecht, daß Ihr davon weder zu ihm, noch zu jemand anderm je ein Wort verlauten laßt, außer wenn Ihr sehn werdet, daß es sich wirklich so verhält, wie ich Euch erzählen werde; und wenn Ihr das zu sehn wünscht, so werde ich Euch angeben, wie es geschehn kann.« Der Dame gefiel sein Verlangen, um dessentwillen sie alles um so mehr für wahr hielt, und sie schwur, es niemals zu sagen. Nachdem sie also, um nicht gehört zu werden, abseits gegangen waren, begann Ricciardo folgendermaßen: »Wenn ich Euch noch so liebte, Madonna, wie ich Euch geliebt habe, brächte ich es nicht übers Herz, Euch etwas zu sagen, wovon ich glaubte, daß es Euch kränken könnte; weil aber diese Liebe vorbei ist, so werde ich weniger bedenklich sein, Euch in allem die Wahrheit zu entdecken. Ich weiß nicht, ob es Filippello jemals übelgenommen hat, daß ich Euch liebte, oder ob er vermutet hat, Ihr hättet meine Liebe erwidert; sei dem aber, wie es wolle, mich hat er davon nie etwas merken lassen. Jetzt jedoch, nachdem er vielleicht gewartet hat, bis ich seiner Meinung nach nicht mehr so argwöhnisch bin, zeigt es sich, daß er das tun will, was er zweifellos voraussetzt, daß ich ihm getan hätte: er will nämlich, daß ihm meine Frau zu willen sei, und nach dem, was ich innegeworden bin, hat er sie seit gar nicht langer Zeit heimlich mit wiederholten Botschaften bestürmt, und die habe ich alle von ihr erfahren, und sie hat ihm stets so geantwortet, wie ich es ihr aufgetragen habe. Heute früh aber habe ich, bevor ich hiehergekommen bin, in meinem Hause ein Weib in einem angelegentlichen Zwiegespräche mit meiner Frau gefunden und war auch sofort mit mir im reinen, was für ein Weib das war; darum habe ich meine Frau gerufen und sie gefragt, was die von ihr wolle. Und sie hat mir gesagt: ›Das ist die Kupplerin dieses Filippello, den du mir mit deinem Antwortgeben und Hoffnungmachen auf den Hals geladen hast, und er läßt mir sagen, er wolle durchaus wissen, was ich zu tun gedenke, und er würde es, wenn es mir recht wäre, so einrichten, daß wir uns insgeheim in einem hiesigen Bade treffen könnten; und darum bittet und plagt er mich. Wenn du mich aber nicht, warum, weiß ich nicht, angehalten hättest, mich in diesen Handel einzulassen, hätte ich ihn mir schon längst auf eine Weise vom Halse geschafft, daß er mich nimmer angesehn hätte.‹ Jetzt bin ich aber doch der Meinung gewesen, das gehe zu weit, als daß es geduldet werden dürfte, und habe mich entschlossen, es Euch zu sagen, auf daß Ihr erkennet, wie Euere unwandelbare Treue belohnt wird, die mich dem Tode nahe gebracht hat. Damit Ihr aber nicht glaubet, das seien leere Worte oder Märchen, sondern damit Ihr, wenn Euch der Wunsch danach ankommt, die Wahrheit sehn und greifen könnet, habe ich meine Frau veranlaßt, dem Frauenzimmer, das auf sie wartete, die Antwort zu geben, sie sei bereit, sich morgen nachmittag gegen die dritte Stunde, wenn alle Leute schliefen, in diesem Bade einzufinden; und daraufhin ist das Frauenzimmer ganz vergnügt weggegangen. Nun glaube ich nicht, daß Ihr glaubet, ich würde sie hinschicken; wäre ich aber an Euerer Stelle, so würde ich es so einrichten, daß er mich an der Stelle der Frau fände, die er zu finden glaubt, und hätte ich eine Zeitlang bei ihm geweilt, dann würde ich ihn merken lassen, bei wem er gewesen ist, und würde ihm all die Ehre erzeigen, die er verdient. Und wenn Ihr das tätet, wäre er, glaube ich, so beschämt, daß die Unbill, die er Euch antun will, zu gleicher Zeit mit der, die er mir antun will, gerächt wäre.«

Als das Catella hörte, schenkte sie seinen Worten augenblicklich, wie es die Art der Eifersüchtigen ist, vollen Glauben, ohne zu bedenken, wer es war, der zu ihr sprach, oder daß er sie betrügen konnte, und begann auch sofort gewisse Dinge, die vorher geschehn waren, damit zusammenzureimen; und in jähem Zorne entbrannt, antwortete sie, die Sache koste sie keine gar große Mühe und sie werde alles so tun, und wenn er komme, werde sie ihn also beschämen, daß er sein ganzes Leben lang, so oft er eine Frau sehe, daran denken solle. Wohlzufrieden damit und voll Zuversicht, daß sein Plan gut sei und Erfolg haben werde, bestärkte sie Ricciardo mit vielen Worten in ihrem Entschlusse und in ihrem Glauben; nichtsdestoweniger aber bat er sie, niemals zu sagen, daß sie es von ihm gehört habe, und das versprach sie ihm auf ihr Wort. Am nächsten Morgen ging Ricciardo zu der guten Frau, die das Bad hielt, das er Catella angegeben hatte, und sagte ihr, was er zu tun beabsichtige, und bat sie, ihm darin nach ihren Kräften beizustehn. Die gute Frau, die ihm von früher her sehr verpflichtet war, sagte, sie werde gern alles tun, und verabredete mit ihm, was zu tun und zu sagen sein werde. Sie hatte in dem Hause, wo das Bad war, eine Kammer, die sehr dunkel war, weil kein Fenster Licht hineinließ. Diese Kammer machte sie nach Ricciardos Anweisung zurecht und stellte das beste Bett hinein, das ihr zur Verfügung stand, und Ricciardo legte sich, nachdem er gegessen hatte, nieder, um Catella zu erwarten. Die war am Abende, weil sie Ricciardos Worten mehr Glauben beimaß, als gut gewesen wäre, voller Zorn heimgekommen; bald darauf kam auch Filippello, von ungefähr ebenso voller Gedanken, heim und bezeigte ihr vielleicht nicht dieselbe Freundlichkeit, wie er gewohnt war. Als sie das sah, wurde ihr Argwohn nur noch größer, und sie sagte sich bei sich selber: ›Wahrhaftig, er hat nur mehr die Frau im Kopf, mit der er sich morgen zu vergnügen und zu erlustigen gedenkt; aber das wird sicherlich nicht geschehn‹; und mit diesem Gedanken und mit Grübeln, was sie ihm sagen solle, wenn sie sich ihm hingegeben habe, beschäftigte sie sich schier die ganze Nacht. Um es aber kurz zu machen, so rief Catella, als die dritte Nachmittagsstunde gekommen war, ihre Begleitung und ging, ohne ihren Plan zu ändern, in das Bad, das ihr Ricciardo angegeben hatte; und da sie dort die gute Frau traf, so fragte sie sie, ob Filippello an diesem Tage schon dagewesen sei. Und die Frau, die von Ricciardo unterwiesen worden war, sagte zu ihr: »Seid Ihr die Dame, die hier mit ihm sprechen soll?« Catella antwortete: »Ja, ich bin es.« – »Also«, sagte die Frau, »so geht hinein zu ihm.« Catella, die etwas suchen ging, was sie nicht zu finden gewünscht hätte, ließ sich zu der Kammer führen, wo Ricciardo war, trat mit verhülltem Haupte ein und schloß die Tür inwendig ab. Als Ricciardo sie kommen sah, sprang er freudig auf, nahm sie in seine Arme und sagte leise: »Willkommen, meine Seele!« Da Catella viel daran lag, sich richtig als eine andere zu geben, umarmte und küßte sie ihn und überhäufte ihn mit Beweisen ihrer Zärtlichkeit, freilich ohne ein Wort zu sprechen, weil sie fürchtete, er könnte sie, wenn sie spräche, erkennen. Die Kammer war sehr dunkel, und darüber waren beide froh; und selbst nach längerem Aufenthalte gewannen die Augen auch nicht einen Teil ihrer Kraft zurück. Ricciardo führte sie zum Bette und dort verweilten sie, ohne so zu sprechen, daß die Stimmen sie hätten verraten können, lange Zeit miteinander zu beider größter Lust und Wonne. Als es aber Catella an der Zeit deuchte, ihren Zorn auszulassen, begann sie, von glühender Wut entflammt, also zu reden: »Ach, wie elend ist das Los der Frauen, und wie dumm sind die meisten, wenn sie ihre Männer lieben! Ich Unselige! acht Jahre sind es schon, daß ich dich mehr als mein Leben liebe, und du brennst und verzehrst dich, wie ich nun weiß, in der Liebe zu einer andern, du ruchloser Schurke, der du bist! Mit wem glaubst du denn, daß du beisammengewesen bist? Du bist bei der gewesen, die du seit langer Zeit mit falschen Liebkosungen getäuscht hast, indem du ihr eine Liebe zeigtest, die einer andern gehörte. Ich bin Catella und nicht Ricciardos Gattin, du treuloser Verräter! Horch, ob du meine Stimme erkennst; ich bin es wirklich. Tausend Jahre scheint es mir zu währen, bis ich dich bei hellichtem Tage so beschämen kann, wie du es verdienst, du schändlicher, räudiger Hund, du! Ach, ich Elende! für wen habe ich so viel Jahre lang eine so innige Liebe gehegt? Für diesen ruchlosen Hund, der mir in der Meinung, eine andere im Arme zu halten, in dieser kurzen Zeit, die ich hier bei ihm bin, mehr Liebkosungen und Zärtlichkeiten geschenkt hat, als in der ganzen übrigen Zeit, die ich seine Frau bin. Heute bist du üppig gewesen, abtrünniger Hund, und zu Hause, da bist du schwach und matt und kraftlos! Na, gottlob, daß du deinen Acker und nicht, wie du gemeint hast, einen fremden bestellt hast. Jetzt wundere ich mich nicht mehr, daß du heute nacht nicht zu mir gerückt bist: du hast eben gedacht, anderswo abzuladen, und hast als frischer Ritter ins Feld ziehen wollen; aber das Wasser ist, dank dem Herrgott und meiner Vorsicht, heruntergelaufen, wie es sollte. Was antwortest du nicht, du Schuft? Warum sagst du denn nichts? Bist du stumm geworden bei meiner Rede? Bei Gott, ich weiß nicht, was mich zurückhält, daß ich dir nicht die Nägel in die Augen bohre und sie dir herausreiße! Diese Büberei hast du recht heimlich anzuzetteln geglaubt; aber bei Gott, was der eine weiß, weiß auch der andere. Gelungen ist sie dir nicht: ich habe bessere Hunde auf deiner Spur gehabt, als du gedacht hättest.« Ricciardo freute sich in seinem Innern über das, was sie sagte, und umarmte und küßte sie, ohne ihr etwas zu antworten, und zeigte sich immer zärtlicher. Darum fuhr sie in ihrer Rede fort und sagte: »Freilich, jetzt glaubst du wohl, du ekelhafter Hund, der du bist, du wirst mich mit deinen geheuchelten Zärtlichkeiten beschwichtigen und beruhigen und trösten; da bist du aber im Irrtum: ich werde mich darüber nicht früher beruhigen, als bis ich dir in Gegenwart aller Verwandten, Freunde und Nachbarn, so viele wir ihrer haben, meine Meinung gesagt habe. Bin ich denn nicht ebenso schön, du Schuft, wie die Frau Ricciardo Minutolos? Bin ich nicht ebenso adelig? Warum antwortest du nicht, schändlicher Hund? Was hat sie denn voraus vor mir? Weg mit dir, rühr mich nicht an, für heute hast du genug Lanzen gebrochen. Ich weiß ganz gut, daß du das, was du jetzt, wo du weißt, wer ich bin, tätest, nur mit Gewalt tätest; aber wenn mir Gott seine Gnade schenkt, werde ich dir schon den Brotkorb höher hängen. Und ich weiß nicht, was mich zurückhält, mir Ricciardo kommen zu lassen, der mich mehr liebt als sich selber und sich nie hat rühmen dürfen, daß ich ihn auch nur ein einziges Mal angesehn hätte; und ich weiß nicht, ob es ungerecht von mir wäre, wenn ich mir ihn kommen ließe. Du hast geglaubt, hier seine Frau zu haben, und soweit es an dir gelegen hat, ist es so, als ob du sie wirklich gehabt hättest; wenn ich mich also ihm hingäbe, so hättest du kein Recht, mir etwas vorzuwerfen.« Und sie stand nicht ab, zu reden und sich bitter zu beklagen, bis endlich Ricciardo, der bedachte, es könnte viel Unheil erfolgen, wenn er sie mit dieser Meinung gehn ließe, beschloß, sich ihr zu entdecken und sie aus ihrem Irrtum zu reißen; und er nahm sie in den Arm und hielt sie so gut, daß sie ihm nicht entschlüpfen konnte, und sagte: »Erzürnt Euch nicht, meine süße Seele; das, was ich durch meine einfältige Liebe nicht habe erreichen können, das hat mich Amor mit List zu erreichen gelehrt, und ich bin Euer Ricciardo.« Als das Castella hörte und ihn an der Stimme erkannte, wollte sie augenblicklich aus dem Bette springen, konnte es aber nicht; deshalb wollte sie schreien, aber Ricciardo schloß ihr mit der Hand den Mund und sagte: »Was einmal geschehn ist, Madonna, kann nicht mehr ungeschehn gemacht werden, auch wenn Ihr Euer ganzes Leben lang schreit; und wenn Ihr schrieet oder sonstwie machtet, daß irgendwer etwas davon erführe, so würde daraus zweierlei erfolgen. Das eine wäre – und das dürfte Euch sehr nahegehn – daß Eure Ehre und Euer Ruf verloren wären; denn wenn Ihr auch sagtet, daß ich Euch durch Trug hierhergebracht hätte, so würde ich sagen, das sei nicht wahr, sondern ich hätte Euch durch Versprechungen von Geld und Geschenken bewogen, herzukommen, und weil die nicht so reichlich ausgefallen seien, wie Ihr gehofft habet, seiet Ihr zornig geworden und habet mir diesen Zank und Auftritt gemacht: und wie Ihr selber wißt, sind die Leute eher geneigt das Schlechte zu glauben als das Gute; und darum würde man lieber mir glauben als Euch. Weiter würde daraus eine Todfeindschaft zwischen Euerm Gatten und mir erfolgen, und die Sache könnte so weit gehn, daß ich ihm ebenso leicht das Leben nähme wie er mir, und das dürfte Euch weder Freude machen noch gleichgültig sein. Und deshalb, Herz meines Leibes, wollet nicht zugleich Euch in Schande bringen und Euern Gatten und mich in Gefahr und Zwistigkeiten stürzen. Ihr seid nicht die erste und werdet nicht die letzte sein, die getäuscht worden ist, und ich habe Euch nicht getäuscht, um Euch das Eurige zu nehmen, sondern aus übermäßiger Liebe, die ich zu Euch trage und als Euer demütigster Diener stets tragen will. Und obwohl es schon eine lange Zeit her ist, daß ich ebenso wie mein Eigentum und alles, was ich kann und tauge, Euer und Euch zu Diensten bin, ist es doch meine Absicht, daß das fortan noch in höherm Maße als bisher zutreffen soll. Ihr seid sonst so klug, daß ich überzeugt bin, Ihr werdet es auch diesmal sein.« Während Ricciardo also sprach, weinte Catella heftig; und so aufgebracht und gekränkt sie auch war, gab sie doch den triftigen Worten Ricciardos so viel Gehör, daß sie einsah, es könnte das, was Ricciardo sagte, eintreten, und darum sagte sie: »Ich weiß nicht, Ricciardo, wie es mir der Herrgott gestatten wird, daß ich die Unbill und den Trug, die du mir angetan hast, ertragen kann: hier, wohin mich meine Einfalt und meine blinde Eifersucht geleitet haben, will ich nicht schreien; aber du kannst sicher sein, daß ich nimmer froh sein werde, wenn ich mich nicht in einer oder andern Weise für das, was du mir angetan hast, gerächt sehe. Und darum laß mich und halte mich nicht länger: du hast gehabt, was du begehrt hast, und hast mich nach deinem Belieben mißhandelt; es ist Zeit, daß du mich läßt: laß mich, ich bitte dich.« Ricciardo, der sah, daß sie im Herzen noch allzu unwillig war, hatte sich vorgenommen, sie nicht zu lassen, bevor sie sich mit ihm ausgesöhnt habe; darum begann er sie mit süßen Worten zu begütigen und redete so lange und bat sie so lange und beschwor sie so lange, bis sie sich endlich überwunden gab und sich mit ihm versöhnte. Und nun blieben sie mit gleichem Einverständnis noch eine geraume Zeit zu ihrer größten Wonne beisammen. Und da nun die Dame erfahren hatte, um wieviel würziger die Küsse des Geliebten als die des Gatten sind, verwandelte sie ihre Härte gegen Ricciardo in süße Liebe und liebte ihn von diesem Tage an mit inniger Zärtlichkeit und richtete es mit Vorsicht und Bedachtsamkeit so ein, daß sie sich noch zu often Malen ihrer Liebe erfreuten. Und Gott beschere auch uns Freude an der unserigen!

Siebente Geschichte

Tedaldo verläßt nach einem Zerwürfnis mit seiner Dame Florenz; einige Zeit später kehrt er in Pilgertracht zurück. Er spricht mit der Dame, klärt sie über ihren Irrtum auf, rettet ihren Gatten, der überwiesen ist, ihn getötet zu haben, vom Tode und versöhnt ihn mit seinen Brüdern; darauf genießt er in Vorsicht mit seiner Dame das Glück der Liebe.

Kaum schwieg Fiammetta, der der Beifall aller ward, als schon die Königin, um keine Zeit zu verlieren, das Amt des Erzählens Emilia übertrug; und die begann: Ich will in unsere Stadt zurückkehren, von wo sich meine zwei Vorgängerinnen entfernt haben, und euch schildern, wie ein Landsmann von uns seine verlorene Dame wiedererlangt hat.

Es war also in Florenz ein junger Edelmann, Tedaldo degli Elisei mit Namen, der in eine Dame, Monna Ermellina geheißen und Gattin eines gewissen Aldobrandino Palermini, über die Maßen verliebt war und sich auch, wie er es seines preislichen Betragens halber verdiente, ihres ersehnten Besitzes erfreute. Diesen Wonnen widersetzte sich aber das Schicksal, das ja stets den Glücklichen feind ist; denn die Dame, die eine Zeitlang jeden Wunsch Tedaldos erfüllt hatte, entzog ihm auf einmal, was immer die Ursache sein mochte, ihre ganze Gunst und weigerte sich überdies, eine Botschaft von ihm nur zu sehn, geschweige denn zu hören. Darüber verfiel er in tiefe Schwermut und Betrübnis; aber seine Liebe war so geheim geblieben, daß niemand die wirkliche Ursache seiner Schwermut erriet. Und als er sich auf mancherlei Art die größte Mühe gegeben hatte, ihre Liebe, die er unverschuldeterweise verloren zu haben glaubte, wiederzuerlangen, aber all seine Anstrengungen eitel sah, faßte er, um nicht der, die die Ursache seiner Leiden war, die Freude zu machen, daß sie sehe, wie er sich verzehre, den Entschluß, der Welt den Rücken zu kehren. Ohne darum einem Freunde oder einem Verwandten ein Wort zu sagen, ausgenommen einem Gesellen von ihm, dem er nichts verbarg, ging er eines Tages, nachdem er so viel Geld wie nur möglich zusammengerafft hatte, auf und davon; er gelangte unter dem angenommenen Namen Filippo di Sanlodeccio nach Ancona, und dort lernte er einen reichen Kaufmann kennen, und dem verdang er sich als Diener und fuhr mit ihm auf seinem Schiffe nach Zypern. Der Kaufmann fand ein solches Gefallen an seinen Sitten und seinem Betragen, daß er ihm nicht nur einen hohen Lohn aussetzte, sondern ihn auch an seinem Handel beteiligte und ihm überdies einen großen Teil seiner Geschäfte anvertraute; die verwaltete Tedaldo so trefflich und eifrig, daß er in wenigen Jahren ein tüchtiger, reicher und angesehner Kaufmann wurde. Obwohl er sich bei dieser Tätigkeit oft seiner grausamen Dame erinnerte und viel Liebesgram litt und sehnsüchtig verlangte, sie wiederzusehn, war doch seine Standhaftigkeit so groß, daß er in diesem Kampfe sieben Jahre lang Sieger blieb. Nun geschah es eines Tages, daß er in Zypern ein Lied singen hörte, das er einst gemacht und worin er ihre beiderseitige Liebe und seine Wonnen geschildert hatte; und da kam ihm der Gedanke, es könne nicht sein, daß sie ihn vergessen hätte, und er entbrannte in einer solchen Sehnsucht, sie wiederzusehn, daß er, außerstande, es noch länger zu ertragen, nach Florenz heimzukehren beschloß. Und nachdem er alle seine Angelegenheiten geordnet hatte, begab er sich mit einem einzigen Diener nach Ancona, schickte von dort alle seine Sachen, kaum daß sie angelangt waren, zu einem Freunde seines Handelsgesellschafters nach Florenz und folgte in der Tracht eines Pilgers, der vom Heiligen Grabe zurückkommt, heimlich mit seinem Diener nach; und als sie in Florenz angekommen waren, kehrte er in einer Herberge ein, die zwei Brüdern gehörte und nicht weit vom Hause seiner Dame war. Und sein erster Gang war vor ihr Haus, um sie, wenn möglich, zu sehn; aber er sah Fenster und Türen und alles verschlossen, so daß er besorgte, sie sei gestorben oder weggezogen. Ganz nachdenklich gestimmt, ging er zum Hause seiner Brüder, und dort sah er sie alle vier ganz schwarz gekleidet vor der Tür, worüber er sich baß verwunderte; und da er sich sagte, er habe sich in Kleidung und Aussehn so sehr gegen früher verändert, daß er nicht leicht werde wiedererkannt werden, so trat er dreist zu einem Schuster und fragte ihn, warum sie schwarz gekleidet seien. Und der Schuster antwortete ihm: »Sie sind schwarz gekleidet, weil – es sind noch keine vierzehn Tage her – ein Bruder von ihnen, der lange weggewesen ist und Tedaldo geheißen hat, getötet worden ist; und wenn mir recht ist, so habe ich gehört, daß sie vor Gericht bewiesen haben, daß ihn ein gewisser Aldobrandino Palermini, der auch schon im Gefängnis ist, getötet hat, weil er seiner Frau gewogen war und unerkannt zurückgekommen ist, um bei ihr zu sein.« Tedaldo verwunderte sich sehr, daß ihm jemand so ähnlich sehn sollte, daß er für ihn gehalten worden sei; und Aldobrandinos Unglück tat ihm leid. Es war schon Nacht, als er, nachdem er noch erfahren hatte, daß die Dame am Leben und gesund war, den Kopf voll mancherlei Gedanken, in die Herberge zurückkam; er aß mit seinem Diener zu Abend, und dann wurde ihm im obersten Stockwerke des Hauses ein Raum zum Schlafen angewiesen. Sowohl wegen der vielen Gedanken, die ihm im Hirne herumgingen als auch wegen der schlechten Beschaffenheit des Bettes, vielleicht auch, weil das Essen mager gewesen war, konnte er, auch als schon die halbe Nacht verstrichen war, keinen Schlaf finden, und während er also wach lag, war es ihm gegen Mitternacht, als hörte er Leute vom Dache aus ins Haus steigen, und dann sah er durch die Ritzen seiner Kammertür ein Licht heraufkommen. Darum trat er leise an eine Spalte, um zu beobachten, was es gebe, und da sah er, daß das Licht von einer sehr hübschen jungen Frau gehalten wurde und daß drei Männer, die vom Dache herabgestiegen waren, auf sie zukamen; nachdem sie sich freundlich begrüßt hatten, sagte der eine zu der jungen Frau: »Heute können wir endlich, Gott sei gelobt, ruhig sein, weil wir als gewiß erfahren haben, daß Aldobrandino Palermini von den Brüdern Tedaldo Eliseis überwiesen worden ist, ihn getötet zu haben, und daß er gestanden hat und daß das Urteil schon geschrieben ist; nichtsdestoweniger aber heißt es schweigen, weil wir, wenn es aufkäme, daß wir es gewesen sind, in derselben Gefahr wären wie jetzt Aldobrandino.« Und nachdem sie das der Frau, die sich darüber sehr froh zeigte, gesagt hatten, stiegen sie hinunter und gingen schlafen. Tedaldo, der alles gehört hatte, begann sich Betrachtungen hinzugeben, wie zahlreich und mannigfach die Irrtümer sind, worein der Verstand der Menschen verfallen kann, indem er zuerst an seine Brüder dachte, die einen andern an seiner Statt beweint und begraben und dann auf einen falschen Verdacht hin einen Unschuldigen angeklagt und dessen Todesurteil durch unwahres Zeugnis herbeigeführt hatten, und hierauf an die blinde Strenge nicht nur der Gesetze, sondern auch der Richter, die zu oftten Malen in ihrer Eigenschaft als eifrige Erforscher der Wahrheit in Grausamkeit verfallen und dem Falschen Bewährung verschaffen und sich Diener Gottes und der Gerechtigkeit nennen, wo sie doch der Unbilligkeit und des Teufels Verweser sind. Und dann richtete er seine Gedanken auf die Rettung Aldobrandinos und legte sich zurecht, was er zu tun haben werde. Und nachdem er am Morgen aufgestanden war, ging er, als es ihn an der Zeit deuchte, allein und ohne seinen Diener, den er zurückließ, zum Hause seiner Dame; und da er von ungefähr die Tür offen fand, trat er ein, und nun sah er in einem Saale des Erdgeschosses seine Dame auf dem Boden sitzen, und sie war so in Tränen und Kümmernis aufgelöst, daß er fast vor Mitleid geweint hätte, und er näherte sich ihr und sagte: »Grämt Euch nicht, Madonna; Euer Trost ist nahe.« Als das die Dame hörte, hob sie das Gesicht und sagte weinend: »Du bist wohl ein fremder Pilger, guter Mann; was weißt du von Trost oder von meinem Kummer?« Nun antwortete der Pilger: »Ich bin aus Konstantinopel, Madonna, und bin eben erst als Abgesandter Gottes hier angekommen, um Euere Tränen in Lächeln zu verwandeln und Euern Gatten vom Tode zu retten.« – »Wenn du aus Konstantinopel bist«, sagte die Dame, »und eben erst angekommen bist, woher weißt du denn, wer mein Mann ist und wer ich bin?« Da erzählte ihr der Pilger vom Anfange an die Geschichte von Aldobrandinos Not und sagte ihr, wer sie sei, wie lange sie vermählt sei und andere ihrer Umstände mehr, die er gar gut wußte; darüber verwunderte sie sich baß und warf sich vor ihm, den sie für einen Propheten hielt, auf die Knie und bat ihn um Gottes willen, wenn er zu Aldobrandinos Rettung gekommen sei, so möge er sich beeilen, weil die Zeit kurz sei. Der Pilger, der sich als rechter Heiliger gab, sagte: »Steht auf, Madonna, und weinet nicht und höret gut, was ich Euch sagen werde, und hütet Euch wohl, es irgend jemand zu sagen. Nach dem, was mir Gott enthüllt hat, ist das Ungemach, das Ihr leidet, wegen einer Sünde, die Ihr einst begangen habt, über Euch gekommen, und Gott hat sie mit dieser Trübsal zum Teile bestrafen wollen, und er will, daß Ihr sie völlig gutmachet; und tut Ihr das nicht, so werdet Ihr in eine viel ärgere Pein verfallen.« Nun sagte die Dame: »Ich habe viele Sünden, Herr, und ich weiß nicht, welche Gott vor den andern gutgemacht haben will; darum sagt sie mir, wenn Ihr sie wißt, und ich werde alles, was ich nur kann, tun, um sie gutzumachen.« – »Ich weiß genau, Madonna«, sagte der Pilger, »was es für eine Sünde ist, will Euch nicht deshalb darum befragen, um sie noch genauer zu wissen, sondern nur damit Ihr dadurch, daß Ihr sie selber sagt, mehr Gewissensbisse fühlet. Aber kommen wir zur Sache. Sagt mir, erinnert Ihr Euch, einmal einen Geliebten gehabt zu haben?« Als das die Dame hörte, stieß sie einen tiefen Seufzer aus, und sie verwunderte sich baß, weil sie nicht geglaubt hätte, daß es irgend jemand bekannt geworden sei, obwohl es in den Tagen, wo der, den man für Tedaldo begrub, getötet worden war, wegen ein paar Wörtchen, die Tedaldos Gesell, der ja davon wußte, unklugerweise hatte fallen lassen, ein derartiges Gerede gegeben hatte; und sie antwortete: »Ich sehe, daß Euch Gott alle Geheimnisse der Menschen offenbart, und darum will ich Euch die meinigen nicht verbergen. Es ist wahr, daß ich den unglückseligen jungen Mann, dessen Tod meinem Gatten zur Last gelegt wird, in meiner Jugendzeit über alles geliebt habe; und seinen Tod habe ich so beweint, wie es mein Schmerz heischte: denn wie rauh und unwirsch ich mich auch vor seiner Abreise gegen ihn gezeigt habe, so hat ihn doch weder seine Abreise noch seine lange Abwesenheit noch selbst sein unseliger Tod aus meinem Herzen reißen können.« Und der Pilger sagte zu ihr: »Den unglückseligen Jüngling, der getötet worden ist, habt Ihr nie geliebt, wohl aber Tedaldo Elisei. Aber sagt mir, was war der Grund, daß Ihr Euch mit ihm überworfen habt? Hat er Euch denn jemals beleidigt?« Und die Dame antwortete ihm: »O nein, er hat mich nie beleidigt; der Anlaß zum Bruche waren vielmehr die Reden eines vermaledeiten Mönchs, dem ich zu dieser Zeit einmal gebeichtet habe: denn als ich ihm erzählt habe, wie lieb ich ihn hätte und wie innig unser Umgang sei, hat er mir den Kopf so vollgeschrien, daß ich noch jetzt zittere, und hat mir gesagt, wenn ich nicht davon abstände, müßte ich geradeswegs in den Rachen des Teufels und in den tiefsten Höllenschlund zu ewiger Feuerspein fahren. Da habe ich eine solche Angst bekommen, daß ich den festen Entschluß gefaßt habe, den Umgang mit ihm völlig aufzugeben; und um der Versuchung zu entgehn, habe ich weder Brief noch Botschaft von ihm annehmen wollen. Freilich wäre es, wenn er ausgeharrt hätte, statt, wie ich vermute, in Verzweiflung davonzugehn, möglich gewesen, daß ich mich, wenn ich dann gesehn hätte, daß er verzehrt worden wäre wie Schnee an der Sonne, hätte erweichen lassen; verlangte ich doch nach nichts in der Welt heißer als nach ihm.« Nun sagte der Pilger: »Das ist gerade jene eine Sünde, Madonna, um derentwillen Ihr jetzt leidet. Ich weiß ganz gewiß, daß Euch Tedaldo zu gar nichts gezwungen hat; als Ihr Euch in ihn verliebt habt, habt Ihr das aus freiem Willen getan, weil er Euch gefallen hat; und es ist auf Euern eigenen Wunsch geschehn, daß er zu Euch gekommen ist und sich in einen innigen Umgang mit Euch eingelassen hat, worin Ihr ihm dann mit Worten und Werken so viel Huld gezeigt habt, daß Ihr seine Liebe, wenn er Euch schon früher geliebt hat, wohl vertausendfacht habt. Und wenn es so war – und ich weiß, daß es so war –, was für ein Grund hat Euch veranlassen dürfen, Euch ihm so rauh zu entreißen? Das hättet Ihr vorbedenken und, wenn Ihr geglaubt hättet, Ihr würdet es als eine schlechte Handlung bereuen müssen, unterlassen sollen. So, wie er der Eurige war, so wart Ihr die Seinige: es wäre ja Euer gutes Recht gewesen, ihn nicht mehr als den Eurigen zu betrachten; aber ihm Euch, die Ihr sein wart, zu entziehen, das war, wenn er nicht damit einverstanden war, Raub und Unbill. Nun müßt Ihr wissen, daß ich ein Mönch bin und über das ganze Gehaben der Mönche Bescheid weiß, und wenn ich darüber zu Euerm Nutzen etwas ausführlicher spreche, so ist das nicht so unschicklich, wie wenn es ein anderer täte; und ich spreche gern darüber, damit Ihr die Mönche besser kennen lernet, als Ihr sie bisher gekannt zu haben scheint. Einst waren ja die Mönche fromme, treffliche Leute; aber die, welche heute Mönche heißen und für Mönche gelten wollen, haben von ihnen nichts als die Kutte, und auch die ist keine Mönchskutte mehr: obwohl die Stifter der Orden bestimmt haben, daß die Kutte knapp und ärmlich und aus grobem Tuche sein sollen, um von einer Seele zu zeugen, die den zeitlichen Dingen in dem Augenblicke entsagt hat, wo der Körper in ein so niedriges Gewand gehüllt worden ist, machen sie sie heutzutage weit und zweifach und aus dem feinsten Glanztuch und haben ihr einen gefälligen und priesterlichen Schnitt gegeben, und sie schämen sich nicht, damit in den Kirchen und auf den Plätzen zu prangen, wie es die Weltkinder mit ihren Kleidern machen; und so wie der Fischer mit seinem Netze möglichst viel Fische auf einen Zug aus dem Flusse fangen will, so trachten auch sie danach, in den ausgebreiteten Bausch der Kutte möglichst viel Betschwestern und Witwen und andere dumme Weiber und Männer zu verwickeln, und sie zeigen in nichts sonst einen größern Eifer. Und also haben sie, damit ich die ganze richtige Wahrheit sage, nicht die Kutten der Mönche, sondern nur die Farben der Kutten. Und während die alten ihr Augenmerk auf das Seelenheil der Menschen richteten, richten es die jetzigen auf die Weiber und den Reichtum; und sie haben ihr ganzes Trachten darauf gesetzt und setzen es darauf, die Gemüter der Dummen mit Geschrei und mit dem, was sie ihnen ausmalen, zu erschrecken und ihnen beizubringen, daß Almosen und Messen die Sünden wegnehmen, damit ihnen, die nicht aus Frömmigkeit, sondern aus Niedrigkeit und Trägheit im Orden untergekrochen sind, der eine Brot bringe, der andere Wein schicke und der dritte die Opfermahlzeit für die Seelen seiner Verstorbenen gebe. Freilich ist es sicherlich wahr, daß Almosen und Gebete die Sünden wegnehmen; wenn aber die, die sie aufwenden, sähen oder wüßten, für wen sie sie aufwenden, würden sie sie lieber für sich behalten oder ebenso vielen Schweinen vorwerfen. Und weil die Mönche wissen, daß die Anteile an einem großen Reichtum desto ausgiebiger sind, je geringer die Zahl der Besitzer ist, so trachtet ein jeder einzelne mit Geschrei und Schreckmitteln andere von dem fernzuhalten, was er für sich allein begehrt. Sie wettern vor den Männern auf die Wollust, damit sich die davon abkehren und die Weiber ihnen verbleiben; sie verdammen den Wucher und den unehrlichen Gewinn, damit sie, wenn sie zu Wiedererstattern des also erworbenen Geldes genommen werden, eben dieses Geld, das nach ihrer Angabe den, der es hat, ins Verderben stürzt, darauf verwenden können, sich weitere Kutten machen zu lassen und Bistümer und andere größere Prälaturen zu erkaufen. Und tadelt man sie dieses und andern Unfugs halber, so glauben sie sich jeder schweren Schuld zu entladen, wenn sie antworten: ›Handelt nach unsern Worten und nicht nach unsern Werken‹, als ob die Schafe mutiger und trotziger sein könnten als die Hirten. Und zumeist wissen sie sehr wohl, wie viele derjenigen, denen sie also antworten, diese Antwort ganz anders verstehen, als sie sie meinen. Die Mönche von heute wollen ja, daß ihr tuet, was sie sagen, daß ihr ihnen nämlich die Börsen mit Geld füllet, ihnen euere Geheimnisse anvertrauet, die Keuschheit bewahret, geduldig seiet, die Beleidigungen vergebet, euch übler Nachrede enthaltet – lauter gute, ehrbare, Gott wohlgefällige Dinge; warum aber wollen sie das? Damit sie tun können, was sie, wenn es die andern Leute täten, nicht tun könnten. Wer wüßte nicht, daß die Faulheit ohne Geld nicht bestehn kann? Gibst du daher dein Geld zu deiner Lust aus, so kann der Mönch im Orden nicht faulenzen. Machst du dich an die Weiber heran, so haben die Mönche bei ihnen nicht ihres Bleibens. Bist du nicht geduldig und vergibst du keine Beleidigung, so wird es der Mönch nicht wagen, dir ins Haus zu kommen und deine Familie zu besudeln. Warum lasse ich mich aber in Einzelheiten ein? Bei vernünftigen Leuten wird ihnen sowieso diese Entschuldigung, jedesmal wann sie sie vorbringen, zur Anklage. Warum bleiben sie nicht weltlich, wenn sie sich nicht zutrauen, daß sie enthaltsam und fromm sein könnten? Oder wenn sie schon durchaus im Orden leben wollen, warum befolgen sie nicht die heiligen Worte des Evangeliums: ›Christus fing beides an, zu tun und zu lehren‹? Zuerst sollen sie also selber tun und dann andere unterweisen. Ich habe meine

Tage unter ihnen wohl tausend gesehn, die nicht nur den weltlichen Frauen, nein auch den Nonnen mit ihrer Liebe und Buhlerei nachgestellt haben; und das waren just die, die auf den Kanzeln am meisten wetterten. Und solchen Leuten sollten wir vertrauen? Wer's tut, tut was er will, aber Gott weiß, ob er klug daran tut. Aber gesetzt auch, Madonna, es müsse zugestanden werden, was Euch Euer schreiender Mönch gesagt hat, daß es nämlich eine schwere Sünde sei, die eheliche Treue zu brechen, ist es denn nicht eine viel schwerere, einen Menschen zu berauben? Eine viel schwerere, ihn zu töten oder ins Elend zu jagen, damit er durch die Welt irre? Das wird jedermann zugestehn. Wenn eine Frau mit einem Manne umgeht, so ist das eine natürliche Sünde; ihn zu berauben oder zu töten oder zu verstoßen, das entspringt aber einer Bosheit des Herzens. Daß Ihr Tedaldo beraubt habt, indem Ihr ihm Euch, die Ihr durch Euern freien Willen sein Eigen gewesen seid, entzogen habt, das ist Euch schon vorhin bewiesen worden. Weiter sage ich aber auch, daß Ihr ihn, soweit es auf Euch angekommen ist, getötet habt, weil es nicht an Euch gelegen hat, daß er sich nicht, da Ihr Euch täglich grausamer gegen ihn gezeigt habt, mit eigener Hand getötet hat; und die Gesetze wollen, daß der, der die Ursache einer schlechten Tat ist, ebenso schuldig ist wie der, der sie begeht. Und daß Ihr ebenso die Ursache seid, daß er sieben Jahre lang im Elende durch die Welt geirrt ist, das läßt sich nicht leugnen. So habt Ihr denn in jeglichem von diesen drei Dingen eine viel größere Sünde begangen, als wenn Ihr den Umgang mit ihm fortgesetzt hättet. Aber sehn wir einmal: hat es etwa Tedaldo so verdient? Sicherlich nein: Ihr selber habt es schon gestanden; übrigens weiß ich auch, daß er Euch mehr als sein Leben liebte. Niemals ist eine Frau so verehrt und erhoben und verherrlicht worden, wie er's mit Euch getan hat, wenn er sich in einer Gesellschaft befand, wo er ehrlich und ohne Verdacht zu erregen von Euch sprechen durfte. All sein Gut, all seine Ehre, all seine

Freiheit hatte er in Euere Hände gelegt. War er nicht adelig? War er nicht schön vor den andern in dieser Stadt? War er nicht trefflich in allem, was jungen Leuten ansteht? Nicht geliebt? Nicht wert gehalten? Nicht gern gesehn bei jedermann? Auch darauf werdet Ihr nicht mit Nein antworten. Wie habt Ihr denn nun wegen des Geschwätzes eines dummen, unnützen und mißgünstigen Mönches einen grausamen Entschluß gegen ihn fassen können? Ich begreife nicht, daß es Frauen gibt, die so verblendet sind, daß sie die Männer verschmähen und geringachten; sollten sie sich doch bei dem Gedanken, was sie selber sind und was für einen Adel vor allen andern Geschöpfen Gott dem Manne gegeben hat, glücklich preisen, wenn sie von einem geliebt werden, und ihn wie nichts sonst wert halten und ihm mit allem Eifer zu gefallen trachten, damit er ihnen nie seine Liebe entziehe. Was aber Ihr auf das Geschwätz eines Mönches hin getan habt, der sicherlich nichts andres war als ein gewöhnlicher Topfgucker und Tellerlecker, das wißt Ihr; vielleicht hat es ihn nur gelüstet, den Platz einzunehmen, von dem er einen andern zu vertreiben trachtete. Diese Sünde also ist es, die die göttliche Gerechtigkeit, die alle ihre Handlungen mit gerechter Erwägung zum Ende fügt, nicht hat ungestraft lassen wollen: und so wenig Tedaldo schuld daran war, daß Ihr versucht habt, Euch ihm zu entziehn, so wenig ist Euer Mann schuld an der Gefahr, in der er um Tedaldos willen gewesen ist und noch ist, und an Euerer Angst. Wollt Ihr nun dieser Angst entledigt sein, so müßt Ihr mir folgendes treulich versprechen und noch treulicher tun: wenn es jemals geschieht, daß Tedaldo von seiner langen Verbannung heimkehrt, so müßt Ihr ihm Euere Gunst, Euere Liebe und Euere Huld und Zärtlichkeit wieder schenken und ihm wieder den Platz bei Euch einräumen, den er bis zu der Zeit innegehabt hat, wo Ihr in Eurer Einfalt dem albernen Mönche geglaubt habt.« Der Pilger war mit seiner Rede zu Ende und die Dame hatte seine Gründe, die sie durchaus wahr deuchten, so in sich aufgenommen, daß sie wirklich die von ihm so genannte Sünde für die Ursache ihrer Not erachtete; und sie sagte: »Freund Gottes, ich erkenne deutlich, daß alles so ist, wie Ihr gesagt habt, erkenne auch aus Euern Darlegungen, was die Mönche, die ich bis jetzt allesamt für fromme Leute gehalten habe, zum großen Teile eigentlich sind; und ich erkenne zweifellos, daß ich durch meine Handlungsweise gegen Tedaldo einen schweren Fehler begangen habe, und den würde ich, wenn ich nur könnte, gern auf die Art gutmachen, wie Ihr gesagt habt: aber wie könnte das möglich sein? Tedaldo kann nimmer heimkehren: er ist tot; und weil es also unmöglich ist, so sehe ich nicht ein, warum ich es versprechen sollte.« Und der Pilger sagte zu ihr: »Tedaldo ist, wir mir Gott geoffenbart hat, keineswegs tot, Madonna, sondern am Leben und gesund, und nichts würde ihm fehlen, wenn er Euere Gunst hätte.« Nun sagte die Dame: »Habt acht, was Ihr sagt; ich habe ihn vor meiner Tür mit mehreren Dolchstichen ermordet gesehn, und ich habe ihn in diesen Armen gehalten und ihm das tote Gesicht mit vielen Tränen gebadet, was vielleicht den Anlaß zu den unehrbaren Reden gegeben hat, die seither über mich im Umlaufe sind.« Nun sagte der Pilger: »Sagt, was Ihr wollt, Madonna, ich versichere Euch, Tedaldo ist am Leben; und wenn Ihr mir dieses Versprechen geben und auch wirklich halten wollt, so hoffe ich, sollt Ihr ihn bald sehen.« Nun sagte die Dame: »Ich gebe es Euch und werde es gern halten; und es könnte nichts geschehn, was mir eine ähnliche Freude bereiten würde, als meinen Gatten unversehrt frei und Tedaldo am Leben zu sehn.« Nun schien es Tedaldo an der Zeit, sich zu entdecken und die Dame ihres Gatten wegen mit einer sicherern Hoffnung zu trösten, und er sagte: »Um Euch Euers Gatten wegen zu trösten, Madonna, muß ich Euch ein Geheimnis eröffnen, das Ihr Euer Leben lang beileibe niemand kundtun dürft.« Sie waren in einem abgelegenen Raume und, weil die Dame volles

Vertrauen zu der Frömmigkeit, die ihr der Pilger zu haben schien, gefaßt hatte, ganz allein; darum zog Tedaldo einen Ring hervor, den er von der Dame in der letzten Nacht, wo sie beisammen gewesen waren, zum Geschenk erhalten und den er die ganze Zeit sorgsam bewahrt hatte, zeigte ihr ihn und sagte: »Kennt Ihr den, Madonna?« Kaum sah ihn die Dame, so erkannte sie ihn auch schon wieder und sagte: »Ja, Herr, ich habe ihn einst Tedaldo geschenkt.« Nun sprang der Pilger auf, warf den Pilgermantel und den Hut von sich und sagte mit florentinischer Aussprache: »Und kennt Ihr mich auch?« Als ihn die Dame sah und erkannte, war sie ganz entsetzt und fürchtete sich vor ihm, wie man sich vor den Toten fürchtet, wenn man sie umgehn sieht wie die Lebendigen; und anstatt ihn als ihren aus Zypern heimgekommenen Tedaldo zu begrüßen, wollte sie furchtsam fliehen, als ob er aus dem Grabe zurückgekehrt wäre. Und Tedaldo sagte zu ihr: »Zweifelt nicht, Madonna, ich bin Euer Tedaldo, lebendig und gesund, und ich bin nicht gestorben und nicht tot, was immer Ihr und meine Brüder glauben möget.« Und die Dame faßte sich etwas, und als sie sich seine Stimme ins Gedächtnis zurückrief und ihn genauer betrachtete, gewann sie die Gewißheit, daß er wirklich Tedaldo war; und sie fiel ihm weinend um den Hals und küßte ihn und sagte: »Willkommen, mein süßer Tedaldo.« Er erwiderte Umarmung und Kuß und sagte: »Jetzt ist nicht die Zeit zu einem innigern Empfange: ich will gehn und machen, daß Euch Aldobrandino gesund und heil wiedergegeben werde, und darüber, hoffe ich, sollt Ihr noch vor morgen abend Nachrichten hören, die Euch lieb sein werden, unter der Bedingung übrigens, daß ich, wenn ich, wie ich glaube, noch heute gute habe, heute nacht zu Euch kommen und sie Euch mit größerer Gemächlichkeit, als ich jetzt könnte, erzählen darf.« Und er nahm wieder Mantel und Hut, küßte die Dame noch einmal und schied von ihr, die er mit guter Hoffnung getröstet hatte, und begab sich in das

Gefängnis, wo Aldobrandino war und mehr der Furcht vor dem bevorstehenden Tode als der Hoffnung auf eine mögliche Rettung nachsann; mit der Erlaubnis der Gefangenenwärter trat er als Tröster ein, setzte sich zu ihm und sagte: »Aldobrandino, ich bin dein Freund und von Gott, dessen Barmherzigkeit deine Unschuld gerührt hat, zu dir gesandt; wenn du mir daher aus Ehrfurcht vor ihm ein geringes Geschenk, das ich von dir heischen werde, gewähren willst, so sollst du ohne Fehl noch vor dem Abende des morgigen Tages statt des Todesurteils, das du erwartest, deine Freisprechung hören.« Und Aldobrandino antwortete: »Da du dich, trefflicher Mann, um meine Rettung annimmst, so mußt du wohl, obgleich ich dich nicht kenne und mich nicht entsinne, dich je gesehn zu haben, mein Freund sein, wie du sagst. Und das Verbrechen, um dessentwillen ich, wie man sagt, zum Tode verurteilt werden soll, habe ich wahrhaftig nicht begangen; andere Sünden habe ich freilich genug auf dem Gewissen, und die haben mich vielleicht an dieses Ende gebracht. Aber ich sage dir in Ehrfurcht vor Gott: hätte Gott jetzt Erbarmen mit mir, so würde ich das Allergrößte, geschweige denn etwas Geringes, willig tun, von versprechen gar nicht zu reden; und darum heische, was dir gefällt, und ich werde es unweigerlich einhalten, wenn es geschieht, daß ich loskomme.« Nun sagte der Pilger: »Das, was ich will, ist nichts weiter, als daß du den vier Brüdern Tedaldos verzeihest, daß sie dich in der Meinung, du seist der Ermordung ihres Bruders schuldig, in diese Lage gebracht haben, und daß du sie, wenn sie dich deshalb um Verzeihung bitten, als deine Brüder und Freunde erkennest.« Und Aldobrandino antwortete ihm: »Wie süß die Rache ist und wie inbrünstig sie ersehnt wird, das weiß niemand als der, der die Beleidigung erlitten hat; nichtsdestoweniger aber will ich ihnen, damit Gott meine Rettung bewirke, gern verzeihen und verzeihe ihnen zu dieser Stunde, und wenn ich hier lebendig herauskomme und frei bin, so will ich mich in dieser Sache so benehmen, wie dir belieben wird.« Damit war der Pilger zufrieden, so daß er ihn, ohne ihm noch sonst etwas sagen zu wollen, bat, guten Mutes zu sein, weil er sicherlich vor Ablauf des nächsten Tages eine völlig sichere Nachricht von seiner Befreiung hören werde. Und nachdem er ihn verlassen hatte, begab er sich auf die Signoria und sagte zu dem Ritter, der an diesem Tage Gericht hielt, insgeheim: »Signor, jedermann hat ja wohl die Pflicht, sich bereitwillig alle Mühe zu geben, damit die Wahrheit an den Tag komme; und sonderlich gilt das von denen, die die Würde innehaben, die Ihr innehabt, auf daß nicht die Unschuldigen, sondern die, die das Verbrechen begangen haben, bestraft werden. Damit das nun zu Euerer Ehre und denen, die es verdient haben, zum Unheile geschehe, bin ich zu Euch gekommen. Wie Ihr wißt, ist die Signoria gegen Aldobrandino Palermini gar streng vorgegangen und glaubt als wahr befunden zu haben, daß er der sei, der Tedaldo Elisei ermordet hat, und ist im Begriffe, ihn zu verurteilen; das ist aber zweifellos falsch, wie ich Euch noch vor Mitternacht zu beweisen hoffe, indem ich Euch die Mörder des jungen Mannes in die Hände liefern will.« Der wackere Ritter, den Aldobrandino dauerte, lieh den Worten des Pilgers ein williges Ohr; und nachdem er mit ihm viel über die Sache gesprochen hatte, nahm er nach seinen Anweisungen die zwei Brüder, denen die Herberge gehörte, und ihren Knecht ohne Widerstand im ersten Schlafe gefangen. Er wollte sie, um den Hergang zu erfahren, auf die Folter strecken lassen, aber sie ließen es nicht dazu kommen, sondern gestanden jeder einzeln und dann alle miteinander rückhaltlos ein, sie seien es, die Tedaldo Elisei, freilich ohne ihn zu kennen, ermordet hätten. Um den Grund befragt, sagten sie, er habe die Frau eines von ihnen zu einer Zeit, wo sie nicht in der Herberge gewesen seien, arg gekränkt und sie zwingen wollen, ihm zu Willen zu sein. Als das der Pilger gehört hatte, beurlaubte er sich bei dem Edelmanne und ging heimlich zum Hause Madonna

Ermellinas; sonst war schon alles im Hause schlafen gegangen, aber sie fand er auf ihn wartend, gleich sehnsüchtig, eine gute Nachricht von ihrem Gatten zu hören, wie sich mit ihrem Tedaldo völlig zu versöhnen. Und als er bei ihr war, sagte er mit frohem Gesichte: »Freue dich, Geliebte, denn morgen wirst du gewiß deinen Aldobrandino gesund und heil wiederhaben«; und um ihr die Sache mehr glaubhaft zu machen, erzählte er ihr ausführlich, was er getan hatte. Über diese beiden also angetanen und also unerwarteten Ereignisse, daß sie nämlich Tedaldo wiederhatte, dessen Tod sie wahrhaftig beweint zu haben glaubte, und daß sie Aldobrandino, dessen Tod sie binnen wenigen Tagen beweinen zu müssen glaubte, aller Gefahr ledig sah, war die Dame so selig, wie nur je eine gewesen ist, und sie umarmte und küßte ihren Tedaldo zärtlich, und sie gingen miteinander zu Bette und schlossen, indem sie eins am andern alle Lust und Wonne fanden, einen lieblichen, seligen Frieden. Und als der Tag anbrach, stand Tedaldo auf, und nachdem er der Dame seine Absicht dargelegt und sie von neuem gebeten hatte, alles unverbrüchlich geheimzuhalten, verließ er, noch immer in Pilgertracht, ihr Haus, um, wenn es an der Zeit sein werde, Aldobrandinos Angelegenheit wahrzunehmen. Die Signoria, die nun die Tat völlig aufgeklärt sah, ließ, kaum daß es Tag geworden war, Aldobrandino frei; und den Missetätern wurden wenige Tage darauf an dem Orte, wo sie den Mord begangen hatten, die Köpfe abgeschlagen. Da also Aldobrandino zu seiner und seiner Gattin und all seiner Freunde und Verwandten Freude in Freiheit war und sie alle deutlich erkannten, daß das nur durch die werktätige Hilfe des Pilgers geschehn war, so führten ihn Aldobrandino und seine Gattin in ihr Haus und baten ihn, dort so lange zu verweilen, wie es ihm belieben werde, sich in der Stadt aufzuhalten; und sie konnten nicht satt werden, ihn zu ehren und ihm Freude zu bereiten, sonderlich nicht die Dame, die ja wußte, wem es geschah. Als es ihm aber nach einigen Tagen an der Zeit schien, zwischen seinen Brüdern, die, wie er vernommen hatte, nicht nur Aldobrandinos Freilassung als einen ihnen angetanen Schimpf auffaßten, sondern sich auch aus Furcht bewaffnet hatten, und Aldobrandino Frieden zu stiften, verlangte er von ihm die Erfüllung seines Versprechens. Aldobrandino antwortete ohne weiteres, er sei dazu bereit. Und der Pilger hieß ihn für den nächsten Tag ein schönes Gastmahl veranstalten und sagte ihm, es sei sein Wunsch, daß er und seine männliche und weibliche Verwandtschaft die vier Brüder und ihre Frauen als Gäste empfingen, und setzte noch hinzu, er werde alsbald hingehn, um sie in Aldobrandinos Namen zur Versöhnung und zum Mahle einzuladen. Und da Aldobrandino mit allem, was ihm beliebte, einverstanden war, ging er unverzüglich zu den vier Brüdern und redete mit solchen Worten, wie sie der Gegenstand erheischte, so lange auf sie ein, bis er sie endlich durch unwiderlegliche Gründe zu der Ansicht gebracht hatte, sie müßten Aldobrandino um Verzeihung bitten und seine Freundschaft wiedererlangen; sodann lud er sie samt ihren Frauen ein, am andern Tage bei Aldobrandino zu speisen, und sie nahmen ohne Zögern an, weil sie Vertrauen zu ihm hatten. Am nächsten Morgen kamen also zuerst die vier Brüder Tedaldos, schwarz gekleidet, wie sie immer gingen, mit einigen Freunden von ihnen um die Essensstunde ins Haus Aldobrandinos, der sie erwartete; und dort warfen sie vor allen, die, um ihnen Gesellschaft zu leisten, von Aldobrandino eingeladen waren, ihre Waffen weg und gaben sich in die Hände Aldobrandinos, indem sie ihn um Verzeihung für alles baten, was sie wider ihn getan hätten. Aldobrandino empfing sie mit Tränen der Rührung; er küßte sie alle auf den Mund und vergab ihnen, ohne viel Worte zu machen, die empfangene Unbill. Dann kamen ihre Schwestern und Frauen, alle in brauner Kleidung, und die wurden von Madonna Ermellina und den andern Damen freundlich empfangen. Und Männer wie Frauen wurden gar köstlich bewirtet, und nichts sonst trübte das Mahl als die Schweigsamkeit wegen der frischen Trauer, die durch die dunkeln Kleider von Tedaldos Verwandten vergegenwärtigt wurde, und diese Trauer hatte auch schon einige veranlaßt, den Plan und das Mahl des Pilgers zu tadeln, was dem nicht entgangen war; als aber die Zeit gekommen war, die Trauer, wie er beschlossen hatte, zu verbannen, erhob er sich, während die Gesellschaft noch die Früchte aß, und sagte: »Nichts hat diesem Mahle gefehlt, um es fröhlich zu machen, als Tedaldo; und den will ich euch jetzt zeigen, weil ihr ihn die ganze Zeit, die er unter euch gewesen ist, nicht erkannt habt.« Und damit warf er den Mantel und die sonstige Pilgertracht ab und stand in einem Wamse aus grünem Zendeltaffet vor ihnen; und mit hellem Staunen starrten sie ihn alle an, und ob sie ihn auch allmählich erkannten, so getraute sich doch vorerst niemand, ihn wirklich für Tedaldo zu halten. Als er das sah, erzählte er ihnen mancherlei von ihrer Verwandtschaft, von Dingen, die unter ihnen geschehn waren, und von seinen Erlebnissen. Jetzt endlich eilten ihn seine Brüder und die andern Männer mit Freudentränen zu umarmen, und ebenso taten dann auch die Damen, die Nichtverwandten und die Verwandten, bis auf Madonna Ermellina. Als das Aldobrandino sah, sagte er: »Was ist das, Ermellina? Warum zeigst du Tedaldo nicht ebenso deine Freude wie die andern Damen?« Und die Dame antwortete ihm, so daß es alle hörten: »Es ist keine hier, die sich mehr gefreut und ihm diese Freude lieber gezeigt hätte als ich, die ich ihm mehr als jede andere verbunden bin, weil es sein Werk ist, daß ich dich wiederhabe; aber die unehrbaren Reden, die in den Tagen, wo wir den vermeintlichen Tedaldo beweinten, geführt worden sind, machen, daß ich mich zurückhalte.« Und Aldobrandino sagte zu ihr: »Geh doch, glaubst du denn, daß ich den Kläffern glaube? Er selber hat dadurch, daß er meine Rettung bewirkt hat, klar und deutlich gezeigt, daß das Gerede, das ich übrigens sowieso nicht geglaubt habe, unwahr ist: steh auf und geh, umarme ihn.« Die Dame, die nichts andres begehrte, war nicht saumselig, ihrem Gatten zu gehorchen; sie erhob sich und bewillkommte ihn, wie die andern Damen getan hatten, mit Umarmung und Kuß. Diese Hochherzigkeit gefiel Tedaldos Brüdern und ebenso allen Männern und Frauen, die dort waren, über die Maßen und tilgte auch jede Spur, die das Gerede etwa in dem Gemüte des einen oder des andern zurückgelassen hatte. Nachdem also Tedaldo von jedermann bewillkommt worden war, riß er mit eigener Hand seinen Brüdern die schwarzen Kleider vom Leibe und seinen Schwestern und Schwägerinnen die braunen, und bat sie, sich andere kommen zu lassen. Und als sie dann neu gekleidet waren, ging es an ein Singen und Tanzen und andere Lustbarkeiten mehr, so daß das Gastmahl, dessen Anfang so schweigsam gewesen war, ein lautes Ende nahm. Und hierauf gingen sie alle in ihrer jubelnden Freude in das Haus Tedaldos, um dort zu Abend zu essen; und auf diese Art dehnten sie das Fest noch mehrere Tage lang aus. Die Florentiner starrten Tedaldo mehrere Tage lang wie einen vom Tode Auferstandenen und wie ein Wunderwesen an; und bei vielen, sogar auch bei seinen Brüdern, blieb im Herzen noch ein gelinder Zweifel, ob er es sei oder nicht, und sie glaubten es noch immer nicht völlig, hätten es auch vielleicht noch eine Weile nicht geglaubt, wenn sich nicht etwas zugetragen hätte, das ihnen die Aufklärung brachte, wer der Ermordete gewesen war, und das geschah so: Eines Tages kamen Reisige aus der Lunigiana bei ihrem Hause vorbei, und die traten auf Tedaldo, als sie ihn sahen, zu und sagten: »Grüß Gott, Faziuolo.« Und Tedaldo antwortete ihnen in Gegenwart seiner Brüder: »Ihr verwechselt mich mit jemand anderm.« Als sie ihn sprechen hörten, schämten sie sich und baten ihn um Verzeihung, wobei sie sagten: »Wahrhaftig, noch nie haben wir gesehn, daß ein Mensch einem andern so geglichen hätte, wie Ihr einem Gesellen von uns gleicht, der Faziuolo heißt und aus Pontremoli ist; er ist vor etwa vierzehn Tagen oder wenig darüber hierhergekommen, und wir haben bis jetzt nicht erfahren können, was es mit ihm ist. Allerdings haben wir uns über Euere Kleidung verwundert, weil er Soldat ist wie wir.« Der älteste Bruder Tedaldos trat, als er das hörte, vor und fragte sie, wie dieser Faziuolo gekleidet gewesen sei. Da beschrieben sie ihm einen solchen Anzug, wie ihn der Ermordete am Leibe gehabt hatte, und daraus und aus andern Zeichen erhellte, daß der nicht Tedaldo, sondern Faziuolo war; so schwand denn den Brüdern und allen andern jeglicher Argwohn. Tedaldo, der als schwerreicher Mann heimgekommen war, verharrte in seiner Liebe und genoß sie mit seiner Dame bei vorsichtigem Benehmen lange Zeit, ohne daß es noch einmal zu einer Entzweiung gekommen wäre. So lasse Gott auch uns die unserige genießen!

Achte Geschichte

Ferondo wird, da er ein gewisses Pulver verschluckt hat, für tot begraben, und der Abt, der sich mit seiner Frau ergötzt, zieht ihn aus dem Grabe, setzt ihn gefangen und macht ihm weis, er sei im Fegefeuer; nachdem er auferstanden ist, zieht er einen Sohn, den der Abt mit seiner Frau gezeugt hat, als den seinigen auf.

So lang auch die Geschichte Emilias gewesen war, so hatte sie doch niemand ihrer Länge halber mißfallen, sondern alle Damen mußten zugeben, daß sie in Anbetracht der Menge und Mannigfaltigkeit der berichteten Dinge kurz erzählt worden war; als sie aber zu Ende war, gab die Königin durch einen einfachen Wink Lauretta zu verstehn, was sie wünschte, so daß die also begann: Mir kommt, meine teuern Damen, eine Geschichte in den Sinn, die ich euch erzählen will, obwohl sie viel mehr einer Lüge als einem wahren Berichte, der sie doch ist, ähnlich sieht; und erinnert habe ich mich daran, als ich gehört habe, es sei einer für einen andern beweint und begraben worden. Ich will euch also erzählen, wie einer lebendig für tot begraben worden ist, wie er dann nach seiner und vieler anderer Meinung das Grab als Auferstandener und nicht als ein Lebendiger verlassen hat, und wie schließlich der, der als ein Schuldiger hätte verdammt werden sollen, als Heiliger verehrt worden ist.

In einer Abtei in Toskana, die, wie wir deren viele sehn, an einem wenig besuchten Orte lag und noch liegt, war ein Mönch zum Abte gemacht worden, der in allen Dingen ein gar frommer Mann war, bis auf den Umgang mit den Weibern; darin wußte er sich aber so vorsichtig zu benehmen, daß niemand davon etwas ahnte, geschweige denn davon Kenntnis hatte, und daß er in allen Stücken als ein gerechter und frommer Mann galt. Da nun der Abt mit einem steinreichen Bauer, Ferondo mit Namen, der sich angelegentlich um seine Freundschaft beworben hatte, vertraut umging – Ferondo war aber ein über die Maßen alberner und ungeschlachter Mensch, und der Abt ließ sich auch seine Vertraulichkeit nur gefallen, weil er sich dann und wann an seiner Einfalt ergötzte –, geschah es, daß dabei der Abt ersah, daß Ferondo eine hübsche junge Frau hatte; und in die verliebte er sich so glühend, daß er Tag und Nacht an nichts mehr sonst dachte. Als er aber hörte, Ferondo sei, wie einfältig und dumm er auch sonst in allem sei, doch in der Liebe zu ihr und in der Art sie zu hüten völlig klug, verzweifelte er schier. Trotzdem brachte er in seiner Schlauheit Ferondo dazu, daß er manchmal mit seiner Frau zum Vergnügen in den Garten der Abtei kam; und da redete er dann sehr salbungsvoll so viel von der Glückseligkeit des ewigen Lebens und dem frommen Wandel vieler Männer und Frauen der Vorzeit, daß die Frau Lust bekam, bei ihm zu beichten, und Ferondo um die Erlaubnis dazu bat. Er gab sie ihr, und sie ging zu dem Abte beichten, was dem eine große Freude war, setzte sich zu seinen Füßen und begann, bevor sie noch auf etwas andres zu sprechen kam, folgendermaßen: »Hätte mir Gott, Herr, einen wirklichen Mann oder gar keinen gegeben, so wäre es vielleicht leichter für mich, unter Euerer Anleitung den Weg zu beschreiten, der den Menschen, wie Ihr gesagt habt, zum ewigen Leben führt; wenn ich aber betrachte, was für ein Mann und wie dumm Ferondo ist, so kann ich mich eine Witwe nennen und bin doch verheiratet, nämlich so weit, daß ich bei seinen Lebzeiten keinen andern nehmen darf. Dazu ist er, albern wie er ist, ohne jeden Grund so über die Maßen eifersüchtig auf mich, daß ich mit ihm nicht anders als in Verdruß und Ungemach leben kann. Bevor ich daher zur andern Beichte komme, bitte ich Euch so inständig, wie ich nur kann, seid so gut und gebt mir darin einen Rat, weil mir, wenn ich nicht vor allem die Möglichkeit habe, gut zu handeln, weder die Beichte noch sonst ein gutes Werk etwas helfen wird.« Diese Rede war dem Abte so recht nach seinem Herzen, und es schien ihm, als habe ihm das Glück den Weg zu dem am heißesten ersehnten Ziele gebahnt, und er sagte: »Ich glaube es, meine Tochter, daß es für eine schöne und feinfühlige Frau, wie Ihr seid, ein großer Kummer ist, einen blödsinnigen Mann zu haben; für einen viel größeren halte ich aber, einen eifersüchtigen zu haben: da nun der Eurige das eine wie das andere ist, glaube ich Euch gern, was Ihr von Euerm Verdrusse sagt. Dawider sehe ich aber, um es kurz zu sagen, nur den einen Rat und das eine Mittel, Ferondo von seiner Eifersucht zu heilen. Die Arznei, die ihn heilen soll, verstehe ich gar wohl zu machen, wenn Ihr nur das Herz habt, das, was ich Euch sagen werde, geheimzuhalten.« Die Frau sagte: »Vater, zweifelt nicht daran; eher würde ich mein Leben lassen, als jemand zu sagen, was Ihr zu sagen mir verboten habt. Aber wie könnte das geschehn?« Der Abt antwortete: »Wenn wir wollen, daß er geheilt werde, so muß er unbedingt ins Fegefeuer.« – »Und wie könnte er«, sagte die Frau, »lebendig dorthin kommen?« Der Abt sagte: »Er muß sterben, und da kommt er hin; und wenn er so viel Pein erlitten haben wird, daß er von seiner Eifersucht geheilt ist, dann werden wir den Herrgott mit gewissen Gebeten bitten, ihn wieder lebendig zu machen, und er wird es tun.« – »So soll ich denn Witwe werden?« sagte die Frau. »Ja«, antwortete der Abt, »auf eine Zeitlang, und da werdet Ihr Euch wohl hüten müssen, Euch wieder zu verheiraten; Gott würde es sehr übelnehmen, und Ferondo, zu dem Ihr bei seiner Rückkehr zurückkehren müßtet, wäre eifersüchtiger als je.« Die Frau sagte: »Wenn er nur von dieser Abscheulichkeit geheilt wird, damit ich nicht immer eingesperrt sein muß, so bin ich alles zufrieden; tut, was Euch beliebt.« Nun sagte der Abt: »Ich will es also tun; aber was soll ich denn von Euch als Lohn für einen solchen Dienst bekommen?« – »Vater«, sagte die Frau, »was Ihr wollt, wenn ich es nur kann; aber was könnte eine meinesgleichen für einen solchen Mann, wie Ihr seid, tun, daß es seiner würdig wäre?« Und der Abt sagte zu ihr: »Ihr könnt, Madonna, für mich nichts Geringeres tun, als was ich für Euch zu tun auf mich nehme; denn so wie ich darauf bedacht bin, etwas zu tun, was zu Euerm Nutz und Frommen sein soll, so könnt ihr etwas tun, was mir zum Heile und zu meines Lebens Fristung sein wird.« Nun sagte die Frau: »Wenn dem so ist, so bin ich bereit.« – »So schenkt mir also Euere Liebe«, sagte der Abt, »und befriedigt mich mit Euch selber, für die ich am ganzen Leibe glühe und mich verzehre.« Als das die Frau hörte, antwortete sie ganz erschrocken: »O weh, Vater, was verlangt Ihr da? Ich habe geglaubt, Ihr seiet ein Heiliger; ziemt es sich aber für heilige Männer, von den Frauen, die zu ihnen um Rat kommen, derlei Dinge zu heischen?« Und der Abt sagte zu ihr: »Verwundert Euch nicht, Herzallerliebste; die Heiligkeit wird dadurch nicht geringer, weil sie in der Seele wohnt und das, was ich verlange, eine Sünde des Leibes ist. Aber sei es, wie immer es wolle, Eure holde Schönheit hat eine solche Macht, daß mich die Liebe zwingt, so zu tun. Und ich sage Euch, daß Ihr Euch mehr als andere Frauen Euerer Schönheit rühmen dürft, da sie den Heiligen gefällt, die doch die Schönheiten des Himmels zu schauen gewohnt sind; überdies bin ich, wenn ich auch Abt bin, doch ein Mann wie alle andern, und wie Ihr seht, bin ich noch kein Greis. Und es darf Euch nicht schwerfallen, mir meinen Willen zu tun, vielmehr solltet Ihr selber danach verlangen, weil ich Euch in der Zeit, wo Ferondo im Fegefeuer sein wird, des Nachts Gesellschaft leisten und Euch den Trost spenden will, den er Euch spenden sollte; und davon wird auch nie jemand etwas ahnen, weil jedermann von mir dieselbe Meinung hat, die Ihr noch vorhin gehabt habt, und vielleicht eine noch höhere. Verschmäht also nicht die Gnade, die Euch Gott schickt; denn es gibt genug Frauen, die das ersehnen, was Ihr haben könnt und auch haben werdet, wenn Ihr klugerweise meinem Rate glaubt. Überdies habe ich schöne und kostbare Kleinode, und die soll niemand anders haben als Ihr. So tut denn, mein süßer

Trost, für mich, was ich gern für Euch tue.« Die Frau blickte zu Boden und wußte nicht, wie nein sagen; und es ihm zu gewähren, deuchte sie auch nicht in der Ordnung: und der Abt, der sah, daß sie ihn angehört hatte und mit der Antwort zauderte, fügte den schon gesagten Worten, da er sie schon halb bekehrt zu haben glaubte, noch viele andere hinzu und brachte ihr auch, bevor er noch mit seiner Rede zu Ende war, die Meinung bei, was er verlange, sei ganz in der Ordnung. Darum sagte sie verschämt, sie sei bereit, nach seinen Befehlen zu tun; sie könne es aber nicht früher, als bis Ferondo im Fegefeuer sei. Und ganz zufrieden sagte der Abt: »Wir werden es schon machen, daß er bald dort sein soll; macht nur, daß er morgen oder dieser Tage auf eine Weile zu mir kommt.« Und mit diesen Worten steckte er ihr einen wunderschönen Ring zu und entließ sie. Voller Freude über das Geschenk und in der frohen Hoffnung, noch andere zu erhalten, kehrte die Frau zu ihren Gefährtinnen zurück und begann ihnen Wunderdinge zu erzählen von der Heiligkeit des Abtes und ging mit ihnen heim. Wenige Tage darauf kam Ferondo in die Abtei, und kaum sah ihn der Abt, so traf er auch schon Anstalt, um ihn ins Fegefeuer zu schicken: er suchte ein Pulver von wunderbarer Kraft hervor, daß ihm im Morgenlande von einem großen Fürsten gegeben worden war, der behauptet hatte, daß es der Alte vom Berge zu gebrauchen pflege, wenn er jemand im Schlafe in sein Paradies schicken oder daraus entfernen wolle, und daß es, in größerer oder geringerer Menge gegeben, den, der es genommen habe, ohne ihm irgendwie zu schaden, auf kürzere oder längere Zeit so fest einschläfere, daß niemand sagen könne, er habe noch Leben in sich; und davon nahm er so viel, daß es auf einen dreitägigen Schlaf reichte, und gab es auf seiner Zelle Ferondo, der sich nichts versah, in einem Glase noch nicht geklärten Weines zu trinken und führte ihn dann in den Kreuzgang und begann sich mit mehrern von seinen Mönchen an seinen

Torheiten zu ergötzen. Es dauerte nicht lange, so wirkte das Pulver, und dem armen Ferondo kam ein so jäher und schwerer Schlaf ins Haupt, daß er stehend einschlief und schlafend umfiel. Der Abt, der sich sehr erschrocken stellte, ließ ihn aufgürten und ließ frisches Wasser bringen und ihm ins Gesicht spritzen und noch viel andere Mittel anwenden, als ob er ihn aus einer Ohnmacht, die etwa durch die aus dem Magen oder anderswoher aufsteigenden Dünste verursacht worden wäre, wieder zum Bewußtsein hätte bringen wollen; da aber Abt und Mönche sahen, daß er bei alledem nicht zu sich kam, und da sie, als sie ihm den Puls fühlten, kein Lebenszeichen fanden, waren sie alle überzeugt, daß er tot sei. Sie schickten darum seiner Frau und seinen Verwandten Botschaft, und die kamen alsbald alle hin und weinten ein wenig, und dann ließ ihn der Abt in den Kleidern, die er am Leibe hatte, in eine Gruft legen. Die Frau kehrte nach Hause zurück und sagte, sie wolle sich von dem Kinde, das sie von ihm hatte, niemals trennen; und so blieb sie zu Hause und begann sich ihrem Söhnchen und der Verwaltung des Reichtums, den Ferondo hinterlassen hatte, zu widmen. In aller Stille stand der Abt in der Nacht auf und holte einen bolognesischen Mönch, zu dem er viel Vertrauen hatte und der an dem nämlichen Tage aus Bologna eingetroffen war, und nun zogen sie Ferondo zu zweit aus seinem Grabe und trugen ihn in ein stockfinsteres Gewölbe, das für Mönche, die gefehlt hatten, zum Gefängnis bestimmt war; und nachdem sie ihm seine Kleider ausgezogen und ihn wie einen Mönch gekleidet hatten, legten sie ihn auf ein Bund Stroh und ließen ihn, bis er zu sich kommen werde. Und der bolognesische Mönch, der vom Abte über seine Obliegenheiten unterwiesen worden war, wartete einstweilen, ohne daß irgend jemand etwas von der Sache gewußt hätte, bis er zu sich kommen werde. Am nächsten Tage ging der Abt mit einigen seiner Mönche wie zu einem Besuche zu der Frau, die er betrübt und schwarz gekleidet fand; und nachdem er sie ein bißchen getröstet hatte, mahnte er sie leise ihres Versprechens wegen. Die Frau, die sich frei und weder von Ferondo noch sonst jemand behindert sah, gab, da sie am Finger des Abtes einen andern schönen Ring bemerkt hatte, zur Antwort, sie sei bereit; und sie machte mit ihm ab, daß er in der nächsten Nacht kommen solle. Als es daher Nacht geworden war, ging der Abt, in Ferondos Kleidern und von seinem Mönche begleitet, zu ihr und lag mit der größten Lust und Wonne bis zur Mettenzeit bei ihr, und dann kehrte er in die Abtei zurück. Diesen Weg machte er in der gleichen Absicht ziemlich oft; und von den Leuten, denen er dabei dann und wann sowohl beim Kommen als auch beim Gehn begegnete, wurde er für Ferondo gehalten, der, um Buße zu tun, in dieser Gegend umgehe, und das einfältige Landvolk erzählte sich allerlei Geschichten; davon wurde auch der Frau berichtet, die freilich wohl wußte, wie sich die Sache verhielt. Als Ferondo zu sich gekommen war und sich, ohne zu wissen, wo er sei, in dem Gewölbe gefunden hatte, war der bolognesische Mönch mit einer entsetzlichen Stimme eingetreten und hatte ihn gepackt und ihm mit mitgebrachten Ruten eine derbe Tracht Schläge gegeben. Weinend und schreiend hatte Ferondo nichts andres getan als gefragt: »Wo bin ich?« Die Antwort des Mönches war: »Im Fegefeuer!« – »Was?« sagte Ferondo, »bin ich denn tot?« Der Mönch sagte: »Jawohl.« Darum begann Ferondo über sich und seine Frau und sein Söhnchen zu weinen und schwatzte das ungereimteste Zeug von der Welt. Und der Mönch brachte ihm etwas zu essen und zu trinken. Als das Ferondo sah, sagte er: »Ach, essen denn die Toten?« Und der Mönch sagte: »Ja; das, was ich dir bringe, hat deine ehemalige Frau heute morgen in die Kirche geschickt, damit Messen für deine Seele gelesen würden, und der Herrgott hat gewollt, daß es dir vorgesetzt werde.« Nun sagte Ferondo: »Gott vergelte es ihr. Ich habe sie ja, bevor ich gestorben bin, richtig gern gehabt, so daß ich sie die ganze Nacht im Arme hielt und nichts sonst tat, als sie küssen, und ich tat auch wohl etwas andres, wann mich die Lust ankam.« Und dann begann er, da ihn sehr gelüstete, zu essen und zu trinken; aber der Wein schmeckte ihm nicht recht, und so sagte er: »Daß sie Gott schände, daß sie dem Priester nicht von dem Fasse an der Mauer gegeben hat.« Als er jedoch gegessen hatte, packte ihn der Mönch von neuem und gab ihm mit denselben Ruten noch eine tüchtige Anzahl Streiche. Und Ferondo sagte nach vielem Schreien: »Warum tust du mir denn das?« Und der Mönch sagte: »Weil es der Herrgott befohlen hat, daß dir alltäglich zweimal so getan werde.« – »Und warum?« sagte Ferondo. Und der Mönch sagte: »Weil du eifersüchtig warst, wo du doch weit und breit die beste Frau gehabt hast.« – »O weh!« sagte Ferondo, »du sagst die Wahrheit, und die süßeste war sie auch: sie war zuckriger als Lebkuchen, aber ich habe nicht gewußt, daß es der Herrgott übelnimmt, wenn der Mann eifersüchtig ist; sonst wäre ich es nicht gewesen.« Und der Mönch sagte: »Das hättest du bedenken sollen, dieweil du in der andern Welt warst, und dich bessern; und wenn es je geschieht, daß du wieder hinkommst, so sieh zu, daß du dich erinnerst, was ich dir jetzt tue, und laß dein Eifern.« Und Ferondo sagte: »Ja, kommt denn einer, der gestorben ist, wieder hin?« Und der Mönch sagte: »Ja, wenn Gott will.« – »Ach«, sagte Ferondo, »wenn ich jemals zurückkäme, ich wäre der beste Ehemann von der Welt; nie würde ich sie schlagen, nie grob sein mit ihr, außer wegen des Weines, den sie heute morgen geschickt hat, und Licht hat sie auch keins geschickt, so daß ich im Finstern essen muß.« Und der Mönch sagte: »Geschickt hat sie welche; aber sie sind zu den Messen verbrannt worden.« – »Ach«, sagte Ferondo, »da wirst du recht haben; und wahrhaftig, wenn ich zurückkomme, so lasse ich sie machen, was sie will. Aber sag mir, wer bist denn du, der du mir das tust?« Und der Mönch sagte: »Ich bin auch ein Toter und war aus Sardinien, und weil ich meinen Herrn seiner Eifersucht halber gelobt habe, bin ich von Gott zu der Strafe verdammt worden, daß ich dir zu essen und zu trinken geben und dich also prügeln muß, bis er sich über dich und über mich anders beraten wird.« Und Ferondo sagte: »Sind denn nicht mehr hier als wir zwei?« Und der Mönch sagte: »Ja freilich, zu Tausenden, aber du kannst sie ebenso wenig hören oder sehn wie sie dich.« Nun sagte Ferondo: »Und wie weit sind wir denn von uns daheim entfernt?« – »O je«, sagte der Mönch, »das sind ein paar Meilen mehr als in die Kackerei.« – »Gottstreu, das ist weit genug«, sagte Ferondo; »da dächte ich, wir müßten ja schon aus der Welt sein, so weit ist das.« Bei solchen und ähnlichen Gesprächen wurde Ferondo mit Essen und Schlägen an die zehn Monate verwahrt gehalten, und in dieser Zeit besuchte der Abt die schöne Frau gar häufig mit gutem Glücke und ließ es sich mit ihr so gut geschehn wie nur möglich. Aber wie es schon das Schicksal wollte, wurde die Frau schwanger; sie merkte es auch sofort und sagte es dem Abte, und da schien es denn beiden die höchste Zeit, daß Ferondo aus dem Fegefeuer ins Leben zurückgerufen werde und zu ihr wiederkehre, damit sie sagen könne, sie sei von ihm schwanger. In der nächsten Nacht ließ also der Abt Ferondo mit verstellter Stimme in seinem Gefängis anrufen und ihm sagen: »Sei getrost, Ferondo, denn es ist Gottes Wille, daß du zur Erde wiederkehrest; und wann du wiedergekehrt bist, so wird dir deine Frau einen Sohn gebären, und den sollst du Benedikt heißen, weil dir Gott diese Gnade um der Gebete deines frommen Abtes und deiner Frau willen und dem heiligen Benedikt zuliebe erzeigt.« Als das Ferondo hörte, war er glückselig und sagte: »Das ist mir wirklich lieb; Gott vergelte es dem Herrgott und dem Abte und dem heiligen Benedikt und meiner käsesüßen, lebzeltenen, zuckerigen Frau!« Und der Abt ließ ihm in den Wein, den er ihm schickte, so viel von dem Pulver tun, daß es ihn etwa auf vier Stunden einschläfern mußte; und nachdem sie ihm seine alten Kleider wieder angelegt hatten, trugen ihn der Abt und der Mönch in aller Stille in die Gruft zurück, worein er begraben worden war. Bei Tagesanbruch kam Ferondo zu sich und sah durch einen Spalt in der Gruft zum ersten Male nach zehn Monaten wieder Licht; da er sich darum für lebendig hielt, begann er zu schreien: »Macht mir auf, macht mir auf!« und stemmte sich sogleich so fest gegen die Gruftdecke, daß er sie, weil sie nicht schwer war, hob. Eben machte er die letzten Anstrengungen, sie wegzuschieben, als die Mönche, die das Morgengebet verrichtet hatten, hinzugelaufen kamen; und sie erkannten die Stimme Ferondos und sahen ihn auch schon aus dem Grabe steigen, so daß sie voll Schrekken über das unerhörte Ereignis Reißaus nahmen und zum Abte eilten. Der tat, als stünde er just vom Gebete auf, und sagte: »Habt keine Angst, Kinder; nehmt Kreuz und Weihwasser und folgt mir und wir wollen sehn, was uns Gottes Allmacht dartun will«, und so taten sie. Ferondo, der ja den Himmel so lange Zeit nicht gesehn hatte, war ganz bleich aus dem Grabe gestiegen. Und kaum sah er den Abt, so lief er ihm entgegen und warf sich ihm zu Füßen und sagte: »Vater, wie mir geoffenbart worden ist, waren es Euere Gebete und die des heiligen Benedikt und meiner Frau, die mich von der Pein des Fegefeuers erlöst und ins Leben zurückgebracht haben, und darum bitte ich Gott, daß er Euch alles Gute bescheren möge, jetzt und immerdar.« Der Abt sagte: »Gepriesen sei Gottes Allmacht! Geh denn, mein Sohn, da dich Gott zurückgeschickt hat, und tröste deine Frau, der, seitdem du aus diesem Leben geschieden bist, die Tränen nicht versiegt sind, und führe fortan einen gottgefälligen Wandel.« Und Ferondo sagte: »Man hat es mir schon so gesagt, Herr, laßt mich nur machen; bin ich nur erst einmal bei ihr, so küsse ich sie auch gleich ab, so lieb habe ich sie.« Der Abt, der mit seinen Mönchen zurückblieb, schien sich vor Staunen nicht fassen zu können und ließ in aller Frömmigkeit das Miserere singen. Unterdessen ging Ferondo heim in sein Dorf; und wer ihn sah, der floh vor ihm, wie man's wohl vor schrecklichen Unholden tut, aber er rief alle zurück und versicherte ihnen, er sei vom Tode erstanden. Und auch seine Frau hatte Angst vor ihm. Als sich aber die Leute ein wenig über ihn beruhigt hatten und sahen, daß er wirklich lebendig war, fragten sie ihn um mancherlei Dinge, und er, der fast als kluger Mann wiedergekommen war, antwortete allen und erzählte ihnen Neuigkeiten von den Seelen ihrer Verwandten und erfand aus sich selber die allerschönsten Märchen über das Treiben im Fegefeuer und erzählte vor allem Volke, was ihm vor seiner Auferstehung durch den Mund des Bengels Viechael verkündet worden sei. Und er nahm sein Gut wieder in Besitz; und seiner Meinung nach schwängerte er seine Frau, und von ungefähr geschah es, daß sie zu der gehörigen Zeit – was nämlich die Toren gehörige Zeit nennen, die glauben, das Weib trage das Kind auf den Tag genau neun Monate – eines Knaben genaus, und der wurde Benedetto Ferondi genannt. Die Wiederkehr Ferondos und seine Reden ließen, da schier jedermann glaubte, er sei von den Toten auferstanden, den Ruf von des Abtes Heiligkeit grenzenlos wachsen. Und Ferondo war von seiner Eifersucht, derenthalben er so viel Schläge bekommen hatte, gänzlich geheilt, so daß der Abt recht behielt, der seiner Frau versprochen hatte, er werde fortan nicht mehr eifern; darüber war die Frau sehr froh und lebte mit ihrem Manne, wie vorher, in allen Ehren, freilich nicht ohne sich, wann es füglich war, mit ihrem Abte zu treffen, der ihr in ihrer größten Not so treulich und sorgsam gedient hatte.

Neunte Geschichte

Giletta von Narbonne heilt den König von Frankreich von einer Fistel und verlangt Beltramo von Roussillon zum Gatten; der heiratet sie wider Willen und zieht aus Verdruß nach Florenz. Dort legt sich Gilletta statt eines jungen Mädchens, um die er buhlt, zu ihm; da sie ihm so zwei Söhne gebiert, gewinnt er sie lieb und erkennt sie als seine Gemahlin an.

Da die Königin Dioneos Vorrecht nicht verletzen wollte, so hatte, als Lauretta mit ihrer Geschichte fertig war, niemand außer ihr noch zu erzählen; ohne darum erst zu warten, bis sie von ihren Untertanen aufgefordert werde, begann sie fröhlich also: Wer könnte denn noch, nachdem wir die Geschichte Laurettas gehört haben, eine erzählen, die gefiele? Es ist wahrhaftig ein Glück, daß die ihrige nicht die erste war, sonst hätten wohl wenige gefallen; und so, fürchte ich, wird es denen ergehn, die heute noch zu erzählen sind. Aber sei dem, wie es wolle, ich werde euch trotzdem erzählen, was mir zu dem bestimmten Vorwurfe einfällt.

In Frankreich war ein Edelmann, Isnardo Graf von Roussillon mit Namen, der, weil er kränklich war, stets einen Arzt bei sich hatte, Meister Gerardo von Narbonne mit Namen. Der Graf hatte ein einziges Kind, einen schönen, artigen Knaben, Beltramo geheißen; mit dem wurden einige gleichaltrige Kinder aufgezogen, unter denen ein Töchterchen des Arztes war, die Gilletta hieß. Dieses Mägdlein hegte für Beltramo eine unendliche Liebe, die viel heißer war, als bei ihrem zarten Alter schicklich gewesen wäre; als aber der Graf gestorben war, mußte Beltramo, den der Verstorbene den Händen des Königs befohlen hatte, nach Paris ziehen, und darüber war sie ganz untröstlich. Und da bald darauf auch ihr Vater starb, wäre sie, wenn sie nur einen anständigen Vorwand hätte finden können, gar gern nach Paris gereist, um Beltramo wiederzusehn; sie wurde jedoch als einzige Erbin des väterlichen Reichtums zu sehr beobachtet, als daß sie einen ehrbaren Weg gesehn hätte. Unterdessen hatte sie, die schon ins mannbare Alter gekommen war, ohne daß sie Beltramo hätte vergessen können, viele, mit denen sie ihre Verwandten hatten vermählen wollen, zurückgewiesen, nie aber einen Grund angegeben. Nun geschah es, daß ihr zu einer Zeit, wo sie mehr als je für Beltramo glühte, der, wie sie vernommen hatte, ein ungemein schöner Jüngling geworden war, die Nachricht zu Ohren kam, dem Könige von Frankreich sei von einer Wucherung auf der Brust, die schlecht behandelt worden sei, eine Fistel zurückgeblieben, die ihm viel Beschwerden und Schmerzen mache, und es habe sich, obwohl sich schon viele Ärzte daran versucht hätten, noch keiner gefunden, der das Übel hätte heilen können, sondern es habe sich bei allen verschlimmert; und darum wolle der König, der an allem verzage, weder Rat noch Hilfe mehr annehmen. Das war dem Fräulein über die Maßen lieb; denn so hatte sie nicht nur einen triftigen Grund, nach Paris zu reisen, sondern sie hoffte auch, daß es ihr, wenn die Krankheit die sei, die sie meinte, leicht gelingen werde, Beltramo zum Gatten zu bekommen. Bei dem Umstande, daß sie von ihrem Vater viel gelernt hatte, wurde es ihr nicht schwer, aus etlichen Kräutern, die bei dem Übel, das es ihrer Meinung nach sein konnte, nützten, ein Pulver zu bereiten; und als sie damit fertig war, stieg sie zu Pferde und ritt nach Paris. Und das erste, was sie dort tat, war, daß sie sich Mühe gab, Beltramo zu sehn; und dann trat sie vor den König und bat ihn um die Gunst, ihr sein Übel zu zeigen. Als der König die Schönheit und Anmut der jungen Dame sah, konnte er nicht nein sagen und zeigte es ihr. Kaum hatte sie es gesehn, so hatte sie auch schon die Zuversicht, es heilen zu können, und sie sagte: »Wenn es Euch beliebt, gnädiger Herr, so hoffe ich zu Gott, daß ich Euch, ohne daß Ihr irgendwie Schmerzen oder Beschwerden hättet, in acht Tagen hergestellt haben werde.« Der König lachte innerlich über ihre Worte und sagte bei sich: »Was die größten Ärzte der Welt nicht gekonnt und nicht verstanden haben, wie sollte das ein junges Mädchen verstehn?« Er dankte ihr also für ihren guten Willen und antwortete, er habe sich vorgenommen, keinen ärztlichen Rat mehr zu befolgen. Und das Fräulein sagte zu ihm: »Ihr verschmäht meine Kunst, gnädiger Herr, weil ich ein Weib und noch jung bin; aber ich erinnere Euch, daß ich mich nicht auf meine Wissenschaft, sondern auf Gottes Hilfe und auf die Wissenschaft Meister Gerardos von Narbonne verlasse, der mein Vater und zu seinen Lebzeiten ein wohlberufener Arzt war.« Nun sagte der König bei sich: »Vielleicht hat sie mir der Herrgott geschickt; warum sollte ich nicht versuchen, was sie versteht? Sagt sie doch, sie werde mich in kurzer Zeit und ohne Beschwerden heilen.« Und schon mit sich einig, es zu versuchen, sagte er: »Und wenn Ihr Uns nicht heilt, so daß Wir Unsern Vorsatz umsonst gebrochen hätten, was wollt Ihr dann, daß mit Euch geschehe?« – »Gnädiger Herr«, sagte das Fräulein, »laßt mich bewachen. Und wenn ich Euch nicht binnen acht Tagen heile, so laßt mich verbrennen; heile ich Euch aber, was werde ich da zum Lohn erhalten?« Und der König antwortete: »Ihr scheint Uns noch unverheiratet zu sein: wenn es Euch also gelingt, so werden Wir Euch einen trefflichen, angesehenen Gatten geben.« Und das Fräulein sagte: »Es ist mir wahrhaftig lieb, gnädiger Herr, daß Ihr mich verheiraten wollt; zum Gatten will ich aber nur den, den ich von Euch verlangen werde, ohne daß ich einen Euerer Söhne oder sonst jemand aus dem königlichen Hause verlangen dürfte.« Das versprach ihr der König ohne weiteres. Das Fräulein begann ihn nach ihrer Weise zu behandeln, und in kurzer Zeit, noch vor der bestimmten Frist, hatte sie ihm die Gesundheit wiedergegeben. Und der König sagte, als er sich geheilt fühlte: »Jungfrau, Ihr habt den Gatten wohl verdient.« Und sie antwortete ihm: »So habe ich denn, gnädiger Herr, Beltramo von Roussillon verdient, den ich schon in meiner Kindheit zu lieben begonnen habe und seither immer von Herzen liebte.« Dem König schien es nichts Geringes, ihr Beltramo zu geben; weil er's ihr aber versprochen hatte und sein Wort nicht brechen wollte, so ließ er sich ihn rufen und sagte zu ihm: »Beltramo, Ihr seid nun erwachsen und ein ganzer Ritter; darum wollen Wir, daß Ihr zurückkehrt, um Euere Grafschaft zu regieren, und eine Jungfrau mit heimführt, die Wir Euch zur Gattin bestimmt haben.« Beltramo sagte: »Und wer ist die Jungfrau, gnädiger Herr?« Und der König antwortete ihm: »Die, die mich durch ihre Arzneien geheilt hat.« Obwohl sie dem jungen Grafen, der sie kannte und gesehn hatte, sehr schön schien, sagte er doch, weil er wußte, daß sie keinem Geschlechte entstammte, das seinem Adel ebenbürtig gewesen wäre, voll Verdruß: »Wollt Ihr mir denn, gnädiger Herr, eine Ärztin zur Gattin geben? Da sei Gott vor, daß ich jemals so eine nähme.« Und der König sagte zu ihm: »So wollt Ihr denn, daß Wir es an unserm Worte mangeln ließen, das Wir, um unsere Gesundheit wiederzuerlangen, der Jungfrau, die nun als Lohn Euch zum Gatten verlangt, verpfändet haben?« – »Gnädiger Herr«, sagte Beltramo, »Ihr mögt mir nehmen, was ich besitze, und mich, der ich ja Euer Dienstmann bin, schenken, wem Ihr wollt; das aber versichere ich Euch, daß ich mich mit dieser Heirat nie abfinden werde.« »Ihr werdet es«, sagte der König, »weil die Jungfrau schön und klug ist und Euch herzlich liebt; darum hoffen Wir, daß Ihr mit ihr viel glücklicher leben werdet als mit einer Dame von einer höhern Abkunft.« Beltramo schwieg, und der König ließ große Zurüstungen zum Hochzeitsfeste machen. Und als der bestimmte Tag gekommen war, vermählte sich Beltramo, so ungern er es auch tat, in Gegenwart des Königs mit der Jungfrau, die ihn mehr als sich selber liebte. Und kaum war das geschehn, so heischte er gemäß dem Plane, den er sich gemacht hatte, unter dem Vorwande, in seine Grafschaft heimkehren und die Ehe dort vollziehen zu wollen, Urlaub vom Könige; und er stieg zu Pferde und begab sich nicht in seine Grafschaft, sondern nach Toskana. Und da er erfuhr, daß die Florentiner mit den Sienesern im Kriege lagen, beschloß er, sich auf ihre Seite zu schlagen; er wurde mit Freuden und Ehren empfangen und blieb, da sie ihn zum Hauptmanne eines Kriegshaufens gemacht und ihm einen guten Sold ausgesetzt hatten, lange in ihren Diensten. Wenig zufrieden mit dieser Wendung der Dinge, hatte sich die junge Frau in der Hoffnung, ihn durch ihr Betragen in die Grafschaft heimzurufen, nach Roussillon begeben, und dort war sie von allen als Gebieterin empfangen worden. Als sie nun fand, daß in der langen herrenlosen Zeit alles der Mißwirtschaft und Verwahrlosung verfallen war, schaffte sie mit großem Eifer und großer Sorgfalt überall Abhilfe, so daß die Untertanen sehr zufrieden waren und sie sehr wert hielten und ihr eine große Liebe zuwandten, während sie den Grafen hart tadelten, daß er sich nicht mit ihr zufrieden gebe. Nachdem die Dame im ganzen Lande die Ordnung wiederhergestellt hatte, zeigte sie das dem Grafen durch zwei Ritter an und ließ ihn bitten, es ihr anzuzeigen, wenn sie schuld daran sei, daß er nicht in seine Grafschaft komme, weil dann sie ihm zu Gefallen gehn würde. Und in verstockter Härte sagte der Graf zu den Rittern: »Darin mag sie tun, was ihr gefällt; ich für meinen Teil werde nicht früher zu ihr zurückkehren, als bis sie diesen Ring am Finger und ein Kind, das sie von mir bekommen hat, auf dem Arme trägt.« Der Ring war ihm aber wegen einer geheimen Kraft, die ihm, wie ihm angegeben worden war, innewohnte, so wert, daß er sich nie von ihm trennte. Die Ritter verstanden, daß das eine harte Bedingung war, die in zwei schier unmöglichen Dingen bestand; da sie aber sahen, daß sie ihn durch ihre Worte nicht von seinem Vorsatze abbringen konnten, kehrten sie zu der Dame zurück und berichteten ihr seine Antwort. Tief betrübt beschloß sie nach langem Sinnen zu versuchen, ob ihr die zwei Dinge gelingen könnten, die ihr den Gatten wiedergeben sollten. Und nachdem sie mit sich einig war, was sie zu tun hatte, versammelte sie etliche von den ältesten und besten Männern ihrer Grafschaft und erzählte ihnen mit rührenden Worten alles der Reihe nach, was sie schon um der Liebe des Grafen willen getan hatte, und legte ihnen dar, was die Folge davon gewesen sei; und zum Schlusse sagte sie, es sei nicht ihre Absicht, daß der Graf dadurch, daß sie hier weile, in ewiger Verbannung bleiben solle, sondern sie gedenke den Rest ihres Lebens zu ihrem Seelenheile mit Pilgerfahrten und barmherzigen Werken zu verbringen. Dann bat sie sie noch, die Hut und Regierung des Landes zu übernehmen und dem Grafen anzuzeigen, daß sie ihm den Besitz frei und ledig gelassen und sich mit der Absicht, nie wieder nach Roussillon zu kommen, entfernt habe. Die wackeren Männer, die während ihrer Rede viel Tränen vergossen hatten, baten sie inständig, sich anders zu beraten und zu bleiben; aber sie richteten nichts aus. Nachdem sie sie Gott befohlen hatte, machte sie sich mit einem Vetter und einer Kammerfrau, die, so wie sie,

Pilgertracht angelegt hatten, wohlversehn mit Gold und kostbaren Kleinodien auf den Weg, ohne daß jemand gewußt hätte, wohin sie gehe; und sie rastete nicht eher, als bis sie in Florenz war. Dort kehrte sie voll Verlangen, etwas von ihrem Herrn zu erfahren, aufs Geratewohl in einer Herberge ein, die eine biedere Frau hielt, und gab sich für eine arme Pilgerin aus. Nun geschah es am nächsten Tage, daß sie Beltramo mit seinem Gefolge bei der Herberge vorbeireiten sah; und obwohl sie ihn gar gut erkannte, fragte sie die Wirtin, wer er sei. Und die antwortete: »Das ist ein fremder Edelmann, der sich Graf Beltramo nennt, ein freundlicher, leutseliger und in der Stadt allgemein geliebter Herr; und er ist in ein Mädchen in der Nachbarschaft, ein adliges, aber armes Fräulein, sterblich verliebt. Sie ist ja ein gar sittsames Mädchen, und nur ihre Armut ist schuld daran, daß sie, anstatt verheiratet zu sein, bei ihrer Mutter, einer überaus klugen und trefflichen Dame, lebt; aber vielleicht hätte sie, wenn diese Mutter nicht wäre, doch schon getan, was der Graf wünscht.« Die Gräfin ließ sich diese Worte wohl gesagt sein und fragte nun genauer um jede Einzelheit; und als sie haarklein unterrichtet war, faßte sie ihren Plan. Sie erkundigte sich um das Haus und den Namen der Dame, deren Tochter der Graf liebte, und ging eines Tages unauffällig in Pilgertracht hin; sie begrüßte die Dame und die Tochter, bei denen es gar ärmlich aussah, und sagte zu der Dame, sie möchte, wenn es ihr beliebe, mit ihr sprechen. Die edle Dame erhob sich und sagte, sie sei bereit, sie anzuhören; und als sie allein in ein Gemach getreten waren und sich gesetzt hatten, begann die Gräfin: »Wie mir scheint, Madonna, seid Ihr ebenso wie ich kein Schoßkind des Glücks; wenn Ihr aber wolltet, so könntet Ihr vielleicht Euch und mir helfen.« Die Dame antwortete, sie ersehne nichts mehr, als sich auf ehrbare Weise zu helfen. Die Gräfin fuhr fort: »Ich muß Euch aber vertrauen können; wenn ich mich, nachdem ich mich in Euere Hände gegeben habe, täuschte, so würdet Ihr sowohl Euch als auch mir alles verderben.« – »Sagt mir nur unbesorgt, was Euch beliebt«, sagte die Edeldame; »von mir sollt Ihr nie getäuscht werden.« Nun erzählte ihr die Gräfin, wer sie sei und was ihr seit dem Beginne ihrer Liebe widerfahren sei, auf so bewegliche Art, daß die Edeldame, die es teilweise schon von andern gehört hatte und daher ihren Worten glaubte, Mitleid mit ihr zu fühlen anfing. Und die Gräfin fuhr, als sie ihre Schicksale erzählt hatte, also fort: »Nun habt Ihr außer meinem sonstigen Unglücke auch gehört, was das für zwei Dinge sind, die ich, wenn ich meinen Gatten haben will, haben muß; und die kann ich mir wohl durch niemand anders als durch Euch verschaffen, wenn das wahr ist, was ich mir habe sagen lassen, daß nämlich mein Gatte, der Graf, Euere Tochter über die Maßen liebt.« Und die Edeldame sagte: »Ob der Graf meine Tochter liebt, das weiß ich nicht, Madonna, aber sein Benehmen ist ganz danach; was wünscht Ihr aber, daß ich deswegen tun soll?« – »Madonna«, antwortete die Gräfin, »ich werde es Euch sagen; zuerst aber will ich Euch zu wissen tun, was für Folgen es meiner Absicht nach für Euch haben soll, wenn Ihr mir darin dient. Ich sehe, daß Euere Tochter schön und mannbar ist, und nach dem, was ich vernommen habe und zu bemerken glaube, liegt die Ursache, daß Ihr sie im Hause behaltet, nur in dem Mangel einer Mitgift. Ich gedenke ihr nun als Lohn für den Dienst, den Ihr mir leisten sollt, von meinem Gelde ungesäumt die Heimsteuer zu geben, die Ihr selbst für geziemend erachten werdet, um sie anständig zu verheiraten.« Bei ihrer Dürftigkeit gefiel der Dame dies Anerbieten; immerhin antwortete sie, weil sie eines edeln Sinnes war: »Sagt mir, Madonna, was ich für Euch tun kann, und ist es ehrenhaft für mich, so werde ich es gerne tun, und Ihr mögt nachher tun, was Euch belieben wird.« Nun sagte die Gräfin: »Mir handelt es sich darum, daß Ihr meinem Gatten, dem Grafen, durch jemand, dem Ihr vertraut, sagen lasset, Euere Tochter sei willens, alle seine Wünsche zu erfüllen, wenn sie sicher sein könne, daß er sie wirklich so liebe, wie er vorgebe; das werde sie aber nie glauben, wenn er ihr nicht den Ring schicke, der an seinem Finger stecke und ihm, wie sie gehört habe, sehr teuer sei: schickt er ihn Euch, so werdet Ihr ihn mir geben; und dann werdet Ihr ihm sagen lassen, Euere Tochter sei bereit, seine Wünsche zu erfüllen, und werdet ihn insgeheim hierherkommen lassen und mich, ohne daß er es merken könnte, an ihrer Statt zu ihm legen. Vielleicht gewährt mir Gott die Gnade, daß ich schwanger werde; habe ich dann seinen Ring am Finger und ein von ihm gezeugtes Kind auf dem Arme, so werde ich ihn wiedergewinnen, und wir werden miteinander leben, wie Frau und Mann leben sollen, und das werde ich Euch zu verdanken haben.« Der Edeldame schien die Sache sehr bedenklich, weil sie fürchtete, ihre Tochter könnte dadurch in Schande kommen; da sie aber bedachte, daß es nur ehrenhaft war, der guten Dame wieder zu ihrem Gatten zu verhelfen, und daß die dabei nur einen ehrbaren Zweck verfolgte, gab sie der Gräfin, auf deren gute und ehrbare Gesinnung sie vertraute, nicht nur das Versprechen, nach ihrem Wunsche zu tun, sondern verschaffte sich auch binnen wenigen Tagen auf die ihr angegebene Weise mit Vorsicht und Heimlichkeit den Ring, obwohl sich der Graf gar nicht gern von ihm trennte, und legte die Gräfin mit Geschicklichkeit statt ihrer Tochter zum Grafen. Bei den ersten, vom Grafen inbrünstig gesuchten Vereinigungen wurde denn auch die Gräfin, wie es Gottes Wille war, mit zwei Knaben schwanger, was sich dann seinerzeit bei Ihrer Entbindung zeigte. Und die Edeldame gewährte der Gräfin die Umarmung ihres Gatten nicht etwa nur ein einziges Mal, sondern zu often Malen, wobei sie die Heimlichkeit so gut zu wahren wußte, daß kein Mensch etwas davon erfuhr; und dem Grafen kam nie der Gedanke, daß er nicht bei der, die er liebte, sondern bei seiner Gattin geweilt habe.

Und wann es am Morgen ans Scheiden ging, schenkte er ihr hin und wieder schöne, kostbare Kleinode; und die bewahrte die Gräfin alle sorgsam auf. Als sie aber ihre Schwangerschaft merkte, wollte sie der Edeldame nicht weiter mit diesem Dienste lästig sein, sondern sagte zu ihr: »Gott und Euch sei's gedankt, Madonna, ich habe nun, was ich ersehnte, und darum ist es an der Zeit, daß ich tue, was Euch belieben wird, um dann meiner Wege zu gehn.« Die Edeldame sagte, wenn die Gräfin etwas erreicht habe, was ihr lieb sei, so freue sie sich darüber; was sie aber getan habe, habe sie nicht in der Hoffnung auf einen Lohn getan, sondern weil es sie gedeucht habe, um etwas Gutes zu tun, müsse sie so tun. Und die Gräfin sagte zu ihr: »Das gefällt mir wohl, Madonna, und ich gedenke Euch auch das, was Ihr von mir verlangen werdet, nicht als Lohn zu geben, sondern um etwas Gutes zu tun, was ich, wie mir scheint, in dieser Weise tun muß.« Notgedrungen bat nun die Dame in tiefer Scham um hundert Dukaten zur Heimsteuer für ihre Tochter. Und die Gräfin, der ihre Scham nicht entging, gab ihr, da sie die bescheidene Bitte hörte, fünfhundert und zudem noch so viele schöne und kostbare Kleinode, daß sie etwa ebensoviel wert waren; mehr als zufrieden damit, stattete die Edeldame der Gräfin ihren innigsten Dank ab, und die nahm Abschied von ihr und ging in ihre Herberge zurück. Um Beltramo jeden Anlaß zu nehmen, ihr jemand ins Haus zu schicken oder selbst zu kommen, begab sich die Edeldame mit ihrer Tochter aufs Land zu ihren Verwandten; und bald darauf fügte sich Beltramo, da er gehört hatte, die Gräfin sei davongegangen, dem Drängen seiner Untertanen, die ihn heimriefen, und kehrte in seine Grafschaft zurück. Als die Gräfin vernahm, daß er Florenz verlassen hatte und heimgereist war, war sie sehr zufrieden; und sie blieb in Florenz bis zur Zeit ihrer Niederkunft und da genas sie zweier Knaben, und die ließ sie sorgsam stillen. Und als sie es an der Zeit deuchte, machte sie sich auf den Weg, und sie gelangte, ohne von jemand erkannt zu werden, nach Montpellier; dort rastete sie einige Tage und zog Erkundigungen über den Grafen, und wo er sich aufhalte, ein. So erfuhr sie, er veranstalte am Allerheiligentage in Roussillon ein Fest, woran Damen und Ritter teilnehmen sollten, und deshalb begab sie sich in ihrer gewohnten Pilgertracht dorthin. Und da sie dort erfuhr, daß die Damen und die Ritter, die im gräflichen Palaste versammelt waren, eben zu Tische gehen sollten, stieg sie, ohne ihre Kleidung zu wechseln, mit ihren Söhnchen auf dem Arme zum Saale hinan, drängte sich durch die Gesellschaft bis zu der Stelle, wo sie den Grafen sah, warf sich ihm zu Füßen und sagte weinend: »Herr, ich bin deine unglückliche Gattin, die lange in der Welt umhergeirrt ist, um dich der Heimat wiederzugeben und zu erhalten. Nun heische ich von dir um Gottes willen, daß du dich an die Bedingungen hältst, die du mir durch die zwei Ritter, die ich dir geschickt habe, auferlegt hast: in meinen Armen siehst du nicht ein Kind von dir, sondern zwei, und hier ist auch dein Ring. Es ist also an der Zeit, daß du mich deinem Versprechen gemäß als Gattin aufnimmst.« Als das der Graf hörte, erschrak er heftig; er erkannte den Ring und erkannte auch die Kinder – so ähnlich waren sie ihm –, sagte jedoch: »Wie sollte das zugegangen sein?« Und die Gräfin erzählte zu seiner und aller Anwesenden großen Verwunderung, was geschehen war und wie. Da denn der Graf erkannte, daß sie die Wahrheit sprach, und da er ihre Beharrlichkeit und die Klugheit erwog und die schönen Knaben sah, so legte er, um sein Versprechen zu halten und um seinen Leuten und den Damen zu willfahren, die ihn alle baten, sie nun als seine rechtmäßige Gemahlin hinzunehmen und zu ehren, seine trotzige Härte ab, hieß die Gräfin aufstehn, umarmte und küßte sie und erkannte sie als seine rechtmäßige Gemahlin und ihre Knaben als seine Söhne an. Und nachdem er sie mit Gewändern, wie sie ihr geziemten, hatte bekleiden lassen, feierte er zur größten

Freude seiner Untertanen, die anwesenden sowohl als auch der andern, die davon später erfuhren, ein großes Fest, das nicht nur diesen ganzen Tag, sondern noch mehrere dauerte; und von diesem Tage an ehrte er sie stets als sein eheliches Weib und liebte sie zärtlich.

Zehnte Geschichte

Alibech wird Einsiedlerin, und der Mönch Rustico lehrt sie den Teufel in die Hölle heimschicken; und als sie von der Einsiedelei weggeholt worden ist, wird sie die Gattin des Neherbale.

Als Dioneo, der die Geschichte der Königin aufmerksam angehört hatte, merkte, daß sie zu Ende war und daß ihm allein noch zu erzählen oblag, begann er, ohne auf einen Befehl zu warten, lächelnd also: Ihr habt wohl, meine anmutigen Damen, noch nie gehört, wie der Teufel in die Hölle heimgeschickt wird; darum will ich es euch sagen, ohne mich dabei von dem Gegenstande zu entfernen, wovon ihr heute den ganzen Tag gesprochen habt. Vielleicht wird es euch, wenn ihr es erst gelernt habt, noch einmal helfen, euere Seelen zu retten; sicherlich werdet ihr aber aus der Geschichte entnehmen können, daß Amor, wenn er auch lieber in den fröhlichen Palästen und den üppigen Gemächern als in den ärmlichen Hütten wohnt, doch nicht darauf verzichtet, seine Macht dann und wann inmitten der dichten Wälder und der rauhen Gebirge und in den Höhlen der Wüste fühlen zu lassen, woraus sich denn ersehn läßt, daß seiner Gewalt alles untertan ist.

Um also zur Sache zu kommen, sage ich, daß in der Stadt Capsa in der Berberei einmal ein steinreicher Mann war, der neben einigen andern Kindern auch eine schöne, artige Tochter hatte, Alibech mit Namen. Da sie, die keine Christin war, den christlichen Glauben und Gottesdienst von vielen Christen, die in der Stadt waren, überaus preisen hörte,

fragte sie eines Tages einen von ihnen, auf welche Weise man Gott unter den geringsten Anfechtungen dienen könne. Der antwortete ihr, dem Herrgott diene man um so besser, je mehr man die irdischen Freuden fliehe, und am besten täten es die, die in die Einöden der Wüste Thebais gegangen seien. Nicht so sehr von einem vernünftigen Begehren, wie von einer Art kindischer Lust geleitet, machte sich das Mädchen, die gar einfältig und etwa vierzehn Jahre alt war, am andern Morgen, ohne jemand etwas wissen zu lassen, heimlich und ganz allein auf den Weg in die Wüste Thebais und gelangte unter großen Beschwerden, die aber ihr Verlangen nicht verminderten, nach einigen Tagen in diese Einöden; und als sie auf eine Hütte, die sie in der Ferne gesehn hatte, zugegangen war, fand sie an der Tür einen heiligen Mann, und der fragte sie voll Verwunderung, sie hier zu sehn, was sie suche. Und sie antwortete, daß sie, weil sie Gott, der ihr dies eingegeben habe, dienen wolle, jemand suche, der ihr angeben solle, wie sie ihm zu dienen habe. Ihre Jugend und Schönheit ließen aber den tugendhaften Mann fürchten, wenn er sie behielte, könnte ihn der Teufel verführen; er lobte also ihren guten Vorsatz, gab ihr einige

Wurzeln und Datteln und wilde Äpfel zu essen und Wasser zu trinken und sagte: »Nicht weit von hier, meine Tochter, ist ein heiliger Mann, der in dem, was du suchst, ein viel besserer Meister ist als ich; zu dem gehe«; und er brachte sie auf den Weg. Und da sie von dem zweiten, zu dem sie nun kam, dieselbe Antwort erhielt, ging sie weiter und kam so zu der Klause eines jungen Einsiedlers, eines gar frommen und guten Menschen, der Rustico hieß, und den fragte sie um dasselbe wie die andern. Er aber, der seine Standhaftigkeit auf eine harte Probe stellen wollte, schickte sie nicht so wie die andern weg, sondern behielt sie in seiner Klause; und als es Nacht geworden war, machte er ihr aus Palmblättern ein Bettchen und hieß sie sich dort niederlegen. Und als das getan war, säumten die Versuchungen nicht lange, seinen Kräften eine Schlacht zu liefern; die ließen ihn aber bald im Stich, und so kehrte er dem Gegner, ohne viel bestürmt worden zu sein, den Rücken und gab sich überwunden. Und indem er die heiligen Gedanken und die Gebete und die Geißelungen fahren ließ, begann er sich die Jugend und die Schönheit des Mädchens ins Gedächtnis zu rufen und überdies zu sinnen, was für Mittel und Wege er mit ihr einhalten solle, damit sie nicht innewerde, daß er das, was er von ihr ersehnte, nur als unkeuscher Mensch erlangen konnte. Er holte sie also vorerst mit einigen Fragen aus und erkannte so, daß sie noch keinen Mann erkannt hatte und so unschuldig war, wie sie aussah; darum gedachte er sie unter dem Scheine des Gottesdienstes zu seinem Willen zu bringen. Und zuerst legte er ihr mit vielen Worten dar, was für ein Widersacher des Herrgotts der Teufel sei; und dann brachte er ihr bei, daß der Gottesdienst, der Gott am wohlgefälligsten sei, darin bestehe, den Teufel in die Hölle heimzuschikken, worein ihn der Herrgott verdammt habe. Das Mädchen fragte ihn, wie man das mache, und Rustico sagte zu ihr: »Du sollst es alsbald erfahren und darum tu das, was du mich tun siehst«; und damit begann er sich der wenigen

Kleider, die er am Leibe hatte, zu entledigen, bis er splitternackt dastand, und ebenso tat das Mädchen, und dann kniete er nieder, wie wenn er hätte beten wollen, und sie mußte ihm gegenüber niederknien. Und da seine Begierden bei dieser Stellung, als er sie so schön sah, immer brünstiger wurden, so kam die Auferstehung des Fleisches; Alibech sah es und fragte erstaunt: »Was ist das, Rustico, was ich da bei dir sehe, was sich so hervordrängt und was ich nicht habe?« – »Ach, meine Tochter«, sagte Rustico, »das ist der Teufel, von dem ich dir gesprochen habe; und siehst du, gerade jetzt plagt er mich mit gar arger Pein, so daß ich es kaum aushalten kann.« Nun sagte das Mädchen: »Gottlob, daß ich da besser daran bin als du, weil ich diesen Teufel nicht habe.« Rustico sagte: »Du sagst die Wahrheit, aber du hast dafür etwas anderes, was ich nicht habe.« Alibech sagte: »Was denn?« Und Rustico sagte: »Die Hölle. Und ich sage dir, ich glaube, daß dich mir Gott um meines Seelenheils willen gesandt hat; denn wenn du jedesmal, wann mich der Teufel da quält, Mitleid mit mir hättest und es dulden wolltest, daß ich ihn in die Hölle heimschickte, so würdest du nicht nur mir einen großen Trost verschaffen, sondern auch Gott auf eine ihm sonderlich wohlgefällige Art dienen, was ja, wie du gesagt hast, die Absicht war, die dich hergeführt hat.« Treuherzig antwortete das Mädchen: »Da ich denn die Hölle habe, Vater, so mag es geschehn, wann es Euch beliebt.« Nun sagte Rustico: »Gebenedeit seist du, meine Tochter; gehn wir also und schicken wir ihn heim, auf daß er mich dann in Ruhe lasse.« Und nach dieser Rede führte er sie zu einem von ihren Bettchen und zeigte ihr, wie sie sich verhalten müsse, um diesen Gottvermaledeiten einzukerkern. Alibech, die noch nie einen Teufel in die Hölle heimgeschickt hatte, fühlte beim ersten Male ein wenig Schmerz, und so sagte sie zu Rustico: »Wahrhaftig, Vater, ein Unhold muß dieser Teufel sein und ein wirklicher Widersacher Gottes; tut er doch, von anderm zu schweigen, aber sogar der Hölle weh, wenn er heimgeschickt wird.« Und Rustico sagte: »Meine Tochter, das wird nicht immer so sein.« Und um es zu bewirken, daß es nicht immer so sei, schickten sie ihn, bevor sie von dem Bettchen aufstanden, wohl noch sechsmal heim, so daß sie ihm für diesmal die Hoffart aus dem Haupte brachten und er willig Ruhe gab. Aber die Hoffart kehrte ihm in der nächsten Zeit mehrere Male wieder, und stets gab sich Alibech gehorsam dazu her, sie ihm zu vertreiben; dabei geschah es, daß ihr das Spiel zu gefallen begann, und nun sagte sie öfter zu Rustico: »Ich sehe es wohl, daß die frommen Leute in Capsa recht hatten, daß sie sagten, Gott zu dienen sei ein süßes Ding; und ich erinnere mich wahrhaftig nicht, jemals etwas getan zu haben, was mir so viel Freude und Lust gemacht hätte, wie den Teufel in die Hölle heimzuschicken, und darum ist meiner Meinung nach jeder Mensch, der sich um etwas andres als um den Gottesdienst kümmert, ein Rindvieh.« Und so kam sie gar oft zu Rustico und sagte zu ihm: »Vater, ich bin hergekommen, um Gott zu dienen und nicht um müßig zu gehen; kommt, wir wollen den Teufel in die Hölle heimschicken.« Und bei diesem Geschäfte sagte sie dann und wann: »Ich verstehe nicht, Rustico, warum der Teufel aus der Hölle flieht; denn wäre er so gern drinnen, wie ihn die Hölle gern einläßt und behält, so würde er nie herausgehen.« Da sie also den jungen Rustico häufig einlud und zum Gottesdienste anhielt, zupfte sie ihm mit der Zeit so viel Wolle aus seinem Kamisol, daß ihn fror, wenn ein anderer geschwitzt hätte; darum begann er anders zu reden und sagte ihr, der Teufel brauche nur dann gezüchtigt und in die Hölle heimgeschickt zu werden, wann er sein Haupt in Hoffart erhebe, und sie hätten ihm mit Gottes Gnade seinen Wahn so genommen, daß er Gott bitte, ihn in Frieden zu lassen. Und damit brachte er das Mädchen auf eine Zeitlang zum Schweigen. Als sie nun sah, daß sie von Rustico gar nicht mehr aufgefordert wurde, den Teufel in die Hölle heimzuschicken, sagte sie eines Tages zu ihm: »Rustico, ist auch dein Teufel gezüchtigt und peinigt er dich nicht mehr, so läßt mich doch meine Hölle nicht in Ruh; darum wirst du wohl daran tun, wenn du mir mit deinem Teufel die Wut meiner Hölle bändigen hilfst, so wie ich dir mit meiner Hölle geholfen habe, deinem Teufel die Hoffart zu vertreiben.« Rustico, der von Wurzeln und Wasser lebte, konnte diesen Anforderungen nicht recht entsprechen und sagte ihr, es gehörten gar viele Teufel dazu, um die Hölle zu bändigen: er werde jedoch alles dazu tun, was er imstande sei. So tat er ihr zwar manchmal Genüge, aber so selten, daß es nicht mehr bedeutete, als wenn man einem Löwen eine Bohne in den Rachen wirft; darüber murrte denn das Mädchen, die den Gottesdienst zu vernachlässigen glaubte. Dieser Zwist zwischen Rusticos Teufel und Alibechs Hölle, der von zu großem Verlangen und zu geringen Kräften herrührte, bestand noch immer, als es geschah, daß in Capsa eine Feuersbrunst ausbrach und daß der Vater Alibechs mit all seinen Kindern und sonstigen Angehörigen in den Flammen seines Hauses umkam, so daß Alibech die Erbin all seines Gutes war. Als darum ein junger Mann, Neherbale genannt, der all sein Vermögen vergeudet hatte, vernahm, daß sie am Leben war, unternahm er es, sie zu suchen; und da er sie fand, bevor das Gericht das Gut ihres Vaters als das eines ohne Erben Verstorbenen eingezogen hatte, führte er sie gegen ihren Willen, aber zu Rusticos größter Freude, nach Capsa zurück und nahm sie zur Gattin und erbte so mit ihr zusammen die großen Reichtümer. Und als sie von den Frauen, bevor noch Neherbale mit ihr geschlafen hatte, gefragt wurde, wie sie Gott in der Wüste gedient habe, antwortete sie, ihr Gottesdienst sei gewesen, den Teufel in die Hölle heimzuschicken, und Neherbale habe eine große Sünde begangen, daß er sie diesem Dienst entzogen habe. Und die Frauen fragten: »Wie wird denn der Teufel in die Hölle heimgeschickt?« Und das Mädchen sagte es ihnen halb, und halb zeigte sie es ihnen, und darüber lachten sie so unmäßig, daß sie noch immer lachen, und sagten: »Härme dich nicht, Kind; das tut man hier auch, und Neherbale wird schon fleißig mit dir dem Herrgott dienen.« Und indem das die eine der andern erzählte, wurde es in der Stadt zum Sprichwort, daß der fröhlichste Gottesdienst sei, den Teufel in die Hölle heimzuschicken; und dieses Wort, das von dort übers Meer gekommen ist, ist noch immer im Schwange. Darum, meine jungen Damen, die Ihr der Gnade Gottes bedürftig seid, lernt den Teufel in die Hölle heimschicken; Gott hat seine helle Freude daran, den Beteiligten ist es zur Lust, und es kann daraus viel Gutes gedeihen und erwachsen.

Tausendmal und noch öfter hatte Dioneos Geschichte die ehrbaren Damen lachen gemacht, so hübsch und lustig waren ihnen seine Worte vorgekommen. Als er aber zu Ende war, nahm die Königin, weil sie erkannte, daß die Zeit ihrer Herrschaft abgelaufen war, den Lorbeerkranz ab und setzte ihn mit gar anmutiger Gebärde auf Filostratos Haupt und sagte: »Nun werden wir sehn, ob der Wolf die Schafe besser führen wird, als die Schafe die Wölfe geführt haben.« Und Filostrato sagte lächelnd: »Hätte man auf mich gehört, so hätten die Wölfe den Schafen nicht schlechter als Rustico seiner Alibech gezeigt, wie der Teufel in die Hölle heimgeschickt wird, und darum nennt uns nicht Wölfe, da ihr doch keine Schafe gewesen seid; immerhin will ich die Herrschaft, da sie mir einmal zugestanden worden ist, antreten.« Und Neifile antwortete ihm: »Höre, Filostrato, vielleicht hättet Ihr, statt uns das zu zeigen, selber Vernunft lernen können, wie Masetto von Lamporecchio von den Nonnen, und hättet vielleicht die Sprache auch erst wiederbekommen, wann Euch die Knochen in der Haut geschlottert hätten.« Da Filostrato merkte, daß man ihm keine Antwort schuldig blieb, ließ er das Witzeln und begann sich der Regierung seines Reiches zu widmen. Er ließ den Seneschall rufen und erkundigte sich, wie alles stehe; dann ordnete er für die Dauer seiner Herrschaft wohlbedacht an, was seiner Meinung nach ziemlich war und die Gesellschaft befriedigen konnte. Hierauf wandte er sich zu den Damen und sagte: »Seitdem ich das Gute vom Bösen zu unterscheiden weiß, bin ich, meine liebenswürdigen Damen, zu meinem Unglücke stets wegen der Schönheit einer von euch Amor untertan gewesen; und ob ich auch noch so demütig war und noch so gehorsam und ob ich mich auch, soweit ich es verstand, ganz in seine Weise schickte, so habe ich doch nicht verhindern können, daß ich um eines andern willen aufgegeben worden bin und daß es mir dann immer schlechter erging, und so wird es mir wohl bis zu meinem Tode ergehn. Und darum will ich, daß morgen von nichts anderm gesprochen werde, als was meinem Schicksal ähnelt, daß also von denen gesprochen werde, deren Liebe ein unglückliches Ende genommen hat; ich darf ja auch für die meine nur ein ganz unglückliches erwarten, und es war auch kein anderer Grund, daß mir einer, der wohl wußte, was er sprach, den Namen gegeben hat, mit dem ihr mich ruft.« Und nach diesen Worten stand er auf und beurlaubte alle bis zur Stunde des Abendessens. Der Garten war so schön und vergnüglich, daß es niemand eingefallen wäre, ihn zu verlassen, um anderswo eine größere Lust zu suchen. Vielmehr machten sich, da dies jetzt bei der nur noch lauen Sonne ohne Beschwerde möglich war, einige Damen daran, die Rehe und die Hasen und die andern Tiere im Garten zu verfolgen, die, derweil sie gegessen hatten, wohl tausendmal zwischen ihnen durchgesprungen waren und sie gestört hatten; Dioneo und Fiammetta begannen von Herrn Guiglielmo und der Dame von Vergiu zu singen und Filomena und Panfilo machten sich ans Schachspiel: und so entfloh die Zeit bei mancherlei Beschäftigung, und ehe es jemand gedacht hätte, war die Stunde des Abendessens da; die Tische wurden um den Springbrunnen gedeckt, und alle aßen mit großer Lust. Kaum hatten sie sich wieder erhoben, so befahl Filostrato, um nicht den Weg zu verlassen, den seine Vorgängerinnen in der königlichen Würde eingehalten hatten, daß Lauretta einen Reigen führen und ein Lied singe. Und die sagte: »Herr, fremde Lieder kann ich nicht, und von den meinigen fällt mir keins ein, das sich für eine so heitere Gesellschaft genugsam schickte; wollt Ihr aber eins, wie ich sie habe, so will ich gerne singen.« Und der König sagte zu ihr: »Nichts, was von dir ist, könnte anders als schön und lieblich sein; darum singe das, das du eben hast.« Nun begann Lauretta mit einer gar süßen Stimme, aber in einer etwas schwermütigen Weise das folgende Lied, und die andern Damen fielen ein:

Verliebt bin ich, beklagenswert,
Da niemand mich mit Trost versucht;
Mich seufz ich müd: bleib unbegehrt.

Der Herr, der Sterne durch den Himmel singt,
Hat mich, zu herbem Spiele,
Gar liebreich, schön und wunderhold beschwingt,
Damit ich allen Hochbegabten hier gefiele.
Und ihnen, allen, winkt
Das Zeichen meiner Schönheit zu erhabnem Ziele.
Was meinen Schmachter traut umsingt,
Hat sterbliches Gebrechen nie erkannt:
Und ich vergnüg es nicht: man hatte mich verachtet.

Wohl war ich jemand teuer. Und er nahm so gern
Das kleine Mädchen in die Arme;
Und in sein Denken auf. Des Auges Stern
Entflammte ihn im Liebesharme.
So flog die Zeit ihm, spielend, fern.
Ich gab ihn mir, aus seiner Feinde Schwarm:
Ich machte ihn zu meinem Herrn:
Und würdig bleibt er dieser Huld.

Doch nun bin ich in Einsamkeit, von Schmerz umnachtet.

Voll Anmaßung und Hochmut kam
Ein stolzer Jüngling mir entgegen,
Der sich voll Übermut benahm.
Er hielt mich bald: mißtraute meinen Wegen:
Und seine Eifersucht ward meine Scham.
O, ich verzweifle, ihn zu widerlegen,
Obschon ich wahrhaft bin und weiß,
Daß ich zu vieler Menschen Segen
Erschien: doch habe ich um einen nur geschmachtet.

Ich muß das Mißgeschick verdammen,
Da ich im neuen Standes Kleid
Mein Ja beschwor! Erinnerungen stammen
Bald nur aus einsam schöner Zeit:
Wie konnt ich mich zur schweren Feier so entflammen!
Ich habe mich den Schmerzen wohl geweiht,
Doch vor Verleumdung ungefeit,
Wünscht ich mir: wäre ich gestorben!
Schon hätt ich dich in Liebe dann betrachtet.

O süß Geliebter, der du mich vor allen
Den anderen so tief beglückt,
Der du in Gottes Sternenhallen
Nun weilst, an deinen Schöpfer tief gedrückt.
Laß auch für mich dein Bitten fromm erschallen;
Du kannst aus dem Gedächtnis mir entwallen,
Wenn ich zum andern mich berückt.
Die Flamme, die durch dich in mir entbrannte,
Hat mich zum Weg zu dir zurück entfrachtet.

Damit endete Lauretta ihr Lied, das von allen erwogen und von verschiedenen verschieden aufgefaßt wurde: und es waren einige, die es auf gut mailändisch auffassen wollten, daß nämlich ein feistes Schwein besser sei als ein hübsches Mägdlein; andere hatten eine höhere und bessere und wahrere Auffassung, die aber jetzt nicht erörtert werden kann. Und der König ließ nach diesem Liede, als auf seinen Befehl viele Fackeln angezündet worden waren, noch andere mehr in Gras und Blumen singen, bis schier jeder Stern, der aufgegangen war, zu sinken begann. Und da es ihm dann Schlafenszeit schien, hieß er alle mit der Gutennacht auf ihre Gemächer gehn.

Es endet der dritte Tag des Dekamerons

Es beginnt der

vierte Tag des Dekamerons

wo unter der Herrschaft Filostratos von denen gesprochen wird, deren Liebe ein unglückliches Ende genommen hat

Meine teuersten Damen, stets habe ich sowohl wegen der Worte, die ich von weisen Männern vernommen habe, als auch wegen vieler Tatsachen, die ich gesehn und gelesen habe, geglaubt, der ungestüme, brennende Wind des Neides könne nichts sonst erschüttern als die hohen Türme und die überragenden Baumwipfel; in diesem Glauben finde ich mich aber getäuscht: habe ich doch auf der Flucht vor dem rauhen Ungestüm dieses Gifthauches, das ich immer zu fliehen bestrebt war, meinen Weg nicht nur durch die Ebenen, sondern sogar durch die tiefsten Täler zu nehmen getrachtet. Für jedermann, der die vorliegenden Geschichten betrachtet, die ich nicht nur in der Sprache des florentinischen Volkes in ungebundener Rede und ohne Namen eines Urhebers, sondern überdies in möglichst bescheidenem und schlichtem Stile geschrieben habe, ist dieses offenkundig genug. Und trotz alledem habe ich es nicht vermeiden können, daß ich von diesem Winde rauh durchrüttelt, ja schier entwurzelt und von den Bissen des Neides ganz zerfleischt worden bin. Daraus kann ich denn klar entnehmen, daß das wahr ist, was die Weisen zu sagen pflegen, daß nämlich von allem, was da ist, nur die Erbärmlichkeit vom Neide verschont bleibt. So sind, meine verständigen Damen, einige gewesen, die beim Lesen dieser Geschichten gesagt haben, ihr gefielet mir allzusehr, und es sei keine Ehrbarkeit darin, daß ich so viel Vergnügen darin fände, euch zu gefallen und euch Heiterkeit zu schaffen und euch, wie manche noch garstiger gesagt haben, so zu preisen, wie ich es täte. Andere, die ihren Reden ein reiflichers Urteil zuerkannt haben wollen, haben gesagt, meinem Alter stehe es nicht wohl an, noch immer hinter Dingen herzusein, wie es das Sprechen von den Frauen und die Absicht, ihnen zu gefallen, seien. Und viele zeigen eine so zarte Besorgnis um meinen Ruf, daß sie sagen, ich täte weislicher daran, bei den Musen auf dem Parnaß zu weilen, als mich mit derlei Tand unter euch zu mischen. Dann gibt es noch welche, die mehr geringschätzig als weislich gesagt haben, ich täte klüger daran, zu denken, wo Brot hernehmen, als hinter solchem Firlefanz her auf die Windweide zu gehen. Endlich strengen sich gewisse Leute an, zum Unglimpf meiner Mühsal darzutun, die von mir erzählten Geschichten hätten sich anders zugetragen, als ich sie darböte. Von so vielfachem und also angetanem Gezische, von so grimmigen und spitzigen Zähnen werde ich, während ich in euerm Dienste, meine edeln Damen, streite, bedrängt und gepeinigt, ja bis auf den Tod verwundet. Alle diese Anfechtungen höre und vernehme ich aber, weiß Gott, heitern Sinnes; und obwohl meine ganze Verteidigung deswegen euch obläge, so habe ich doch keineswegs die Absicht, meine Kräfte zu sparen, vielmehr gedenke ich, ihnen zu antworten, zwar nicht so, wie es sich gebührte, aber doch bei aller Schlichtheit der Antwort so, daß ich sie mir vom Halse schaffe, und das ohne Verzug. Wenn sie nämlich schon jetzt, wo ich noch nicht bis zum ersten Drittel meiner Arbeit gekommen bin, so zahlreich sind und sich so viel herausnehmen, so bin ich darauf gefaßt, daß sie sich, wenn sie sich nicht gleich im Anfang eine Abfertigung holten, bevor ich ans Ende gekommen wäre, in einer Weise vermehrt hätten, daß sie mich mit leichter Mühe überwältigen könnten, ohne daß euere Kräfte, wie groß sie auch seien, zu einem Widerstande ausreichten. Bevor ich jedoch darangehe, den ersten ihre Antwort zu geben, will ich, um meine Sache zu fördern, etwas erzählen, zwar nicht eine ganze Geschichte, damit es nicht so aussehe, als wollte ich meine Geschichten unter die einer so preiswerten Gesellschaft mischen, wie die war, die ich euch geschildert habe, sondern nur einen Teil einer Geschichte, damit schon ihre Unvollständigkeit an sich dartue, sie gehöre nicht zu den andern; und nun spreche ich zu meinen Widersachern.

In unserer Stadt war, es ist schon hübsch lange her, ein Bürger, der Filippo Balducci hieß, ein Mann von ziemlich geringem Stande, aber reich und rechtschaffen und, soviel sein Stand erheischte, welterfahren; und er hatte eine Frau, die er innig liebte, so wie sie ihn, und sie führten miteinander ein geruhigtes Leben, indem sie auf nichts so viel acht hatten, wie darauf, eines dem andern alles zuliebe zu tun. Nun geschah es, daß die gute Frau, wie es allen geschieht, aus diesem Leben ging, und sie hinterließ Filippo nichts sonst als ein einziges, etwa zwei Jahre altes Söhnchen, das sie von ihm empfangen hatte. Über den Tod seiner Frau konnte er sich so wenig trösten, wie je einer, der ein geliebtes Wesen verloren hat. Und da er sich nun ohne die Gesellschaft, die er am meisten geliebt hatte, vereinsamt fühlte, entschloß er sich, der Welt völlig zu entsagen, nur noch Gott zu dienen und auch seinen kleinen Sohn dazu anzuhalten. Darum begab er sich, nachdem er all sein Vermögen um Gott verschenkt hatte, ohne Verzug auf den Monte Asinajo und bezog dort mit seinem Söhnchen eine kleine Klause, und indem er mit ihm unter Fasten und Beten von Almosen lebte, hütete er sich vor allem davor, in seiner Gegenwart von weltlichen Dingen zu reden und ihn derlei sehn zu lassen, damit ihn das nicht von dem also beschaffenen frommen Tun ablenke, sprach dafür stets von der Herrlichkeit des ewigen Lebens, von Gott und von den Heiligen, ohne ihn etwas andres zu lehren, als fromme Gebete; in diesem Leben erhielt er ihn viele Jahre und ließ ihn niemals die Klause verlassen oder jemand andern sehn als den Vater. Der wackere Mann war gewohnt, manchmal nach Florenz zu gehn; wenn er sich dort die Unterstützungen geholt hatte, die ihm die Freunde Gottes nach seinen Bedürfnissen gewährten, kehrte er in seine Klause zurück. Nun geschah es eines Tages, daß der Knabe, der schon achtzehn Jahre alt war, den zum Greise gewordenen Filippo fragte, wohin er gehe. Filippo sagte es ihm. Darauf sagte der Knabe zu ihm: »Vater, Ihr seid nunmehr ein Greis, und es fällt Euch schwer, die Beschwerlichkeiten zu ertragen, warum nehmt Ihr mich denn nicht einmal mit nach Florenz, damit ich, nachdem Ihr mich mit Euern gottesfürchtigen Freunden bekannt gemacht habt, fürderhin, wann es Euch gefällt, um unsere Notdurft nach Florenz gehn kann und Ihr hierbleiben könnt?« Der treffliche Mann erwog, daß sein Sohn schon groß war, und hielt dafür, daß er an das gottesfürchtige Leben so gewöhnt sei, daß für ihn die Dinge der Welt nichts Anziehendes haben könnten; und so sagte er sich: ›Er hat recht.‹ Darum nahm er ihn mit, als er wieder einmal zu gehn hatte. Als der Jüngling dort die Paläste, die Häuser, die Kirchen und die Fülle anderer Dinge sah, deren man die Stadt voll sieht, verwunderte er sich baß, weil er sich nicht mehr erinnerte, sie schon gesehn zu haben, und fragte den Vater über vieles, was es sei und wie es heiße. Der Vater sagte es ihm; und wenn er es gehört hatte, war er zufrieden und fragte um etwas andres. Und indem also der Sohn fragte und der Vater antwortete, begegneten sie von ungefähr einer Schar hübscher, geschmückter junger Frauen, die von einer Hochzeit kamen; als die der Jüngling sah, fragte er den Vater, was sie seien. Und der Vater sagte zu ihm: »Mein Sohn, schlage die Augen zu Boden und sieh sie nicht an; denn das sind schlechte Dinge.« Nun sagte der Sohn: »Wie heißen sie denn?« Um nicht in dem begehrlichen Triebe des Jünglings eine unnütze, hingebende Sehnsucht zu erregen, wollte er sie nicht mit ihrem rechten Namen, nämlich Frauen, nennen, sondern sagte: »Sie heißen Gänse.« Wundersam zu hören! Der, der noch nie ein weibliches Wesen gesehen hatte, sagte sofort, ohne sich um Paläste, Ochsen, Pferde, Esel, Geld oder um irgend etwas, was er gesehen hatte, zu kümmern: »Vater, ich bitte Euch, macht, daß ich eine von diesen Gänsen bekomme.« – »O weh, mein Sohn, schweig«, sagte der Vater; »das sind schlechte Dinge.« Darauf sagte der Jüngling fragend: »So also sehn die schlechten Dinge aus?« – »Ja«, sagte der Vater. Und wieder sagte der Sohn: »Ich weiß nicht, was Ihr sagt und warum sie schlechte Dinge sein sollten; was mich betrifft, so glaube ich noch nie so etwas Schönes und Anmutiges gesehen zu haben. Sie sind schöner als die gemalten Engel, die Ihr mir öfters gezeigt habt. Ach, wenn Ihr mich liebhabt, so macht, daß wir eine von diesen Gänsen mitnehmen; ich werde sie füttern.« Der Vater sagte: »Ich will nicht; du weißt ja nicht, womit sie gefüttert werden.« Und schon war die Erkenntnis über ihn gekommen, daß die Natur stärker war als sein Trachten; und er bereute, ihn nach Florenz mitgenommen zu haben. Nachdem ich aber diese Geschichte bis hieher erzählt habe, will ich mich damit begnügen und wende mich zu denen, für die ich sie erzählt habe. Es sagen also einige meiner Tadler, ich täte schlecht daran, allzusehr nach euerm Wohlgefallen, meine jungen Damen, zu trachten, und ihr gefielet mir allzusehr. Das gestehe ich unumwunden ein, nämlich daß ihr mir gefallet und daß ich trachte, euch zu gefallen, frage sie aber, ob sie dabei etwas Wunderbares finden, wenn sie, abgesehn von der Erfahrung, wie lieblich die Küsse, wie köstlich die Umarmungen und wie wonnig die Vereinigungen sind, die ihr, meine süßesten Damen, oftmals gewährt, nur das eine betrachten, daß ihr euer liebliches Wesen und eure reizende Schönheit und eure liebliche Anmut und überdies eure weibliche Sittsamkeit stets geoffenbart habt und täglich neu offenbart, wo doch der auf einem wilden, einsamen Berge, zwischen den vier Wänden einer kleinen Klause und ohne eine andere Gesellschaft, als die seines Vaters, auferzogene Knabe, kaum daß er euch erblickt hat, nur noch euch begehrt, nur noch nach euch verlangt und nur noch seiner Neigung für euch folgte. Dürfen sie mich denn tadeln, verwunden und zerfleischen, daß die Kraft des Lichtes eurer Augen, die Süßigkeit der honigfließenden Worte und die von innigen Seufzern entzündete Flamme auf mich, dessen Leib der Himmel ganz für die Liebe zu euch gebildet hat und der euch von der Kindheit an seine Seele geschenkt hat, die Wirkung haben, daß ich euch zu gefallen trachte, sonderlich wenn sie bedenken, daß vor allem andern ihr es gewesen seid, die einem Einsiedler, einem gefühllosen Knaben, ja einem wilden Tiere gefallen haben? Wahrlich, nur wer euch nicht liebt und nicht danach begehrt, von euch geliebt zu werden, wer also weder die Wonne noch die Kraft der natürlichen Neigung fühlt oder kennt, kann mich so tadeln, und das schert mich wenig. Und die, die sich wegen meines Alters aufhalten, tun dar, daß sie nicht wissen, daß der Lauch, wenn auch sein Kopf weiß ist, doch einen grünen Stengel hat. Aber Scherz beiseite, ihnen antworte ich, daß ich mir's nie zur Schande rechnen werde, mich bis zum letzten Ende meines Lebens um das Wohlgefallen der Wesen zu bemühen, denen zu gefallen Guido Cavalcanti und Dante Alighieri als alte Männer und Messer Cino da Pistoja als schneeweißer Greis für eine Ehre und köstliche Freude gehalten haben. Und wenn es nicht wäre, daß ich dadurch von meiner einmal angefangenen Art der Darlegung abkäme, so würde ich die Geschichte heranziehen und zeigen, daß sie voll ist von wackern Männern der alten Zeit, deren oberstes Trachten auch in ihren reifsten Jahren war, den Frauen zu gefallen; wenn sie das nicht wissen, so mögen sie gehn und sich belehren lassen. Daß ich bei den Musen auf dem Parnaß weilen soll, das ist, gebe ich zu, ein weiser Rat; da wir aber nicht allwege bei den Musen bleiben können, ebensowenig wie sie bei uns, so ist nichts dabei auszusetzen, daß sich der Mann, wann es geschieht, daß er von ihnen scheidet, daran erfreut, Wesen zu sehn, die ihnen ähneln. Die Musen sind Frauen, und vermögen auch die Frauen nicht das, was die Musen vermögen, so haben sie doch auf den ersten Blick eine Ähnlichkeit mit ihnen: wenn mir daher die Frauen aus keinem andern Grunde gefielen, so müßten sie mir schon deshalb gefallen, ganz zu schweigen davon, daß mir die Frauen schon Anlässe zu tausend Versen gegeben haben, die Musen noch nicht zu einem einzigen; geholfen haben sie mir ja und mich diese tausend zusammenfügen gelehrt, und vielleicht haben sie mich auch, während ich diese Sachen, wie gering sie auch seien, geschrieben habe, etliche Male besucht, vielleicht der Ähnlichkeit zuliebe und zu Gefallen, die die Frauen mit ihnen haben: wenn dem so ist, so entferne ich mich bei der Abfassung dieser Sache weder vom Parnaß noch von den Musen so weit, wie sich viele wohl einbilden. Was werden wir aber denen sagen, die so viel Mitleid mit meinem Hunger haben, daß sie mir den Rat geben, ich solle mich um Brot kümmern? Das wüßte ich sicherlich nicht, wenn ich mir nicht vorstellen könnte, wie ihre Antwort lauten würde, wenn ich sie wegen meiner Notdurft anginge, nämlich: such sie in deinen Fabeln. Und wirklich haben die Dichter oft mehr in ihren Fabeln gefunden als viele Reiche in ihren Schätzen, und genug Männer, die ihren Fabeln nachhingen, haben ihr Alter mit Blüten umgeben, während viele bei dem Trachten nach mehr Brot, als sie gebraucht hätten, elendiglich zugrunde gegangen sind. Was mehr? Sollen sie mich zu der Stunde, wo ich von ihnen etwas heische, abweisen; bis jetzt hat es, Gott sei Dank, noch keine Not bei mir, und wenn mich die Not überfallen sollte, so weiß ich nach der Lehre des Apostels Überfluß und Dürftigkeit zu ertragen: darum soll sich niemand um meine Angelegenheiten mehr kümmern als ich. Von denen, die sagen, diese Geschichten hätten sich anders zugetragen, wäre es mir sehr lieb, wenn sie die Urkunden beibrächten: wenn die dann mit dem, was ich geschrieben habe, nicht übereinstimmen, werde ich ihren Tadel als gerecht anerkennen und mich zu bessern trachten; solange aber nichts anderes zum Vorschein kommt als Worte, lassse ich sie bei ihrer Meinung, indem ich der meinigen folge und von ihnen dasselbe sage, was sie von mir sagen. Und für diesmal will ich's bei dieser Antwort bewenden lassen und sage nur noch, daß ich, mit Gottes Hilfe und mit der, die ich von euch, meine liebenswürdigen Damen, erhoffe, und mit Geduld gewappnet mit diesem Winde vorwärts schreiten will, ihm die Schultern darbieten und ihn blasen lassen; denn ich sehe nicht, daß mir etwas andres geschehn könnte, als was dem geringen Staube geschieht, den auch der Wirbelsturm nicht von der Erde bewegt oder, wenn er ihn schon bewegt, in die Höhe trägt und oft auf den Häuptern der Menschen und auf den Kronen der Könige und Kaiser und zu manchen Malen auf der Höhe der Paläste und auf den ragenden Türmen läßt, von denen er, wenn er herabfällt, nicht tiefer sinken kann als bis zu dem Orte, wo er bis zu seiner Erhebung gewesen ist. Und habe ich bis jetzt in jeglichem Dinge nach euerm Wohlgefallen getrachtet, so werde ich von nun an mehr als je danach trachten, weil ich erkenne, daß man billig nichts sonst wird sagen können, als daß ich und alle, die euch lieben, dem Willen der Natur folgen. Um ihren Gesetzen zu widerstehn, braucht es allzu großer Kräfte, und die werden oft nicht nur eitel, sondern zu großem Schaden aufgeboten. Diese Kräfte, ich gestehe es, habe ich nicht und möchte ich auch nicht haben; hätte ich sie aber, so würde ich sie lieber einem andern leihen, als sie für mich selbst aufbieten. Darum mögen die Nörgler schweigen und, wenn sie sich nicht erwärmen können, in ihrer Erstarrung weiterleben und in ihren Freuden, besser gesagt, in ihren verdorbenen Lüsten verharren, mich aber in der kurzen Spanne, die mir noch zu leben bleibt, in meiner Weise lassen. Nun aber, meine schönen Damen, ist es, weil wir gar weit abgeschweift haben, Zeit, dorthin zurückzukehren, von wo wir ausgegangen sind, und der begonnenen Ordnung zu folgen.

Schon hatte die Sonne jeden Stern vom Himmel und von der Erde die feuchten Schatten der Nacht verjagt, als Filostrato aufstand und seine ganze Gesellschaft aufstehn ließ; und sie gingen in den schönen Garten und begannen dort mit ihren Belustigungen. Als dann die Essensstunde gekommen war, nahmen sie ihr Mahl dort ein, wo sie am vergangenen Abend gespeist hatten. Und nach dem Schlafe standen sie auf, als die Sonne im Zenit war, und setzten sich in der gewohnten Weise an den Brunnen. Nun befahl Filostrato Fiammetta, mit dem Geschichtenerzählen zu beginnen, und die hob, ohne auf ein Zureden zu warten, mit weiblichem Anstande also an:

Erste Geschichte

Tancredi, Fürst von Salerno, tötet den Geliebten seiner Tochter und schickt ihr sein Herz in einer goldenen Schale; sie schüttet vergiftetes Wasser darüber und trinkt es und stirbt also.

Einen traurigen Vorwurf hat uns der König für die heutigen Erzählungen gegeben, wenn man bedenkt, daß wir, die wir doch hergekommen sind, um uns zu erheitern, von fremden Tränen berichten sollen, von denen man nicht sprechen kann, ohne daß, wer spricht und wer zuhört, Mitleid hätte. Vielleicht hat er's getan, um die Fröhlichkeit der vergangenen Tage etwas auszugleichen; was immer aber sein Grund gewesen sein mag, so will ich, da es mir nicht zusteht, seinen Gefallen zu ändern, eine klägliche, ja unselige und euerer Tränen würdige Begebenheit erzählen.

Tancredi, Fürst von Salerno, war ein leutseliger Herr von

gutmütigem Sinne – hätte er nur nicht in seinem Alter seine Hände mit dem Blute von Liebenden befleckt –, der zeitlebens nur eine einzige Tochter hatte, und er wäre glücklicher gewesen, hätte er auch sie nicht gehabt. Die liebte er so zärtlich, wie nur je ein Vater seine Tochter geliebt hat, und diese zärtliche Liebe war der Grund, daß er sie, auch als sie das Alter der Mannbarkeit schon um viele Jahre überschritten hatte, nicht vermählte, weil er es nicht über sich brachte, sich von ihr zu trennen; nachdem er sie aber endlich einem Sohne des Herzogs von Capua gegeben hatte, wurde sie schon nach kurzer Ehe Witwe und kehrte zum Vater zurück. Sie war so schön von Leib und Antlitz, wie nur je ein Weib gewesen ist, und jung und munter und hatte mehr Wissen, als etwa von einer Frau verlangt wird. Während sie nun bei ihrem zärtlichen Vater das vergnügliche Leben einer großen Dame führte, sah sie, daß der Vater um der großen Liebe willen, die er zu ihr trug, es sich wenig angelegen sein ließ, sie wieder zu vermählen; und da es ihr nicht ehrbar schien, es von ihm zu fordern, gedachte sie sich, wenn es sein könnte, heimlich einen wackern Geliebten zu verschaffen. Und indem sie viele Männer am Hofe ihres Vaters sah,

Edelleute und andere, wie wir sie an den Höfen sehn, und das Betragen und Gehaben von vielen betrachtete, gefiel ihr unter ihnen ein junger Diener ihres Vaters, der Guiscardo hieß, ein Mann von gar niedriger Geburt, aber durch Trefflichkeit und Betragen edler als jeder andere, und für ihn entbrannte sie, da sie ihn öfter sah, in aller Stille in heißer Liebe, allstündlich sein Wesen höher preisend. Und der Jüngling, der das, weil es auch ihm nicht an Klugheit fehlte, bald gewahr geworden war, hatte sie auf eine solche Weise in sein Herz geschlossen, daß er schier alles außer den Gedanken an seine Liebe aus seinem Sinn entfernt hatte. Indem die junge Frau bei dieser gegenseitigen Liebe nichts so sehr ersehnte als ein Zusammensein mit ihm, ersann sie, weil sie diese Liebe niemand anvertrauen wollte, eine neue List, um ihn über die Art und Weise zu unterrichten. Sie schrieb einen Brief und gab ihm darin an, was er am folgenden Tage zu tun habe, um zu ihr zu gelangen; diesen Brief steckte sie in ein Schilfrohr, und das gab sie Guiscardo scherzend mit den Worten: »Mach daraus heute abend ein Blasrohr, womit deine Magd das Feuer anfachen mag.« Guiscardo, der sofort erriet, daß sie es ihm nicht ohne Grund gegeben und nicht ohne Grund so gesprochen hatte, ging, nachdem er es genommen hatte, weg und trug es heim; und als er beim Betrachten des Rohres merkte, daß es gespalten war, öffnete er es, und als er den Brief gefunden und gelesen hatte, verstand er gar wohl, was er zu tun hatte. Nun war er zufriedener als je ein Mann und ging sofort daran, alle Anstalten zu treffen, um auf die ihm von ihr angegebene Art und Weise zu ihr zu gelangen. Nächst dem Palaste des Fürsten war eine in den Berg gehauene Höhle, die vor undenklichen Zeiten gemacht worden war, und diese Höhle erhielt etwas Licht durch ein in den Berg gebrochenes Loch, das aber, weil die Höhle vernachlässigt war, Dörner und Strauchwerk überwuchert hatten; in die Höhle führte aus einer von der Dame bewohnten Kammer im Erdgeschosse des Palastes eine geheime Stiege hinab, die aber durch eine sehr starke Tür abgeschlossen war. Und weil diese Stiege seit weiß Gott wie lange nicht mehr benutzt worden war, war sie allgemein so in Vergessenheit geraten, daß sich kaum jemand erinnerte, daß sie da war; aber die Liebe, vor deren Augen nichts so verborgen ist, daß sie nicht hindränge, hatte sie der verliebten Dame ins Gedächtnis zurückgerufen. Damit nun niemand etwas davon gewahr werden könne, hatte sie viele Tage lang alle Mühe darauf verwandt, bis es ihr gelang, die Tür zu öffnen; nachdem sie nun allein in die nun offene Höhle hinabgestiegen war, hatte sie, weil sie das Luftloch bemerkt hatte, Guiscardo die Botschaft zukommen lassen, er solle trachten, dorthin zu kommen, und hatte ihm auch die Höhe angegeben, die es von dort bis zur Erde haben mochte. Um das ins Werk zu setzen, beschaffte sich Guiscardo unverzüglich einen Strick mit gewissen Knoten und Schlingen, der ihm gestatten sollte, abwärts und aufwärts zu klettern, zog zum Schutze vor den Dornen ein Lederkoller an und begab sich in der Nacht, ohne es jemand wissen zu lassen, zu dem Luftloche, knüpfte das eine Ende des Strickes an einen starken Stamm, der neben dem Loche gewachsen war, ließ sich in die Höhle hinunter und wartete auf die Dame. Die schickte am nächsten Tage unter dem Vorwande, daß sie schlafen wolle, ihre Frauen fort, schloß sich allein in der Kammer ein, öffnete die Tür und stieg in die Höhle hinab, wo Guiscardo ihrer harrte; nach wundersamen gegenseitigen Freudenbezeigungen gingen sie miteinander in ihre Kammer, und dort verbrachten sie ein gutes Stück des Tages in eitel Lust und Wonne: und nachdem sie kluge Verabredungen getroffen hatten, auf daß ihr Liebeshandel geheim bleibe, ging Guiscardo zurück in die Höhle, und sie versperrte die Tür und ging zu ihren Frauen hinaus. In der nächsten Nacht kletterte Guiscardo an seinem Stricke hinauf, stieg durch das Loch hinaus, durch das er hereingekommen war, und kehrte heim. Und da er nun diesen Weg wußte, legte er ihn im Laufe der Zeit zu often Malen zurück. Aber das Geschick mißgönnte den beiden Liebenden eine so lange und so große Lust und verkehrte ihr Glück durch ein schmerzliches Ereignis in Traurigkeit und Tränen. Tancredi hatte die Gewohnheit, manchmal ganz allein in das Gemach seiner Tochter zu kommen und dort mit ihr plaudernd zu verweilen und dann wieder zu gehn. So kam er auch eines Tages nach dem Essen zu einer Zeit hinunter, wo die Dame, die Ghismonda hieß, gerade mit allen ihren Frauen im Garten war; ohne von jemand gesehn oder gehört zu werden, trat er in das Gemach, dessen Fenster geschlossen waren, und setzte sich, weil er sie nicht in ihrem Vergnügen stören wollte, auf eine kleine Truhe am Fußende des Bettes, dessen Vorhänge zurückgeschlagen waren; er lehnte den Kopf ans Bett und zog den Vorhang über sich, als ob er sich dort hätte mit Fleiß verstecken wollen, und schlief ein. Und während er also schlief, ließ Ghismonda, die ihren Guiscardo unglücklicherweise für diesen Tag bestellt hatte, ihre Frauen im Garten, trat ins Gemach, verschloß es und öffnete, ohne sich zu versehn, daß jemand hier sein könnte, dem sie erwartenden Guiscardo die Tür, und sie gingen, wie sie gewohnt waren, zu Bette, um miteinander zu scherzen und der Lust zu pflegen; und derweil geschah es, daß Tancredi erwachte, so daß er alles hörte und sah, was Guiscardo und seine Tochter trieben: darüber über die Maßen erbost, wollte er sie zuerst beschimpfen, entschloß sich aber dann, zu schweigen und, wenn es möglich sei, verborgen zu bleiben, damit er das, was ihm schon in den Sinn gekommen war, daß er tun müsse, mit mehr Bedachtsamkeit und mit weniger Schande für ihn tun könne. Die Liebenden verweilten, wie sie gewohnt waren, eine geraume Zeit miteinander, ohne daß sie Tancredi bemerkt hätten; und als es ihnen an der Zeit schien, stiegen sie aus dem Bette: Guiscardo ging in die Höhle zurück und sie verließ das Gemach.

Tancredi ließ sich trotz seines Alters von einem Fenster in den Garten hinab und ging, von niemand bemerkt, auf den Tod betrübt, in sein Gemach. Und auf einen von ihm gegebenen Befehl wurde Guiscardo in der nächsten Nacht, als er eben um die Zeit des ersten Schlafes aus dem Loche schlüpfen wollte, wehrlos, wie er in dem Lederkoller war, von zweien gegriffen und heimlich zu Tancredi geführt. Als ihn der sah, sagte er schier unter Tränen: »Guiscardo, meine Güte für dich hätte nicht den Schimpf und die Schande verdient, die du mir, wie ich heute mit meinen Augen gesehn habe, an dem, was mein ist, angetan hast.« Darauf sagte Guiscardo nichts sonst als: »Die Liebe vermag mehr als Ihr und ich.« Nun befahl Tancredi, daß er in aller Stille in einem Gemache nebenan bewacht werde, und so geschahs. Am nächsten Tage ging Tancredi, nachdem er viele und mancherlei seltsame Gedanken erwogen hatte, nach dem Essen in das Gemach seiner Tochter, ließ sie, die von dem Vorgegangenen nichts wußte, rufen und schloß sich mit ihr ein und begann unter Tränen also: »Ghismonda, da ich der Meinung war, ich kennte deine Tugend und Ehrbarkeit, so hätte es mir, und wäre es mir hundertmal gesagt worden, nie in den Sinn wollen, wenn ich's nicht mit meinen Augen gesehn hätte, daß du dich einem Manne, der nicht dein Gatte ist, hingegeben hättest, ja daß du auch nur daran gedacht hättest; nun werde ich in der Erinnerung daran den kleinen Rest meines Lebens, den mir mein Alter noch gewährt, in steter Verbitterung verbringen. Wollte Gott, du hättest wenigstens, da du einmal zu einer solchen Schändlichkeit herabsinken solltest, einen Mann genommen, der sich zu deinem Adel geschickt hätte; aber unter so vielen Männern an meinem Hofe hast du Guiscardo gewählt, einen Jüngling von dem niedrigsten Stande, der an unserm Hofe, sozusagen um Gottes willen, von Kindheit an bis zum heutigen Tage auferzogen worden ist: damit hast du mir eine arge Herzenspein bereitet, weil ich nicht weiß, was für eine Entscheidung ich deinetwegen treffen soll. Wegen Guiscardo, den ich heute nacht habe greifen lassen, als er aus dem Luftloche geschlüpft ist, und den ich nun gefangenhalte, habe ich meine Entscheidung schon getroffen; aber mit dir, weiß Gott, weiß ich nicht, was tun. Von der einen Seite zieht mich die Liebe, die ich zu dir stets in größerm Maße getragen habe, als je ein Vater zu seiner Tochter getragen hat, auf der andern Seite der gerechte Unwille, der mich über deine große Torheit befallen hat: die Liebe will, daß ich dir verzeihe, und der Unwille, daß ich wider meine Natur grausam gegen dich sei; bevor ich aber eine Entscheidung treffe, will ich hören, was du dazu zu sagen hast.« Und nach diesen Worten neigte er sein Gesicht und weinte wie ein geschlagenes Kind. Ghismonda fühlte bei der Rede des Vaters, woraus sie entnahm, daß nicht nur ihre heimliche Liebe entdeckt war, sondern daß auch Guiscardo gefangen war, einen unbeschreiblichen Schmerz und war oft nahe daran, diesem Schmerze nach Frauenart mit Klagen und Tränen Ausdruck zu geben; indem aber ihr hoher Sinn diese Schwäche überwand, bewahrte sie mit wunderbarer Kraft die Ruhe ihres Antlitzes und sie faßte, in der Meinung, Guiscardo sei schon tot, den Entschluß, lieber ihr Leben zu lassen, als irgendeine Bitte für sich zu tun. Darum antwortete sie ihrem Vater nicht wie eine betrübte oder eines Vergehns bezichtigte Frau, sondern unbekümmert und beherzt mit trockenen Augen und offenem, nicht im mindesten verstörtem Antlitz und sagte zu ihm: »Tancredi, ich bin weder zu leugnen noch zu bitten gesonnen; zu leugnen nicht, weil mir das nichts nützte, nicht zu bitten, weil ich nicht will, daß mir das nützte, und ich gedenke auch in keiner Weise deine Milde und deine Liebe zur Güte zu stimmen, sondern ich will die Wahrheit gestehn und zuerst meine Ehre mit triftigen Gründen verteidigen, dann aber tapfer das tun, was die Hoheit meines Sinnes verlangt. Es ist wahr, ich habe Guiscardo geliebt und liebe ihn und werde ihn zeitlebens, was nicht lange sein wird, lieben, und wenn es nach dem Tode noch eine Liebe gibt, so werde ich nimmer aufhören, ihn zu lieben; dazu hat mich aber nicht so sehr meine weibliche Schwäche getrieben als dein geringer Eifer, mich zu vermählen, und seine Trefflichkeit. Dir hätte es, Tancredi, bekannt sein sollen, daß du, der du aus Fleisch bist, eine Tochter aus Fleisch und nicht aus Stein und Eisen gezeugt hast, und du hättest dich erinnern müssen, und müßtest dich, obwohl du heute alt bist, noch jetzt erinnern, was die Gesetze der Jugend alles heischen und wie und mit was für einer Kraft; und hast du gleich als Mann einen großen Teil deiner schönsten Jahre im Feldlager verbracht, so hättest du nichtsdestoweniger wissen sollen, was Muße und Wohlleben über alte, geschweige denn über junge Leute vermögen. Ich bin also, als von dir erzeugt, aus Fleisch und habe so wenig gelebt, daß ich noch jung bin, und bin aus dem einen und dem andern Grunde voll eines begehrlichen Verlangens, das dadurch wundersame Kräfte gewonnen hat, daß ich vermählt war und so erkannt habe, was es für eine Wonne ist, ein so beschaffenes Verlangen zu befriedigen. Außerstande, diesen Kräften zu widerstehn, habe ich mich, da ich jung und ein Weib bin, entschlossen, ihnen zu folgen, wohin sie mich zogen, und habe mich verliebt. Und sicherlich, dabei habe ich alles darangesetzt, bei dem, wozu mich die natürliche Sünde zog, weder dir noch mir, soviel es auf mich ankommen werde, Schande zu bereiten. Dazu haben mir Amor in seinem Mitleide und das Geschick in seiner Güte einen heimlichen Weg gefunden und gezeigt, der mich, ohne daß es jemand erfahren hätte, an das Ziel meiner Wünsche geführt hat; und ich leugne es nicht, wer immer es dir hinterbracht hat oder woher immer du es weißt. Guiscardo habe ich nicht von ungefähr, wie es viele tun, genommen, sondern ich habe ihn mit sorgfältigem Ratschlusse vor allen andern erwählt und ihn mit wohlbedachter Vorsicht zu mir beschieden und habe in einer von mir und von ihm weislich geübten Beständigkeit lange mein Begehren gestillt. Außer meinem Fehltritte scheinst du mir aber – und darin folgst du mehr dem gemeinen Vorurteile als der Billigkeit – mit größerer Bitterkeit den Vorwurf zu machen, ich hätte mich mit einem Manne von niedrigem Stande eingelassen, als ob es dich nicht verdrossen hätte, wenn ich mir dazu einen Edelmann erwählt hätte. Dabei aber merkst du nicht, daß du nicht mich eines Fehlers beschuldigst, sondern das Geschick, das gar oft die unwürdigsten erhebt und die würdigsten in der Tiefe läßt. Aber lassen wir das jetzt, und betrachte einmal den Ursprung der Dinge; und da wirst du sehn, daß wir alle Fleisch von einem Fleische sind und daß ein und derselbe Schöpfer alle Seelen mit gleichen Kräften, mit gleichen Anlagen und mit gleichen Fähigkeiten geschaffen hat. Erst die Tugend hat uns, die wir alle gleich geboren wurden und werden, unterschieden, und die, die sie in höherm Maße besaßen und anwandten, wurden Edle genannt, und der Rest ist unedel geblieben. Und obwohl dieses Gesetz später durch einen gegenteiligen Gebrauch verdeckt worden ist, so ist es doch nicht aufgehoben und weder aus der Natur noch aus der guten Sitte getilgt; darum beweist der, der tugendhaft handelt, offenkundig, daß er adelig ist, und wenn ihn einer anders nennt, so ist der Fehler bei dem, der ihn anders nennt, und nicht bei dem, der so genannt wird. Sieh dich um unter all deinen Edelleuten und prüfe ihre Tugend, ihre Sitten und ihr Betragen, und tu dasselbe bei Guiscardo; wenn du dann ohne Voreingenommenheit wirst urteilen wollen, so wirst du sagen, er sei vom höchsten Adel und alle deine Edelleute gehörten zum gemeinen Volke. Wegen Guiscardos Tugend und Trefflichkeit habe ich mich nicht auf das Urteil anderer Leute verlassen, sondern nur auf das deiner Worte und meiner Augen. Wer hat ihn je so gelobt, wie du ihn in allen preiswerten Dingen gelobt hast, die an einem wackern Manne zu loben sein müssen? Und sicherlich nicht mit Unrecht; denn wenn sich meine Augen nicht getäuscht haben, so hast du ihm kein Lob gespendet, das ich ihn nicht wunderbarer, als deine Worte hätten ausdrücken können, durch die Tat hätte rechtfertigen sehn: und wenn ich trotzdem etwa eine Täuschung erlitten hätte, so fiele diese Täuschung dir zur Last. Willst du noch immer sagen, ich hätte mich mit einem Manne von niedrigem Stande eingelassen? Du würdest nicht die Wahrheit sprechen; sagtest du aber etwa, mit einem Armen, so könnte zu deiner Schande eingeräumt werden, daß du es nicht besser verstanden hast, einen wackern Mann, der dir diente, zu fördern: aber die Armut nimmt niemand den Adel, sondern nur den Besitz. Es hat viele Könige, viele große Herrscher gegeben, die arm waren; und viele von denen, die das Erdreich ackern und das Vieh hüten, sind reich gewesen und sind es. Das, was du zuletzt angeführt hast, nämlich deine Unschlüssigkeit, was du mit mir machen sollst, die tu nur ganz von dir, wenn du, hochbetagt, gesonnen bist, das zu tun, was du in der Jugend nicht gewohnt warst, nämlich grausam zu sein: übe deine Grausamkeit an mir, die ich nicht gesonnen bin irgendeine Bitte an dich zu richten, an mir, der Urheberin dieses Vergehns, wenn es ein Vergehn ist; denn tust du mir nicht dasselbe, was du Guiscardo getan hast oder tun wirst, so versichere ich dir, daß ich es mir mit meinen eigenen Händen tun werde. Wohlan denn, vergieße Tränen wie die Weiber, und willst du grausam sein, so töte ihn und mich mit einem Schlage, wenn du glaubst, daß wir es verdient haben.« Wohl erkannte der Fürst die Hochherzigkeit seiner Tochter, hielt aber ihre Entschlossenheit, das zu tun, was ihre Worte ankündigten, nicht für so fest, wie sie sagte. Darum ließ er zwar, nachdem er von ihr weggegangen war, den Gedanken fahren, sie irgendwo grausam am Leibe zu strafen, nahm sich aber vor, ihre glühende Liebe durch die Vernichtung des andern abzukühlen, und befahl den zweien, die Guiscardo bewachten, ihn in der nächsten Nacht ohne alles Geräusch zu erdrosseln, das Herz aus dem Leichnam zu nehmen und ihm zu bringen: die taten, wie ihnen befohlen worden war. Als es dann Morgen geworden war, steckte der Fürst das Herz Guiscardos in eine große, schöne Goldschale, die er sich hatte bringen lassen, schickte es durch einen vertrauten Diener seiner Tochter und trug diesem auf, beim Überreichen zu ihr zu sagen: »Dein Vater schickt dir dies, um dich in dem zu erfreuen, was du am meisten liebst, so wie du ihn in dem erfreut hast, was er am meisten geliebt hat.« Ghismonda, die ihren schrecklichen Vorsatz keineswegs aufgegeben, hatte sich, nachdem der Vater gegangen war, giftige Kräuter und Wurzeln bringen lassen, sie erhitzt und aus ihnen den Saft gezogen, um ihn bei der Hand zu haben, wenn das eintrete, was sie fürchtete. Als nun der Diener mit dem Geschenke und der Botschaft des Fürsten kam, nahm sie die Schale festen Antlitzes und hob den Deckel ab; da sie das Herz sah und die Worte vernahm, wußte sie auch schon, daß es das Herz Guiscardos war. Darum hob sie ihr Gesicht zu dem Diener und sagte: »Ein minder würdiges Grab, als ein goldenes, hätte einem Herzen, wie das ist, nimmer geziemt; mein Vater hat darin sehr weislich gehandelt.« Und nach diesen Worten führte sie es an den Mund und küßte es, und dann sagte sie: »In allen Stücken habe ich immerdar und bis zu diesem letzten Ende meines Lebens die Zärtlichkeit der Liebe meines Vaters empfunden, aber zu dieser Stunde mehr als je; statte ihm also in meinem Namen für ein so großes Geschenk den letzten Dank ab, den ich ihm je abstatten werde.« Und hierauf wandte sie sich wieder zu der Schale, die sie festhielt, und sagte, den Blick auf das Herz gerichtet: »Ach, du süßeste Herberge aller meiner Wonnen, verflucht sei die Grausamkeit dessen, der mich dich hat mit leiblichen Augen sehn lassen! Mir wäre es genug gewesen, dich zu jeder Zeit mit den Augen des Geistes schauen zu dürfen. Du hast deinen Lauf vollendet in der Bahn, die dir das Geschick gewährt hat, und bist an das Ziel gelangt, dem alle zustreben; verlassen hast du das Elend der Welt und die Mühsal, und dein Feind selber war es, der dir das Grab gegeben hat, das dein Wert verdient hat. Nichts hat dir noch gemangelt zu einer regelrechten Trauerfeier, als die Tränen der Frau, die du im Leben so sehr geliebt hast; damit du auch sie habest, hat Gott meinem unbarmherzigen Vater den Gedanken eingegeben, daß er dich mir geschickt hat, und ich werde sie dir geben, obwohl ich mir vorgenommen hatte, mit trokkenen Augen und einem durch nichts aus der Ruhe gebrachten Antlitze zu sterben: und wenn ich sie dir gegeben habe, so will ich ohne Verzug trachten, daß sich meine Seele mit der vereint, die du, o Herz meines Liebsten, so treulich gehegt hast. Und in wessen Geleite könnte ich zufriedener oder getroster in das unbekannte Land hinübergehen, als mit ihr? Ich bin sicher, sie ist noch drinnen in dir und betrachtet die Stätten ihrer und meiner Wonnen; und weil sie noch immer sicher ist, daß sie mich liebt, so erwartet sie die meine, von der sie über alles geliebt wird.« Und nachdem sie also gesprochen hatte, begann sie, über die Schale gebeugt, lautlos zu weinen, nicht anders, als ob sie einen Quell im Haupte gehabt hätte, und vergoß, unzählige Male das tote Herz küssend, so viel Tränen, daß es wundersam war anzusehn. Ihre Frauen, die um sie standen, begriffen nicht, was das für ein Herz sei oder was ihre Worte besagen wollten; aber von Mitleid übermannt, weinten sie alle und fragten gerührt nach der Ursache ihres Weinens und bemühten sich, da sie keine Antwort erhielten, um so mehr, sie zu trösten, so gut sie nur wußten und konnten. Als sie genug geweint zu haben glaubte, hob sie das Haupt, trocknete sich die Augen und sagte: »Nun, o heißgeliebtes Herz, habe ich alle meine Pflichten gegen dich erfüllt; und mir bleibt nichts mehr zu tun übrig, als mit meiner Seele zu kommen und deiner das Geleite zu geben.« Und nach diesen Worten ließ sie sich das Krüglein mit dem Wasser reichen, das sie am Tage vorher bereitet hatte, goß es in die Schale, wo das Herz gebadet lag in der Flut ihrer Tränen, setzte die Schale furchtlos an den Mund und trank sie leer und legte sich nach dem Trunke mit der Schale in der Hand auf ihr Bett, brachte ihren Körper in die ehrbarste Lage, die sie ihm zu geben wußte, und preßte das Herz ihres Geliebten an das ihre und erwartete still den Tod. Ihre Frauen aber, die all das gesehn und gehört hatten, hatten es Tancredi sagen lassen, obwohl sie nicht wußten, was das für ein Wasser war, das sie getrunken hatte; von der Ahnung dessen, was eingetroffen war, getrieben, eilte er hinunter ins Gemach der Tochter und betrat es in dem Augenblick, wo sie sich auf ihr Bett legte: nachdem er ihr nun, wo es zu spät war, mit süßen Worten Trost zugesprochen hatte, begann er, als er sah, an was für einem Ende sie war, bitterlich zu weinen. Und die Dame sagte zu ihm: »Tancredi, spare dir diese Tränen für ein Unglück auf, das du weniger herbeigesehnt hast als dieses, und gib sie nicht mir, weil ich sie nicht verlange. Wer hat je sonst schon einen weinen sehn wegen dessen, was er gewollt hat? Wenn aber noch ein Funken der Liebe, die du einst zu mir getragen hast, in dir lebt, so gewähre mir ein letztes Geschenk und lasse, da es dir nicht genehm war, daß ich still und heimlich mit Guiscardo gelebt hätte, meinen Leib mit dem seinen, wohin du auch den Leichnam hast werfen lassen, vor aller Augen zu gemeinsamer Ruhe vereinen.« Die Betrübnis seiner Tränen ließ den Fürsten nicht antworten. Als dann die junge Frau fühlte, daß ihr Ende gekommen war, preßte sie das tote Herz an ihre Brust und sagte: »Lebt mit Gott, ich scheide.« Und ihre Augen verschleierten sich, und alle ihre Sinne schwanden, und sie schied aus diesem kummervollen Leben. Ein so trauriges Ende hatte, wie ihr also gehört habt, die Liebe Guiscardos und Ghismondas; Tancredi ließ sie nach vielen Klagen und in später Reue über seine Grausamkeit unter der allgemeinen Trauer von ganz Salerno beide in ein und demselben Grabe ehrenvoll begraben.

Zweite Geschichte

Bruder Alberto macht einer Frau weis, der Engel Gabriel sei in sie verliebt und liegt an des Engels Statt mehrere Male bei ihr; nachdem er dann einmal aus Furcht vor ihren Verwandten aus ihrem Hause herabgesprungen ist, verbirgt er sich in dem Hause eines armen Mannes. Der bringt ihn am folgenden Tage als einen wilden Mann auf den Platz; dort wird er erkannt und von seinen Brüdern in Empfang genommen und hierauf gefangengesetzt.

Die Geschichte Fiammettas hatte die Augen ihrer Gesellinnen zu mehrern Malen mit Tränen gefüllt; als sie aber zu Ende war, sagte der König mit finsterm Gesichte: Ein geringer Preis schiene mir mein Leben, um es für die Hälfte der Wonnen hinzugeben, die Ghismonda mit Guiscardo gehabt hat, und dessen darf sich keine von euch wundern, weil ich jede Stunde meines Lebens tausend Tode erleide, ohne daß mir dieses vielfachen Todes willen auch nur ein Teilchen Wonne beschieden wäre. Indem ich aber darauf verzichte, meine Angelegenheiten zu erörtern, will ich, daß es Pampinea sei, die in diesen traurigen und meinem Unglücke zum Teile ähnlichen Geschichten fortfahre; wenn sie in die Fußtapfen Fiammettas tritt, so werde ich sicherlich langsam fühlen, daß einige Tautropfen auf meine Glut fallen. Als Pampinea sah, daß der Befehl sie getroffen hatte, erfaßte sie durch ihre Neigung besser den Wunsch ihrer Gesellinnen, als den des Königs durch seine Worte, war daher mehr gesonnen, sie ein wenig zu erheitern, als den König durch etwas andres als durch die bloße Befolgung seines Befehls zufriedenzustellen; darum entschloß sie sich, eine Geschichte zu erzählen, die sich zwar in den Grenzen der Aufgabe halten, aber doch lustig sein sollte, und fing also an:

Im Volksmunde gibt es ein Sprichwort: Gilt ein schlechter

Mann für gut, man glaubts nicht, auch wenn er Schlechtes tut. Das bietet mir reichlichen Stoff, daß ich über das reden kann, was meine Aufgabe ist, und daß ich obendrein zeigen kann, wie groß und wie geartet die Gleisnerei der Mönche ist, die mit weiten und langen Gewändern und mit künstlich bleichen Gesichtern und mit Stimmen, die demütig und mild sind, wenn sie eines andern Eigentum verlangen, aber hochfahrend und unverschämt, wenn sie ihre eigenen Fehler an andern grimmig tadeln und wenn sie dartun, daß sie durchs Nehmen und die andern durchs Geben das Heil erlangen und daß sie überdies nicht wie Leute, die, wie wir, das Paradies erwerben wollen, sondern wie seine Besitzer und Herren jedem, der stirbt, je nach der Menge des Geldes, das er ihnen hinterlassen hat, einen mehr oder minder vorzüglichen Platz geben können – die damit zuerst sich selber, wenn sie das glauben, und nachher alle andern, die ihren Worten trauen, zu betrügen trachten. Wäre es mir erlaubt, sie so zu zeichnen, wie es sich gebührte, würde ich vielen Einfältigen klar zeigen, was sie unter ihren weiten Kutten verbergen. Aber wollte es nur Gott, daß es ihnen allen für ihre Lügen so erginge, wie einem Barfüßerbruder, der keineswegs jung war, aber in Venedig als einer der größten Kasuisten galt; von ihm werde ich mit besonderm Vergnügen erzählen, weil ich dadurch euere wegen des Todes Ghismondas mit Mitleid erfüllten Herzen vielleicht durch Lachen und Vergnügen etwas aufzuheitern hoffe.

In Imola war also, meine werten Damen, ein Mensch von ruchlosem und lasterhaftem Lebenswandel, Berto della Massa mit Namen, dessen Schändlichkeit, die den Leuten von Imola nicht unbekannt geblieben war, es dahin gebracht hatte, daß niemand in Imola war, der ihm die Wahrheit, geschweige denn eine Lüge geglaubt hätte; als er endlich einsah, daß für seine Gaunerstückchen dort kein Boden mehr war, siedelte er nach Venedig über, der Zuflucht alles Gesindels, und gedachte hier seiner Bosheit neue

Wege zu finden, die er anderswo noch nicht betreten hatte. So zeigte er denn auf einmal, als ob ihn Gewissensbisse über seine in der Vergangenheit verübten schlechten Streiche gepackt hätten, eine außerordentliche Demut, wurde ein so guter Christ wie nur einer, und ging hin und wurde Barfüßer und ließ sich Bruder Alberto da Imola nennen; in diesem Gewande begann er zum Scheine ein strenges Leben zu führen und die Buße und die Enthaltsamkeit zu preisen und aß dabei kein Fleisch und trank keinen Wein, wenn es nicht die Gattung war, die ihm schmeckte. Es hatte auch kaum einer den raschen Übergang beobachtet, wie er aus einem Diebe, Zuhälter, Betrüger und Mörder ein großer Prediger geworden war, ohne daß er deswegen die genannten Laster aufgegeben hätte, wenn er sie nur insgeheim treiben konnte. Und da er sich überdies noch die Priesterwürde verschafft hatte, so weinte er beim Messelesen, wenn ihn viele sahen, über die Passion des Heilands, weil ihn die Tränen, wann er sie haben wollte, wenig kosteten. Und in kurzer Zeit wußte er die Venezianer durch seine Predigten und seine Tränen also zu ködern; daß schier kein Testament mehr gemacht wurde, ohne daß er der Vollstrecker und Verwahrer gewesen wäre, daß ihm viele ihr Geld zum Aufheben gaben und daß ihn schier der größere Teil der Männer und Frauen zum Beichtvater und Berater nahmen; auf diese Weise war er vom Wolfe zum Hirten geworden, und der Ruf seiner Heiligkeit war dort herum viel größer, als der des heiligen Franziskus je in Assisi gewesen war. Nun geschah es, daß eine einfältige, alberne junge Dame, die Madonna Lisetta da ca Quirino hieß und die Gattin eines großen Kaufherrn war, der sich mit seinen Galeeren nach Flandern aufgemacht hatte, mit andern Damen zu diesem heiligen Bruder beichten kam. Als sie dann vor ihm kniete und ihm von ihren Angelegenheiten als eine rechte Venezianerin – und Prahler sind sie alle – erzählt hatte, fragte sie Bruder Alberto, ob sie einen Geliebten habe. Mit bösem Gesichte antwortete sie: »Aber Bruder, habt Ihr denn keine Augen im Kopfe? Scheint Euch denn meine Schönheit so beschaffen, wie die der andern da? Mehr als zu viele könnte ich haben, wenn ich nur wollte; aber meine Schönheit ist nicht von der Art, daß sich der erste beste in sie verlieben dürfte. Wie viele habt Ihr denn gesehn, deren Schönheit so wäre wie die meinige, die auch im Paradiese schön bliebe?« Und außer diesem sagte sie noch so viel von ihrer Schönheit, daß es ein Ekel war, ihr zuzuhören. Bruder Alberto merkte sofort, daß sie nicht recht bei Troste war, und weil er bei ihr den richtigen Acker für seine Pflugschar zu finden glaubte, verliebte er sich auf der Stelle über die Maßen in sie; indem er sich aber die Zärtlichkeiten für eine gelegenere Zeit aufsparte, begann er sie für diesmal, um sich als heiliger Mann zu zeigen, auszuschelten und ihr zu sagen, daß das eitel Hoffart sei, und derlei Redensarten mehr: darum sagte ihm die Dame, er sei ein Vieh und wisse zwischen Schönheit und Schönheit keinen Unterschied zu machen. Um sie daher nicht zu sehr aufzubringen, beschloß er die Beichte und entließ sie mit den andern. Und nach einigen Tagen nahm sich Bruder Alberto einen vertrauten Gesellen und begab sich mit ihm zu Madonna Lisetta, ging mit ihr abseits in ein Zimmer und warf sich dort, wo ihn niemand sehn konnte, vor ihr auf die Knie und sagte: »Madonna, ich bitte Euch um Gott, verzeiht mir, was ich am Sonntage, als Ihr von Euerer Schönheit gesprochen habt, gesagt habe; denn in der nächsten Nacht bin ich so grimmig gezüchtigt worden, daß ich mein Lager nicht vor heute habe verlassen können.« Nun sagte Frau Papplöffel: »Und wer hat Euch so gezüchtigt?« Bruder Alberto sagte: »Ich will's Euch sagen. Als ich die Nacht, wie es meine Gewohnheit ist, im Gebete verbrachte, sah ich plötzlich einen hellen Schein in meiner Zelle, und ich konnte mich nicht erst umdrehn, um zu sehn, was das sei, als ich schon einen wunderschönen Jüngling, der einen dicken Stock in der Hand hatte, vor mir sah, und der packte mich bei der Kutte, riß mich zu Boden und gab mir's so, daß mir kein Knochen heil blieb. Dann fragte ich ihn, warum er das getan habe, und er antwortete: ›Weil du dich heute unterstanden hast, abfällig über die himmlische Schönheit der Madonna Lisetta zu sprechen, die ich, nächst Gott, über alles liebe.‹ Und nun fragte ich ihn: ›Wer seid Ihr?‹ Darauf antwortete er, daß er der Engel Gabriel sei. ›O Herr‹, sagte ich, ›ich bitte Euch, verzeiht mir!‹ Und nun sagte er: ›Ich verzeihe dir unter der Bedingung, daß du, sobald es dir möglich ist, zu ihr gehst und dir von ihr verzeihen läßt; und verzeiht sie dir nicht, so werde ich wiederkommen und dir's so geben, daß du zeitlebens daran denken wirst.‹ Was er mir dann noch gesagt hat, das getraue ich mich Euch nicht zu sagen, wenn Ihr mir nicht erst verziehen habt.« Frau Windbeutel in ihrem Mangel an Grütze war ganz glücklich, als sie diese Worte hörte, die sie für durchaus wahr hielt, und sagte nach einem Weilchen: »Ich habe es Euch ja gesagt, Bruder Alberto, daß meine Schönheit himmlisch ist; aber Gott soll mir helfen, wie leid es mir um Euch ist, und damit es Euch nicht noch einmal so übel ergehe, verzeihe ich Euch von Stund an, wenn Ihr mir nur sagt, was Euch der Engel noch gesagt hat.« Bruder Alberto sagte: »Da Ihr mir verziehen habt, Madonna, werde ich's Euch gern sagen; ich mache Euch aber auf das eine aufmerksam, daß Ihr Euch in acht nehmen müßt, auch nur ein Sterbenswörtlein von dem, was ich Euch sage, irgendeinem Menschen auf der Welt zu sagen, wenn Ihr's Euch nicht verscherzen wollt, die glücklichste Frau von der Welt zu sein. Der Engel Gabriel hat mir gesagt, ich solle Euch sagen, Ihr hättet ihm so gefallen, daß er Euch schon zu mehrern Malen des Nachts besuchen gekommen wäre, wenn es nicht um Euern Schrecken gewesen wäre. Nun läßt er Euch durch mich sagen, daß er einmal des Nachts zu Euch kommen und eine Weile bei Euch bleiben will; und weil Ihr ihn, da er ja ein Engel ist, nicht berühren könntet, wenn er in der Gestalt eines Engels käme, sagt er, will er Euch zuliebe in menschlicher Gestalt kommen, und darum sagt er, Ihr sollt ihm sagen lassen, wann Ihr wollt, daß er komme, und in wessen Gestalt, und dann wird er kommen, und deswegen könnt ihr Euch für die seligste Frau halten, die überhaupt lebt.« Frau Mauläffin sagte nun, es sei ihr sehr angenehm, daß der Engel Gabriel sie liebe, denn sie liebe ihn gleichfalls sehr, und es sei noch nie geschehn, daß sie ein Bild von ihm gesehn hätte, ohne eine Dreierkerze davor anzuzünden; und jede Stunde, wann er zu ihr kommen wolle, werde er ihr willkommen sein, und er solle sie allein in ihrem Gemache finden, jedoch mit der Bedingung, daß er sie nicht um die Jungfrau Maria verlassen dürfe, von der es heiße, daß er ihr sehr gut sei, was auch ihr so vorkomme, weil er überall, wo sie ihn sehe, vor ihr auf den Knien liege. Sonst stehe es bei ihm, in welcher Gestalt er kommen wolle, nur daß er sie nicht erschrecke. Nun sagte Bruder Alberto: »Ihr sprecht weislich, Madonna; und ich werde es mit ihm so abmachen, wie Ihr mir sagt. Ihr könntet mir aber eine große Gunst erweisen, und ohne daß es Euch etwas kostete; und diese Gunst bestände darin, daß Ihr einwilligtet, daß er mit meinem Leibe käme. Und hört, warum das eine Gunst für mich wäre: er nähme meine Seele aus dem Leibe und schickte sie ins Paradies, und er ginge in meinen Leib ein, und solange er bei Euch bliebe, so lange wäre meine Seele im Paradiese.« Nun sagte Frau Dünngespinst: »Das ist mir schon recht: von mir aus mögt Ihr das zur Entschädigung für die Prügel haben, die er Euch meinetwegen gegeben hat.« Nun sagte Bruder Alberto: »So macht also, daß er heute nacht die Tür Euers Hauses nicht verschlossen findet, damit er eintreten kann, weil er, wenn er in einem menschlichen Leibe kommt, wie er ja wirklich kommt, nicht anders eintreten kann als durch die Tür.« Die Dame antwortete, das werde geschehn. Fra Alberto schied, und sie blähte sich vor freudigem Stolze so auf, daß ihr das Hemd nicht übern Hintern reichte, und es deuchte sie tausend Jahre zu währen, bis der Engel Gabriel zu ihr komme. Bruder Alberto, der bedachte, daß er seinen Mann mehr als Ritter als als Engel zu stellen haben werde, begann damit, daß er sich mit Konfekt und andern guten Sachen stärkte, um nicht so leicht aus dem Sattel geworfen zu werden. Nachdem er sich dann Urlaub verschafft hatte, begab er sich, als es Nacht geworden war, mit einem Gesellen ins Haus einer Freundin von ihm, von wo aus er schon öfter den Anlauf genommen hatte, wenn es ein Stutenrennen galt; von dort ging er, als es ihm an der Zeit schien, verkappt in das Haus der Dame, verwandelte sich dort mit dem Krimskrams, den er mitgebracht hatte, in einen Engel, stieg hinauf und trat in die Kammer der Dame. Als die die weiße Gestalt erblickte, fiel sie vor ihr auf die Knie, und der Engel segnete sie und richtete sie auf und bedeutete ihr, sich ins Bett zu legen. Und das tat sie alsbald in willigem Gehorsam, und der Engel legte sich neben seine fromme Verehrerin. Bruder Alberto war ein wohlgeschaffener, kräftiger Mann, und die Beine standen ihm weidlich zu Leibe, so daß Donna Lisetta, die frisch und lind war, bei ihm ein ander Liegen hatte als bei ihrem Gatten und sich wegen der vielen Flüge, die er auch ohne Flügel vollführte, nicht genug glücklich preisen konnte, abgesehen davon, daß er ihr auch viel von der himmlischen Herrlichkeit erzählte. Als es dann Tag werden wollte, ging er, nachdem er sich mit ihr wegen seiner Wiederkunft verabredet hatte, mit seiner Tracht fort und kehrte zu seinem Gesellen zurück, dem die gute Frau des Hauses liebenswürdig Gesellschaft geleistet hatte, damit er keine Furcht habe, wenn er allein schlafe. Nach dem Frühmahle ging die Dame mit ihrem Geleite zu Bruder Alberto und erzählte ihm Neuigkeiten vom Engel Gabriel und was sie von ihm über die Herrlichkeit des ewigen Lebens gehört hatte und was er für ein Mann sei, und dazu noch genug wunderbare Mären. Bruder Alberto sagte zu ihr: »Madonna, ich weiß nicht, wie es Euch mit ihm ergangen ist, aber wohl weiß ich, daß er heute nacht, nachdem er zu mir gekommen ist und ich ihm Eure Botschaft bestellt habe, unverzüglich meine Seele zwischen so viel Blumen und Rosen hingetragen hat, wie hienieden nie noch ersehn worden sind, und ich habe an einem der vergnüglichsten Orte, die es je gegeben hat, bis heute früh zur Mette geweilt; was mit meinem Leibe geschehn ist, das weiß ich nicht.« – »Habe ich's Euch denn nicht gesagt?« sagte die Dame; »Euer Leib ist mit dem Engel Gabriel die ganze Nacht in meinen Armen gewesen, und wenn Ihr mir nicht glaubt, so seht unter Eurer linken Brustwarze nach, weil ich dem Engel dorthin einen so festen Kuß gegeben habe, daß das Mal ein paar Tage zu sehen sein wird.« Nun sagte Bruder Alberto: »Da werde ich denn heute etwas tun, was ich schon seit langer Zeit nicht mehr getan habe, mich nämlich entkleiden, um zu sehn, ob Ihr die Wahrheit sagt.« Und nach vielem Geschwätze ging die Dame nach Hause; und Bruder Alberto ging hernach zu often Malen in der Gestalt des Engels zu ihr, ohne daß er auf ein Hindernis gestoßen wäre. Nun geschah es eines Tages, daß Madonna Lisetta, als sie mit einer Gevatterin von ihr beisammen war und mit ihr über die Schönheit stritt, in der Absicht, ihre Schönheit vor der jeder andern herauszustreichen, als einfältiges Ding sagte: »Wenn Ihr wüßtet, wem sie gefällt, so würdet Ihr wahrlich von andern schweigen.« Voller Neugier sagte die Gevatterin, die sie gut kannte: »Madonna, es ist ja möglich, daß Ihr die Wahrheit sagt; immerhin wird man seine Meinung nicht so leichthin ändern, wenn man nicht erfährt, wer das ist.« Nun sagte die Dame, bei der es nicht viel brauchte, um sie zum Plappern zu bringen: »Gevatterin, ich sollte es nicht sagen, aber mein Liebster ist der Engel Gabriel, der mich lieber hat als sich selbst, weil ich, wie er gesagt hat, die schönste Frau bin, die es auf der Welt oder zu Wasser gibt.« Die Gevatterin hatte zwar Lust zu lachen, hielt sich aber zurück, damit sie noch mehr erfahre, und sagte: »Gottstreu, wenn der Engel Gabriel Euer Liebster ist und Euch das sagt, so muß es wohl so sein; aber ich hätte nicht geglaubt, daß die Engel so etwas tun.« Die Dame sagte: »Gevatterin, Ihr habt Euch geirrt: bei den Wundmalen Christi, er macht es besser als mein Mann, und er sagt mir, daß sie es auch dort oben machen; weil er mich aber für schöner hält als irgendeine im Himmel, so hat er sich in mich verliebt und kommt mich gar oft besuchen. Na, was sagt Ihr jetzt?« Als die Gevatterin von Madonna Lisetta weggegangen war, deuchte es sie tausend Jahre zu währen, bis sie dazu komme, das wiederzusagen; und da sie bei einem Feste mit einer großen Gesellschaft von Damen zusammentraf, erzählte sie ihnen die Neuigkeit haarklein. Die Damen sagten es ihren Männern und andern Damen und die wieder andern, und so war in weniger als zwei Tagen ganz Venedig voll davon. Aber unter denen, denen es zu Ohren kam, waren auch ihre Verwandten, und die faßten, ohne ihr etwas davon zu sagen, den Vorsatz, den Engel kennenzulernen und ihn zu prüfen, ob er fliegen könne; und darum legten sie sich mehrere Nächte auf die Lauer. Nun geschah es, daß auch dem Bruder Alberto eine Spur dieses Geredes zu Ohren kam, und deswegen ging er eines Nachts zu der Dame, um sie auszuschelten. Kaum war er aber entkleidet, als ihre Verwandten, die ihn hatten kommen sehn, auch schon an der Tür des Gemaches waren, um sie zu öffnen. Als das Bruder Alberto merkte, wußte er sofort, was los war, sprang auf, öffnete, weil er keine andere Zuflucht hatte, ein Fenster, das auf den großen Kanal hinausging, und warf sich ins Wasser. Das war sehr tief, und er war ein guter Schwimmer, so daß er sich keinen Schaden tat; und nachdem er ans andere Ufer des Kanals geschwommen war, huschte er in ein Haus, das offen war, und bat einen Mann, den er drinnen traf, er möge ihm um Gottes willen das Leben retten, indem er ein Märchen erfand, wieso er zu dieser Stunde und nackt hier sei. Von Mitleid bewogen, legte ihn der gute Mann, der eben in Geschäften weggehn mußte, in sein Bett und sagte ihm, er solle dort bis zu seiner Rückkehr bleiben; dann schloß er ihn ein und ging seine Angelegenheiten besorgen. Als die Verwandten der Dame ins Zimmer kamen, fanden sie, daß der Engel Gabriel entflogen war, ohne seine Flügel mitgenommen zu haben; da sie sich darob vorkamen, als hätten sie sich die Köpfe eingerannt, sagten sie der Dame die ärgsten Schimpfworte, so daß die ganz trostlos zurückblieb, als sie endlich mit der Tracht des Engels heimgingen. Unterdessen war es hellichter Tag geworden, und der gute Mann hörte auf dem Rialto erzählen, daß diese Nacht der Engel Gabriel zu Madonna Lisetta schlafen gekommen sei und sich, als ihn die Verwandten dort gefunden hätten, aus Furcht in den Kanal geworfen habe und daß niemand wisse, was mit ihm geworden sei; daraus erriet er sofort, daß das der war, den er im Hause hatte. Da er, nachdem er heimgekommen war, sah, daß es der richtige war, sagte er ihm nach vielem Hin und Wider geradeheraus: wenn er nicht wolle, daß er ihn den Verwandten ausliefere, müsse er fünfzig Dukaten bringen lassen; und das geschah auch. Als darauf Bruder Alberto nach

Hause verlangte, sagte der gute Mann zu ihm: »Das ist unmöglich, außer auf eine einzige Art, wenn Euch die recht ist. Wir veranstalten heute ein Fest, zu dem der eine einen als Bären vermummten Mann mitbringt, der andere einen Wilden, der dritte dies und ein anderer das, und dann gibt's auf dem Markusplatze eine Jagd, und wenn die aus ist, ist das Fest zu Ende, und jeder geht mit dem, den er mitgebracht hat, wohin es ihm beliebt; wollt Ihr, daß ich Euch, bevor es erspäht werden kann, daß Ihr hier seid, so oder so mitnehme, so kann ich Euch nachher führen, wohin Ihr wollt. Anders sehe ich keine Möglichkeit, wie Ihr von hier fortkommen könntet, ohne erkannt zu werden; auch haben die Verwandten der Dame, weil sie vermuten, daß Ihr hier irgendwo steckt, überall ihre Wachen aufgestellt, um Euch in die Hände zu bekommen.« Obwohl es Bruder Alberto hart deuchte, also einhergehn zu müssen, entschloß er sich doch dazu aus Furcht vor den Verwandten der Dame und sagte ihm, wohin er geführt werden wollte, und daß es ihm gleichgültig sei, wie er geführt werde. Der Mann bestrich ihn von oben bis unten mit Honig, beklebte ihn mit vielen Flaumfedern, schlang ihm eine Kette um den Hals, band ihm eine Larve vors Gesicht und gab ihm in die eine Hand einen großen Prügel und ließ ihn mit der andern zwei Hunde halten, die er von den Fleischbänken geholt hatte; dann schickte er einen auf den Rialto, der ausrufen mußte, wer den Engel Gabriel sehn wolle, solle auf den Markusplatz kommen: und das war venezianische Treue. Nachdem dies geschehen war, wartete er erst noch ein Weilchen, und dann führte er ihn hinaus und ließ ihn vorangehen, indem er ihn von hinten an der Kette hielt, und gelangte mit ihm nicht ohne großen Lärm der Leute, die alle sagten: »Was ist denn das? Was ist denn das?« auf den Platz, wo sowohl von denen, die hinter ihnen gekommen waren, als auch von denen, die wegen des Ausrufens am Rialto gekommen waren, eine unabsehbare Menschenmenge war. Dort angelangt, band er seinen wilden Mann an eine Säule auf einer Erhöhung und tat, als ob er auf den Beginn der Jagd wartete; und weil der Arme mit Honig bestrichen war, verursachten ihm die Fliegen und Bremsen große Pein. Als dann sein Führer sah, daß der Platz ordentlich voll war, machte er eine Bewegung, als ob er den wilden Mann abketten wollte, riß aber dem Bruder Alberto die Larve ab und sagte: »Meine Herren, weil die Sau ausbleibt und weil es nichts ist mit der Jagd, will ich euch, damit ihr nicht umsonst gekommen seid, den Engel Gabriel zeigen, der des Nachts vom Himmel zur Erde herabsteigt, um die venezianischen Frauen zu trösten.« Kaum war die Larve herunter, so war auch schon Bruder Alberto von allen erkannt, und alle brachen gegen ihn in Geschrei aus, indem sie ihm die abscheulichsten Worte und die größten Beschimpfungen sagten, die je einem Schurken gesagt worden sind, und ihm überdies von allen Seiten Kot ins Gesicht schleuderten; und das mußte er eine geraume Weile leiden, bis sich seine Brüder, die die Nachricht davon von ungefähr erfahren hatten, in der Zahl von sechs Mann aufmachten, hinrannten, ihm eine Kutte überwarfen, ihn abketteten und ihn nicht ohne ein johlendes Gefolge in ihr Haus brachten. Und dort, heißt es, ist er elendiglich im Kerker verstorben. Dieser Mensch, der für gut galt und schlecht handelte, ohne daß man es geglaubt hätte, hat es also gewagt, sich zum Engel Gabriel zu machen, ist aus diesem in einen wilden Mann verwandelt worden und hat lange Zeit die verdiente Strafe erlitten und umsonst die begangenen Verbrechen beweint. Gott wolle, daß es allen andern ebenso ergehe.

Dritte Geschichte

Drei Jünglinge lieben drei Schwestern und fliehen mit ihnen nach Kreta. Die älteste tötet ihren Geliebten aus Eifersucht; die zweite rettet sie vom Tode, indem sie sich dem Herzoge von Kreta hingibt, wird aber von ihrem Geliebten getötet, der mit der ersten entflieht. Dieses Verbrechens wird der dritte Liebhaber mit der dritten Schwester beschuldigt, und sie werden festgenommen und gestehn es; aus Furcht vor dem Tode bestechen sie die Wächter und fliehen arm nach Rhodus und sterben dort im Elend.

Filostrato versank, nachdem er das Ende der Geschichte Pampineas gehört hatte, ein wenig in Nachdenken, und dann sagte er zu ihr: Gegen das Ende Euerer Geschichte war ein bißchen Gutes, was mir auch gefallen hat; vorher war aber gar zu viel lustiges Zeug, das ich gern vermißt hätte. Dann wandte er sich zu Lauretta und sagte: Fahrt mit einer bessern fort, meine Dame, wenn es sein kann. Lächelnd sagte Lauretta: Ihr seid allzu grausam gegen die Liebenden, wenn Ihr ihnen durchaus ein schlimmes Ende wünscht; um Euch aber gehorsam zu sein, will ich eine von drei Paaren erzählen, die alle nach kurzer Liebesfreude jämmerlich zugrunde gegangen sind. Und nach diesen Worten begann sie also: Wie ihr, meine jungen Damen, klar erkennen könnt, vermag es jedes Laster, den, der ihm ergeben ist, und zu often Malen auch andere in schweres Ungemach zu stürzen; das Laster aber, das uns in der wildesten Jagd in die Gefahren treibt, ist, meine ich, der Zorn, der nichts andres ist als eine plötzliche und unüberlegte, durch eine schmerzhafte Empfindung erregte Aufwallung, die die Vernunft verscheucht, die Augen des Geistes mit Finsternis umdunkelt und unsere Seele zu glühender Wut entflammt. Und obwohl er hauptsächlich die Männer befällt, den einen mehr als den andern, so ist er doch auch bei den Frauen nichts Neues, bei denen er einen größeren Schaden stiftet, weil er sich in ihnen leichter entzündet und viel heller lodert und geringeren Widerstand findet. Das ist auch kein Wunder, weil wir, wenn wir darauf achten wollen, sehn werden, daß es in der Natur des Feuers liegt, leichte und schwache Dinge eher zu ergreifen als harte und derbe; und die Männer mögen es nicht übelnehmen, wir sind einmal zarter als sie und viel beweglicher. Weil ich also sehe, daß wir von Natur dazu neigen, und nachher betrachte, daß unser sanftes und gütiges Wesen die willkommene Ruhe und Freude der Männer, mit denen wir umzugehn haben, ausmacht, während ihnen Zorn und Wut widerwärtig und gefährlich sind, so will ich, damit wir uns vor diesen Fehlern mit festerm Herzen in acht nehmen, in meiner Geschichte schildern, wie die Liebe dreier Jünglinge und ebenso vieler Damen, wie ich vorhin gesagt habe, durch den Zorn der einen aus der Höhe des Glückes in das tiefste Unglück gestürzt worden ist.

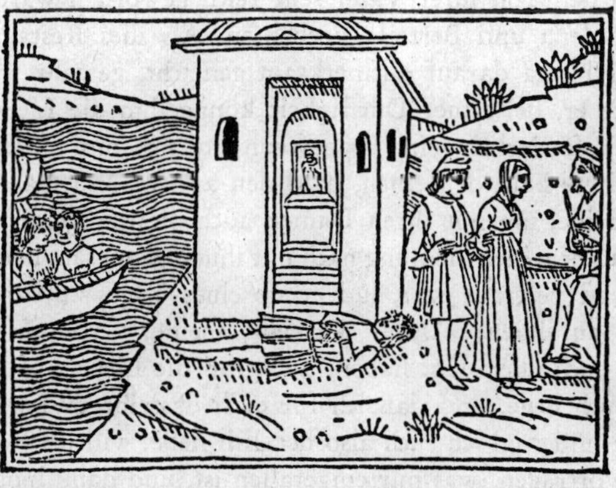

Marseille ist, wie ihr wißt, in der Provence am Meere gelegen, eine alte, edle Stadt, die früher mehr reiche Leute und große Kaufleute zählte als heute. Unter diesen war einer, der Narnald Cluada hieß, ein Mann von ganz niedriger

Geburt, aber von makelloser Rechtschaffenheit und ein ehrlicher Kaufherr, über die Maßen reich an Ländereien und Geld, der von seiner Gattin mehrere Kinder hatte, drei Töchter und einige Söhne. Von diesen drei Mädchen, die älter waren als ihre Brüder, war eine vierzehn Jahre alt, die andern zwei, Zwillinge, fünfzehn; ihre Verwandten warteten auch mit ihrer Vermählung nur mehr auf die Heimkunft Narnalds, der auf Kauffahrt in Spanien war. Von den Zwillingen hieß die eine Ninetta, die andere Maddalena; die dritte hieß Bertella. In Ninetta hatte sich ein junger Mann, der zwar arm, aber von Adel war, Restagnone mit Namen, inbrünstig verliebt und das Mädchen in ihn, und sie hatten es so trefflich anzustellen gewußt, daß sie sich, ohne daß es jemand auf der Welt gewußt hätte, der Früchte ihrer Liebe erfreuten; und diese Freude hatte schon eine geraume Weile gedauert, als es geschah, daß sich zwei miteinander befreundete Jünglinge, Folco und Ughetto mit Namen, die durch den Tod ihrer Väter sehr reich geworden waren, in Maddalena und Bertella verliebten. Als dies Restagnone, von Ninetta darauf aufmerksam gemacht, gewahr wurde, dachte er, bei seiner Dürftigkeit könne ihm die Liebe der beiden förderlich sein. Er befreundete sich mit ihnen und begleitete bald den einen, bald den andern und manchmal alle beide, um mit ihren Damen auch die seinige zu sehn; und als er seiner Meinung nach mit ihnen genugsam befreundet und vertraut war, lud er sie eines Tages zu sich und sagte zu ihnen: »Unser Verkehr, meine werten Herren, wird euch überzeugt haben, wie groß die Liebe ist, die ich für euch hege, und daß ich für euch dasselbe täte wie für mich; und weil ich euch also herzlich liebe, will ich euch etwas vortragen, was mir eingefallen ist, und dann mögt ihr zusammen mit mir den Entschluß fassen, der euch der beste dünkt. Wenn euere Worte nicht lügen, und nach dem, was ich aus euerm Tun bei Tag und Nacht entnommen zu haben glaube, brennt ihr in zärtlichster Liebe für die zwei von euch geliebten Mädchen, so wie ich für die dritte Schwester; für diese Brunst getraute ich mir, wenn ihr einwilligen wolltet, ein gar süßes, wonniges Heilmittel zu beschaffen, und das wäre das: Ihr seid überaus reich, und ich bin es nicht: wolltet ihr euere Reichtümer zusammentun und mich zu einem Drittel an ihrem Besitze teilnehmen lassen und irgendeinen Ort der Welt erwählen, wohin wir zu ziehen hätten, um in Glück und Freude mit ihnen zu leben, so getraute ich mir sonder Fehl, die drei Schwestern zu überreden, daß sie uns dorthin mit einem erklecklichen Teile von ihres Vaters Gut begleiteten; und dort könnten wir, jeder mit der Seinen, wie drei Brüder als die glücklichsten Männer von der Welt leben. Bei euch steht es jetzt, den Entschluß zu fassen, ob ihr das Glück ergreifen oder es lassen wollt.« Als die zwei Jünglinge, die über die Maßen entbrannt waren, hörten, daß sie die Mädchen haben sollten, überlegten sie nicht lange, sondern sagten, wenn sich das daraus ergeben werde, so seien sie bereit, also zu tun. Ein paar Tage, nachdem er diese Antwort erhalten hatte, traf sich Restagnone mit Ninetta, zu der er nicht ohne große Schwierigkeit gelangen konnte; nach einem kurzen Beisammensein mit ihr erzählte er ihr, was er mit den Jünglingen besprochen hatte, und bemühte sich mit vielen Gründen, sie diesem Schritte geneigt zu machen. Das war aber gar nicht schwer, weil sie viel mehr als er ersehnte, ohne den lästigen Argwohn mit ihm sein zu können; darum antwortete sie ihm freimütig, sie sei dazu geneigt, und die Schwestern würden, besonders in diesem Falle, tun, was sie wolle, und sagte ihm, er solle alle hierfür nötigen Anstalten mit möglichster Eile treffen. Als Restagnone zu den zwei Jünglingen zurückgekehrt war, die ihn wegen dessen, was er mit ihnen besprochen gehabt hatte, sehr gedrängt hatten, sagte er ihnen, daß von ihren Damen aus die Sache richtig sei. Nun beschlossen sie, nach Kreta zu ziehen, verkauften daher einige Besitzungen, die sie hatten, unter dem Vorwande, sie wollten mit dem Gelde Handelsgeschäfte treiben, kauften, nachdem sie ihr ganzes sonstiges Eigentum zu Gelde gemacht hatten, einen Schnellsegler, rüsteten ihn in aller Stille aufs beste aus und warteten auf die ihnen bestimmte Frist. Ninetta wieder, die die Wünsche ihrer Schwestern genugsam kannte, entzündete diese mit süßen Worten zu einer solchen Sehnsucht, daß sie die Stunde nicht zu erleben glaubten, wo sie das Ziel ihrer Wünsche erreichen würden. Als daher die Nacht, wo sie das Schiff besteigen wollten, gekommen war, öffneten die drei Schwestern einen großen Kasten ihres Vaters und nahmen eine Menge Geld und Juwelen, verließen damit alle drei ganz still das Haus und trafen ihre drei Liebhaber, wie es verabredet worden war: sie bestiegen ohne allen Verzug mit ihnen das Schiff, die Ruder senkten sich ins Wasser, und sie fuhren davon; ohne irgendwo anzuhalten, kamen sie am nächsten Abende nach Genua, und dort genossen die jungen Liebenden die ersten Wonnen ihrer Liebe. Und nachdem sie sich in dem, was nötig war, wieder gestärkt hatten, machten sie sich auf den Weg und kamen von Hafen zu Hafen noch vor dem achten Tage ohne Hindernis nach Kreta; sie kauften sich große, schöne Ländereien und bauten dort, ganz in der Nähe von Candia, schöne, freundliche Wohnungen und begannen mit vielem Gesinde, mit Hunden, Falken und Rossen, bei Gastmählern, Festen und Freuden mit ihren Damen als die glücklichsten Männer der Welt wie große Herren zu leben. Und indem sie dieses Leben führten, geschah es – wie wir's ja alltäglich geschehn sehn, daß man auch der angenehmsten Dinge durch ein Übermaß überdrüssig wird –, daß Restagnone, der Ninetta herzlich geliebt hatte, nun, wo er sie ohne den lästigen Argwohn zu allem seinem Willen haben konnte, anfing, ihrer überdrüssig zu werden und es ihr daher an Liebe mangeln zu lassen. Und da er bei einem Feste an einer jungen Dame des Landes, die schön und aus edlem Geschlechte war, ein besondres Gefallen gefunden hatte, begann er die mit allem Eifer zu umwerben und, um ihr zu huldigen, wundersame Feste zu veranstalten; als das Ninetta gewahr wurde, fiel sie in eine solche Eifersucht, daß er keinen Schritt mehr gehn konnte, den sie nicht erkundet hätte, um nachher ihn und sich mit Worten und Verdrießlichkeit zu quälen. So aber, wie das Übermaß Ekel erzeugt, so steigert die Verweigerung dessen, was man ersehnt, die Begierde, und so fachte Ninettas Verdrießlichkeit die Flamme von Restagnones neuer Liebe zu größerm Brande an; und wie immer es im Laufe der Zeit geschehn sein mag, ob Restagnone die Neigung der geliebten Dame gewonnen hat oder nicht, jedenfalls war Ninetta, wer's ihr auch hinterbracht hatte, überzeugt, daß es so sei. Darüber verfiel sie in eine solche Traurigkeit und ließ sich von dieser zu einem solchen Zorne und demnach zu einer solchen Wut hinreißen, daß sie alle Liebe, die sie für Restagnone gehegt hatte, in bittern Haß verkehrte und, von ihrem Zorne verblendet, beschloß, die Schmach, die sie von Restagnone zu leiden glaubte, durch seinen Tod zu rächen. Und durch Versprechen und Geschenke brachte sie eine alte Griechin, eine geriebene Giftmischerin, dazu, ihr ein tödliches Wasser zu bereiten, und das gab sie eines Abends, ohne sich mit jemand beraten zu haben, Restagnone, der erhitzt war und sich dessen nicht versah, zu trinken. Die Kraft des Giftes war so stark, daß es ihn, bevor es Morgen geworden war, getötet hatte. Als Folco und Ughetto und ihre Damen von seinem Tode erfuhren, beweinten sie ihn, ohne Kenntnis, daß er an Gift gestorben war, bitterlich mit Ninetta und ließen ihn feierlich begraben. Aber nach wenigen Tagen geschah es, daß die Alte, die das vergiftete Wasser für Ninetta bereitet hatte, wegen einer andern Schlechtigkeit gegriffen wurde, und auf der Folter gestand sie unter andern Missetaten auch diese mit der genauen Angabe des Zweckes; darum umstellte der Herzog von Kreta in aller Stille den Palast Folcos, griff Ninetta ohne Lärm oder Widerspruch und führte sie weg. Sie bekannte ohne jede Folter, was er über den Tod Restagnones wissen wollte. Als Folco und Ughetto unter der Hand vom Herzoge und ihre Frauen von ihnen erfahren hatten, warum Ninetta gegriffen worden war, waren sie sehr bekümmert und boten alles auf, um sie vor dem Feuertode zu retten, wozu sie verdientermaßen verurteilt worden war; aber alles blieb eitel, weil der Herzog darauf bestand, der Gerechtigkeit freien Lauf zu lassen. Nun kam Maddalena, die der Herzog ihrer Schönheit wegen seit langer Zeit bestürmt hatte, ohne daß sie ihm aber jemals die kleinste Gunst gewährt hätte, auf den Einfall, sie könnte die Befreiung ihrer Schwester vom Feuertode dadurch erlangen, daß sie ihm zu Willen sei, ließ ihn darum durch einen klugen Boten wissen, sie stehe zu seinem Befehle, wenn daraus zweierlei erfolgen werde: erstens, daß sie ihre Schwester heil und frei zurückbekomme, und zweitens, daß alles geheim bleibe. Der Herzog hörte die Botschaft mit Wohlgefallen: nachdem er lange bei sich nachgedacht hatte, ob er das tun solle, ging er endlich darauf ein und sagte, er sei bereit dazu. Im Einverständnis mit der Dame ließ er also eines Nachts Folco und Ughetto unter dem Vorwande, sich bei ihnen über den Fall unterrichten zu wollen, einziehen und begab sich heimlich zu Maddalena in Herberge. Vorher hatte er so getan, als ob er Ninetta hätte in einen Sack stecken lassen, damit sie in derselbigen Nacht ins Meer versenkt würde, brachte sie aber ihrer Schwester mit und schenkte sie ihr als Preis für diese Nacht; und am Morgen bat er Maddalena, diese erste Liebesnacht nicht die letzte sein zu lassen, und trug ihr überdies auf, die schuldige Frau fortzuschaffen, damit ihm sein Handeln nicht zur Schmach gereiche und damit er nicht neuerdings gegen sie zur Grausamkeit gezwungen werde. Am nächsten Morgen wurden Folco und Ughetto freigelassen, nachdem ihnen gesagt worden war, daß Ninetta in der Nacht getötet worden sei, was sie auch glaubten, und sie kehrten heim, um ihre Frauen über den Tod der Schwester zu trösten. Obwohl sich nun Maddalena alle Mühe gab, sie verborgen zu halten, merkte Folco doch, daß sie da war; baß verwundert darüber, schöpfte er, weil er schon erfahren hatte, daß der Herzog Maddalena liebte, auf der Stelle Verdacht und fragte sie, wie das zugehe, daß Ninetta hier sei. Da er das mächtige Lügengewebe, womit ihm Maddalena kommen wollte, als gewitzter Mann durchschaute, zwang er sie, ihm die Wahrheit zu sagen, und sie sagte sie ihm nach vielen Umschweifen. Vom Schmerze übermannt und zur Wut entflammt, zog er sein Schwert und tötete sie trotz ihren Bitten um Gnade; aus Furcht vor dem Zorne und dem Gerichte des Herzogs ließ er die Leiche in dem Gemache liegen, ging zu Ninetta und sagte mit verstellter Heiterkeit zu ihr: »Laß uns unverzüglich dorthin aufbrechen, wo deine Schwester bestimmt hat, daß ich dich hinbringen soll, damit du nicht wieder in die Hände des Herzogs fällst.« Das glaubte Ninetta und machte sich, es war schon Nacht, in dem furchtsamen Verlangen, fortzukommen, mit Folco auf den Weg, ohne erst von ihrer Schwester Urlaub zu heischen; und sie eilten mit dem Gelde, dessen Folco hatte habhaft werden können, und das war sehr wenig, ans Meer und bestiegen eine Barke: und niemand hat je erfahren, wohin sie gelangt sind. Als Maddalena am nächsten Tage als Leiche gefunden wurde, waren etliche, die das wegen des neidischen Hasses, den sie Ughetto entgegenbrachten, alsbald dem Herzoge zu wissen machten; darum eilte der Herzog, der Maddalena zärtlich liebte, hitzig zu ihrem Hause, griff Ughetto und seine Frau und zwang sie, die von der Sache, nämlich von der Flucht Folcos und Ninettas nichts wußten, zu gestehn, sie und Folco seien der Ermordung Maddalenas schuldig. Da sie um dieses Geständnisses willen billig für ihr Leben fürchteten, bestachen sie mit vieler Mühe ihre Wächter, indem sie ihnen einen großen Teil des Geldes gaben, das sie in ihrem Hause für den Notfall in einem Verstecke aufbewahrten; und ohne daß sie die Zeit gehabt hätten, irgend etwas von ihrem Eigentum mitzunehmen, bestiegen sie mit den Wächtern eine Barke und entflohen in der Nacht nach Rhodus. Dort endeten sie bald ihr Leben in Armut und Elend. Zu einem solchen Ende hat Restagnones törichte Liebe und Ninettas Zorn sie und andere geführt.

Vierte Geschichte

Gerbino bestreitet gegen das von seinem Großvater König Wilhelm gegebene Versprechen ein Schiff des Königs von Tunis, um dessen Tochter zu rauben; da sie von den Schiffsleuten getötet wird, bringt er diese um: schließlich wird er enthauptet.

Als Lauretta ihre Geschichte geendet hatte, schwieg sie, und in der Gesellschaft fand sich mancher mit manchem in der Trauer über das Unglück der Liebenden zusammen, und manche tadelten den Zorn Ninettas, und der eine sagte dies und der andere das, bis der König, als ob er sich einem schweren Gedanken entrissen hätte, das Gesicht hob und Elisa ein Zeichen gab, sie solle fortfahren; und die begann bescheidentlich: Gar viele gibt es, meine hübschen Damen, die denen zum Trotze, die ein Verlieben auf bloßes Hörensagen hin für unmöglich halten, der Meinung sind, Amor verschieße, nur durch die Augen entzündet, seine Pfeile; daß sich die arg täuschen, wird aus einer Geschichte, die ich erzählen will, klar erhellen. Aus ihr werdet ihr nicht nur ersehn, daß das der Ruf allein, ohne den Augenschein, bewirkt hat, sondern es wird euch auch kund werden, daß dadurch beide in einen elenden Tod geführt worden sind.

Wilhelm der Zweite, König von Sizilien, hatte, wie die Sizilianer wissen wollen, zwei Kinder, einen Sohn Ruggieri und eine Tochter Gostanza. Ruggieri, der vor dem Vater starb, hinterließ einen Knaben, der Gerbino hieß, und der wurde von seinem Großvater mit Sorgfalt aufgezogen, zu einem herrlich schönen Jüngling, wohlberufen in Tapferkeit und adeligem Wesen. Sein Ruf blieb auch nicht auf die Gren-

zen Siziliens beschränkt, sondern erklang in vielen Gegenden der Welt und sonderlich hell in der Berberei, die zu der damaligen Zeit dem Könige von Sizilien zinspflichtig war. Unter ihnen, denen der hehre Ruf von Gerbinos Trefflichkeit und adeligem Wesen zu Ohren kam, war eine Tochter des Königs von Tunis, die, wie jeder, der sie gesehn hatte, sagte, eines der schönsten Geschöpfe war, die je von der Natur gebildet worden sind, und dabei wohlgesittet und von edlem, hohem Sinne, die mit Vergnügen von wakkern Männern reden hörte, nahm die wackern Taten Gerbinos, die ihr von dem einen und dem andern erzählt wurden, mit solchem Wohlgefallen in sich auf und entzückte sich so an ihnen, daß sie sich, indem sie sich in Gedanken ein Bild von ihm machte, glühend in ihn verliebte und lieber von ihm als von jemand anderm sprach und sprechen hörte. Nach Sizilien war wieder, ebenso wie anderwärts, der außerordentliche Ruf ihrer Schönheit und gleicherweise ihrer Trefflichkeit gedrungen und war auch, nicht ohne dessen Vergnügen und nicht umsonst, an Gerbinos Ohr geklungen, ja er hatte Gerbino nicht minder für sie entflammt, als die Jungfrau für ihn entflammt war. Darum trug er in dem

Übermaße seiner Sehnsucht, sie zu sehn, bis zu der Zeit, wo er von seinem Großvater unter einem anständigen Grunde Urlaub erlangen werde, um nach Tunis zu gehn, allen seinen Freunden, die dorthin gingen, auf, sie seine heimliche, große Liebe nach Möglichkeit auf die ihnen am besten scheinende Art wissen zu lassen und ihm Nachricht von ihr wiederzubringen. Einer von ihnen tat das auf gar schlaue Art, indem er ihr Frauengeschmeide zum Ansehn brachte, wie es die Kaufleute tun, und ihr dabei Gerbinos Glut rückhaltlos offenbarte und ihr die Versicherung gab, Gerbino und all das Seinige ständen zu ihrem Befehle. Sie empfing Boten und Botschaft mit heiterm Antlitze, antwortete, daß sie in gleicher Liebe glühe, und schickte dem Prinzen eins ihrer köstlichsten Kleinode zum Zeugnis. Das empfing Gerbino mit einer Freude sondergleichen, und nun schickte er ihr durch denselben Mann mehrmals Briefe und kostbare Geschenke und traf mit ihr die Abrede, wie sie sich, wenn es das Geschick gestatten werde, sehn und umarmen wollten. Derweil ihre Angelegenheiten also standen und sich etwas länger hinzogen, als nötig gewesen wäre, da sowohl die Jungfrau als auch Gerbino lichterloh brannten, geschah es, daß sie der König von Tunis an den König von Granada vermählte. Darüber wurde sie über die Maßen betrübt, weil sie bedachte, daß sie dadurch ihrem Geliebten nicht nur in größere Ferne gerückt, sondern fast völlig entzogen werde; und hätte sie einen Weg gesehn, so wäre sie gern, damit das nicht geschehe, dem Vater entflohen und zu Gerbino gekommen. Ebenso wurde Gerbino von der Nachricht von dieser Vermählung in maßlosen Kummer versetzt und dachte oft bei sich daran, sie, wenn er einen Weg sehn könnte, auf ihrer Seereise zum Gatten mit Gewalt zu entführen. Der König von Tunis, der von der Liebe und dem Vorsatze Gerbinos irgendwie Wind bekommen hatte und dem vor seiner Trefflichkeit und Macht bangte, kündigte, als die Zeit kam, wo er sie abschicken wollte, dem

Könige Wilhelm an, was er zu tun beabsichtige, daß er es aber nur dann zu tun beabsichtige, wenn er von ihm die Sicherheit bekomme, daß ihm weder von Gerbino noch in dessen Auftrage von jemand anderm ein Hindernis werde bereitet werden. Weil König Wilhelm, der schon ein alter Herr war, von der Leidenschaft Gerbinos nie etwas vernommen hatte, gewährte er diese Sicherheit, obwohl er sich nicht vorstellen konnte, warum sie verlangt wurde, und schickte dem Könige von Tunis seinen Handschuh zum Zeichen. Als der den Handschuh empfangen hatte, ließ er im Hafen von Karthago ein großes, schönes Schiff ausrüsten und mit allem versehn, was die brauchte, die darauf reisen sollte, und es ausschmücken und zieren, um auf ihm seine Tochter nach Granada zu schicken, und wartete nur noch auf einen günstigen Wind. Die junge Dame, die all das erfuhr und sah, schickte heimlich einen Diener von ihr nach Palermo und trug ihm auf, den schönen Gerbino in ihrem Namen zu grüßen und ihm zu sagen, daß sie binnen wenigen Tagen nach Granada reisen solle; jetzt werde es sich denn zeigen, ob er ein so tapferer Mann sei, wie man sage, und ob er sie so sehr liebe, wie er ihr zu mehrern Malen versichert habe. Der, dem dieser Auftrag geworden war, bestellte die Botschaft treulich und kehrte dann nach Tunis zurück. Als sie Gerbino hörte, wußte er nicht was tun, weil er wußte, daß sein Großvater, der König Wilhelm, dem Könige von Tunis die verlangte Sicherheit gegeben hatte; trotzdem ging er, von seiner Liebe getrieben und um nicht nach den Worten der Dame ein Feigling zu scheinen, nach Messina, ließ dort eiligst zwei leichte Galeeren ausrüsten, bemannte sie mit tapfern Leuten und fuhr mit ihnen nach Sardinien, weil er vermutete, daß dort das Schiff der Dame vorbeikommen werde. Seine Vermutung blieb auch nicht lange ohne Bestätigung; er hatte dort kaum zwei Tage verweilt, als das Schiff bei schwachem Winde nicht weit von dem Orte, wo er beigedreht hatte, herankam. Als es Gerbino sah, sagte er zu seinen Gefährten: »Meine Herren, wenn ihr so treffliche Männer seid, wie ich meine, so glaube ich, daß keiner unter euch ist, der nicht Liebe empfunden hätte oder empfände: denn ohne sie, erachte ich, kann kein Sterblicher irgendeine Tugend oder irgend etwas Gutes in sich haben; und wenn ihr geliebt habt oder liebt, so wird euch mein Verlangen leicht begreiflich sein. Ich liebe, und die Liebe hat mich dazu veranlaßt, euch dieses Abenteuer zuzumuten; und jene, die ich liebe, weilt auf dem Schiffe da vor uns, das außer dem Wesen, das der Inbegriff meiner Wünsche ist, noch eine Fülle der größten Schätze enthält, die wir, wenn ihr tapfere Männer seid, mit geringer Mühe in mannhaftem Kampfe gewinnen können: und von dieser Siegesbeute beanspruche ich für meinen Teil nichts als eine Dame, um deren Liebe willen ich die Waffen ergreife; alles andere sei schon jetzt frei euer. Drauf also, und stürzen wir uns mit gutem Glück auf das Schiff; Gott schenkt unserm Wagnis seine Gunst und leiht ihnen keinen Wind zum Entkommen.« Der schöne Gerbino hätte nicht so viele Worte nötig gehabt, weil es die von Messina, die mit ihm waren, aus Beutegier schon im Sinne hatten, das auszuführen, wozu sie Gerbino mit Worten ermunterte. Zum Schlusse seiner Rede schrien sie mit mächtigem Lärme, so solle es sein, und stießen in die Trompeten; und sie ergriffen die Waffen, senkten die Ruder ins Wasser und hielten auf das Schiff zu. Als die Bemannung des Schiffes die Galeeren von weitem kommen sah, rüsteten sie sich, weil sie nicht fliehen konnten, zur Gegenwehr. Als der schöne Gerbino in ihrer Nähe war, ließ er ihnen befehlen, die Schiffsherren auszuliefern, wenn sie einen Kampf vermeiden wollten. Nachdem sich die Sarazenen vergewissert hatten, wer die waren und was sie verlangten, sagten sie, der Überfall geschehe gegen das ihnen vom Könige gegebene Wort; und zum Beweise wiesen sie den Handschuh König Wilhelms vor und beteuerten, sie würden sich auf keine Weise kampflos übergeben oder etwas, was auf ihrem

Schiffe sei, ausliefern. Gerbino, der die Dame, die auf dem Hinterdeck des Schiffes war, gesehn hatte und nun, weil sie ihm viel schöner erschien, als er je gedacht hätte, noch mehr entflammt war als früher, antwortete auf das Vorweisen des Handschuhs, er habe keinen Falken, daß ihm ein Handschuh vonnöten wäre; wenn sie ihm daher die Dame nicht ausliefern wollten, sollten sie sich zum Kampfe bereithalten. Und den nahmen beide Teile ohne Verzug auf, indem sie einander mit Pfeilen und Steinen beschossen, und so kämpften sie eine Zeitlang mit beiderseitigen Verlusten. Endlich nahm Gerbino, der sah, daß er so nichts ausrichtete, ein Boot, das er von Sardinien mitgebracht hatte, steckte es in Brand und schob es mit seinen beiden Galeeren ans Schiff. Als das die Sarazenen sahen, erkannten sie, daß es nun gelte, sich zu übergeben oder zu sterben, drum ließen sie die Königstochter, die im Schiffsraume weinte, aufs Deck bringen, führten sie an den Schnabel des Schiffes vor, riefen Gerbino und machten sie trotz ihrem Schreien um Gnade vor seinen Augen nieder und sagten, indem sie sie ins Meer warfen: »Nimm sie, wir geben dir, was wir dürfen und was du für deine Treue verdient hast.« Als Gerbino ihre Grausamkeit sah, ließ er sich, wie um den Tod aufzusuchen, unbekümmert um Pfeil und Stein ans Schiff heranrudern, schwang sich der ganzen Bemannung zum Trotze hinauf und hauste nun unter ihnen nicht anders als ein hungriger Löwe, der, wenn er in einen Pferch gebrochen ist, ein Tier ums andere zerfleischt und also mit Zähnen und Klauen früher seine Wut sättigt als seinen Hunger: mit dem Schwerte in der Faust einen Sarazenen um den andern zerhauend, tötete er ihrer grausam eine Menge. Weil aber schon das Feuer auf dem brennenden Schiffe überhandnahm, ließ er seine Seeleute als Preis zusammenraffen, was sie wollten, und sprang endlich hinab, wenig Freude im Herzen über den über seine Gegner errungenen Sieg. Nachdem er den Leichnam der schönen Dame hatte aus dem Wasser fischen lassen, beweinte er sie lange mit vielen Tränen, ließ sie dann auf Ustica, einer kleinen Insel ungefähr Trapani gegenüber, feierlich begraben und kehrte, trauriger als je ein Mann, heim. Als der König von Tunis die Nachricht davon erfahren hatte, schickte er seine Gesandten schwarz gekleidet zu König Wilhelm, um Klage zu führen, daß ihm das Wort so schlecht gehalten worden sei, und die erzählten den Hergang. In grimmigem Unwillen darüber ließ König Wilhelm, der keinen Weg sah, ihnen die verlangte Gerechtigkeit zu verweigern, Gerbino festnehmen; und da sich kein Großer seines Reiches fand, der ihn mit Bitten davon abzubringen versucht hätte, verurteilte er ihn selbst zum Tode durch das Schwert und ließ ihn in seiner Gegenwart enthaupten, weil er lieber einen Enkel verlieren wollte, als für einen König ohne Treue gehalten zu werden. Also elendiglich haben denn die beiden Liebenden, ohne eine Frucht ihrer Liebe gepflückt zu haben, binnen wenigen Tagen eines so jämmerlichen Todes versterben müssen, wie ich euch erzählt habe.

Fünfte Geschichte

Der Geliebte Lisabettas wird von ihren Brüdern umgebracht; er erscheint ihr im Traume und zeigt ihr an, wo er begraben ist. Sie gräbt heimlich seinen Kopf aus und setzt ihn in einen Basilikumtopf; als sie über diesem täglich stundenlang weint, nehmen ihr ihn die Brüder, und sie stirbt bald darauf vor Gram.

Die Geschichte Elisas war zu Ende und wurde vom Könige einigermaßen gelobt; dann befahl er Filomena zu erzählen, und die begann, ganz von Mitleid für den armen Gerbino und seine Dame erfüllt, nach einem wehmütigen Seufzer also: Meine Geschichte, anmutige Damen, wird nicht von Leuten so hohen Standes, wie die Elisas, handeln, aber vielleicht nicht minder rührend sein; ins Gedächtnis ist sie mir dadurch gebracht worden, daß eben der Stadt Messina, wo sich die Begebenheit zugetragen hat, gedacht worden ist.

In Messina waren also drei Brüder, junge Männer und Kaufleute, denen ihr Vater, der aus San Gimignano gewesen war, bei seinem Tode einen großen Reichtum hinterlassen hatte; und sie hatten eine Schwester, Lisabetta mit Namen, ein schönes, wohlgesittetes Mädchen, die sie, was immer der Grund war, noch nicht vermählt hatten. Auch hatten die drei Brüder in ihrem Laden einen Jüngling aus Pisa, Lorenzo mit Namen, der ihre gesamten Angelegenheiten leitete und durchführte. Da der hübsch von Gestalt und gar artig war, geschah es, daß Lisabetta, nachdem sie ihn öfter betrachtet hatte, über die Maßen Gefallen an ihm fand; als das Lorenzo das eine und das andere Mal gewahr worden war, ließ er alle seine anderen Liebschaften fahren und begann seinen Sinn auf sie zu richten: und der Handel ging so weit, daß es, weil sie einander gleicherweise gefielen, nicht lange währte, bis sie, nachdem sie sich dessen gegenseitig vergewissert hatten, taten, was sie beide am meisten ersehnten. Indem sie darin fortfuhren und miteinander gar schöne Zeiten und viel Vergnügen hatten, verstanden sie die Heimlichkeit nicht so gut zu wahren, daß es nicht eines Nachts Lisabettas ältester Bruder, von ihr unbemerkt, gesehen hätte, wie sie in die Kammer ging, wo Lorenzo schlief. Obwohl er über diese Entdeckung sehr bekümmert war, wartete er doch als ein verständiger Jüngling, von einem ehrbarern Rate geleitet, ohne sich zu rühren oder ein Wort zu sagen, unter mancherlei Überlegungen den Morgen ab. Als es dann Tag geworden war, erzählte er seinen Brüdern, was er in der Nacht von Lisabetta und Lorenzo gesehen hatte, und traf nach langer Beratung mit ihnen die Entscheidung, sie wollten, damit daraus weder ihnen noch der Schwester Schande erwachse, mit Schweigen darüber hinweggehn und sich in allem so stellen, als ob sie nichts gesehen oder gehört hätten, bis die Zeit kommen werde, wo sie diese Schmach ohne Schaden und Ungemach für sie tilgen könnten, bevor sie weitere Fortschritte mache. Und indem sie auf diesem Vorsatze beharrten, scherzten und lachten sie mit Lorenzo, so wie sie es gewohnt gewesen waren, bis sie schließlich einmal Lorenzo auf einem Gange aus der Stadt, den sie alle drei angeblich zu ihrem Vergnügen tun wollten, mitnahmen; und als sie da an einen gar einsamen, abgelegenen Ort gekommen waren, ersahen sie die Gelegenheit und töteten Lorenzo, der sich nichts Schlimmem versah, und verscharrten ihn so, daß niemand etwas davon gewahr werden konnte. Dann kehrten sie nach Messina heim und sagten allenthalben, sie hätten ihn in ihren Geschäften irgendwohin geschickt; das fand leicht Glauben, weil sie ihn gewohntermaßen schon zu often Malen dahin und dorthin geschickt hatten. Als Lorenzo nicht zurückkehrte, fragte Lisabetta, beunruhigt über sein langes Verweilen, ihre Brüder sehr oft angelegentlichst um ihn; und so geschah es eines Tages, daß ihr, als sie besonders dringend um ihn fragte, einer ihrer Brüder sagte: »Was soll das heißen? Was hast du mit Lorenzo zu schaffen, daß du so oft nach ihm fragst? Wenn du noch einmal fragst, werden wir dir die Antwort geben, die du verdienst.« Traurig und betrübt und voll ungewissen Bangens gab sie fortan das Fragen auf, rief aber seinen Namen oft des Nachts in Wehmut und bat ihn zu kommen und klagte manchmal mit vielen Tränen über sein langes Verweilen und brachte ihre Tage, seiner harrend, freudlos hin. Nun geschah es eines Nachts, daß ihr, nachdem sie über sein Ausbleiben viel geweint hatte und weinend eingeschlafen war, Lorenzo im Traume erschien, bleich und verstört, mit ganz zerfetzten und besudelten Kleidern, und ihr schien, daß er zu ihr sage: »O Lisabetta, du hörst nicht auf, mich zu rufen, und kümmerst dich wegen meines langen Verweilens und klagst mich mit deinen Tränen hart an; und darum wisse, daß ich nicht wiederkommen kann, weil ich an dem letzten Tage, wo du mich gesehn hast, von deinen Brüdern ermordet worden bin.« Und er bezeichnete ihr den Ort, wo sie ihn verscharrt hatten, und sagte ihr, sie solle ihn fortan weder rufen noch erwarten, und verschwand. Das Mädchen erwachte und weinte bitterlich über dies Gesicht, an dessen Wahrheit sie nicht zweifelte. Als sie dann am Morgen aufgestanden war, faßte sie, ohne daß sie sich getraut hätte, ihren Brüdern etwas davon zu erzählen, den Entschluß, an den ihr angegebenen Ort zu gehn, um zu sehn, ob das wahr sei, was sie im Traume gesehn zu haben glaubte; und nachdem sie Urlaub erhalten hatte, sich ein wenig außerhalb der Stadt zu ergehn, ging sie in Begleitung einer Frau, die früher bei ihnen gewesen war und vor der sie keine Geheimnisse hatte, ohne Zeit zu verlieren dorthin: sie räumte das trockene Laub weg, das dort lag, und grub nach, wo sie die Erde minder hart fand. Sie hatte noch nicht lange gegraben, so fand sie den Leichnam ihres Geliebten, der noch in keiner Weise entstellt oder verwest war; daraus erkannte sie denn klärlich, daß ihr Gesicht wahr gewesen war. Obwohl sie darüber mehr betrübt war als je ein Weib, sah sie doch ein, daß hier Tränen nicht am Platze waren: am liebsten hätte sie den ganzen Leichnam mitgenommen, um ihm ein würdiges Grab zu geben; da sie aber sah, daß das nicht sein konnte, trennte sie mit einem Messer, so gut wie sie konnte, den Kopf vom Rumpfe, hüllte ihn in ein Tuch, warf die Erde wieder auf das, was von dem Leichnam übrigblieb, legte den Kopf in die Schürze der Magd, verließ mit ihr den Ort, ohne von jemand gesehn worden zu sein, und kehrte nach Hause zurück. Dort schloß sie sich mit dem Kopfe in ihrem Gemach ein und weinte lange bitterlich über ihm, so sehr, daß sie ihn ganz mit ihren Tränen wusch, indem sie ihn dabei mit tausend Küssen bedeckte. Dann nahm sie einen schönen, großen Topf, einen von der Gattung, worein man Majoran oder Basilikum setzt, legte den Kopf, in ein schönes Tüchlein gewickelt, hinein, schüttete Erde darüber und setzte einige Stämmchen wunderschönes Basilikum von Salerno ein, und die begoß sie mit nichts sonst als mit Rosen- oder Orangenwasser oder mit ihren Tränen: und bald hatte sie die Gewohnheit angenommen, immer neben diesem Blumentopfe zu sitzen und ihn mit all ihrer Sehnsucht anzublikken, weil er innen ihren Lorenzo barg; und wann sie ihn recht lange also angesehn hatte, begann sie zu weinen und weinte so lange, bis sie das ganze Basilikum gebadet hatte. Sowohl durch die lange und unausgesetzte Pflege als auch durch die Fettigkeit der Erde, die von dem drinnen verwesenden Kopfe herrührte, wurde das Basilikum wunderschön und duftete lieblich. Und indem das junge Mädchen in dieser Weise fortfuhr, wurde sie dabei mehrmals von ihren Nachbarn gesehn. Die sagten zu den Brüdern, die sich sehr verwunderten, daß ihre Schönheit entschwunden war und ihre Augen erloschen schienen: »Wir haben wahrgenommen, daß sie alltäglich das und das tut.« Als das die Brüder hörten und sich von der Wahrheit überzeugten, schalten sie sie deshalb einige Male aus; weil das aber nichts fruchtete, ließen sie ihr den Blumentopf heimlich wegnehmen. Da sie ihn nicht mehr vorfand, verlangte sie ihn mit inständigen Bitten zurück; und weil sie ihn nicht erhielt, so wurde sie bei dem ununterbrochenen Klagen und Weinen krank, verlangte aber auch in ihrer Krankheit nichts andres als den

Blumentopf. Die jungen Männer verwunderten sich baß über dieses unablässige Verlangen und wollten darum sehn, was denn drinnen sei; und als sie die Erde ausgeschüttet hatten, sahen sie das Tuch und drinnen den Kopf, noch nicht so verwest, daß sie nicht an dem Kraushaar erkannt hätten, daß es der Lorenzos war. Darüber baß verwundert, bekamen sie Furcht, daß es bekannt werden könnte; nachdem sie daher den Kopf verscharrt hatten, entfernten sie sich, nachdem sie für die Abwicklung ihrer Geschäfte gesorgt hatten, vorsichtig, ohne etwas zu sagen, aus Messina und begaben sich nach Neapel. Das junge Mädchen, das nicht aufhörte zu weinen und nur ihren Blumentopf zu verlangen, starb also weinend; ein solches Ende hatte ihre unselige Liebe. Da aber die Sache mit der Zeit vielen bekannt wurde, machte einer ein Lied darauf, das noch heute gesungen wird, nämlich:

Wer war denn dieser schlechte Christ,
Der mir den Blumenstock gestohlen usw. usw.

Sechste Geschichte

Andreuola liebt Gabriotto. Sie erzählt ihm einen Traum, den sie gehabt hat, und er ihr einen andern; plötzlich stirbt er in ihren Armen. Als sie ihn mit ihrer Magd zu seinem Hause trägt, wird sie von der Scharwache gefangen; sie sagt so aus, wie sich die Sache zugetragen hat. Der Stadtrichter will sie vergewaltigen, aber sie erwehrt sich seiner. Als ihr Vater erfährt, wo sie ist, befreit er sie, die unschuldig befunden worden ist. Nun weigert sie sich, länger in der Welt zu leben und wird Nonne.

Die Geschichte, die Filomena erzählt hatte, war den Damen sehr lieb, weil sie dieses Lied sehr oft hatten singen hören, ohne daß es ihnen, trotz allem Fragen, gelungen wäre, den Anlaß, weswegen es gemacht worden war, zu erfahren. Kaum hatte aber der König den Schluß gehört, so trug er Panfilo auf, in der Reihe fortzufahren. Nun sagte Panfilo: Der Traum, wovon in der vorigen Geschichte erzählt worden ist, bringt mich darauf, euch eine zu erzählen, wo zweier Träume Erwähnung geschieht, die sich auf Zukünftiges bezogen, so wie die auf Vergangenes, und die von denen, die sie gehabt haben, kaum erzählt worden sind, als sie auch schon in Erfüllung gingen. Nun müßt ihr, meine liebenswürdigen Damen, wissen, daß es allgemein jeglicher Lebende leiden muß, im Traume mancherlei Dinge zu sehn, die, obwohl sie ihm, solange er schläft, die lautere Wahrheit scheinen, nach dem Erwachen nur teilweise für wahr, teilweise für wahrscheinlich und teilweise für aller Wahrheit widersprechend erkannt werden, nichtdestoweniger aber, wie es bewiesen ist, oftmals eintreffen. Darum schenken viele jeglichem Traume soviel Glauben, wie sie den Dingen schenken, die sie wachend sehen; und sie betrüben und freuen sich über ihre Träume, je nachdem sie ihretwegen fürchten oder hoffen. Umgekehrt gibt es viele Leute, die keinem glauben, bis sie sehn, daß sie in die ihnen vorher gezeigte Gefahr gefallen sind. Daß sie nicht allesamt wahr sind, hat wohl jeder von uns zu often Malen erfahren; und daß sie nicht allesamt falsch sind, das ist schon in der Geschichte Filomenas bewiesen worden, und ich gedenke es, wie ich euch vorhin gesagt habe, in der meinigen zu beweisen. Darum darf meiner Meinung nach niemand, der einen tugendhaften Lebenswandel führt, über einen gegenteiligen Traum erschrecken und sich durch ihn von seinen guten Vorsätzen abbringen lassen: Träumen von verkehrten und schlechten Handlungen soll man, und wenn sie dem Schlechten noch so günstig scheinen und dazu mit noch so glückverheißenden Versprechungen ermuntern, keinen Glauben schenken, im umgekehrten Falle aber allen voll vertrauen. Aber kommen wir zu der Geschichte.

In der Stadt Brescia lebte einmal ein Edelmann, Messer Negro da Ponte Carraro mit Namen, der neben andern Kindern eine Tochter, Andreuola geheißen, hatte, eine

junge, schöne und noch nicht verheiratete Dame, die sich, wie es schon so geht, in einen Nachbar, Gabriotto mit Namen, verliebte, einen Mann von niedrigem Stande, aber lobenswert in seinem Benehmen und von schönem, einnehmendem Aussehn: und mit der Vermittlung und Hilfe der Magd des Hauses gelang es dem jungen Mädchen, nicht nur Gabriotto ihre Liebe zu wissen zu machen, sondern ihn auch immer öfter ihr und ihm zur Wonne in einen schönen Garten ihres Vaters kommen zu lassen. Und damit ihre wonnige Liebe durch nichts andres als durch den Tod getrennt werden könne, wurden sie heimlich Mann und Frau. Und indem sie ihre Zusammenkünfte also verstohlen fortsetzten, geschah es, daß dem jungen Mädchen eines Nachts, als sie schlief, schien, sie sehe es im Traume, wie sie mit Gabriotto in ihrem Garten sei und ihn zu beider größter Lust in den Armen halte, und während sie so beieinander gewesen seien, glaubte sie aus seinem Körper ein schwarzes, furchtbares Wesen kommen zu sehn, dessen Gestalt sie nicht erkennen konnte, und das packte Gabriotto und riß ihn ihr trotz ihrem Widerstreben aus dem Arme und verschwand mit ihm unter der Erde, so daß sie weder ihn noch dieses Wesen weiter mehr sehn konnte. Darüber fühlte sie einen heftigen, unbeschreiblichen Schmerz, von dem sie erwachte; und obwohl sie nach dem Erwachen froh war, daß sie sah, es sei nicht so, wie sie geträumt hatte, verfiel sie doch des Traumgesichts halber in Angst. Und darum bemühte sie sich nach Kräften, Gabriotto, der in der nächsten Nacht kommen sollte, davon abzubringen; da sie aber sah, daß er es durchaus wollte, empfing sie ihn in der Nacht in ihrem Garten, damit er nicht etwas andres argwöhne. Und nachdem sie viele weiße und rote Rosen, deren Zeit eben war, gepflückt hatte, ging sie mit ihm zu einem schönen, klaren Springquell, der im Garten war. Dort bereiteten sie einander eine lange Zeit die süßesten Freuden, bis Gabriotto sie fragte, was der Grund sei, daß sie ihm habe verbieten wollen, zu kommen. Andreuola sagte ihm von dem Traume, den sie in der vergangenen Nacht gehabt hatte, und von der Besorgnis, von der sie erfaßt worden war, und erzählte ihm alles. Als das Gabriotto hörte, lachte er und sagte, es sei eine Torheit, Träumen irgendeinen Glauben zu schenken, weil sie entweder von zu vielem oder von zu wenigem Essen herrührten und man alltäglich sehe, daß sie allesamt eitel seien; und dann sagte er: »Wenn ich mich hätte nach Träumen richten wollen, so hätte ich nicht kommen dürfen, nicht so sehr wegen des deinigen, sondern wegen eines, den ich, ebenso wie du, in der vergangenen Nacht gehabt habe. Mir war nämlich, als sei ich in einem schönen, lieblichen Walde, jage dort und habe ein so schönes, anmutiges Reh gefangen, daß seinesgleichen noch nie ersehn worden ist; und es war weißer als der Schnee und wurde in kurzer Zeit so zutraulich, daß es nicht mehr von mir weggehn wollte. Und allwege schien es mir, ich hätte es so lieb, daß ich ihm, damit es nicht von mir weggehe, ein goldenes Halsband umgelegt hätte und es an einer goldenen Kette hielte. Und während das Reh einmal mit dem Kopfe in meinem Schoße ruhte, schien es mir, als breche auf einmal ein kohlschwarzer

Windhund, ein ausgehungertes Tier, gar schrecklich anzusehn, ich weiß nicht woher, hervor und laufe auf mich zu. Mir war, als fahre er mir, ohne daß ich einen Widerstand versucht hätte, mit seinem Rachen in die linke Seite und beiße so fest hinein, daß er bis ans Herz komme; das reiße er mir heraus, um es wegzuschleppen. Darob fühlte ich einen solchen Schmerz, daß ich aus dem Schlafe auffuhr und, erwacht, unverzüglich mit der Hand tastend suchte, ob ich dort etwas hätte; da ich aber nichts fand, lachte ich mich selber aus, daß ich erst gesucht hatte. Aber was will das darum heißen? Derlei Träume und noch schrecklichere habe ich schon genug gehabt, ohne daß mir deswegen etwas mehr oder weniger zugestoßen wäre; und darum laß das, und denken wir an unsere Lust.« Das Mädchen, das schon durch ihren Traum genug erschreckt war, wurde es, als sie diesen hörte, noch viel mehr; um aber Gabriotto keinen Anlaß zu einer Mißstimmung zu geben, verbarg sie ihre Unruhe, so gut sie nur konnte. Und obwohl sie in ihren Küssen und Umarmungen und in seinen Küssen und Umarmungen etwas Trost fand, sah sie ihm doch voll Bangen, ohne zu wissen wovor, zu öfteren Malen als sonst ins Gesicht und sah manchmal in dem Garten umher, ob sie nicht irgendwoher etwas Schwarzes kommen sehe. So verging die Zeit, als Gabriotto auf einmal einen tiefen Seufzer ausstieß, die Arme um sie schlang und sagte: »O weh, meine Seele, hilf mir, ich sterbe«; und nach diesen Worten fiel er zurück ins Wiesengras. Als das das Mädchen sah, zog sie ihn auf ihren Schoß und sagte, schier weinend: »O mein süßer Herr, was fehlt dir denn?« Gabriotto antwortete nichts; er stöhnte nur, der Schweiß brach überall aus seinem Leibe, und nach einer kleinen Weile schied er aus diesem Leben. Wie hart und traurig das für das Mädchen war, die ihn mehr liebte als sich, das kann sich jeder denken. Sie vergoß bittere Tränen über ihm und rief ihn oftmals, jedoch vergebens; als sie aber nicht mehr zweifeln konnte, daß keine Spur von Leben mehr in ihm war, weil sie ihn am ganzen Leibe befühlt und überall kalt gefunden hatte, ging sie, da sie nicht wußte, was tun oder sagen, verweint wie sie war und voller Angst die Magd rufen, die die Mitwisserin dieser Liebe war, und zeigte ihr ihr Elend und ihren Schmerz. Und nachdem sie miteinander ein Weilchen über dem toten Antlitze Gabriottos geweint hatten, sagte Andreuola zur Magd: »Da mir Gott ihn genommen hat, so will auch ich nicht länger leben; aber bevor ich darangehe, mich zu töten, möchte ich, daß wir ein geziemendes Mittel anwendeten, um meine Ehre und unsere heimliche Liebe zu bewahren und daß der Leib, den seine liebliche Seele verlassen hat, begraben werde.« Die Magd sagte zu ihr: »Meine Tochter, sprich nicht davon, daß du dich töten willst, weil du, wenn du dich tötetest, den, den du in dieser Welt verloren hast, auch in der andern verlieren würdest; denn du führest zur Hölle, wohin seine Seele, dessen bin ich sicher, nicht gefahren ist, weil er ein guter Jüngling war: viel besser ist es, du tröstest dich und denkst daran, seiner Seele mit Gebeten und andern guten Werken zu helfen, wenn er dessen vielleicht wegen irgendeines begangenen Fehlers bedürfen sollte. Ihn zu begraben, geht sehr leicht hier in diesem Garten, und das wird nie jemand erfahren, weil niemand weiß, daß er je hergekommen ist; willst du das nicht, so tragen wir ihn aus dem Garten und lassen ihn draußen liegen: morgen früh wird man ihn finden und in sein Haus tragen, und seine Verwandten werden ihn begraben lassen.« Obwohl das Mädchen voll herben Schmerzes war und ununterbrochen weinte, hörte sie doch auf die Ratschläge ihrer Magd; und da sie mit dem ersten nicht einverstanden war, antwortete sie auf den zweiten und sagte: »Gott bewahre, daß ich es leiden sollte, daß ein so trefflicher Jüngling, der von mir so sehr geliebt wurde und mein Gatte ist, wie ein Hund verscharrt oder auf die Straße geworfen würde! Meine Tränen hat er gehabt, und soviel ich vermag, soll er auch die seiner Verwandten haben; und mir kommt schon in den Sinn, was wir dazu tun müssen.« Und sie schickte die Magd eiligst um ein Stück Seide, das sie in einer Truhe hatte; und als das zur Stelle war, breiteten sie es auf der Erde aus und legten den Leichnam Gabriottos darauf. Dann schob sie ihm ein Kissen unters Haupt und schloß ihm Augen und Mund mit vielen Tränen und bekränzte ihn mit Rosen und streute alle Rosen, die sie gepflückt hatte, auf ihn und sagte endlich zur Magd: »Von hier bis zur Tür seines Hauses ist es nicht weit; und darum werden wir ihn beide, du und ich, so geschmückt, wie wir ihn haben, hintragen und davor niedersetzen. Es wird nicht lange dauern, so wird es tagen, und er wird gefunden werden; und wenn das auch für die Seinigen kein Trost ist, so wird es doch mir, in deren Armen er gestorben ist, eine Freude sein.« Und nach diesen Worten warf sie sich von neuem mit strömenden Tränen über sein Antlitz und weinte eine geraume Weile. Da sie aber von ihrer Magd ernstlich gedrängt wurde, weil schon der Tag anbrach, richtete sie sich auf, zog den Ring, mit dem sich ihr Gabriotto vermählt hatte, von ihrem Finger und steckte ihn an den seinen, indem sie weinend sagte: »Wenn deine Seele, mein teurer Herr, jetzt meine Tränen sieht, so nimm, wenn auch dein Leib nach ihrem Scheiden nichts mehr empfindet oder fühlt, gütig das letzte Geschenk der Frau hin, die du im Leben so sehr geliebt hast.« Und als sie dies gesagt hatte, sank sie schier leblos auf ihn nieder. Nachdem sie nach einem Weilchen wieder zum Bewußtsein gekommen war und sich erhoben hatte, nahmen sie und ihre Magd das Tuch mit dem Leichnam, verließen den Garten und schlugen die Richtung zu seinem Hause ein. Und während sie so gingen, geschah es zufällig, daß sie von den Leuten des Stadtrichters, die gerade um diese Stunde irgendeines Vorfalls halber dort gingen, entdeckt und mit dem Leichnam gegriffen wurden. Als Andreuola, die mehr den Tod ersehnte, als für ihr Leben fürchtete, die Scharwache erkannt hatte, sagte sie unerschrocken: »Ich kenne euch, wer ihr seid, und weiß, daß mir ein Fluchtversuch nichts nützen würde; ich bin also bereit, euch zum Richter zu folgen und den Sachverhalt zu erzählen: aber keiner von euch wage es, mich anzurühren, wenn ich euch gehorsam bin, oder diesem Leichnam etwas wegzunehmen, wenn er nicht will, daß ich gegen ihn Klage führe.« So kam sie, ohne daß sie einer berührt hätte, mit dem unversehrten Leichnam Gabriottos aufs Stadthaus. Als der Richter davon erfuhr, stand er auf, rief sie ins Zimmer und ließ sich von ihr berichten, was geschehn war; dann ließ er durch Ärzte untersuchen, ob der arme Mann durch Gift oder sonstwie getötet worden sei, und alle gaben den Spruch ab, das treffe nicht zu, sondern ihm sei nahe beim Herzen ein Geschwür geplatzt und daran sei er erstickt. Als er das hörte und daraus entnahm, daß ihre Schuld gar geringfügig war, wollte er sich das Ansehn geben, als schenkte er ihr das, was er ihr nicht verkaufen konnte, und sagte zu ihr, wenn sie sich seinem Willen fügen wolle, werde er sie freilassen; da aber diese Worte nichts fruchteten, wollte er weit mehr Gewalt anwenden, als vielleicht zu verzeihen gewesen wäre. Aber Andreuola, der der flammende Unwille eine außerordentliche Kraft verlieh, wehrte sich mannhaft und stieß ihn mit schimpflichen Worten verachtungsvoll von sich. Indessen war es hellichter Tag geworden, und Messer Negro erfuhr von dem Geschehenen; auf den Tod traurig ging er mit vielen Freunden aufs Stadthaus und verlangte dort, nachdem ihm der Richter alles mitgeteilt hatte, unter Trauerausbrüchen seine Tochter zurück. Der Richter, der es vorzog, sich wegen der Gewalt, die er hatte gegen sie anwenden wollen, selber anzuklagen, bevor er von ihr angeklagt werde, lobte das Mädchen wegen ihrer Standhaftigkeit und sagte, um diese zu bewähren, was er getan hatte; weil er nun dabei ihre wackere Festigkeit gesehn habe, habe er eine herzliche Liebe zu ihr gefaßt, und wenn es ihm als ihrem Vater und ihr genehm sei, so werde er sie, obwohl sie einen Gatten niedrigen Standes gehabt habe, gern zur Frau nehmen. Während die zwei also sprachen, erschien Andreuola vor ihrem Vater, warf sich weinend vor ihm nieder und sagte: »Vater, ich glaube, es ist nicht nötig, daß ich Euch die Geschichte von meiner Verwegenheit und meinem Unglücke erzähle, weil ich sicher bin, daß Ihr sie schon gehört habt und wißt; und darum bitte ich Euch, soviel ich nur kann, um Verzeihung für mein Vergehn, daß ich nämlich den, der mir so sehr gefiel, ohne Euer Vorwissen zum Gatten genommen habe. Und darum bitte ich Euch nicht, weil mir damit das Leben geschenkt werde, sondern um als Euere Tochter und nicht als Euere Feindin zu sterben.« Und damit sank sie ihm weinend zu Füßen. Messer Negro, der schon ein Greis und von Natur aus gütig und liebevoll war, begann auf diese Worte hin zu weinen, und weinend hob er die Tochter auf und sagte: »Meine Tochter, viel lieber wäre es mir ja gewesen, wenn du einen Gatten genommen hättest, der dir nach meinem Gutdünken ziemlich gewesen wäre; und daß du einen genommen hast, der dir gefallen hat, dagegen hätte ich auch noch nichts einzuwenden gehabt: das aber, daß du es mir verheimlicht hast, das macht mir wegen deines Mangels an Vertrauen Kummer, und noch mehr, weil ich sehen muß, daß du ihn verloren hast, bevor ich darum gewußt habe. Da es aber einmal so ist, werde ich zu deinem Troste dem Toten das tun, was ich ihm gern zu Lebzeiten getan hätte, nämlich ihn als meinen Eidam ehren.« Und er wandte sich an seine Söhne und Vettern und befahl ihnen, Gabriotto ein großes feierliches Begräbnis zu rüsten. Inzwischen waren auch die männlichen und weiblichen Verwandten des Jünglings, die die Neuigkeit erfahren hatten, dazugekommen und außer ihnen so viel Frauen und Männer, wie überhaupt in der Stadt waren. Der Leichnam wurde also samt allen seinen Rosen mitten im Hofe auf Andreuolas Tuch gelegt und hier nicht nur von ihr und seinen Verwandten beklagt, sondern öffentlich von allen Frauen der Stadt und sehr vielen Männern; dann wurde er, nicht wie der eines gemeinen Mannes, sondern wie der eines Herrn auf den Schultern der vornehmsten Bürger mit den größten Ehren aus dem Hofe des Stadthauses zu Grabe getragen. Als der Stadtrichter nach einigen Tagen auf seinen Antrag zurückkam, sprach Messer Negro darüber mit seiner Tochter; aber sie wollte nichts davon hören, sondern trat, da ihr der Vater darin ihren Willen ließ, als Nonne in ein durch seine Heiligkeit wohlberufenes Kloster. Ihre Magd tat wie sie, und dort führten sie noch lange ein ehrsames Leben.

Siebente Geschichte

Simona liebt Pasquino. Als sie in einem Garten beisammen sind, reibt sich Pasquino die Zähne mit einem Salbeiblatte und stirbt; Simona, die festgenommen worden ist, will dem Richter zeigen, wie Pasquino gestorben ist, reibt sich die Zähne mit einem von diesen Blättern und stirbt ebenso.

Als sich Panfilo seiner Geschichte entledigt hatte, sah der König, der kein Mitleid für Andreuola zeigte, Emilia an und gab ihr zu verstehn, es wäre ihm lieb, wenn sie in der von ihren Vorgängern eingeschlagenen Weise fortführe. Und unverzüglich begann sie: Die Geschichte Panfilos, meine liebwerten Freundinnen, veranlaßt mich, euch eine zu erzählen, die der seinigen in nichts sonst ähnlich ist als darin, daß das Mädchen, von der ich erzählen will, ihren Geliebten ebenso im Garten verliert wie Andreuola und ebenso wie Andreuola festgenommen wird, während es weder ihre Kraft, noch ihre Tugend, sondern ein unvermuteter Tod ist, der sie des Gerichtes entledigt. Und wie schon mehrmals unter uns gesagt worden ist, verschmäht Amor, so gern er auch in den Häusern der Edelleute wohnt, trotzdem die Herrschaft in den Hütten der Armen nicht, vielmehr zeigt er dort manchmal ebenso seine Macht, wie er sich von den Reichern als allgewaltiger Herr fürchten läßt. Das wird, wenn schon nicht völlig, so doch zum großen Teile aus meiner Geschichte erhellen, womit ich in unsere Stadt zurückkehren will, von der wir uns heute, durch das verschiedene Erzählen verschiedener Dinge durch verschiedene Teile der Welt schweifend, so weit entfernt haben.

Es war also, es ist noch nicht lange her, in Florenz ein sehr schönes und für ihren Stand gar artiges Mädchen, die eines armen Mannes Tochter war und Simona hieß; und obwohl sie sich das Brot, das sie essen wollte, mit eigenen Händen verdienen mußte und ihren Lebensunterhalt als Spinnerin bestritt, war sie doch deswegen nicht so armseligen Sinnes, daß sie es nicht gewagt hätte, Amor in ihr Herz aufzunehmen, der seit langer Zeit den Eintritt geheischt hatte, indem er sich dazu des anmutigen Betragens und Redens eines Jünglings bediente, der auch nicht mehr war als sie und ihr von seinem Meister, dem Wollenweber, Wolle zum Spinnen brachte. Da sie also Amor mit dem anmutigen Gesichte des geliebten Jünglings, der Pasquino hieß, in sich aufgenommen hatte und in heftiger Sehnsucht, aber ohne Wagemut, einen Schritt weiterzugehn, beim Spinnrokken saß, stieß sie bei jedem Faden gesponnener Wolle, das sie um die Spule wickelte, tausend Seufzer aus, heißer als das Feuer, weil sie stets dessen gedachte, der ihr zu spinnen gebracht hatte. Er wieder war gar geschäftig geworden, daß die Wolle seines Herrn gut gesponnen werde, und sonderlich beschäftigte er sich mit der Wolle, die Simona spann, als ob aus dieser allein und keiner andern das ganze Tuch hätte gewoben werden sollen. Derweil er sich also mit ihr beschäftigte und sie Vergnügen daran fand, daß er sich mit ihr beschäftigte, geschah es, daß er mehr Verwegenheit faßte als früher und daß sie die frühere Furcht und Scham zum großen Teile ablegte und daß sie sich zu gemeinsamen Freuden vereinigten. Diese Freuden gefielen beiden so wohl, daß sie dazu nicht mehr die gegenseitige Aufforderung abwarteten, sondern einander, sich gegenseitig auffordernd, auf halbem Wege entgegenkamen. Und indem sie diese Freuden von Tag zu Tag fortsetzten und sich durch die Fortsetzung immer mehr entflammten, geschah es, daß Pasquino zu Simona sagte, es sei ein Herzenswunsch von ihm, daß sie ein Mittel finde, in einen Garten, wohin er sie führen wolle, zu kommen, damit sie dort mit größerer Gemächlichkeit und geringerer Furcht beisammen sein könnten. Simona sagte, das sei ihr recht; und nachdem sie eines Sonntags nach dem Essen ihrem Vater weisgemacht hatte, sie wolle des Ablasses halber zu San Gallo gehn, ging sie mit einer Freundin, die Lagina hieß, in den ihr von Pasquino bezeichneten Garten. Dort traf sie ihn mit einem seiner Freunde, der Puccino hieß, aber Stramba genannt wurde; da sich zwischen Stramba und Lagina bald eine Liebschaft entwickelt hatte, zogen sich Pasquino und Simona, um sich ihre Freuden zu verschaffen, auf ein Plätzchen im Garten zurück und ließen die andern anderswo. Dort, wohin Pasquino und Simona gegangen waren, war ein großer, schöner Salbeistrauch; nachdem sie sich daruntergesetzt, eine hübsche Weile miteinander getändelt und viel über einen Imbiß gesprochen hatten, den sie in diesem Garten mit geruhigem Sinne einnehmen wollten, wandte sich Pasquino zu dem großen Salbeistrauche, nahm ein Blatt davon und begann sich damit Zähne und Zahnfleisch zu reiben, wobei er sagte, der Salbei nehme außerordentlich gut alles weg, was dort vom Essen zurückgeblieben sei. Und nachdem er sie so ein Weilchen gerieben hatte, kam er wieder auf den Imbiß zu sprechen, wovon er früher geredet hatte. Er hatte aber noch nicht viel gesprochen, als er plötzlich die Farbe wechselte, und nach diesem Wechsel dauerte es nicht lange, so verlor er Gesicht und Sprache und starb alsbald. Als Simona gesehen hatte, was mit ihm geschah, hatte sie zu weinen und zu schreien begonnen und Stramba und Lagina gerufen. Die kamen eiligst gelaufen, und als Stramba sah, daß Pasquino nicht nur tot, sondern überall aufgeschwollen und im Gesichte und am ganzen Leibe voller schwarzer Flecken war, schrie er sogleich: »Du schändliches Weib, du hast ihn vergiftet!« und dabei machte er einen so großen Lärm, daß er von vielen, die in der Nachbarschaft des Gartens wohnten, gehört wurde. Als die, welche auf den Lärm hinliefen, den aufgeschwollenen Leichnam sahen und hörten, wie Stramba wehklagte und Simona beschuldigte, sie habe ihn tückisch vergiftet, und beobachteten, wie diese, fast von Sinnen wegen des plötzlichen Verlustes ihres Geliebten, kein Wort zu ihrer Verteidigung fand, erachteten sie alle, daß es so sei, wie Stramba sagte. Darum griffen sie sie und führten die immerfort Weinende aufs Stadthaus. Da dort Stramba und zwei Freunde Pasquinos, Atticciato und Malagevole, die dazugekommen waren, die Sache dringlich betrieben, machte sich ein Richter ohne Aufschub daran, das Mädchen über den Vorfall zu verhören; und weil es ihm nicht in den Sinn wollte, daß sie darin böswillig gehandelt hätte oder schuldig wäre, wollte er den Leichnam und den Ort und alle Gelegenheiten in ihrer Gegenwart in Augenschein nehmen, da er aus ihren Worten nicht recht klug geworden war. Darum ließ er sie ohne alles Aufsehn dorthin führen, wo der Leichnam Pasquinos noch immer lag, aufgeschwollen wie eine Tonne, und ging hinterdrein; dort angelangt, fragte er sie voll Staunens über den Toten, wie es zugegangen sei. Sie trat zum Salbeistrauche, erzählte zuerst alle Einzelheiten und tat dann, um ihm den Vorfall ganz klarzumachen, ebenso, wie Pasquino getan hatte, indem sie sich mit einem Blatte dieses Salbeis die Zähne rieb. Während noch Stramba und Atticciato und die andern Freunde und Gesellen Pasquinos alles, wie sie sagte und tat, vor dem Richter als eitel und nichtig verspotteten und für sie mit stets heftigern Anklagen ihrer Bosheit als geringste Strafe dieser Bosheit den Scheiterhaufen verlangten, erging es dem armen Mädchen, die vor Schmerz über den Verlust des Geliebten und vor Angst vor der von Stramba verlangten Strafe ganz starr war, wegen des Reibens der Zähne mit dem Salbei ebenso wie vorhin Pasquino, zu nicht geringer Verwunderung aller Anwesenden. O ihr glücklichen Seelen, denen es vergönnt war, die glühende Liebe und das irdische Leben an einem Tage zu enden! Und glücklicher noch, wenn ihr an denselben Ort gelangt seid! Und dreimal glücklich, wenn es auch im andern Leben eine Liebe gibt und ihr auch dort liebt, wie ihr hier getan habt! Glücklich vor allen aber ist nach unserm Urteile, die wir sie überlebt haben, die Seele Simonas, weil es das Geschick nicht zugelassen hat, daß ihre Unschuld unter dem Zeugnis eines Stramba und eines Atticciato und eines Malagevole, die etwa Wollkratzer oder noch gemeinere Leute waren, erlegen wäre, sondern ihr einen ehrenvollern Weg gezeigt hat, sich durch denselben Tod, wie ihn ihr Geliebter gestorben ist, der ihr von ihnen zugedachten Schmach zu entledigen und der so heiß geliebten Seele ihres Pasquino zu folgen. Der Richter, geradeso wie alle, so viele ihrer auch da waren, ganz betroffen über dieses Ereignis, wußte nicht was sagen und stand lange in Gedanken versunken; nachdem er endlich zu besserer Fassung zurückgekehrt war, sagte er: »Es ist klar, daß dieser Salbei giftig ist, was sonst beim Salbei nicht zuzutreffen pflegt; damit er aber niemand mehr also gefährlich werden kann, soll er bis auf die Wurzeln ausgehauen und ins Feuer geworfen werden.« Der Hüter des Gartens machte sich in Gegenwart des Richters daran, dies auszuführen; und kaum hatte er den Strauch niedergelegt, so zeigte sich auch schon, was an dem Tode des unglücklichen Liebespaares schuld gewesen war: unter dem Gesträuche des Salbeis war eine Kröte von erstaunlicher Größe, und nun vermuteten alle, daß der Salbei durch ihren Gifthauch giftig geworden sei. Da es niemand wagte, sich der Kröte zu nähern, legten sie ringsherum Reisighaufen und verbrannten sie samt dem Salbei: und damit war die Amtshandlung des Herrn Richters wegen des Todes des armen Pasquino beendet. Er und seine Simona wurden, aufgeschwollen, wie sie waren, von Stramba, Atticciato, Guccio Imbratta und Malagevole in der Kirche von San Paolo, deren Pfarrkinder sie waren, begraben.

Achte Geschichte

Durch die Bitten seiner Mutter genötigt, geht Girolamo, der Salvestra liebt, nach Paris; als er zurückkehrt, findet er seine Geliebte verheiratet. Er tritt heimlich in ihr Haus und stirbt an ihrer Seite; dann wird er in eine Kirche getragen, und Salvestra stirbt an seiner Seite.

Als Emilia ihre Geschichte geendet hatte, begann auf einen Befehl des Königs Neifile also: Meiner Ansicht nach, meine werten Damen, gibt es nicht wenig Leute, die glauben, sie seien klüger als andere, und doch weniger klug sind; darum vermessen sie sich, ihren Sinn nicht nur dem Rate der Menschen, sondern auch dem natürlichen Laufe der Dinge entgegenzusetzen: und aus dieser Vermessenheit ist schon viel arges Übel entstanden, während noch niemand gesehn hat, daß dabei etwas Gutes herausgekommen wäre. Und weil es unter den natürlichen Trieben die Liebe ist, die am wenigsten Rat oder Widerstand leidet, da sie sich ihrem Wesen nach eher in sich selbst verzehrt, als daß sie sich durch Vorkehrungen unterdrücken ließe, so ist mir in den Sinn gekommen, euch eine Geschichte von einer Dame zu erzählen, die in der Absicht, klüger zu sein, als man von ihr verlangt hätte oder als sie war, ja als die Sache, an der sie ihre Klugheit zu zeigen gedachte, vertragen hätte, den Versuch gemacht hat, aus einem liebenden Herzen die Liebe zu reißen, die vielleicht die Sterne darein gesenkt hatten, dabei aber zu dem Ende gekommen ist, daß sie aus dem Leibe ihres Sohnes zu derselben Stunde die Liebe und die Seele gebannt hat.

Es war also in unserer Stadt, wie die Alten erzählen, ein gar großer, reicher Kaufherr, Leonardo Sighieri mit Namen, der, bald nachdem ihm seine Gattin einen Sohn, der Girolamo geheißen wurde, geboren hatte, seine Angelegenheiten ordnete und aus diesem Leben schied. Die Vormünder des Knaben verwalteten zusammen mit seiner Mutter sein Vermögen gut und treulich. Der Knabe wuchs mit den Nachbarskindern heran, war aber mit keinem in der ganzen Straße so vertraut wie mit einem Mädchen seines Alters, die eines Schneiders Tochter war. Mit zunehmendem Alter verwandelte sich nun diese Freundschaft in eine so große, heiße Liebe, daß sich Girolamo nicht mehr wohlfühlte, außer wann er sie sah; und gewißlich liebte sie ihn nicht minder, als sie von ihm geliebt wurde. Als das die Mutter des Knaben merkte, schalt und züchtigte sie ihn deshalb zu often Malen. Weil aber Girolamo trotzdem nicht davon ablassen wollte, klagte sie ihr Leid seinen Vormündern; und in dem Glauben, mit dem großen Reichtum des Knaben könne sie aus einem Schlehdorn einen Apfelbaum machen, sagte sie zu ihnen: »Unser Knabe da, der noch keine volle vierzehn Jahre alt ist, hat sich in eine gewisse Salvestra, die Tochter eines Schneiders in unserer Nachbarschaft, so verliebt, daß er sie, wenn wir sie ihm nicht aus den Augen bringen, eines schönen Tages zur Frau nehmen wird, ohne daß es jemand wüßte, und ich hätte mein Leben lang keine Freude mehr; oder er wird sich um sie verzehren, wenn er sieht, daß sie an einen andern verheiratet wird: und darum hielte ich dafür, daß ihr ihn, um das zu vermeiden, in Geschäften des Hauses irgendwo weit wegschicktet; entbehrt er dann ihres Anblicks, so wird er sie sich aus dem Sinne schlagen und schließlich können wir ihm ein wohlgeborenes Mädchen zur Frau geben.« Die Vormünder sagten, die Dame spreche gut und sie würden das nach ihren Kräften ausrichten; und nachdem sie den Jüngling ins Geschäft hatten rufen lassen, begann einer von ihnen ganz freundlich also: »Mein Sohn, du bist nunmehr ein großer Mensch und es wäre nur in der Ordnung, daß du anfingest, selbst nach deinen Angelegenheiten zu sehn; darum wäre es uns sehr lieb, wenn du auf eine Zeitlang nach Paris gingest, wo du, abgesehn davon, daß du den Umsatz von einem großen Teile deines Reichtums sähest, ein viel tüchtigerer Mann von viel besseren Sitten würdest, als wenn du hierbliebest, weil du dort die großen Herren und Barone und Edelleute beobachten könntest; hast du dann ihre Sitten angenommen, so kannst du zurückkommen.« Der Jüngling hatte aufmerksam zugehört, sagte aber dann mit kurzen Worten, das wolle er keineswegs tun, weil er glaube, er könne so gut wie ein anderer in Florenz bleiben. Daraufhin setzten ihm die wackern Männer mit eindringlichen Worten zu; da sie aber keine andere Antwort von ihm erhalten konnten, sagten sie es der Mutter. Arg erzürnt darüber, schalt sie ihn garstig aus, nicht so sehr wegen seiner Weigerung, nach Paris zu gehn, als vielmehr über seine Liebschaft, lenkte aber dann mit süßen Worten ein und begann ihm schmeichelnd und mit süßen Bitten zuzureden, er solle sich drein schicken, das zu tun, was seine Vormünder wollten; und sie verstand es, so viel zu reden, daß er schließlich einwilligte, auf ein Jahr, aber nicht länger, nach Paris zu gehn: und so geschah's. Girolamo ging also, die Liebesglut im Herzen nach Paris, und dort wurde er zwei Jahre lang von einem Tage zum andern hingehalten. Als er endlich, verliebter als je, heimkam, fand er seine Salvestra an einen jungen Zeltmacher verheiratet, und darüber bekümmerte er sich über die Maßen. Da er indessen sah, daß daran nichts zu ändern war, trachtete er sich einen Trost zu verschaffen: nachdem er ausgekundschaftet hatte, wo sie wohnte, begann er dort nach der Weise der verliebten Jünglinge vorbeizugehn, weil er glaubte, sie habe ihn ebensowenig vergessen wie er sie. Aber die Sache stand anders: sie erinnerte sich seiner nicht anders, als ob sie ihn nie gesehn hätte, und wenn sie sich auch etwa noch an ihn erinnerte, so zeigte sie das Gegenteil; das merkte der Jüngling in ganz kurzer Zeit zu seinem herbsten Schmerze. Nichtsdestoweniger tat er alles, was in seinen Kräften stand, um sich ihr wieder in den Sinn zu rufen; weil er aber sah, daß alles vergeblich war, entschloß er sich, und wenn es das Leben kostete, selber mit ihr zu sprechen.

Nachdem er sich bei einem Nachbar über die Gelegenheiten ihres Hauses unterrichtet hatte, trat er eines Abends, als sie und ihr Mann mit ihren Nachbarn zu einer Unterhaltung gegangen waren, heimlich ein und versteckte sich hinter Zelttüchern, die in ihrer Kammer ausgespannt waren, und wartete so lange, bis er, nachdem sie zurückgekommen und zu Bette gegangen waren, inneward, daß der Mann eingeschlafen war; und dann ging er dorthin, wo er gesehn hatte, daß sich Salvestra niedergelegt hatte, legte ihr die Hand auf die Brust und sagte leise: »O meine Seele, schläfst du schon?« Die junge Frau, die nicht schlief, wollte schreien, aber der Jüngling sagte sogleich: »Um Gottes willen, schrei nicht, ich bin dein Girolamo.« Als sie das hörte, sagte sie, am ganzen Leibe zitternd: »Ach, Girolamo, geh um Gottes willen. Die Zeiten sind vorbei, wo es unserer Kindheit nicht verwehrt war, ineinander verliebt zu sein; ich bin, wie du siehst, verheiratet, und deshalb steht es mir nicht mehr an, mit einem andern Manne als mit meinem Gatten etwas zu schaffen zu haben. Darum bitte ich dich um Gottes willen, geh; wenn mein Gatte merkte, daß du da bist, so hätte das, wenn schon kein andres Unglück, so doch zur Folge, daß ich niemals mehr Frieden und Ruhe vor ihm hätte, wo ich doch jetzt mit ihm, der mich liebt, glücklich und zufrieden lebe.« Über diese Worte fühlte der Jüngling einen quälenden Schmerz, und obwohl er sie an die Vergangenheit erinnerte und ihr seine Liebe vorhielt, die sich auch durch die Trennung nicht vermindert habe, und viele Bitten unter die größten Versprechungen mischte, erreichte er doch nicht das geringste. Da er darum den Tod herbeisehnte, bat er schließlich, sie möge es zum Danke für so viel Liebe leiden, daß er sich so lange neben sie lege, bis er sich etwas erwärmt haben werde, weil er bei dem Warten auf sie ganz starr geworden sei; und er versprach ihr, kein Wörtlein zu reden, sie nicht zu berühren und sofort, wann er ein bißchen warm geworden sei, zu gehen. Salvestra, die ein wenig

Mitleid für ihn fühlte, gewährte ihm das unter den von ihm genannten Bedingungen. So legte sich denn der Jüngling neben sie, ohne sie zu berühren; und indem er die Liebe, die er so lange zu ihr gehegt hatte, mit ihrer jetzigen Härte und seiner verlorenen Hoffnung in einen Gedanken zusammenfaßte, beschloß er, nicht mehr länger zu leben: ohne noch ein Wort zu sagen, hielt er den Atem an, schloß die Fäuste und starb an ihrer Seite. Voll Verwunderung über seine Zurückhaltung begann die junge Frau aus Furcht, ihr Gatte könne auf einmal aufwachen, also zu ihm zu sprechen: »Ach, Girolamo, warum gehst du nicht weg?« Da sie aber keine Antwort bekam, dachte sie, er sei eingeschlafen. Darum streckte sie die Hand aus und begann ihn zu rütteln, damit er erwache: weil sie ihn aber dabei so kalt wie Eis fand, verwunderte sie sich baß; und weil sie auch bei stärkerm Rütteln nicht spürte, daß er sich geregt hätte, erkannte sie endlich, daß er tot war: darüber über die Maßen bekümmert, wußte sie sich lange keinen Rat. Endlich entschloß sie sich, ihren Mann dadurch, daß sie ihm den Fall von jemand anderm erzählte, auszuhorchen, was er sagen werde, daß zu tun sei; darum weckte sie ihn, erzählte ihm, daß sich das, was eben erst in seinem Hause geschehen war, anderswo ereignet habe, und fragte ihn, was für einen Entschluß er fassen würde, wenn das ihr geschähe. Der Biedermann antwortete, ihm scheine es, daß man den Toten in aller Stille zu seinem Hause tragen und ihn dort liegen lassen müßte, ohne daß der Frau, die ihm nicht gefehlt zu haben scheine, irgend etwas nachgetragen werden dürfte. Nun sagte Salvestra: »Und so müssen wir tun«; und sie nahm seine Hand und ließ ihn den toten Jüngling berühren. Voll Schrecken darüber stand er auf, zündete ein Licht an und zog den Leichnam, ohne erst ein Gerede mit seiner Frau zu beginnen, dessen eigene Kleider wieder an, lud ihn sich ohne Verzug, weil ihr ihre Unschuld zustatten kam, auf die Schultern, trug ihn zum Tore seines Hauses, setzte ihn dort nieder und ging weg. Und als bei Tagesanbruch der Tote vor seiner Tür gefunden wurde, gab es einen großen Lärm und sonderlich von der Mutter; da die Ärzte trotz genauer Untersuchung und Besichtigung des ganzen Körpers keine Wunde oder Beule vorfanden, gaben sie ihrer einmütigen Meinung Ausdruck, er sei, wie es auch der Fall war, vor Schmerz gestorben. Nun wurde der Leichnam in eine Kirche getragen und dorthin kam die betrübte Mutter mit einer Menge verwandter und befreundeter Damen, und sie begannen nach unserm Brauche bitterlich über ihn zu weinen und zu wehklagen. Und während die Leichenklage unter der größten Teilnahme vor sich ging, sagte der Biedermann, in dessen Hause er gestorben war, zu Salvestra: »Geh, nimm einen Mantel um und geh in die Kirche, wohin man Girolamo gebracht hat, und stelle dich unter die Frauen und horch, was darüber gesprochen wird, und ich werde es ebenso bei den Männern machen, damit wir erfahren, ob etwas gegen uns geredet wird.« Die junge Frau, die zu spät Mitleid fühlte, willigte ein, weil sie danach verlangte, den im Tode zu sehn, dem sie, als er am Leben war, nicht einmal mit einem Kusse hatte willig sein wollen, und sie ging hin. Etwas gar Wundersames ist es zu denken, wie schwierig es ist, den Spuren der Liebesgewalt zu folgen! Dieses Herz, das Girolamos Glück nicht hatte öffnen können, öffnete sich vor seinem Unglück und wandelte sich, da die alten Flammen alle wieder hervorbrachen, kaum daß sie das tote Antlitz gesehn hatte, zu solcher Rührung, daß sich Salvestra, von dem Mantel verhüllt, zwischen den Frauen durchdrängte und nicht früher stillstand, als bis sie bei der Leiche war; und indem sie einen lauten Schrei ausstieß, warf sie sich mit dem Gesichte auf den toten Jüngling, ohne es aber mit vielen Tränen zu baden, weil ihr der Schmerz, kaum daß sie ihn berührt hatte, das Leben nahm, so wie er es ihm genommen hatte. Die Frauen, die sie noch nicht kannten, sprachen ihr Trost zu und sagten ihr, sie solle sich ein wenig aufrichten; als sie sie aber, weil sie sich nicht selbst erhob, aufheben wollten, fanden sie sie unbeweglich, und als sie sie dann wirklich weghoben, erkannten sie zu gleicher Zeit, daß sie Salvestra und eine Leiche war. Darüber begannen alle Frauen, die da waren, von doppelter Rührung überwältigt, ein noch viel größeres Wehklagen. Die Nachricht verbreitete sich außerhalb der Kirche unter den Männern und kam also auch ihrem Gatten zu Ohren, und der weinte darüber, ohne auf einen Trost oder Zuspruch von irgendwem zu hören, lange Zeit. Nachdem er aber dann sehr vielen von den Anwesenden erzählt hatte, was mit diesem Jüngling und seinem Weibe in der Nacht vorgegangen war, verstanden nun alle klärlich, warum die beiden gestorben waren, und der Schmerz darüber war allgemein. Man nahm die tote junge Frau, schmückte sie, wie die Leichen geschmückt werden, legte sie an der Seite des Jünglings auf die Bahre und beweinte sie lange; dann wurden beide in demselben Grabe begraben und so hat die, welche die Liebe im Leben nicht hat vereinen können, der Tod zu untrennbarem Bunde vereint.

Neunte Geschichte

Herr Guiglielmo Rossiglione gibt seiner Frau das Herz des Herrn Guiglielmo Guardastagno, ihres Geliebten, zu essen, den er getötet hat; als sie das erfährt, stürzt sie sich aus einem hohen Fenster herab und stirbt. Sie wird gemeinsam mit ihrem Geliebten begraben.

Als die Geschichte Neifiles zu Ende war, nicht ohne daß sie bei allen Freundinnen der Erzählerin großes Mitgefühl erregt hätte, nahm der König das Wort, weil außer ihm niemand mehr zu erzählen hatte als Dioneo, dessen Vorrecht er nicht verletzen wollte, und begann: Meine wohlmeinenden Damen, mir ist eine Geschichte in den Sinn gekommen, bei der ihr, denen das Unglück der Liebenden so zu Herzen geht, nicht weniger Mitleid werdet fühlen müssen als bei den vorigen, weil die, denen das begegnet ist, was ich erzählen will, von höherm Stande waren als die, von denen jetzt gesprochen worden ist, und ihnen etwas Härters zugestoßen ist als denen.

Ihr sollt also wissen, daß einst in der Provence, wie die Provençalen erzählen, zwei edle Ritter waren, die beide über Schlösser und Vasallen geboten, und der eine hieß Herr Guiglielmo Rossiglione und der andere Herr Guiglielmo Guardastagno, und weil einer wie der andere gar tapfer im Waffenhandwerk war, liebten sie sich herzlich und hatten die Gewohnheit, zu jedem Turnier oder Tjost oder andern Waffenspiel gemeinsam und in denselben Farben zu reiten. Und obwohl die Schlösser von ihnen, wo sie hausten, gut zehn Meilen voneinander entfernt waren, geschah es doch, daß sich Herr Guiglielmo Guardastagno, ungeachtet der Freundschaft und Brüderschaft, die zwischen ihnen bestand, in die schöne, liebreizende Gattin Herrn Guiglielmo Rossigliones über die Maßen verliebte und es durch dies und das zuwege brachte, daß es die Dame merkte; und da ihn die als wackern Ritter kannte, war sie nicht böse darüber und begann ihm eine solche Liebe entgegenzubringen, daß er ihre höchste Sehnsucht und Liebe war und daß sie auf nichts sonst wartete, als von ihm begehrt zu werden: und es dauerte nicht lange, so geschah das, und nun waren sie ein und das andere Mal in heißer Liebe beisammen. Da sie aber in ihrem Umgange wenig vorsichtig waren, geschah es, daß es ihr Gatte bemerkte, und darüber erboste er sich so heftig, daß er die große Liebe, die er zu Guardastagno trug, in einen tödlichen Haß verkehrte; den wußte er aber besser zu verbergen als die beiden Liebenden ihre Liebe, und er nahm sich fest vor, Guardastagno umzubringen. Derweil sich nun Rossiglione mit diesem Vorsatze trug, geschah es, daß ein großes Turnier in Frankreich ausgerufen wurde; das ließ Rossiglione auf der Stelle Guardastagno mitteilen und ließ ihm sagen, wenn es ihm recht sei, solle er zu ihm kommen, um mit ihm zu beraten, ob sie hinreiten sollten und wie. Vergnügt antwortete Guardastagno, er werde ihn ohne Fehl am nächsten Tage zum Abendessen besuchen. Als das Rossiglione hörte, dachte er, die Zeit sei gekommen, wo er ihn umbringen könne; am nächsten Tage wappnete er sich, stieg mit einigen Knechten zu Pferde und legte sich etwa eine Meile von seinem Schlosse in einem Busche, wo Guardastagno vorbeikommen mußte, in den Hinterhalt. Und nachdem er eine hübsche Weile gewartet hatte, sah er Guardastagno, der sich ja nichts Schlimmem von ihm versah, ungewappnet und von zwei ungewappneten Knechten begleitet, des Weges kommen; und als Guardastagno dort war, wo er ihn haben wollte, drang er als tückischer Verräter mit geschwungener Lanze auf ihn ein mit dem Schrei: »Du bist des Todes!« und dies sagen und ihm die Lanze in die Brust bohren, war eins. Guardastagno fiel von diesem Lanzenstiche, ohne daß es ihm möglich gewesen wäre, sich irgendwie zu wehren oder auch nur ein Wörtlein zu sagen, und starb nach wenigen Augenblicken. Seine Diener wandten ihre Rosse, ohne den Täter erkannt zu haben, und jagten in wilder Flucht dem Schlosse ihres Herrn zu. Rossiglione stieg ab, öffnete Guardastagnos Brust mit einem Messer, nahm ihm mit eigener Hand das Herz heraus, ließ es in ein Lanzenfähnlein wickeln und befahl es einem seiner Knechte zu tragen; und nachdem er allen befohlen hatte, daß sich niemand unterstehen solle, davon ein Wörtlein verlauten zu lassen, stieg er wieder zu Pferde und kehrte, es war schon Nacht geworden, auf sein Schloß zurück. Die Dame, die gehört hatte, Guardastagno werde zum Abendessen kommen, erwartete ihn mit großer Sehnsucht; und als sie ihn nicht kommen sah, verwunderte sie sich baß und sagte zu ihrem Gatten: »Was ist das, Herr, daß Guardastagno nicht gekommen ist?« Darauf sagte ihr Gatte: »Frau, ich habe von ihm die Nachricht bekommen, daß er nicht vor morgen hier sein kann«; darob wurde sie etwas bestürzt. Rossiglione hatte aber, als er vom Pferde gestiegen war, den Koch rufen lassen und zu ihm gesagt: »Nimm dieses Wildschweinherz und sieh, daß du daraus ein Gericht bereitest, das beste und schmackhafteste, das du weißt; und wenn ich bei Tische bin, so schickst du mir's auf einer silbernen Schüssel.« Der Koch nahm es und bot alle seine Kunst und Sorgfalt auf und machte, indem er's zerhackte und viel gutes Gewürz drantat, einen köstlichen Leckerbissen daraus. Herr Guiglielmo setzte sich, als es an der Zeit war, mit seiner Frau zu Tische. Die Speisen wurden aufgetragen, aber die Missetat, die er begangen hatte, lag ihm so auf der Seele, daß er wenig aß. Der Koch schickte ihm das Hackfleisch, und er ließ es, indem er vorgab, diesen Abend unlustig zu sein, der Dame vorsetzen und lobte es ihr sehr. Die Dame, die nicht unlustig war, begann zu essen und fand es wohlschmeckend; und darum aß sie's völlig auf. Als der Ritter sah, daß sie alles gegessen hatte, sagte er: »Frau, was dünkt Euch von diesem Gerichte?« Die Dame antwortete: »Auf Ehre, Herr, es hat mir sehr behagt.« – »So wahr mir Gott helfe«, sagte der Ritter, »das glaube ich gern und wundere mich auch nicht darüber, daß Euch das, was Euch lebendig über alles behagte, auch im Tode behagt hat.« Als das die Dame hörte, stutzte sie ein wenig; dann sagte sie: »Wieso? Was ist das, was Ihr mich habt essen lassen?« Der Ritter antwortete: »Das, was Ihr gegessen habt, war wirklich und wahrhaftig das Herz von Herrn Guiglielmo Gardastagno, den Ihr, untreues Weib, so sehr geliebt habt; und daß es das war, darüber könnt Ihr ganz sicher sein, weil ich es ihm, kurz bevor ich heimgekommen bin, mit dieser Hand aus der Brust gerissen habe.« Ob die Dame, als sie das von dem gehört hat, den sie über alles geliebt hatte, Schmerz empfunden hat, darüber braucht es keiner Frage; und nach einer Weile sagte sie: »Ihr habt gehandelt wie ein untreuer und schlechter Ritter; daß ich ihn, ohne daß er mich gezwungen hätte, zum Herrn meiner Liebe gemacht und Euch auf diese Weise gekränkt habe, dafür hätte nicht er, sondern ich Strafe leiden sollen. Aber behüte Gott, daß nach einer so edeln Speise, wie es das Herz eines so wackern und ehrlichen Ritters ist, wie es Herr Guiglielmo Guardastagno gewesen ist, je eine andere Speise über meine Lippen komme.« Und sie sprang auf und ließ sich, ohne sich nur einen Augenblick zu besinnen, durch ein Fenster, das hinter ihr war, rücklings hinunterfallen. Weil das Fenster sehr hoch über der Erde war, brachte ihr der Fall nicht nur den Tod, sondern zerschmettete ihr auch schier den ganzen Körper. Als das Herr Guiglielmo sah, erschrak er und erkannte, daß er unrecht getan hatte; und da er Furcht hatte vor dem Landvolke und dem Grafen der Provence, ließ er die Pferde satteln und entwich. Am nächsten Morgen war der Hergang der Sache schon in der ganzen Gegend bekannt geworden; und die Leute von Herrn Guiglielmo Guardastagnos Schloß und die von dem Schlosse der Dame holten die beiden Leichname mit bittern Klagen und Tränen ein und setzten sie in der Kirche des Schlosses der Dame in demselben Grabe bei, und darüber wurden Verse geschrieben, wer darin begraben sei und wie und warum sie gestorben seien.

Zehnte Geschichte

Die Frau eines Arztes steckt ihren eingeschlafenen Geliebten, den sie für tot hält, in einen Kasten und den tragen zwei Wucherer samt ihm zu sich ins Haus; da er, als er erwacht ist, Lärm macht, wird er als Dieb ergriffen. Die Magd der Dame erzählt dem Richter, sie sei es gewesen, die ihn in den von den Wucherern gestohlenen Kasten gesteckt habe, und auf diese Weise entgeht er dem Galgen, während die Pfandleiher wegen des Diebstahls des Kastens zu einer Geldstrafe verurteilt werden.

Nur Dioneo hatte noch, nachdem die Geschichte des Königs zu Ende war, seine Schuldigkeit zu erfüllen; da er das wußte und es ihm schon vom Könige aufgetragen worden war, begann er: Die traurigen Geschichten von unglücklicher Liebe haben, von euch, meine Damen, gar nicht zu reden, aber auch mir Augen und Herz schon so gerührt, daß es mein innigster Wunsch gewesen ist, daß sie endlich einmal ein Ende nähmen. Nun sind wir, Gott sei Dank, mit ihnen fertig, das heißt, wenn ich nicht zu dieser jämmerlichen Ware noch eine schlechte Zugabe draufgeben will, wovor mich Gott bewahren wolle, und ich werde, ohne einem so trübseligen Vorwurf noch weiter nachzugehen, von einem heiterern und bessern beginnen, wodurch ich vielleicht ein gutes Vorzeichen für das, was morgen erzählt werden soll, geben werde.

Ihr sollt also wissen, meine schönen Damen, daß vor nicht gar langer Zeit in Salerno ein ausgezeichneter Wundarzt war, Meister Mazzeo della Montagna mit Namen, der, als er schon ein steinalter Mann geworden war, ein hübsches, artiges junges Mädchen seiner Stadt zur Frau genommen hatte, und die hielt er mit vornehmen Kleidern und Schmuck und allem, was einer Frau gefallen kann, so wohl versehn, daß es keine in der Stadt darin besser hatte; freilich ist es

wahr, daß sie die meiste Zeit erkältet war, weil sich der Meister wenig Mühe gab, sie im Bette ordentlich zuzudekken. So wie Messer Ricciardo di Chinzica, von dem wir gesprochen haben, die seinige die Feiertage lehrte, so redete er ihr ein, daß der Mann, wenn er bei einer Frau gelegen habe, ich weiß nicht, wie viele Tage zu seiner Erholung brauche; weil sie aber eine kluge, herzhafte Frau war, faßte sie, um den eigenen Hausrat zu schonen, den Vorsatz, auf die Straße zu laufen und fremden abnützen zu wollen: und nachdem sie sich mehr und mehr unter den jungen Leuten umgesehen hatte, stand ihr endlich einer zu Gesichte und auf den setzte sie ihre ganze Hoffnung, ihren ganzen Sinn und ihr ganzes Glück. Dem Jüngling gefiel das, als er es merkte, sehr wohl, und auch er wandte seine ganze Liebe ihr zu. Er hieß Ruggieri da Ieroli und war zwar von edler Geburt, aber von schlechtem Lebenswandel und herabgekommen, so daß er weder einen Verwandten noch einen Freund behalten hatte, der ihm wohlgewollt oder ihn gern gesehen hätte, und er war in ganz Salerno wegen seiner Diebereien und sonstigen schändlichen Streiche verrufen; darum scherte sich aber die Dame wenig, weil er ihr um etwas andern willen gefiel: und sie brachte es mit Hilfe ihrer Magd zuwege, daß sie sich zusammenfanden. Und nachdem sie eine Zeitlang ihre Lust gehabt hatten, begann die Dame sein bisheriges Leben zu tadeln und ihn zu bitten, er solle ihr zuliebe von diesen Dingen lassen; und um ihm die Möglichkeit an die Hand zu geben, begann sie ihn ab und zu mit Geld zu unterstützen. Und derweil sie diesen Handel vorsichtig betrieben, geschah es, daß dem Arzte ein Kranker übergeben wurde, der ein schlimmes Bein hatte, und der Meister sagte, als er den Schaden besehn hatte, seinen Verwandten, der Kranke werde sich, wenn er ihm nicht einen angefressenen Knochen aus dem Beine entferne, das ganze Bein abnehmen lassen oder sterben müssen; durch die Entfernung des Knochens könne er zwar genesen, zur Behandlung übernehme er ihn jedoch nur als toten Mann; seine Angehörigen willigten ein und übergaben ihn ihm, indem sie diesen Vorbehalt anerkannten. Der Arzt, der voraussah, daß der Kranke, wenn er nicht eingeschläfert würde, die Schmerzen nicht ertragen und keinen Schnitt gestatten würde, ließ am Morgen des Tages, an dessen Abend das vor sich gehen sollte, aus einer gewissen Mischung ein Wasser ziehn, das den Kranken, für den es als Trank bestimmt war, auf so lange einschläfern sollte, wie er seiner Meinung nach unter dem Messer zu leiden haben werde; dieses Wasser ließ er sich nach Hause bringen und stellte es in sein Gemach, ohne jemand zu sagen, was es sei. Als die Vesperstunde, wo der Arzt hätte zu dem Kranken gehn sollen, gekommen war, kam ein Bote von gewissen, ihm sehr lieben Freunden in Amalfi, er solle sich durch gar nichts abhalten lassen, sofort hinzukommen, weil dort bei einer großen Schlägerei viele verwundet worden seien. Der Arzt verschob also die Sache mit dem Beine auf den nächsten Morgen, sprang in ein Boot und fuhr nach Amalfi; drum ließ die Dame, die wußte, daß er diese Nacht nicht heimkommen werde, ihrer Gewohnheit nach Ruggieri heimlich kommen, führte ihn in ihr Gemach und schloß ihn dort ein, bis gewisse Leute im Hause schlafen gegangen seien. Während Ruggieri in dem Gemache auf die Dame wartete, bekam er, entweder wegen der den Tag über ausgestandenen Mühsal oder weil er etwas Gesalzenes gegessen hatte oder weil er vielleicht zu trinken gewohnt war, einen heftigen Durst; da fiel ihm die Flasche mit dem Wasser, das der Arzt für den Kranken gemacht hatte, in die Augen, und er setzte sie in dem Glauben, es sei Trinkwasser, an den Mund und trank sie leer: es dauerte auch gar nicht lange, so befiel ihn ein mächtiger Schlaf, und er entschlief. Die Dame kam, sobald sie nur konnte, in das Gemach; da sie Ruggieri schlafend fand, begann sie ihn ein wenig zu rütteln und ihm mit unterdrückter Stimme zu sagen, er solle aufstehn: das war aber umsonst: er antwortete nichts und rührte sich nicht im mindesten. Darüber ärgerte sich die Dame ein bißchen und gab ihm einen kräftigen Stoß, indem sie sagte: »Steh auf, du Schlafmütze; wenn du schlafen wolltest, so hättest du nach Hause gehn und nicht hierherkommen sollen.« Von diesem Stoße fiel Ruggieri von der Truhe, wo er saß, herunter, ohne dabei mehr Gefühl zu verraten, als ein Leichnam getan hätte. Nun ziemlich erschrocken, versuchte ihn die Dame zuerst aufzurichten, dann schüttelte sie ihn stärker, packte ihn bei der Nase und zog ihn am Barte; aber alles war vergebens: er hatte den Esel an einen guten Pflock gebunden. Darum begann die Dame Furcht zu fassen, er könne tot sein; immerhin zwickte sie ihn fest ins Fleisch und brannte ihn mit einer Kerze: aber es war umsonst, so daß sie, die trotzdem, daß sie einen Arzt zum Gatten hatte, von der Arzneikunst nichts verstand, schließlich steif und fest glaubte, er sei tot. Ob sie, die ihn über alles liebte, darüber Schmerz empfand, das braucht keiner Frage; und weil sie sich nicht getraute, Lärm zu machen, begann sie leise über ihn zu weinen und dies Unglück zu beklagen. Nach einer Weile aber kam sie, da sie fürchtete, zum Schaden könnte sich auch noch die Schande gesellen, zu der Einsicht, es müsse unverzüglich ein Weg ausfindig gemacht werden, wie der Tote aus dem Hause zu schaffen sei; weil sie sich aber dazu keinen Rat wußte, rief sie leise ihre Magd, wies ihr ihr Unglück und fragte sie um Rat. Baß verwundert sagte die Magd, nachdem auch sie an dem Toten gezerrt und ihn gezwickt hatte, ohne eine Spur von Leben in ihm zu sehn, dasselbe, was die Frau sagte, nämlich daß er wahrhaftig tot sei, und meinte, er müsse aus dem Hause getragen werden. Darauf sagte die Dame: »Und wohin könnten wir ihn denn setzen, daß nicht, wenn er morgen früh gefunden wird, der Argwohn entstände, er sei hier herausgeschafft worden?« Die Magd antwortete ihr: »Madonna, ich habe spät am Abende gegenüber der Werkstatt unsers Nachbars, des Schreiners, einen nicht übermäßig großen Kasten gesehn, und der wird uns, wenn ihn nicht der Meister wieder ins Haus genommen hat, trefflich zustatten kommen: wir legen Ruggieri hinein, geben ihm zwei oder drei Messerstiche und kümmern uns weiter nicht um ihn; ich wüßte nicht, warum der, der ihn dann dort findet, eher glauben sollte, er sei von hier aus als anderswoher dorthin gebracht worden, vielmehr wird man glauben, daß er, der ja ein schlechter Mensch war, bei irgendeiner Schlechtigkeit von einem Feinde von ihm getötet und in den Kasten gesteckt worden sei.« Der Dame gefiel der Rat der Magd, nur von den Stichen wollte sie nichts hören und sagte, um nichts in der Welt würde sie es übers Herz bringen, das zu tun; und sie schickte sie nachsehn, ob der Kasten noch dort sei, wo sie ihn gesehn habe, und die Magd kehrte mit einer bejahenden Antwort zurück. Nun lud sich die Magd, die jung und kräftig war, mit der Hilfe der Dame Ruggieri auf die Schultern, und die Dame ging voraus, um zu sehn, ob jemand komme; so kamen sie zu dem Kasten, steckten Ruggieri hinein, verschlossen ihn wieder und gingen weg. In diesen Tagen waren in einem Hause, das dort in der Nähe war, zwei junge Leute eingezogen, die auf Zinsen liehen und sehr willig im Einnehmen, aber karg im Ausgeben waren. Da es ihnen an Hausrat gebrach, hatten sie, als sie am Tage vorher den Kasten gesehn hatten, miteinander ausgemacht, ihn, wenn er die Nacht über dort stehn bleiben werde, in ihr Haus zu tragen. Und als es Mitternacht geworden war, verließen sie das Haus, trugen ihn, als sie ihn noch vorfanden, ohne ihn viel zu untersuchen, obwohl er ihnen etwas schwer vorkam, eiligst in ihr Haus und stellten ihn neben der Kammer, wo ihre Frauenzimmer schliefen, nieder, ohne sich erst die Mühe zu nehmen, ihn zurechtzurücken; sie ließen ihn also stehn, wie er stand, und gingen schlafen. Nachdem Ruggieri eine lange Zeit geschlafen und den Trank verdaut hatte, verschwand auch dessen Kraft, und er wurde, als es schon gegen Morgen ging, wach, und obwohl der Schlaf gebrochen war und seine Sinne wieder ihre Kräfte bekommen hatten, blieb ihm doch im Gehirn eine dumpfe Beklemmung zurück, die ihn nicht nur diese Nacht, sondern noch etliche Tage nachher im Banne hielt; und als er die Augen öffnete und nichts sah und, mit den Händen umhertastend, fand, daß er in einem Kasten war, begann er zu grübeln und sich zu fragen: »Was ist das? Wo bin ich denn? Schlafe ich oder wache ich? Ich erinnere mich doch, daß ich heute abend in der Kammer meiner Dame war, und jetzt, scheint es mir, bin ich in einem Kasten. Was soll das bedeuten? Ist etwa der Arzt heimgekommen oder etwas andres geschehn, daß mich die Dame, während ich schlief, da versteckt hat? Das nehme ich an, und so wird's auch sein.« Und damit bemühte er sich, sich still zu verhalten und zu horchen, ob er etwas vernehme; obwohl er sich in dem Kasten, der klein war, eher unbehaglich als sonstwie fühlte, hielt er doch eine hübsche Weile so aus, bis er sich, weil ihn die Seite, wo er lag, schmerzte, auf die andre drehn wollte und das so geschickt machte, daß der Kasten, der nicht völlig eben stand, dadurch, daß er mit der Hüfte an der einen Seite anstieß, das Übergewicht bekam und schließlich umfiel: und auf das große Gepolter, das er im Fallen machte, erwachten die Frauenzimmer, die nebenan schliefen, und faßten Furcht, wagten aber keinen Laut von sich zu geben. Ruggieri war über das Umfallen des Kastens sehr erschrocken; da er aber merkte, daß er im Fallen aufgesprungen war, wollte er vor allen Dingen lieber draußen sein als drinnen bleiben. Und weil er nicht wußte, wo er sei, und eins ums andere, begann er tappend durchs Haus zu gehn und zu versuchen, ob er nicht eine Stiege oder Tür fände, um sich aus dem Staube machen zu können. Als die Frauen, die ja wach waren, dieses Tappen hörten, rief vorerst eine: »Wer ist da?« Ruggieri, dem die Stimme unbekannt war, antwortete nicht; darum riefen die Frauen die zwei Männer, die aber, weil sie lange aufgeblieben waren, fest schliefen und von allem nichts hörten. Da sich deshalb die Frauen noch mehr fürchteten, standen sie auf, liefen zu den Fenstern und begannen zu schreien: »Diebe! Diebe!« Daraufhin rannten mehrere Nachbarn von verschiedenen Seiten herbei, der eine übers Dach, ein anderer von rechts, der dritte von links, und drangen ins Haus; und dieser Lärm weckte die zwei Männer und sie standen eiligst auf. Ruggieri, der, als er sah, wo er war, vor Schrecken schier außer sich war und nicht wußte, wohin er hätte fliehen sollen oder können, wurde ergriffen und den Schergen des Stadtrichters übergeben, die des Lärmes halber hingelaufen waren. Er wurde dem Richter vorgeführt, und der ließ ihn, weil er ein übelberufener Mensch war, auf die Folter strecken, und nun bekannte er, daß er in das Haus der Pfandleiher eingedrungen sei, um zu stehlen; darum gedachte ihn der Richter ohne viel Verzug am Halse henken zu lassen. Am Morgen ging durch ganz Salerno die Nachricht, daß Ruggieri im Hause der Pfandleiher beim Stehlen ergriffen worden sei; als das die Dame und die Magd hörten, kam ihnen das so erstaunlich und seltsam vor, daß sie schier nahe daran waren, zu glauben, sie hätten das, was sie in der vergangenen Nacht getan hatten, nicht getan, sondern nur zu tun geträumt; und zudem fühlte die Dame wegen der Gefahr, in der Ruggieri schwebte, einen solchen Kummer, daß nicht mehr viel fehlte, und sie wäre närrisch geworden. Nicht viel später als anderthalb Stunden nach Tagesanbruch befahl der Arzt, der von Amalfi heimgekehrt war, daß ihm sein Wasser gebracht werde, weil er zu seinem Kranken gehn wollte; und da er die Flasche leer fand, machte er einen großen Lärm, es sei unmöglich, daß in seinem Hause etwas in Ruhe gelassen würde. Die Frau, die eines andern Kummers halber erregt war, antwortete erzürnt und sagte: »Was würdet Ihr erst bei etwas Wichtigem sagen, wo Ihr wegen eines Fläschchen Wasser so einen Lärm macht? Gibt's denn nicht noch genug davon auf der Welt?« Darauf sagte der Meister: »Frau, du meinst, das sei reines Wasser gewesen; es ist aber nicht so, sondern es war ein Schlaftrunk«; und er erzählte ihr, wozu es hätte dienen sollen. Kaum hörte das die Dame, so erriet sie auch schon, daß es Ruggieri getrunken hatte und deshalb von ihnen für tot gehalten worden war; und sie sagte: »Meister, das haben wir nicht gewußt; macht Euch ein andres.« Der Meister, der sah, daß nichts mehr zu ändern war, ließ einen neuen Schlaftrunk machen. Kurz darauf kam die Magd, die im Auftrage der Dame weggegangen war, um zu erfahren, was man über Ruggieri spreche, zurück und sagte: »Madonna, von Ruggieri spricht jedermann schlecht, und er hat nach dem, was ich habe erfahren können, weder einen Freund noch einen Verwandten, der sich seiner angenommen hätte oder annehmen wollte; und man glaubt fest, der Blutrichter werde ihn morgen henken lassen. Und außerdem will ich Euch noch eine Neuigkeit sagen, woraus ich zu verstehn glaube, wie er in das Haus der Pfandleiher gekommen ist, und höret, wie: Ihr kennt ja den Schreiner, bei dem der Kasten gestanden hat, worein wir ihn gesteckt haben; der Schreiner also hat eben jetzt mit dem, dem der Kasten augenscheinlich gehört hat, den heftigsten Streit von der Welt gehabt: der hat das Geld für seinen Kasten verlangt, und der Meister hat gesagt, er habe ihn nicht etwa verkauft, sondern er sei ihm in der Nacht gestohlen worden. Darauf hat der Eigentümer gesagt: ›Das ist nicht wahr, sondern du hast ihn den zwei jungen Pfandleihern verkauft; ich habe ihn heute nacht dort gesehen, als Ruggieri gegriffen worden ist, und sie haben mir das gesagt.‹ Darauf hat der Schreiner gesagt: ›Sie lügen, und ich habe ihn ihnen nie verkauft; hingegen werden sie ihn mir heute nacht gestohlen haben: gehn wir hin.‹ Und so sind sie einträchtig zu den Pfandleihern gegangen, und ich bin hergekommen. Und so verstehe ich, wie Ihr auch selber sehn könnt, auf was für eine Weise Ruggieri dorthin gebracht worden ist, wo man ihn gefunden hat; aber wieso er auferstanden ist, das verstehe ich nicht.« Die Dame, die nun völlig begriff, wie sich die Sache zugetragen hatte, sagte der Magd, was sie vom Meister gehört hatte, und bat sie, ihr zur Rettung Ruggieris ihre Hilfe zu leihen, weil sie, wenn sie nur wolle, zu gleicher Zeit Ruggieri retten und die Ehre ihrer Herrin wahren könne. Die Magd sagte: »Madonna, sagt mir, wie, und ich werde alles willig tun.« Die Dame, die das Messer an der Kehle fühlte, hatte schon mit raschem Entschlusse einen Plan gefaßt, was zu tun sei, und legte ihn nun der Magd ausführlich dar. Die ging also zuerst zum Arzte und begann weinend also: »Messer, ich muß Euch wegen eines großen Vergehns, das ich gegen Euch begangen habe, um Verzeihung bitten.« Der Meister sagte: »Und das ist?« Und die Magd sagte, noch immer unter Tränen: »Messer, Ihr wißt, was für ein Mensch der junge Ruggieri da Ieroli ist; dem habe ich gefallen, und halb aus Furcht und halb aus Liebe habe ich vor ein paar Tagen seine Liebste werden müssen. Und weil er gestern abend erfahren hat, daß Ihr nicht hier sein würdet, hat er mir so lange schön getan, bis ich ihn in Euer Haus und in meine Kammer zum Schlafen mitgenommen habe, und da er Durst bekommen hat und ich nicht wußte, wohin schnell um Wasser oder

Wein laufen, weil ich nicht wollte, daß mich Eure Frau, die im Saale war, sehe, lief ich in Euere Kammer, wo ich, wie ich mich erinnerte, ein Fläschchen mit Wasser hatte stehn sehn, holte es, ließ ihn das Wasser trinken und stellte die Flasche wieder dorthin, wo ich sie genommen hatte, und deswegen, höre ich jetzt, habt Ihr im Hause einen großen Lärm gemacht. Und gewißlich gestehe ich, daß ich etwas Unrechtes getan habe; aber wo ist der, der nicht dann und wann etwas Unrechtes täte? Ich bin sehr bekümmert, daß ich's getan habe, nicht so sehr darum, als vielmehr wegen dessen, was noch kommt, daß nämlich Ruggieri daran ist, sein Leben zu verlieren: darum bitte ich Euch, was ich nur kann, laßt mich's nicht büßen und gebt mir die Erlaubnis, hinzugehn und Ruggieri in dem, was ich tun kann, zu helfen.« So aufgebracht der Arzt auch gewesen war, antwortete er doch, als er das hörte, scherzend: »Die Buße hast du dir schon selber auferlegt, indem du diese Nacht, statt wie du geglaubt hast, einen jungen Kerl zu haben, der dir das Pelzchen weidlich gestriegelt hätte, eine Schlafmütze gehabt hast; und darum geh und betreibe die Rettung deines Geliebten, und fortan hüte dich, mir ihn noch einmal ins Haus zu bringen, sonst werde ich dich dann auch für heute bezahlen.« Die Magd deuchte es, der erste Wurf sei ihr gar wohl gelungen, und daher ging sie so eilig wie möglich zu dem Gefängnis, wo Ruggieri war, und tat dem Kerkermeister so schön, daß er sie mit Ruggieri reden ließ. Nachdem sie ihn unterrichtet hatte, was er dem Blutrichter sagen solle, wenn er sich retten wolle, brachte sie es zuwege, daß sie auch bei dem Blutrichter vorgelassen wurde. Bevor der sie anhörte, wollte er mit ihr, weil sie ein frisches, muntres Ding war, in Gottes Christenheit einen Nagel schlagen, und sie verzichtete, um ein besseres Gehör zu finden, auf jede Sprödigkeit; und als sie sich von der Bosselarbeit erhoben hatte, sagte sie: »Messer, Ihr habt Ruggieri da Ieroli hier, der als Dieb ergriffen worden ist; in Wahrheit aber ist es nicht so.« Und nun erzählte sie ihm die ganze Geschichte vom Anfange bis zum Ende, wie sie ihn, weil sie seine Liebste sei, ins Haus des Arztes mitgenommen habe; wie sie ihm unwissentlich den Schlaftrunk gegeben habe und wie sie ihn für tot in den Kasten gesteckt habe; und dann sagte sie, was sie den Schreinermeister und den Eigentümer des Kastens hatte miteinander reden hören, und zeigte ihm dadurch, wie Ruggieri in das Haus der Pfandleiher gekommen sei. Der Blutrichter, der sah, daß es leicht war, ausfindig zu machen, ob das wahr sei, befragte zuerst den Arzt, ob das mit dem Wasser wahr sei, und befand, daß es so gewesen war; nachdem er dann den Schreiner und den Eigentümer des Kastens und die Pfandleiher hatte vorladen lassen, befand er nach vielem Hin- und Herreden, daß die Pfandleiher den Kasten in der vergangenen Nacht gestohlen und in ihr Haus geschafft hatten. Schließlich schickte er um Ruggieri und befragte ihn, wo er am Abende vorher zur Herberge gewesen sei, und der antwortete: wo er zur Herberge gewesen sei, wisse er nicht, dessen aber erinnere er sich wohl, daß er, um mit der Magd von Meister Mazzeo zu herbergen, in ihre Kammer gegangen sei, wo er für den großen Durst, den er gehabt habe, Wasser getrunken habe; was aber später mit ihm vorgegangen sei, das wisse er nicht, bis auf das eine, daß er sich, als er im Hause der Pfandleiher erwacht sei, in einem Kasten befunden habe. Der Blutrichter, der an diesen Dingen, als er sie hörte, ein großes Vergnügen gewann, ließ sie sich von der Magd und von Ruggieri und von dem Schreiner und von den Pfandleihern mehrere Male wiederholen. Endlich verurteilte er, da er Ruggieri für unschuldig erkannte, die Pfandleiher, die den Kasten gestohlen hatten, zu zehn Unzen und sprach Ruggieri frei. Wie lieb dem das war, darum frage niemand; und seiner Dame war es über die Maßen lieb. Später lachten und scherzten sie darüber zu often Malen mit der lieben Magd, die ihm die Messerstiche hatte geben wollen, und sie fuhren in ihrer Liebe und ihren

Tröstungen stets vom Guten zum Bessern fort: so wünschte ich, daß es auch mir erginge, allerdings ohne den Kasten.

Hatten die ersten Geschichten die Herzen der reizenden Damen betrübt, so machte sie diese letzte, von Dioneo erzählte, besonders an der Stelle, wo er sagte, daß der Blutrichter einen Nagel eingeschlagen habe, so lachen, daß sie sich daran von dem Mitleide, das sie bei den andern gehabt hatten, erholen konnten. Da aber der König sah, daß die Sonne fahler zu werden begann und das Ende seiner Herrschaft gekommen war, entschuldigte er sich bei den schönen Damen mit zierlichen Worten wegen dessen, was er getan hatte, daß er nämlich über einen so traurigen Vorwurf, wie es das Unglück der Liebenden ist, hatte erzählen lassen; und nach der Entschuldigung stand er auf, nahm den Lorbeer von seinem Haupte und setzte ihn mitten unter den auf seine Wahl neugierigen Damen mit anmutiger Gebärde auf das blonde Köpfchen Fiammettas, indem er sagte: »Diese Krone übertrage ich dir, weil du es besser als jede andere verstehn wirst, diese unsere Gesellinnen für den heutigen Tag mit dem morgigen zu trösten.« Fiammetta, der das goldene Haar in langen Locken auf die weißen blühenden Schultern fiel und in deren rundlichem Gesichte sich die Farben der weißen Lilien und der roten Rosen freigebig mischten und deren Augen denen eines Wanderfalken glichen, öffnete das kleine Mündchen, dessen Lippen zwei Rubine schienen, und antwortete lächelnd: »Und ich, Filostrato, nehme sie gern an; und damit du besser siehst, was du getan hast, will und befehle ich zu dieser Stunde, daß sich jedes vorbereite, morgen von den Liebenden zu sprechen, die nach Ungemach und Kümmernis Glückseligkeit gefunden haben.« Dieser Vorwurf gefiel allen. Und nachdem sie den Seneschall hatte kommen lassen und mit ihm das Nötige geordnet hatte, beurlaubte sie heiter die ganze Gesellschaft, die von den Sitzen aufgestanden war, bis zur Stunde des Abendessens. Einige gingen durch den Garten, dessen Schönheit nicht so bald zum Überdrusse werden konnte, andere zu den Mühlen, die draußen im Gange waren, und der dahin und der dorthin, um nach den verschiedenen Neigungen verschiedene Freuden zu suchen. Als aber die Essensstunde gekommen war, versammelten sich alle ihrer Gewohnheit gemäß bei dem schönen Brunnen und nahmen mit großer Lust und trefflich bedient die Abendmahlzeit ein. Und nachdem sie davon aufgestanden waren, unterhielten sie sich in der gewohnten Weise mit Tanzen und Singen, und während Filomena den Reigen führte, sagte die Königin: »Filostrato, ich gedenke nicht, von den Wegen meiner Vorgänger abzuweichen, sondern, so wie sie es getan haben, gedenke auch ich ein Lied singen zu lassen; und weil ich sicher bin, daß deine Lieder so sein werden wie deine Geschichten, so wollen wir, daß du, damit nicht noch mehr Tage durch deine Trübseligkeiten verdüstert werden, das singest, das dir am besten gefällt.« Filostrato antwortete, das tue er gern und begann ohne Verzug also zu singen:

In Tränen kann es sich erweisen,
Wie sehr das Herz in seinem Recht sich schmerzt,
Daß ein Betrug es zwang, mit süßen Liebesweisen.

O Liebesgott, als du zum erstenmal
In ihr, sie selbst, für die ich schmachte,
Legtest, daß kein Hoffen mir verblieb,
Da wußte ich, wie hold ihr Keuschsein wachte;
Und leicht ward mir ein Schicksalshieb,
Der in der Seele mich erreichte:
Für dich! Doch meinen Irrtum muß ich kennen,
Und, nicht ohne Ergriffenheit, mag er sich nennen.

Mein trüber Irrtum ist mir eingegangen,
Als ich ersah, daß ihrer ich beraubt!
Und nur auf sie hatt ich gehofft,
Zumal da ich mich ganz in ihrer Gunst geglaubt.

Ich diente ihr, ja ich vergötterte sie oft,
Und nie erfaßte ich den Schaden,
Mit dem sich das Gemüt beladen:
Ich mußte mich aus ihrer Seele trennen;
Für eines andern Schätzung sollte sie entbrennen.

Als ich erfühlte, daß sie mich vertrieben,
Begann im Herzen mir ein bittres Weinen:
Und noch ist mir's geblieben!
So oft verfluche ich ihr liebliches Erscheinen,
Denn niemals wird ihr Tag in mir zerstieben:
Es hatte hohe Schönheit sie geschmückt
Und mich in meinem Wesen sehr berückt;
Wie könnt ich sonst vor Glut und Liebe mich verrennen?
Wenn sie dem Fliehenden doch schon den Tod ersännen!

Wie groß mein Schmerz sei, ohne allen Trost,
Nur du, den ich mir rufe, Herr, kannst es ermessen!
Mit Trauerstimme flehe ich,
Bekenne ich: Zerbrenne mich!
Mein Wesen ist von wilder Todeslust umtost;
Ich stürbe gern: Ein Mich-Vergessen
Würde ich bitter an mich pressen.
Auf einen Hieb, Wut im Gemüt, verschwinde:
Für mich ist jede andre Pein gelinde!

Kein andrer Trost, kein andrer Weg
Bleibt meinem Schmerzen als der Tod.
So gib ihn mir! Nimm mich hinweg!
Verlösche, Liebesgott, was mich durchloht,
Vom Herzen schleire trübes Lebensrot.
O tu es: denn zu Unrecht wird
Mir Glück in Trübsal eingewirrt.
Erneu die Freunde, wenn ich sterbend sanft erblinde,
Daß jung ein Liebesschwärmen sich entrinde.

Mein Sang, wenn niemand dich erkennt,
So mag ich's kaum bedauern. Da nur ich
Dich fühlen kann und singen.
Zu einer Mühe nur dich bringen!
Vermöchte ich's! Daß diesen blutigen Stich,
Der wild mich traf, dein Wort der Liebe nennt:
Ihr sagt, was mich vom Frohsein trennt;
Denn Gott bezeugt, was ich durch ihn empfinde:
Es gelte ihm ein schwer umschmerztes Angebinde.

In Tränen kann es sich erweisen,
Wie sehr das Herz in seinem Recht sich schmerzt,
Daß ein Betrug es zwang, mit süßen Liebesweisen.

Die Worte dieses Liedes zeigten gar deutlich an, wie Filostratos Gemütszustand war und warum; und noch deutlicher würde das der Anblick einer Dame, die im Reigen war, getan haben, wenn nicht die Finsternis der eingefallenen Nacht die Röte, die ihr ins Gesicht getreten war, verborgen hätte. Nachdem aber Filostrato sein Lied geendet hatte, wurden noch viele andere gesungen, bis die Stunde, schlafen zu gehn, da war; nun zog sich auf den Befehl der Königin jede auf ihr Gemach zurück.

Es endet der vierte Tag des Dekamerons

Von Giovanni di Boccaccio
erschienen im Insel Verlag

Fiammetta
Übersetzt von Sophie Brentano. Nachwort von Salvatore Battaglia. Mit sechs Holzstichen von Hans-Joachim Walch. Leinen. 328 Seiten

Das Dekameron
Hundert Novellen. Ungekürzte Ausgabe. Aus dem Italienischen von Albert Wesselski. Mit einer Einleitung von André Jolles. Mit 110 Holzschnitten der Ausgabe von 1492. Leinen. 976 Seiten

insel taschenbücher

Alphabetisches Verzeichnis

Geschichten der Liebe aus 1001 Nächten it 38
Gespräche mit Marx und Engels (2 Bände) it 19/20
Goethe: Dichtung und Wahrheit (Kassette)
it 149/it 150/it 151
Goethe: Die Leiden des jungen Werther it 25
Goethe: Die Wahlverwandtschaften it 1
Goethe: Faust (1. Teil) it 50
Goethe: Faust (2. Teil) it 100
Goethe: Reineke Fuchs it 125
Goethe: West-östlicher Divan it 75
Hebel: Kalendergeschichten it 17
Heine: Buch der Lieder it 33
Heras: Am Anfang war das Huhn it 185
Hesse: Dank an Goethe it 129
Hesse: Geschichten aus dem Mittelalter it 161
Hesse: Kindheit des Zauberers it 67
Hesse: Leben und Werk im Bild it 36
Hesse: Pictors Verwandlungen it 122
Hillmann: ABC-Geschichten von Adam bis Zufall it 99
E. T. A. Hoffmann: Kater Murr it 168
Hölderlin-Chronik it 83
Homer: Ilias it 153
Ricarda Huch: Der Dreißigjährige Krieg
(2 Bände) it 22/23
Jacobsen: Niels Lyhne it 44
Kant-Brevier it 61
Kaschnitz: Eisbären it 4
Kästner: Die Lerchenschule it 57
Kästner: Die Stundentrommel
vom heiligen Berg Athos it 56
Kästner: Griechische Inseln it 118
Kästner: Kreta it 117
Kästner: Ölberge, Weinberge it 55
Zum Kinderbuch it 92
Kinderheimat it 111
Kinder- und Hausmärchen gesammelt durch
die Brüder Grimm it 112/it 113/it 114
Kleist: Der zerbrochene Krug it 171
Klingemann: Nachtwachen von Bonaventura it 89
Konfuzius: Materialien zu einer Jahrhundert-
Debatte it 87
Kropotkin: Memoiren eines Revolutionärs it 21
Laclos: Schlimme Liebschaften it 12
Das große Lalula it 91
Das Buch der Liebe it 82